Theory and Practice of Revitalization of
the Former Soviet Area

全国原苏区振兴

理论与实践

（第二辑）

魏后凯　田延光　宋增辉◎主编
刘善庆　黎志辉　齐　城◎执行主编

经济管理出版社
ECONOMY & MANAGEMENT PUBLISHING HOUSE

图书在版编目（**CIP**）数据

全国原苏区振兴理论与实践（第二辑）/魏后凯，田延光，宋增辉主编 . —北京：经济管理出版社，2019.8

ISBN 978 - 7 - 5096 - 6884 - 9

Ⅰ.①全…　Ⅱ.①魏…②田…③宋…　Ⅲ.①区域经济发展—赣南地区—文集　Ⅳ.①F127.56 - 53

中国版本图书馆 CIP 数据核字（2019）第 181519 号

组稿编辑：丁慧敏
责任编辑：丁慧敏　张莉琼
责任印制：黄章平
责任校对：张晓燕

出版发行：经济管理出版社
　　　　　（北京市海淀区北蜂窝 8 号中雅大厦 A 座 11 层　100038）
网　　　址：www.E - mp.com.cn
电　　　话：（010）51915602
印　　　刷：三河市延风印装有限公司
经　　　销：新华书店
开　　　本：787mm×1092mm/16
印　　　张：25.75
字　　　数：563 千字
版　　　次：2019 年 8 月第 1 版　　2019 年 8 月第 1 次印刷
书　　　号：ISBN 978 - 7 - 5096 - 6884 - 9
定　　　价：98.00 元

目　录

嘉宾致辞

主旨报告

专题研讨

乡村振兴与苏区发展的成就、难点与对策

——第二届全国原苏区振兴高峰论坛综述

刘善庆　魏日盛

2018 年 11 月 9～11 日，由中国社会科学院农村发展研究所、江西师范大学和信阳师范学院主办，信阳师范学院承办的"第二届全国原苏区振兴高峰论坛"在河南信阳师范学院举办。来自国家发改委、中共中央党校（国家行政学院）、中国社会科学院、全国原苏区和其他革命老区的有关部门、高校及企业的 120 余位专家学者参加了论坛，围绕"乡村振兴和苏区发展"这一主题，交流和探讨了近年来原苏区及全国其他革命老区振兴发展的宝贵经验、典型做法及探索思考。国家发改委原副秘书长范恒山、国家发改委产业经济与技术经济研究所所长姜长云、中国社会科学院农村发展研究所所长魏后凯、江西师范大学苏区振兴研究院首席研究员彭道宾以及信阳师范学院副校长齐城作了主旨报告。

一、苏区发展的成就

农村没有实现小康，特别是贫困地区没有实现小康，全国就没有实现小康。江西师范大学苏区振兴研究院首席研究员彭道宾指出，自《国务院关于支持赣南等原中央苏区振兴发展的若干意见》实施以来，赣南苏区全面小康建设加速推进，主要表现是：第一，经济发展呈跨越之势。经济发展方面的全面小康实现程度为 73.29%，经济结构、科技水平、生产效率、外贸出口、城镇化率均发生明显变化。第二，民主法治大步推进。民主法治全面小康实现程度为 87.23%，群众参选意识、司法保障能力均有所提高。第三，文化建设走向繁荣。文化建设全面小康实现程度为 68.96%，文化产业和基础设施大大发展。第四，人民生活水平显著提高。人民生活全面小康实现程度为 92.97%，居民收入、消费需求、就业人数、社保水平逐步提高。第五，资源环境进一步优化。资源环境全面小康实现程度为 92.17%，节能降耗、污染防治成效显著。

江西师范大学马克思主义学院教授尤琳指出，党的十八大以来，江西革命老区"三

农"工作取得历史性成就，农业农村发展呈现稳中有进、稳中向好的良好态势，为实施乡村振兴战略奠定了坚实基础。其主要表现：一是粮食主产区地位不断巩固。2017 年，全省粮食总产 425.4 亿斤，主要农作物良种覆盖率达到 95% 以上，农作物综合机械化水平达到 71.1%，农业科技进步贡献率达到 58.8%。二是现代农业发展水平不断提高。绿色生态农业十大行动深入实施，创建国家农产品质量安全市县 11 个，省级绿色有机示范县 25 个，发展"三品一标"（无公害农产品、绿色食品、有机农产品和农产品地理标志统称"三品一标"）农产品 4712 个，主要农产品监测合格率连续 5 年稳定在 98% 以上，"生态鄱阳湖、绿色农产品"的影响力逐步扩大。三是城乡融合不断发展。2013～2017 年，全省共安排新农村建设村点 6.22 万个，较上一个五年增加 43.7%，全省已有 63% 的村点开展了村庄整治建设，"连点成线、拓线扩面、特色突出、整片推进"建设格局初步形成。四是农民福祉不断改善。深入实施脱贫攻坚十大工程，继井冈山市和吉安县率先实现脱贫"摘帽"后，2017 年实现 52.93 万人脱贫、1000 个贫困村退出，6 个贫困县达到"摘帽"条件，贫困人口从 2012 年的 385 万人减至 87.5 万人，贫困发生率由 10.8% 降至 2.37%。五是农业农村内生动力不断增强。农村土地承包经营权确权登记颁证工作全面完成，农村土地"三权分置"加快推进，承包土地经营权流转率达到了 40.5%。"财政惠农信贷通"融资试点深入推进，截至 2018 年 2 月底，全省累计撬动发放"财政惠农信贷通"贷款 13.22 万笔、共计 403.15 亿元，贷款余额 135.5 亿元，受益新型农业经营主体达 10.02 万户。

在脱贫攻坚中，一些地方探索了成功的经验。如河南信阳市是《大别山革命老区振兴规划》的核心区域和支持发展的重点区，近年来抓住政策机遇，主动融入国家发展战略，利用自身得天独厚的自然资源和人文优势，坚持生态优先，深化农村改革，把乡村振兴与脱贫攻坚战有机结合，探索出了一条"人不出村，村头脱贫"的精准扶贫之路。信阳师范学院副校长齐城认为，信阳经验主要是：以促进增收为重点，实现快速脱贫；以制定政策为导向，实现合力脱贫；以完善基础设施为基础，实现稳定脱贫。四川文理学院川陕革命老区研究院副院长陈岗指出，四川达州是川陕革命老区振兴发展的核心示范区，始终坚持以区域开发与脱贫攻坚为工作重点，坚持内生发展与对外开放相结合，以供给侧结构性改革为引擎，确立了"1+4"的目标任务（一个枢纽：中国西部重要交通枢纽；四个示范区：资源转化利用、产业转型、城乡融合发展、生态文明建设），探索出一条利用区域比较优势，补齐扶贫开发"短板"、缩小区域发展差距新路子，从而发挥达州在川陕革命老区区域内的引领、示范作用。

二、苏区发展的难点

虽然苏区振兴、革命老区发展成就巨大，但是许多地方依然经济发展滞后，民生问题突出，贫困落后的面貌没有得到根本的改变，远低于全国的平均发展水平，是全面建成小康社会的"短板"。同时，苏区在中国革命史上具有特殊位置，长期在不平衡、不公平的体制下无偿或低偿地为国家发展做出了重要贡献，这种"旧账"也导致了苏区长期的贫穷落后。苏区发展的难点集中表现在以下六个方面。

第一，脱贫质量问题。中国社科院农村发展研究所檀学文研究员认为，当前脱贫攻坚的难点主要是如何确保脱贫质量，即脱贫结果是否真实、脱贫程序是否规范以及脱贫效果是否可持续。脱贫质量问题具体表现在收入核算问题、能力和内生动力培育问题、收入来源的合理性和稳定性问题、脱贫达标的界定问题、脱贫程序和扶贫措施的脱贫贡献。

第二，发展不平衡问题。江西师范大学苏区振兴研究院首席研究员彭道宾指出，赣南苏区由于底子薄、基础弱、起点低，全面小康建设不平衡问题依然突出。一是五大方面发展不平衡。经济发展、民主法治、文化建设、人民生活、资源环境五大方面的全面小康实现程度高低之间相差24.01个百分点，处于很不平衡的状况。二是基本评价指标实现程度不平衡。全面小康评价指标体系中的高新技术产品出口值占出口总值的比重、人均文化体育与传媒财政支出、污水集中处理指数等五项指标的实现程度呈下降趋势。三是县（区、市）全面小康进程不平衡。全面小康指数最高与最低的之间相差15.46个百分点。

第三，城乡障碍问题。中国社会科学院农村发展研究所所长魏后凯指出，苏区出现了"富饶的贫困"，即土地、矿产、生态、文化、旅游等丰富资源和低发展水平、低农民收入、较多贫困人口的落后状况并存，原因在于人才、技术、制度、品牌、营销经验等高级要素的匮乏。长期以来，我国城乡要素主要是单向流动，一方面农村的人口、资源、资金、人才等各种要素不断地向城市集聚；另一方面在传统体制约束下城市人口被禁止向农村迁移，公共服务和基础设施向农村延伸、城市人才和资本向农村的流动一直处于较低水平。

第四，县域金融支持不足。信阳师范学院商学院谌玲副教授认为，县域金融机构的服务领域、职能定位与农村农业经济所具有的互利共生特性，决定了其在支持国家乡村振兴战略方面具有义不容辞的社会责任与担当。但是，县域金融机构在支持河南省乡村振兴战略的实践中，面临着乡村产业优质信贷载体缺失、信贷风险难以防控、信贷资金投入后劲不足等方面的实际问题，同时还面临着彼此之间为争夺乡村优质的农业经济实体、金融资源而产生的无序竞争。

第五，农民增收难问题突出。魏后凯指出，近年来农民增收的难度不断加大。2014～2017年农民收入增长中有70%来自工资性收入和转移性收入，其中在工资性收入中又有相当一部分依赖于农民到城里打工的劳务输出。再加上农业成本大大增加，粮食种植一直处于亏损状态，农村非粮化、非农化倾向严重，农民无法通过种粮来改变贫穷落后的面貌。没有产业支撑，即使农民收入增长了，但是增长的可持续性没有保障，乡村也可能因此衰落、凋敝。

第六，城镇化与乡村振兴战略的可能冲突。中共中央党校（国家行政学院）经济学部新型城镇化研究中心副主任黄锟认为，城镇化与乡村振兴战略在发展目标、优先次序、制度安排、资源要素、发展结果上可能存在冲突。发展目标冲突是指城乡非平衡发展，新型城镇化强调的是城镇化健康发展、农业转移人口，而乡村振兴战略强调的是乡村发展、农村留守人口和返乡人员。优先次序冲突是指两种发展理念、发展战略和政策导向的冲突，把城市与农村看作两个单独区域，而城镇要优先发展。制度安排冲突是指包括土地制度、户籍制度、财税制度等城乡二元制度和城乡制度一体化的冲突。资源要素冲突是指城市的资金、技术、人才要素资源高地与农村的土地、劳动力、生态环境要素资源高地的冲突。发展结果冲突是指城乡基础设施和社会保障、教育、医疗卫生等公共服务的差距更加显著。

三、多措并举推动苏区乡村全面振兴

实施乡村振兴战略是党的十九大作出的重大决策部署，是新时代做好"三农"工作的总抓手、新旗帜。习近平总书记在参加十三届全国人大一次会议山东代表团审议时强调，要推动乡村产业振兴、人才振兴、文化振兴、生态振兴和组织振兴，进一步明确了实施乡村振兴战略的主攻方向。

（一）超常思维，转变观念

思想是行动的先导，只有认识到位，行动才会自觉。国家发改委原副秘书长范恒山认为，振兴苏区思想要转化，操作要创新。第一，把比较优势转变为超前优势。从区域和国家的整体视角出发，通过开放合作、创新发展，培育新的经济增长点，把比较优势变成领先优势，把领先优势变成超前优势，把超前优势变成竞争优势。第二，发展观念从"靠山吃山"转变为"愚公移山"。在保护青山绿水的基础上，学习愚公移山的精神，把别人的金山银山通过我们的手段移植过来，变成我们发展的资本和条件。通过合作，通过比较优势的交换，通过利益共享进行移植，顺势发展，构筑新的现代经济体系，实现跨越式发展。第三，把政策给力变成内生动力。要坚持扶贫与扶智、扶志相结合，克服"等靠要"心理，通过改变扶贫政策的方向和方式，把国家政策支持变为推动构建自身发展长效机制的推手。第四，使对口支援走向对口合作。对口支援是中国特色社会主义制度优越性的体现，但从长远角度来说，实现苏区振兴需要由横向的对口支援转化为平行的对口合作，这种合作是基于比较优势交换和相关条件互补的互助合作。第五，以自然美景打造营商环境。在保护绿水青山的同时，提高乡村治理能力和水平，完善行政管理服务，使乡村社会充满活力、和谐有序，为引进人才、资金、项目和技术创造良好环境。

（二）振兴产业，夯实基础

产业兴旺是乡村振兴的首要任务、突出难点和物质基础。国家发改委产业经济与技术经济研究所副所长姜长云认为，推动革命老区乡村产业兴旺：一是要优化环境，打造平台。要优化涉农企业家成长发育的环境，鼓励新型农业经营主体成为农业农村延伸产业链、打造供应链、提升价值链、完善利益链的中坚力量。通过构建良好的营商环境让企业家干得舒服、干得有劲。加强产业兴旺的载体和平台建设。通过电商平台、互助组织、公益组织参与产业发展，让多主体、多力量共同发挥自身优势助推产业兴旺。注重营销平台建设，培育营销无处不在的理念，运用互联网现代技术借势营销，把产业特点变成发展优势。二是要促进城乡要素互动，引导构建城乡之间、区域之间完善分工的协作关系，以产业融合带动城乡融合。引导城市企业、产业、人才下乡，发挥其对乡村产业兴旺的引领辐射带动作用，带动本土人才共推乡村振兴。三是要瞄准消费结构升级和消费市场细分的趋势，培育特色产业。把握消费需求个性化、多样化、优质化、绿色化和体验化的特点，利用革命老区的自然资源、红色文化和特色文化，区分产品特色差异，打造一批符合中高端群体消费需求的特色小众化产品，实现小众化发展、特色发展，让产业发展能够适应市场需求。区域特色文化是核心竞争力的重要组成部分，大力发展文化产业就有可能实现超前发展。四是要引导科技支持乡村振兴，强化科技转化能力。要善于运用高科技和中低端科技，把科技水平转化为发展能力。充分利用现在的有利条件，借助具备带动作用的东西，同时通过创新，营造发展条件发展壮大。五是要针对革命老区和贫困地区特殊情况，给予特殊支持政策。通过特殊政策的扶持，提高贫困地区自我发展能力和区域发展内生动力，加强对贫困地区的基础设施建设和公共服务支持，鼓励和激发全社会力量支持革命老区脱贫攻坚。

（三）激活农村资源，注入外来资源

魏后凯指出，要通过全面深化改革，全面激活农村的各种资源、要素和市场，发挥市场在资源配置中的决定性作用，打通资源变资本、资本变资金的渠道，从而激发乡村振兴的内生动力。同时要在政策指导下，推动资本下乡，形成城乡要素双向自由流动、合理流动的格局。第一，不能单纯把城市资本看作一种资金，而应该是资金、人才、技术、品牌和营销经验的一个综合体。第二，在正面清单的基础上实行负面清单制度，强化土地用途的管制，明确禁止和限制领域。第三，加强农民权益的保护，防止侵害农民的利益。

江西师范大学马克思主义学院尤琳教授认为，当前农村最重要的生产要素是土地，乡村振兴的核心在于盘活沉睡的土地资源。一是推动土地经营权规范有序流转。在完成农村土地承包经营权确权登记颁证工作的基础上，加快推进农村土地"三权分置"改革，落实集体所有权、农户承包权，放活承包土地经营权。二是盘活集体建设用地资产和农村宅基地。推动集体建设用地制度改革，加快构建城乡统一的建设用地市场，推进农村集体经

营性建设用地直接入市。在不以买卖农村宅基地为出发点的前提下，积极探索宅基地所有权、资格权、使用权"三权分置"，解决农村一二三产业发展用地难问题。三是盘活村集体资产。全面开展农村集体资产清产核资、集体成员身份确认，推动资源变资产、资金变股金、农民变股东，并赋予农民对集体资产股份的占有、收益、有偿退出及抵押、担保、继承等合法权益。

（四）推动一二三产业融合

魏后凯指出，要建立一个农业农村导向型农民增收的长效机制，核心问题是建立现代乡村产业体系，实现乡村产业振兴。第一，转变农业生产方式，发展现代高效绿色农业，即规模化、集约化、绿色化、工业化、社会化。其中工业化就是用工业化理念、思路、生产、技术、管理方法来推动现代农业的发展，将小农生产引入现代农业生产。第二，推动一二三产业融合发展。一要充分挖掘和拓展农业的生产功能、生态功能、生活功能、休闲功能、景观功能、示范功能、文化传承功能等，大力发展生态农业、休闲农业、观光农业、创意农业等，推动农业产业链条的多维延伸。二要按照前后两端延伸的思路打造农业全产业链，构建贯穿于农业生产全过程、全方位的产前、产中和产后服务体系，实现农业的纵向融合和一体化。三要促进农业与二三产业尤其是文化旅游产业的深度融合，实现农业的横向融合和一体化。

（五）因地制宜、分类指导、因村施策

魏后凯指出，乡村振兴并不是现有的每一个村庄都要振兴。随着城镇空间的不断扩张和城乡人口迁移，某些村庄因变为城区或者人口都迁走了将注定消亡。某些村庄的消亡，并不意味着乡村衰落。中国乡村面积大，村庄类型多。2016 年，中国有 52.62 万个行政村，261.68 万个自然村。实施乡村振兴战略，要坚持因地制宜、分类指导、精准施策，针对不同区域、不同类型的村庄，实行分区分类的差别化推进策略。具体来说，从区位条件看，对城郊型、平原型、山区型、边远型等不同类型村庄，应制定不同的规划目标，采取差异化的推进策略；从人口迁移和集聚看，应该区分集聚型、稳定型、空心型和移民搬迁型等不同类型村庄，对"空心村"要根据具体情况进行整治和撤并；从乡村转型看，要区分现代乡村、转型乡村、传统乡村等不同类型，实行差异化的分类精准施策。

（六）城镇化发展与乡村振兴协调推进

中共中央党校（国家行政学院）经济学部新型城镇化研究中心副主任黄锟认为，要建立健全城乡融合发展的体制机制和政策体系。第一，坚持以工补农、以城带乡，加快形成工农互促、城乡互补、全面融合、共同繁荣的新型工农城乡关系。第二，促进资源要素城乡自由平等交易。第三，把公共基础设施建设的重点放在农村，推动农村基础设施建设提档升级。第四，逐步建立健全全民覆盖、普惠共享、城乡一体的基本公共服务体系。第

五，优先发展农村教育事业，促进农村劳动力转移就业和农民增收，加强农村社会保障体系建设，推进健康乡村建设，持续改善农村人居环境。第六，让符合条件的农业转移人口在城市落户定居。第七，推动新型工业化、信息化、城镇化、农业现代化同步发展。

中国社会科学院农村发展研究所信息化与产业化研究室副主任苏红健指出，新型城镇化与乡村振兴联动，旨在构建高质量的城乡关系、实现城乡共荣。明确人口发展趋势和空间格局是因地制宜制定合理的新型城镇化与乡村振兴联动战略的前提。逐步实现按常住人口合理配置资源，是"以人为中心"推进新型城镇化与乡村振兴联动的政策着力点。积极促进城乡要素双向自由流动，既是新型城镇化与乡村振兴联动的重要举措，也是最终实现城乡共荣的主要表征。促进各地中心城市跨越发展，提高县城发展质量，是推进新型城镇化与乡村振兴联动优化"城镇村"体系的关键环节。

四、乡村振兴未来研究的重大问题

乡村振兴是具有战略性、全局性、综合性的大问题，需要我们去思考、探究。魏后凯梳理了六个今后需要进一步研究的重大问题。

一是贫困地区要不要均匀扶持的问题。目前全国有六盘山区、秦巴山区、武陵山区、乌蒙山区等 14 个集中连片特困地区，其中深度贫困地区是"三区""三州"地区。革命老区无论是以特殊形式还是一般路径都为中国革命和建设发展贡献巨大、牺牲巨大，战争创伤、"以农促工"导致了长期的贫困落后，是历史遗留问题。现在城市和工业发展了，应该回过头来反哺革命老区，这是还旧账的需要。所以，中央扶持革命老区是有科学依据的。与此同时，全国还有很多非革命老区的贫困地区，是否均匀扶持？这是一个可以争论的话题。

二是老区自我发展能力的培养问题。长期的贫穷落后助长了老区"等靠要"的思想，这种发展依赖性已经成为革命老区扶贫脱贫的"瓶颈"问题。但是，从长远来看，培养贫困地区自我发展能力和内生动力才是彻底破解贫困的根本之道，如何构建一个内生性长效增长机制值得深入研究。

三是苏区老区振兴模式问题。由于革命老区的地域特殊性和发展的不平衡性，要在总结全国苏区老区发展振兴的基础上，探索一个中国老区振兴道路。苏区老区振兴不仅是农村经济的增长，更要符合中国的政治、经济、文化、社会、生态特征的全面发展振兴。

四是 2020 年苏区老区面临的问题。到 2020 年我国现行标准下农村人口实现脱贫，贫困县全部"摘帽"，解决区域性整体贫困。老区面临着两大问题——脱贫攻坚和同步小康。目前要解决这两个问题还需要探讨"短板"在哪里、能不能实现脱贫、脱贫质量如何和怎样发展经济等一系列问题。

五是苏区老区的现代产业问题。虽然革命老区的经济水平比较低，但同样需要高质量发展现代农业，建立苏区老区特色产业体系。那么，这个现代产业体系的特色体现在哪儿？到底是一个什么样的产业体系？怎样实现苏区老区高质量的工业化和城镇化？这些都是面临的重大理论和实践问题。

　　六是苏区乡村振兴的类型问题。中央提出到 2035 年乡村振兴取得决定性进展，农业农村现代化基本实现，到 2050 年乡村全面振兴，全面实现农业强、农村美、农民富。由于各苏区老区的经济发展水平不平衡，实现农业农村现代化的时间历程不一。并不是所有的乡村都要到 2050 年才能实现全面振兴，要鼓励有条件、有基础、有实力的苏区老区优先实现全面振兴。

以超常思维和举措大力振兴苏区经济

国家发改委原副秘书长　范恒山

今天有幸能跟大家聚在一块讨论苏区发展，看到大家对发展苏区的执着和努力，我深受感动。作为长期从事地区发展工作的一员，我对苏区充满了深情。我今天发言的题目是"以超常思维和举措大力振兴苏区经济"。

土地革命战争时期，我们党在全国很多地方建立了红色政权，这些地方都被简称为苏区，如原中央苏区、湘赣苏区、湘鄂赣苏区、鄂豫皖苏区、川陕苏区、左右江苏区等。比较大的苏区共有13块，这些苏区在中国革命史上具有特殊的重要位置，为中国革命和建设做出了重大的贡献、巨大的牺牲。但是，由于种种原因，这些地区仍然属于欠发达地区，甚至是贫困地区，经济社会发展还处于比较滞后的状态，成为我们全面建成小康社会和开启现代化建设新征程的最大"短板"。在全面建成小康社会和开启现代化建设新征程的进程中，如何使苏区加快发展，真正改变落后面貌，就需要有一些特殊的思维，有一些特殊的举措。

一、特殊思维

我们为何要振兴苏区？关键有两点：既是补"短板"的需要，又是还欠账的要求。补"短板"大家说得多，但是大家说还欠账的可能比较少，我今天要把这一点谈出来。

首先，战争创伤巨大。由于战争创伤的影响和自然地理等多方面的原因，我们苏区的许多地方经济发展滞后，民生问题更加突出，贫困落后的面貌没有得到根本改变。我跑遍了全国的贫困地区，有的地方还不止一次跑过，其中赣南等原中央苏区的调研给我留下了深刻的印象。赣南等原中央苏区的调研是在时任国家副主席习近平同志的推动下进行的。当时，我作为调研组的组长及时到我们的赣南原中央苏区实地调研。调研所到之处，我们看到，经过几十年的发展，赣南原中央苏区还是处于相当落后的状态，喝不上干净的水，用不上持续的电，不同年级的孩子们都挤在一个教室里面读书，江西"老表"的房子还是20世纪六七十年代的土坯房，虽然弄得很干净，但却千疮百孔。唯一没有变的就是我们江西人民的热情，对来自各方客人的热情，无论家里多么穷，都恨不得把自己所有的东西全拿出来招待客人，这就使我们更加愧疚。我们的原中央苏区，共和国的种子在这里发芽，人民军队发展壮大的锤炼熔炉，赣南有名有姓的烈士就达10.82万人，长征路上平均每公里就有3名赣南籍烈士倒下，但是却仍然很穷。这么一个为国家做出了巨大贡献的地方还很穷，比一般的地方都穷。带着愧疚的心情，我们按照中央的要求，从调研到最后形成中央文件用了不到90天的时间，这个速度是超历史的。

其次，补"短板"的需要。赣南等原中央苏区是一个典型，全国其他苏区也面临同样的问题。在中央政策的强力推动下，很多地方尽管有了很大的改变，但是有些地方发展仍然滞后。所以，我们现在面临一个很重要的任务就是一定要加快振兴苏区。这也是补"短板"的需要。即使我们不考虑苏区，就是一般的地区，我们也要补。因为这些地区的发展跟全国平均水平相比还存在较大差距，形成了我们发展中的"短板"，所以需要补"短板"。我们补"短板"是因为贫困地区没有实现小康就谈不上全面建成小康社会。如果这些地方不振兴起来，我们在2020年宣布建成了小康社会就经不起历史检验和未来的挑战。

最后，实现公平正义的需要。无论是从我们的社会主义制度来说，还是从市场公平、公正规则而言，都有必要加快苏区的发展。社会主义制度是一个追求公平正义的制度，社会主义不能让一个兄弟掉队，不能让一个地区落后。所以，我们要加快这些地区的发展。从市场公平、公正的角度看，我们也需要加快这些地方的发展。因为这些地方无论是以特殊的形式还是以一般的路径都为中国革命和社会主义建设做出了巨大贡献和牺牲。这些地区不仅付出了很多生命的代价，在经济上也提供了巨大的支持。从特殊角度讲，在革命战争年代，红色政权发的债是当年的老百姓购买的，很多物资都是老百姓供应的。是老百姓的支持支撑了我们党和红军的发展，最后支撑了我们新政权的发展壮大。苏区老百姓当年付出的巨大牺牲和代价，并没有得到足够的补偿。但是，实际上这是需要补偿的。从一般角度看，苏区同全国其他广大农村地区一样，长期以来在不平衡、不公平的体制下无偿或者低偿为国家发展做出了重大贡献。比如，农村为城市提供了大量廉价的土地和廉价的劳动力，农产品长期以"剪刀差"的形式促进工业发展。今天，城市发展了，工业发展了，我们应该回馈、补偿包括苏区在内的广大农村、农业、农民。

所以，振兴苏区，不仅是补"短板"的需要，也是还欠账的需要。我们必须在这个基础上认识包括苏区在内的贫困地区农村的支持问题。不要以为今天城市对农村的支持、工业对农业的支持是恩赐。如果以恩赐的心态去看待这个问题，就不会真正全力以赴地支持苏区的发展。我们应该从欠账的角度看，这是必须要还的债。这是一种责任感，同时在责任感中还伴随负疚感。因为长期以来，我们从苏区拿得太多，补得太少。为何要大力振兴苏区？从根本说起，从基础说起，这既是补"短板"的需要，又是还欠账的要求。

二、如何大力振兴原苏区经济

两句话：思想要转化，操作手段要创新。

（一）思想要转化

我们说要振兴苏区，实际上是要在落后的起点上实现对其他地区的超越，实现对其他地区的追赶。这种追赶对我们苏区来讲是十分艰难的。

原因有如下几点：第一，我们本身就处于较低的位置。第二，别的地方已经走在了前面。这些地区除了自身具备良好的基础之外，还在发展中享受了"马太效应"的福利，即资源越来越多地流向发展好的地方。落后地区往往是资源净流出的地方。第三，现在的发展已经不再是前些年那样的粗放发展，想干什么就干什么，发展受到的约束和制约越来越多。比如，我们靠山不能吃山，而是要保护好绿水青山，不能随便发展重化工业。在发展过程中，我们不能只考虑一方的要求，需要多方兼顾，这就是协调发展的要求。在发展中不但要把事情做好，还要考虑群众的感受。比如为群众建房，原来是有房子他就很高兴，但是现在如果建的房子不如他的意，他反而有意见。再如，把他的旧房子拆掉换成新房子，原来这是很好的事情，但是，现在旧房子不能随便拆。为什么？因为拆迁补偿的要价很高。所以，现在的发展不像原来那么单纯，需要面临很多合理、合法的要求，以及不合理、不合法的约束和限制。在这种情况下进行赶超，非常之难。

难归难。我们必须振兴，必须赶超。怎么办？只能转化思想，用超常规的思维，用超常规的举措。

（二）操作手段要创新

哪些是超常规的思维、超常规的举措？基于我们这些年的调研成果，结合多年的工作经验和思考，我认为，要加快发展，实现追赶和超越，有五个方面很重要。

第一，要把比较优势转化为超前优势。从分类指导角度讲，发展一个地方的经济，一定要发挥比较优势。比较优势就是竞争力，也是发展的重要条件。比较优势是相对周边而言，或者相对于同类地区而言的。比较优势不一定是超前优势，但没有超前优势就形成不了竞争优势。要发挥比较优势，但是又不能固守比较优势。必须想办法使比较优势转化成为超前优势。办法是利用好我们现在的有利条件。

现在的有利条件是什么？从宏观角度讲，经济全球化，市场一体化，信息社会化，技术手段共享化。要利用这种条件。从微观环境来讲，就是开放合作。要利用这两个环境，通过合作、移植、承接、集聚，并在这个基础上推进各种形式的创新，包括集合创新，共助新经济、新动能，构建我们的超前优势。通过新的技术手段对传统优势进行嫁接；通过合作和承接，扩张传统优势，把传统产业拉起来。如果只简单固守比较优势，就会落后。因为比较优势不一定是超前优势，更不一定是竞争优势。这个思维一定要有。

我是长期研究地区经济的，地区经济讲得最多的是分类指导。分类指导究竟指导什么？就是要发挥比较优势。但是，仅仅讲比较优势是不够的，更重要的是，还要讲怎样把我们的比较优势变成领先优势、变成超前优势；还要讲超前优势怎么变成竞争优势——这个竞争优势要逐渐从地区竞争优势转变成全国竞争优势，甚至进一步转变成为世界竞争优势。

第二，要从"靠山吃山"转向"愚公移山"。历史上，苏区大多处在高岭险山，一般都比较偏僻。山高路险，所以才能在国民党军队的围剿下成为一块红色区域。今天，这些地区很多都变成了青山。交通条件改善了，原来偏远的地方变成了毗邻的地方，甚至变成了中心。越变越好，高岭险山变成了绿水青山。早些年，为了解决温饱问题，我们"靠山吃山"，但现在不行了，现在靠山不能吃山，靠水不一定能吃水，因为我们要保护好绿水青山。怎么办？那就是"愚公移山"。

我所讲的"愚公移山"不是简单地学古代太行、王屋那个愚公移山，我们不仅要学愚公移山的精神，而且要通过我们的手段把别人的金山银山移植过来，变成发展的资本和条件。就是要通过合作，通过比较优势的交换和利益共享来进行移植。这一点要向贵州省学习。贵州省通过"无中生有""移花接木""借船出海"，把本身不具备的现代技术、现代经济移植过去，构筑了现代经济体系。贵州省超越了传统的经济基础，构建了与其他先进地方同样，甚至比它们超前的现代经济体系。原来落后的经济基础一下子就抛掉了，在新的起点上贵州省不落后。这一点很重要，我们要实现跨越，必须走这个道路。这个道路是什么道路？我把它概括为"愚公移山""借势发展""移花接木""搭顺风车""借快艇"来发展。

第三，要把政策给力变成内生动力。苏区的发展必须要有政策支持。政策支持并不是对苏区的恩惠，是某种意义上推行机会均等、发展权利均等的必然举措，是实施基本公共服务均等化的必然举措。但是即便政策给力，也要用得恰到好处。什么叫恰到好处？就是不要把政策给力变成一种负担，而是要变成一种内生动力。具体而言，有三个方面很重要。

一是不要让政策给力变成我们可以不出力的借口。现在有些地方扶贫攻坚面临的问题是，扶贫工作队的同志辛辛苦苦，国家的政策也很给力，但是被扶的对象很轻松。这就是总书记说的"靠着墙根晒太阳""等着别人送小康"。这样是不行的。要让扶贫对象有内生动力，要把扶贫同扶智、扶志有机结合，把扶智变成扶志。

二是要使地方的同志激发起奋斗精神，不能滋长"等靠要"的心理。现在有些地方在国家扶持面前"越吃越香""越吃越懒"，这个政策"吃"完之后就跑北京再去"搞"政策。这是不对的。政策要跟主动性、地方的发展思路和能量结合起来。不能有"等靠要"的心理。政策要有，但是不能把"跑要"变成一种偷懒的作风。

三是国家要更改政策的方向和方式。少给钱、少给物，多些产业培植和重点工程建设，使老百姓能够实实在在地投入生产经营之中，把政策给力变成推行发展长效机制的一个推手。把政策给力变成内生动力这一点非常重要，只有这样，我们才能实现赶超，苏区的发展才能够长远。

第四，要使对口支援走向对口合作。天上没有掉馅饼的，无偿的对口援助是不长久的。对口支援是必要的，我们一部分地区先富起来了，有条件支援落后地区了。2012 年出台文件，支持赣南原中央苏区，到 2018 年已经有五六年了。我们做了一个评估，中央领导对赣南原中央苏区的发展给了高度评价。现在赣南的面貌跟五六年前我带队去调研的时候完全不是一回事。这其中就有对口支援的贡献。我们国家几十个部委对口派人，驻扎到赣南原中央苏区工作。各个部委发挥其资源优势，支援效果很好。我们在其他地方也有对口支援，如对口支援新疆自治区、西藏自治区等。

但必须注意，目前的对口支援是无偿的。由于是无偿的，支援方总感觉这是一种赠予，是恩赐的。这种支援是不是从心底里出发，特别愿意，咱们也是要考量的。既可能是真的愿意，也可能是中央有压力，不情愿的，起码不是跟经济规律一样。我们强调，交换是发自内心的，但对口支援不完全是。由于支援方的资源是有限的，不可能倾尽全力。从时间上来说，这种对口支援，一年可以，十年可以，甚至二十年都可以，但是要支援一辈子，永远支援下去，支援方心里恐怕是不情愿的。那么，对口支援这个形式要不要保留？答案是要，其一，这是一种制度特色，有其优越性；其二，从目前发展的角度来讲，除了中央支持外，很大程度上就依靠横向的对口支援，因此是必要的。但是从长远的角度来讲，从互利共赢的角度来讲，我们要逐渐把对口支援推向对口合作。

对口合作是什么意思？就是这种支持不再是基于一方对另一方无偿的援助，而是双方在比较优势交换和相关条件互补基础上的一种基于经济内在规律的互助合作。这样就能够长久和无限。只要有合作空间，支援方就愿意竭尽全力。所以，今后我们要更多地运用产业转移，包括建立合作经济、合作园区，更多地运用比较优势去交换等市场化的方式，将对口支援引导到可持续发展的轨道上，从而推动对口帮扶走向两个经济利益体之间互利共赢的对口合作。东部地区发展得好，但是缺地，西部地区发展得不好，但是有地，这就是比较优势。比较优势一交换，采取一个有效的形式，就能够长远合作。这种长远合作对两个地方都有好处，有资源的受援方没有愧疚感，支援方的动力也不再是有限的，而是无限的，会觉得这么支援下去对自己也有好处。所以，这个转变很重要。

第五，要以自然美景打造营商环境。苏区、老区的一个特点就是原来的地理弱势变成了地理优势。在战争年代比较偏远的高山峻岭，逐渐变成了青山绿水。随着现代化建设的不断推进和交通通信设施的不断发展，原来的地理弱势变成了地理区位上的优势。但是，我们不能沉浸于此。我们要发展，要开放、合作，要基于我们的自然美景打造良好的营商环境。这个营商环境是什么？它不只包括自然环境，还包括法律规范，不仅包括道德、信誉，还包括行政管理水平。相对来说，这些在苏区是比较落后的。跟现代化的大城市比，除了自然美景外，苏区在法律、道德、信用等综合素质方面还有待提升的。从原始的、传统的感情上升到现代文明很重要。举个简单的例子，农民工进城之后就不随地吐痰了，要是在农村就会随地吐痰。这是现代化大生产锻炼的结果。那么，村民如果不离开农村，能不能像在城市一样有道德素质，这就是我们需要构造的营商环境。这一点对苏区开放合作，利用"移花接木""借船出海"吸引资源、吸引人才十分重要。所以，需要通过超常规的方式，把自然美景打造成为良好的营商环境。

（本文根据录音整理）

在第二届全国原苏区振兴高峰论坛的发言

信阳市委常委、常务副市长　王新会

很高兴能参加由中国社会科学院农村发展研究所、江西师范大学、信阳师范学院共同举办的第二届全国原苏区振兴高峰论坛。这次论坛围绕乡村振兴与苏区发展这一主题，深入探讨近年来原苏区及全国其他革命老区振兴发展的有效措施和成功经验，对深入贯彻落实党的十九大精神和习近平总书记扶贫思想、大力实施乡村振兴战略、打赢脱贫攻坚战，具有重大理论和实践意义。在此，我谨代表中共信阳市委、信阳市人民政府对本次论坛的举办表示热烈祝贺！向参加论坛的各位领导和专家学者表示诚挚欢迎！向社会各界长期以来对信阳经济与社会发展的关心、支持表示衷心感谢！

大别山革命老区跨河南、湖北、安徽三省，涉及 22 个县，是土地革命战争时期全国第二大革命根据地、鄂豫皖革命根据地所在地。信阳地区是大别山革命老区的中心区域，新县是鄂豫皖苏区首府所在地，被誉为红军的故乡、将军的摇篮，是许世友、李德生、郑维山等众多将军和领导的故乡。当前，信阳迎来了新的发展机遇，站在了新的历史起点上。信阳先后被确定为国家主体功能区建设示范市、国家农村改革示范市；相继成功创建国家级生态示范城、中国优秀旅游城市、国家园林城市、国家卫生城市、全国绿化模范城市；连续十届荣获"全国宜居城市"称号、连续八届荣获"全国最具幸福感城市"称号。信阳不仅是一座历史名城、革命荣城、交通要城，也是一座山水名城、绿色茶城、旅游新城，更是一座宜住之城、宜游之城。习近平总书记指出，我们要实现第一个百年奋斗目标，全面建成小康社会，老区没有实现全面小康，老区的贫困人口没有脱贫致富，那是不完整的。党中央、国务院高度重视大别山革命老区建设，出台实施了《大别山革命老区振兴发展规划》，持续加大扶持力度，动员全社会力量参与老区建设，使革命老区面貌发生了深刻变化、人民生活水平显著提高。但由于自然、历史等多重因素影响，革命老区发展相对滞后，基础设施薄弱，人民群众生活水平不高等问题依然比较突出。作为革命老区的信阳，基础差、底子薄、财政弱，是大别山集中连片特困地区。新县作为 2017 年全省四个贫困县之一，顺利退出贫困序列；2018 年还要实现 6 个贫困县的脱贫"摘帽"，攻坚责任大，任务艰巨。

近年来，信阳强抓政策，主动融入国家发展战略，开展改革创新，利用自身得天独厚的自然资源和农民优势，以美丽乡村建设作为突破口，坚持生态优先，深化农村改革，实现了乡村振兴和正在实施推进的脱贫攻坚战的有机结合。信阳健全城乡融合体制机制，加快建设现代农业，经过多年努力，信阳乡村振兴成效显著，走出一条人不出村、村头脱贫的基本道路，有效推动了乡村振兴发展。信阳成为国务院批复同意的淮河生态经济带发展规划的三个核心发展城市之一，也是目前全国唯一一个承担扶贫开发综合改革试验试点的省辖市。

作为大别山革命老区的本科高校，信阳师范学院是河南省重点建设的两所师范大学之一，拥有40多年的本科教育和20多年硕士研究生教育经验。在长期的发展实践中，信阳师范学院形成了环境优美、校风优良、实力过硬的大学体系，已成为信阳市经济社会发展的一张亮丽名片。信阳师范学院坚持扎根河南、立足大别山、服务中原、面向全国的办学思路，以培养具有批判思维、创新精神、国家情怀的卓越教师、高素质专业人才为己任，着力整合优化教学资源，特别是专业学科的优质资源、人才资源和科研平台资源，为河南提供了有力的人才支撑，为大别山革命老区乡村振兴发展和脱贫攻坚工作做出了重要贡献。

2018年，中央一号文件对实施乡村振兴战略进行了全面部署，开启了新时代美丽乡村建设新征程。在全国上下深入学习贯彻党的十九大精神和乡村振兴战略之际，本次论坛聚焦乡村振兴发展，意义深远。本次论坛得到了中国社会科学院农村发展研究所、江西师范大学、信阳师范学院三个主办单位的大力支持，国家相关部委领导及12个兄弟省份相关专家学者积极参与。衷心希望各位领导、专家、学者通过开展跨地区、跨部门、跨学科的学术研讨会，多为革命老区发展把脉问诊，建言献策，为打赢脱贫攻坚战、促进乡村全面振兴贡献力量。

（本文根据录音整理）

在第二届全国原苏区振兴高峰论坛的致辞

中国社会科学院农村发展研究所所长 魏后凯

我谨代表中国社会科学院农村发展研究所向各位的到来表示诚挚的欢迎和衷心的感谢。

中国社会科学院农村发展研究所（以下简称农发所）成立于 1978 年，2018 年刚好是农发所成立 40 周年。农发所是一个专门从事中国农村问题研究的国家级学术研究机构，下设 10 个研究室、1 个期刊编辑部（杂志社）、2 个职能部门，依托成立 1 个智库、5 个非实体研究中心，挂靠管理 6 个国家级学会。其中，中国县镇经济交流促进会下面设置了一个革命老区发展专业委员会。农发所每年发布 3 部研究报告，即《中国农村经济形势分析与预测》《中国农村发展报告》《中国扶贫开发报告》。

加快苏区振兴，是党中央、国务院的重要战略部署，充分体现了对老区人民和革命先辈的深厚感情。从 2012 年国务院出台《关于支持赣南等原中央苏区振兴发展的若干意见》等政策以来，在党中央、国务院的关心关怀和亲切帮扶下，原苏区经济社会发展成绩显著，综合实力大大提高，民生福祉得到明显改善。但是，由于基础薄弱、起步较晚等原因，苏区发展现状与全国小康建设目标差距依然存在，不平衡、不充分发展的问题尚未解决。当前，中国经济进入高质量发展的新阶段，原苏区建设也进入了关键时期。

下面，我想谈几点想法：一是精准扶贫，同步建成全面小康社会。党的十九大报告明确提出，深入开展脱贫攻坚，保证全体人民在共建共享发展中有更多获得感，不断促进人类全面发展，全体人民共同富裕。原中央苏区有一半地区在连片贫困地区，是国家级、省级扶贫开发重点县，这些地区经济社会发展缓慢。真正打赢脱贫攻坚战，尽快摆脱贫困，实现全面小康，对原苏区具有重要意义。为此，要坚持把脱贫攻坚作为苏区的头号工作来抓，坚持扶贫与扶志、扶德、扶智并举；同时抓好产业脱贫，确保贫困人口如期脱贫，贫困县全部"摘帽"，与全国同步实现小康。二是乡村振兴。大家知道，现在中央实施乡村振兴战略，这是"三农"工作的总抓手。乡村振兴的总目标就是要实现农业农村的现代化，要建立健全城乡融合的体制机制和政策体系，到 2050 年，全面实现乡村的农业强、农村美、农民富。原苏区的振兴应当遵循乡村振兴发展规律，积极探索，按照乡村全面振兴之路来走，实现城乡融合发展。三是绿色发展，加快生态文明的建设。原苏区有丰富的生态资源，怎么把生态资源转变为现实的经济资源，加快生态文明的建设，建立生态宜居的美好环境？我认为，苏区发展必须践行习近平总书记提出来的"绿水青山就是金山银山"的理念。要积极谋划绿色发展的新路径，充分利用生态资源，推进红色旅游与绿色旅游的有机融合，将休闲娱乐、生态文明和美丽乡村建设有机结合起来，促进绿色产业发展，切实把绿色优势转化为经济优势。四是转型升级。原苏区发展水平比较低，一定要在转型发展中实现跨越性发展、高质量发展。原苏区走高质量发展的道路，核心是要强化创新引领，加快产业转型升级，积极发展新技术、新产业、新业态、新模式，构建现代化绿色产业体系，培育一批创新型企业。

加快促进原苏区发展，不仅是全面建成小康社会、促进区域协调发展的迫切要求，也是实现中华民族伟大复兴、全面建设社会主义现代化强国的需要。本论坛旨在为政府部门、研究部门、高校搭建一个交流合作的开放平台，以此推动原苏区的理论和政策研究，为原苏区建设提供智力支持。

（本文根据录音整理）

不忘初心　做好"苏区振兴"大文章

——在第二届全国原苏区振兴高峰论坛上的讲话

江西师范大学党委书记　田延光

今天，在昔日鄂豫皖苏区的中心和许世友将军的故乡——信阳，在风景如画、人才辈出的信阳师范学院，第二届全国原苏区振兴高峰论坛如期召开。作为主办方之一，我谨代表江西师范大学，对会议的顺利召开表示热烈祝贺！向出席会议的各位领导、专家学者表示热烈欢迎！

组织和举办全国原苏区振兴高峰论坛，是中国社会科学院农村发展研究所和江西师范大学联合全国有关高校、科研院所认真贯彻党的十九大精神，积极响应习近平总书记对革命老区的特殊关切，努力策应国家关于革命老区的脱贫攻坚与振兴发展规划的一项重要举措。自2017年在江西师范大学举办第一届全国原苏区振兴高峰论坛以来，在国家发改委地区司、江西省赣南等原中央苏区振兴发展工作办公室等国家和地方有关政府部门的关心和指导下，在各兄弟院校、科研院所和学会的大力支持下，我们着力抓好和谋划了下面几项工作：

一是汇聚论坛研讨成果，编辑出版了《全国原苏区振兴理论与实践》，就是大家现在看到的由经济管理出版社正式出版的这本论文集。

二是争取中国县镇经济交流促进会的支持和同意，依托全国原苏区振兴高峰论坛有关参与单位，设立了中国县镇经济交流促进会革命老区发展专业委员会。这个委员会将和全国原苏区振兴高峰论坛一道，成为推动各个革命老区有关高校、科研机构和专家学者进行学术交流的全国性重要平台。

三是与中国社科院农村发展研究所和信阳师范学院的同志们一起，充分发扬"2 + X"的合作办会精神，共同筹划办好第二届全国原苏区振兴高峰论坛。中国社科院农村发展研究所所长魏后凯同志亲临江西师范大学苏区振兴研究院进行现场调研指导，对第二届论坛的各项事务进行了通盘谋划；信阳师范学院党委书记宋争辉同志高度重视本次论坛的举办工作，对有关事宜进行了周密部署；信阳师范学院副校长齐城同志和党办主任林兴岚、发展规划处单刚等同志，多次莅临江西师范大学就论坛举办事宜进行考察、交流和协商。在此，我谨代表论坛的主办方之一——江西师范大学，对各位领导和同仁的关心重视和辛勤付出，表示诚挚的感谢！

"老区是党和人民军队的根"。从应用对策研究、文化教育服务、科技应用、人才培养等方面促进包括原苏区在内的全国各个革命老区的振兴发展，是这些地区的科研院所和高等院校的初心所在，也是我们义不容辞的光荣使命。为了进一步推动全国原苏区振兴高峰论坛和革命老区专业委员会在革命老区振兴发展中发挥更大作用，下一步我们打算持之以恒地开展以下重点工作：

第一，充分利用专业服务网站、微信公众号、APP 平台等形式，促进原苏区和其他革命老区的高等院校、科研院所等有关单位之间的信息交流与人员往来，进一步增强相互之间的横向联系，形成群策群力的研讨氛围。从《国务院关于支持赣南等原中央苏区振兴发展的若干意见》《陕甘宁革命老区振兴规划》《赣闽粤原中央苏区振兴发展规划》《左右江革命老区振兴规划》《大别山革命老区振兴发展规划》出台后的实施情况来看，各个革命老区的振兴发展大多立足本地，相互之间缺少交流和协同，因而彼此的成熟做法和宝贵经验难以获得推广。我们论坛努力的重点方向之一，就是在各个革命老区之间积极营造传递经验、汇聚智慧、贡献良策的横向联系网络。

第二，通过兴办内刊、调查研究、建言献策以及提供政策咨询、参与会议研讨等多种方式，积极参与国家和地方有关政府部门扶持革命老区的相关活动，促进革命老区在脱贫攻坚和经济社会、教育文化等方面获得发展。"顶天立地"是我们论坛坚持的服务宗旨。"顶天"就是要主动瞄准和积极响应国家涉及革命老区的战略发展规划与需求，有针对性地做好调查研究、政策咨询、政策评估等方面的研究工作。"立地"就是要立足革命老区自身的发展规划与需求，加强与政府有关部门的沟通和对接，加强学科知识与地方政策的融通和转化，把文章写在革命老区振兴发展的大地上，把初心印在革命老区振兴发展的事业上。

第三，以全国原苏区振兴高峰论坛和革命老区发展专业委员会为重要平台，汇聚国内外专家学者为全国革命老区振兴出谋划策，推动与全国革命老区振兴有关的智库建设。我们举办论坛的主要目的，就是要发挥新型智库功能，对包括原苏区在内的革命老区的振兴发展起到实实在在的促进作用。参加这次论坛的单位，不仅包括来自多个革命老区的高校和科研院所，而且包括中国社科院农村发展研究所这样的国家高端智库，因此论坛上汇聚了许多领域的专家、学者。我们论坛发挥作用的关键，就是要通过多种渠道积极建言献策，努力扩大专业影响力和社会贡献度。

第四，重点发挥科研院所和高等院校的人才培养作用，积极为全国革命老区振兴培养高端人才，提供智力服务。科研院所和高等院校的最大优势就是人才优势。我们论坛将依托有关参与单位，通过举办专门人才培训班和专业知识培训会等方式，充分发挥这种优势，为广大革命老区提供人才培养等方面的智力服务。

革命老区的振兴发展，是中国特色社会主义建设的一项伟大事业。只要我们坚守初心，牢记使命，就一定可以实现苏区振兴。

（本文根据录音整理）

在第二届全国原苏区振兴高峰论坛上的致辞

信阳师范学院校长　李　俊

　　在这天高气爽、硕果飘香的初冬时节，我们怀着十分喜悦的心情在美丽的信阳隆重集会，共话"乡村振兴与苏区发展"，助力脱贫攻坚和全面建成小康社会，这充分体现了论坛主办方和与会领导、各位专家学者的老区情怀和使命担当。在此，我谨代表信阳师范学院，向拨冗与会的各位领导、各位专家和朋友们，表示热烈的欢迎和诚挚的问候！向所有关心支持乡村振兴与苏区发展的各级党委、政府和社会各界，表示崇高的敬意和衷心的感谢！

　　苏区是一片红色沃土。在革命战争年代，苏区人民养育了中国共产党及其领导的人民军队，提供了坚持长期斗争所需要的人力、物力和财力，为壮大革命力量、取得最后胜利，付出了巨大牺牲，做出了极大贡献。苏区也是一方发展宝地。改革开放40年来，原苏区在党中央、国务院的关怀支持下，如同向阳花木，沐浴着改革开放的东风，迈出了蓬勃发展的新步伐，取得了经济社会发展的巨大变化和成就。

　　然而，随着中国特色社会主义进入新时代，发展不平衡、不充分的问题已经成为满足人民日益增长的美好生活需要的主要制约因素，原苏区和一些革命老区依然存在大量贫困人口，依然有不少贫困区域亟待脱贫"摘帽"，脱贫攻坚任务依然艰巨。与国内经济发达地区相比，原苏区经济发展基础薄弱、总体发展水平较低、基础设施建设滞后、社会事业发展缓慢、发展差距不断加大。原苏区落后的面貌，已成为我国发展不平衡、不充分的一个突出问题，也是全面建成小康社会必须彻底解决的一项战略任务。

　　中共十八大以来，以习近平同志为核心的党中央大力支持革命老区开发建设，将支持革命老区加快发展摆在重要位置，党的十九大更是将革命老区与"少""边""穷"地区一起摆在区域协调发展战略的优先地位，提出要"加大力度支持革命老区、民族地区、边疆地区、贫困地区加快发展"，强调要"坚决打赢脱贫攻坚战"，做出了"让贫困人口和贫困地区同全国一道进入全面小康社会"的庄严承诺。全国原苏区振兴高峰论坛的成立和举办，正是在深入贯彻党的十九大精神、全面落实关于打赢脱贫攻坚战新部署和新要求的时代背景下应运而生的。作为以"原苏区振兴"为主题的全国性学术会议，我们通过搭建经验交流、信息共享、团结协作的平台，共同探讨原苏区和其他革命老区振兴发展的典型经验及实践探索，旨在有效促进原苏区和其他革命老区脱贫攻坚和振兴发展，积极为新时代实现区域协调发展战略贡献智慧和力量。

本次论坛得到了社会各界特别是广大专家学者的高度重视和积极参与，不少专家、同仁为探索老区振兴和脱贫攻坚开展了深入的专题调研和学术研究，形成了一批具有重要理论价值和实践意义的研究成果。本届论坛先后收到来自全国各地有关部门、高校、科研机构领导和专家学者的论文60余篇，内容涉及苏区振兴对策思考、革命老区经济建设和脱贫攻坚、红色文化传承创新、乡村振兴道路探索等方面。其中，既有理论分析，又有政策研究；既有实践探索，又有经验总结。这些文章为加快革命老区振兴发展提供了有益的借鉴和参考，也为本届论坛的成功举办奠定了坚实的基础。

本次论坛得到了河南省人大常委会、中共信阳市委、信阳市人民政府的高度重视和大力支持，得到了主办方中国社会科学院农村发展研究所、江西师范大学的高度重视和大力支持，得到了国家和北京、江西、福建、广东、广西、贵州、湖北、四川、陕西、山西、山东、河南等省市区有关部门、高校、企业及社会组织有关领导、专家、同仁的积极参与，大家在百忙中拨冗莅临、参与和指导论坛交流和研讨活动，为论坛的顺利举办提供了强大动力和有力支持，在此，我代表主办方再次向大家表示衷心的感谢和崇高的敬意！

信阳师范学院地处豫南革命老区，植根大别山红色沃土，在长期的办学实践中，在"坚守信念、胸怀全局、团结一心、勇当前锋"的大别山精神激励下，高举教师教育旗帜，坚守服务教育事业和经济社会发展的使命，紧紧围绕立德树人根本任务，秉承"厚德崇实、善学敏行"的校训，形成了"环境优美、质量过硬、校风优良"的办学特色，培养了7万余名合格教师、13万余名其他高级专门人才，为中原崛起、河南振兴、大别山革命老区经济社会发展做出了重要贡献，赢得了"教师之摇篮"的美誉，成为大别山地区一张亮丽的高等教育名片。近年来，学校不忘"扎根老区、服务老区"的初心，矢志不渝提高对老区经济社会发展的参与度、贡献度，立足学校和区域实际，牵头成立"豫南教师教育联盟"，倡议并牵头成立"大别山革命老区高校联盟"，联合河南省科技厅、河南省科协共同支持信阳市脱贫攻坚，充分利用大别山农业生物资源保护与利用学科群的学科优势和豫南非金属矿资源高效利用、茶树生物学等省级重点科研平台，与信阳市合作建设"信阳森林生态系统定位研究站""信阳发展研究院"，与信阳天梯矿业开发公司等企业合作建成球形闭孔珍珠岩生产线，与中国林科院共建"大别山种群生态模拟与控制重点实验室"，建立了校校、校企、校地深度合作的有效机制和模式，为老区经济社会发展不断做出新的贡献。

打赢脱贫攻坚战，实现乡村振兴和苏区发展，把党的十九大的战略部署落到实处，既需要科学规划、精准施策，更需要多方发力、携手攻坚。作为学术前沿和人才高地的高等院校，在革命老区脱贫攻坚和乡村振兴发展中，肩负着义不容辞的责任，具有不可替代的独特优势。相信本次论坛的成功举办，必将有力地促进高校之间，高校与地方政府、企事业单位和社会组织之间的交流与合作；真诚地期待通过论坛的深入交流和研讨，能够相互借鉴、集思广益、群策群力，更好地为乡村振兴和苏区发展建言献策，为全面建成小康社会做出不懈努力和新的贡献；真诚地希望各位领导、各位专家、各位同仁对我校的建设发展给予把脉问诊，多提宝贵意见，我们一定会倍加珍惜，认真吸收借鉴。

（本文根据录音整理）

主旨报告

苏区乡村振兴的五个关键问题

中国社会科学院农村发展研究所所长　魏后凯

第一，依靠全面深化改革，全面激活资源。中华人民共和国成立以后尤其是改革开放40年来，我国苏区取得了长足发展，但是经济上依然落后，有些还属于贫困地区，实际上出现了一个"富饶的贫困"现象。怎么叫"富饶的贫困"？也就是说，这些地区拥有丰富的土地、矿产、生态、文化、旅游等多方面资源，但是发展水平低、收入水平低、贫困人口比较多。从经济上看，还处于落后甚至贫困状况。原因在哪儿？就在于这些地区拥有的是低级的要素，而缺乏将这些低级要素转化为现实生产力的高级要素，如人才、技术、制度、品牌、营销技术等。

如何打破苏区"富饶的贫困"状况？关键就在于全面深化改革，要将资源优势转变为现实优势。一定要依靠改革创新，打通资源变财富的渠道。现在，我们的思想在某些方面还受到一些传统观念、传统体制机制的束缚。要解放思想，打破各方面的束缚，就要依靠全面深化改革，全面激活农村的各种资源、要素、市场，形成乡村振兴的内生动力。从要素看，一方面，现在某些要素实际上严重短缺；另一方面，有一些要素又利用不足，二者并存。从主体看，新型经营主体、新型服务主体、农民等各方面主体的积极性到目前为止并没有充分调动起来。从市场看，近年来中央不断加大了对包括苏区在内的革命老区和农村地区的资金支持，但是，在加大资金支持的基础上，我们不能完全否定市场在资源配置中的决定性作用。在乡村振兴问题上过去有一个误区——认为农业农村发展主要就是靠政府、靠扶持，不重视发挥市场资源配置的决定性作用。我不同意这种观点。我认为，即使是农业和农村，在加大政府支持的基础上，同样要发挥市场在资源配置中的决定性作用。农村产业的发展主要靠农户和新型主体。要依靠改革创新和市场化途径，打通资源变资本、资本变股金变财富的渠道。

当然，这可能会带来一个问题，就是在打通了资源变资本、资本变股金变财富的路径之后，地区之间会出现财富的悬殊差异。在大城市的城郊地区，农村土地可以通过交易带来大量的收入，但是偏远地区土地交易带来的收入就比较少。怎么防止这种地区差异的扩大？这是需要研究的一个重要课题。当前，全面深化改革的核心问题，就是农村产权制度的改革问题。包括如何加快农村集体经济组织产权制度的改革；包括农村集体经营性建设用地如何同等入市；还包括在农村土地所有权、承包权和经营权三权分置的基础上如何进一步放活土地经营权；在宅基地所有权、资格权和使用权三权分置的大框架下如何放活宅基地和农民房屋使用权等。下一步的重点就是如何进一步加快推进农村产权制度的改革。

第二，打破城乡障碍，促进城市资本下乡。长期以来，我国的城乡要素主要是单向流动，一方面，农村的人口、资源、资金、人才等各种要素在传统体制下不断向城市集聚。如银行资金，农村地区一般都是存得多、贷得少。这样通过银行中介，就把农村的资金转移到了城市。到目前为止，很多县域尤其是乡镇仍然存在明显的存贷差。再从投资看，现在的农村，包括县城在内的投资都比较小。2016年，全国乡村常住人口占42.6%，但其固定资产投资不到全国的6%。另一方面，由于过去传统的体制，城市人口被禁止向农村迁移，城市的公共服务、基础设施没有向农村延伸，城市人才和资本向农村流动一直处于较低水平。近年来，中央统筹推进城乡一体化，促进城乡融合发展。在这种大的政策框架下，城市资本、技术、人才下乡的进程不断加快。过去城市资本下乡比较慢，主要是因为无论理论界还是政府部门，都存在一些误区，认为工商资本下乡可能带来非粮化、非农化。

近年来，全国土地流转推进很快，2016年，35%以上的土地都进行了流转，流转的土地种粮食的很少，存在着严重的非粮化倾向。2018年4月，我们去陕西调研，发现陕西省流转的土地中只有7%~8%在种粮，整个西安市流转的土地，种粮的只有5%左右。这表明，流转土地的非粮化倾向十分明显，全国各地都是如此。但是，这种非粮化并不是城市资本下乡引起的，主要原因是土地流转的成本远远高于种粮的收入。2016~2017年，三种粮食每亩的平均净利润都是亏损的。目前，种粮的现金收益每亩也就500元左右。但是，土地流转的价格每亩大多在800~1500元，在北京平原地区甚至达到2000元。从经济学角度看，租地者不可能拿这些农耕土地来种田。因此，非粮化与城市资本下乡并没有必然联系。再者，非农化只是个别现象，主要是有关部门对土地的使用监管不严导致的。所以，一定要彻底破除城市资本下乡的障碍，消除过去对城市资本下乡的错误看法。

要推动城乡要素双向自由、合理流动，就一定要在政策上积极营造城市资本下乡的环境。必须注意三点：一是不能单纯把城市资本看成是一种资金，而应该将其看成是资金、人才、技术、品牌、营销经验的一个综合体；二是在正面清单基础上实行负面清单制度，强化土地用途的管制，明确禁止和限制的领域；三是要加强农民权益的保护，防止侵害农民的利益。

第三，多措并举，建立农民增收的长效机制。近年来，农民增收的难度在不断加大。一方面，2009年之后农民收入增长的速度快于城镇居民收入增长的速度，但是其增速的差距越来越小。另一方面，2009年之后，城乡差距虽然在缩小，但是缩小的幅度越来越小。最近几年，城乡收入比每年缩小的幅度都在0.01左右。而且，这些年来农民收入的增长主要不是依靠农业农村，而是高度依赖工资性收入和转移净收入的增长。2014~2017年，农民收入增长中有70%来自工资性收入和转移净收入。在工资性收入中，又有相当一部分是农民离开农业、离开农村到城里打工的工资性收入，跟农业农村没有太大关系，主要是依靠城市产业支撑。农民的增收主要是依靠外出打工，主要是靠劳务输出。这就说明，农民收入缺乏产业的支撑，所以，一定要长短结合，多措并举，建立一个农民增收的长效机制。

作为一个短期措施，我们要鼓励农民外出打工和劳务输出。因为它有利于农民增收，有利于农民脱贫致富。但是，单纯依靠外出打工，依靠劳务输出，虽然农民收入增长了，但是乡村可能就衰弱了、凋敝了，所以，需要发展农村产业，增加就业机会。核心的问题就是建立现代乡村产业体系，实现乡村产业振兴。我认为，产业兴，则经济兴、乡村兴。

要全面激活农村资源，大幅增加农民财产性收入的比重，扩大农民增收的来源和渠道，建立一个农业农村导向型的农民增收长效机制。也就是说，未来苏区农民的增收要更多来源于农业、来源于农村，由本地特色的现代乡村产业体系来支撑。这种具有苏区特色的现代化乡村产业体系主要从两个方面体现出来。一是转变农业生产方式，发展现代高效绿色农业，实现农业的规模化、集约化、绿色化、工业化、社会化，并将小农生产引入现代农业发展体系中。这里所讲的农业工业化，就是用工业化的理念、思路、生产技术、管理方法推进现代农业发展。二是推进苏区农村一二三产业融合发展。要挖掘农业的多维功能，促进农业产业链的纵向融合和纵向一体化，促进农业和二三产业，尤其是电商、文化旅游、康养、农产品加工、物流等的横向融合和横向一体化。只有推进农村一二三产业融合，才有可能实现农业增效、农民增收、农村增绿。

第四，一定要根据未来的城乡格局，优化农村公共服务。目前，在实施乡村振兴战略的过程中存在一些误区，即认为每个村庄都要振兴，在每个村庄都要建立各种公共设施，按照现有乡村人口来确定未来的基础设施、公共服务布局。但是，这样可能有一个问题：未来城乡格局发生了变化怎么办？自2011年我国城镇化率越过50%的拐点之后，城镇化推进的速度已经逐步减缓，开始进入减速时期。未来的城镇化重点主要是全面提高城镇化的质量，实现更高质量的健康城镇化。

怎样实现高质量的城镇化？一是农业转移人口市民化要跟新型城镇化同步。二是城市和建制镇要实现高质量的发展。三是城镇化要实现低成本的推进。这个低成本主要是资源的消耗、环境的损耗代价要最低，就是城镇化率每提高一个百分点，尽可能消耗比较少的能源、土地和其他资源，尽可能排放比较少的废弃物。四是构建科学合理的城镇化规模格局和空间格局。五是构建新型的城乡关系。

根据我们研究，预计到2033年，我国城镇化率将达到70%左右，2050年将达到80%左右，接近城镇化的"天花板"。按照联合国的预测，2035年我国城镇化率将达到71.1%，乡村常住人口4.19亿；到2050年，我国城镇化率将达到75.8%，乡村常住人口3.35亿。据此推算，到2035年，我国农村人口占29%左右，农业就业人口的比重可能达到10%左右。从空间格局看，我们估计，未来95%甚至97%以上的空间都是乡村。所以，某些人说要消灭乡村、消灭农村，肯定是不科学的想法。实施乡村振兴战略也并非说要振兴每一个村庄。

改革开放以来，随着城镇化的不断推进，村庄实际上一直在不断消亡，这是一个正常现象。某一个村庄的消亡并不意味着整个乡村的衰落。2006～2016年，全国行政村减少了2.28万个，自然村减少了9.22万个。因此，实施乡村振兴战略，一定要与新型城镇化联动，在未来城乡人口和空间格局的大框架下，科学确定城乡基础设施和公共服务的布局。

第五，坚持因地制宜、分类指导、因村施策。从全国看，乡村面积大，村庄类型多。2016年全国有52.62万个行政村，261.68万个自然村。对这些村庄的发展，不可能采取一种模式，而要坚持因地制宜、分类指导、精准施策。要针对不同区域、不同类型的村庄，实行分区分类的差别化推进策略。比如全国的分区就可以分为东部、中部、西部和东北地区，针对不同地区采取不同的推进策略。分类，就是从村庄区位条件、人口迁移、乡村转型看，有不同的类型。从区位条件看，有城郊型、平原型、山区型、边远型；从人口迁移和集聚看，有集聚型、稳定型、空心型、移民搬迁型；从乡村转型看，有现代乡村、转型乡村、传统乡村。不同类型的乡村采取的振兴策略是不一样的，乡村治理的模型也是不一样的。应该坚持因地制宜，鼓励实行多元化的乡村振兴及治理模式，打造各具特色的乡村振兴"样板"。从刚颁布的国家乡村振兴战略规划看，实际上已经体现了因地制宜、分类推进的思想。在国家乡村振兴战略规划中，把村庄分为集聚提升型、城郊融合型、特色保护型、搬迁撤并型四种类型。每个省、每个市县也不应该一样，不可能照搬国家层面的划分方法。但是，有一点，一定要突出区情村情特点，实行因地制宜、因村施策。

关于推进革命老区乡村产业兴旺的思考

国家发改委产业经济与技术经济研究所副所长　姜长云

感谢后凯所长，感谢信阳市市委、市政府和师范学院提供的这个机会，刚才听了范秘书长的报告非常受启发，那我现在讲一下关于推进革命老区乡村产业兴旺的思考，这个题目也是魏所长要求的。我主要讲两部分内容：第一个就是推进产业兴旺是革命老区推进乡村振兴的首要任务和突出难点，第二个是多方发力共推革命老区乡村产业兴旺。

大家都知道推进产业兴旺是乡村振兴的首要任务，"五个一批"工程中革命老区脱贫攻坚是发展生产突出的一批，所以推进产业兴旺也应该是革命老区乡村振兴的首要任务。那么按照我的理解，乡村振兴战略相对以前的新农村建设来说是用产业兴旺代替生产发展。这实际上突出了供给侧结构性改革的主线作用，丰富了农村产业发展内涵。比如说我们现在推进产业兴旺过程中的一些措施，比如说推进农村一二三产业融合发展，这些都是推进供给侧结构性改革的重要方式。但是在此过程中要防止形成一些无效供给问题，因为供给侧结构性改革归根结底是要为增加有效供给、减少无效供给。而且增加有效供给、减少无效供给提供良好的体制机制保障，推进供给侧结构性改革的措施也要防止形成无效供给。产业兴旺在促进农村发展的同时丰富了产业发展的内涵，更加重视质量兴农、绿色兴农，更加重视实现农业农村经济多元化、综合化和融合化，重视对新型产业发展方式的接纳和包容。2014年的中央农村工作会议，李克强总理就提出把新的产业发展方式和发展理念引入农业，提升产业链价值。关于产业兴旺现在可能有一些不同的理解，有人认为促进产业兴旺重点是发展新的农业，我觉得这个观点可能有点偏激，实际上促进产业兴旺应该有四个方面。第一，粮食的基本供给是根基。无论是乡村振兴还是农村建设，确保粮食的基本供给这是一个基本前提。第二，农业结构调整和特色农业发展。农业结构调整和特色农业发展既是拓展农业发展空间，也是提升农业生产链、价值链的一个重要方式，而农业结构调整和特色农业发展在我们革命老区包括原中央苏区有一个很好的优势就是我们这个地方山清水秀，有美丽的自然资源，有丰富的特色文化。这样就可以搞一个特色发展进行有效对接。第三，现代农业生产体系、经营体系建设也是促进产业兴旺的重要措施，由于时间关系我就不展开说明了。第四，推动农村经济多元化、综合化、融合化。实际上随着交通的便捷化和城市用地的逐渐减少、城市用地成本越来越高，产业相对地向农村、小城镇、产业园区集中，农村经济多元化也是可以实现的。

乡村振兴战略规划里面关于产业兴旺的内容有两篇，分别是加快农业现代化步伐和发展壮大乡村产业。里面提到，加快发展根植于农业农村、由当地农民主办、彰显地域特色和乡村价值的产业体系，推动乡村产业全面振兴，引导农村劳动力外出就业，更加积极地支持就地就近就业。实际上农村产业多元化、综合化、融合化，是农村促进劳动力转移和就业的一个渠道。乡村振兴规划里面提到以各地资源禀赋和独特的历史文化为基础，有序开发优势特色资源，做大做强优势特色产业。创建特色鲜明、优势集聚、市场竞争力强的特色农产品优势区，支持特色农产品优势区建设。标准化生产基地、加工基地、仓储物流基地建设方面，革命老区有非常好的条件。

至于多方发力共推革命老区产业兴旺，我觉得有以下几个方面值得注意。

一是要优化涉农企业家成长发育的环境，鼓励新型农业经营（服务）主体成为农业农村延伸产业链、打造供应链、提升价值链、完善利益链的中坚力量。近段时间关于营商环境的讨论很多，我觉得营商环境归根到底是让企业家在合法经营的前提下能干得舒服，能干得有劲，鼓励企业家、打造产业生态要从实实在在的细节做起。前一段时间我去国家质检监督总局讲课，有个局长跟我说，有一些地方今天建条马路，明天建条马路，让商业没办法经营，这实际上也是营商环境不好的表现。

二是要引导督促城乡之间、区域之间完善分工协作关系，优化产业布局，科学选择推进乡村产业兴旺的重点。党的十九大报告提出以城市群为主体，构建大中小城市和小城镇格局，今天会议提出要促进大城市和小城镇网络化发展。我想今天城镇化的发展和以前相比，以前可能比较注意区域中心城市，但是对区域中心城市辐射带动作用重视不够。资源和要素大部分在大城市集中，导致像农村和农业部分的资源不齐，所以影响农村发展。所以，一方面要利用区域中心城市的带动作用，另一方面要提升区域中心城市的集聚和创新品质辐射带动的作用。以中心城市为龙头，引导大中小城市产业网络化发展，网络化的格局容易形成这种带动作用，包括我们的产业园区也可以形成一个网络化的起点。因为网络经济既强调起点也强调连接线，城市交通的连接线可以在资源要素城市之间流动，包括人口的流动。要发挥网络经济的作用，包括最近的几个中央一号文件，连续建设，这些载体建设实际上都是产业兴旺网络的节点。通过城市化网络化的发展把小城镇化、产业园区发展共同纳入城镇体系。注意城乡之间的分工协作包括产业链的分工协作。产业链的中高端环节在核心城市，中低端环节在农村，通过产业链的辐射带动作用，使产业融合带动城乡融合。

三是要注意引导城市企业、产业、人才发挥对乡村产业兴旺的引领辐射带动作用。通过产业链的形式形成城乡之间的联系，让农村产业有效地融入区域产业体系。注意发挥城市外来人才对本土人才的带动作用，我们可以从两个方面发力，一方面引导青年人才下乡，另一方面建设平台。城市人才到农村要发挥重要的优势条件，尤其要发挥外来人才对本土人才的带动作用。外来人才观念比较新颖，人脉资源丰富，资源的动用力比较强，但是本土人才对农户，对本土化的事情了解。

四是要加强农村产业兴旺的载体和平台建设。引导其成为推进乡村产业兴旺甚至乡村振兴的重要节点，这是我刚才讲的网络经济的思维方式，这里不再详细讲。

五是要瞄准消费结构升级和消费市场细分的趋势，就是消费需求个性化、多样化、优质化、绿色化、体验化。刚才范秘书长也讲了很多体验化的东西，瞄准消费结构升级和消费市场细分的趋势对我们的规划和引导是必要的，但更多的是要注意发挥城乡的作用。

六是要科技支持乡村振兴。关于科技支持乡村振兴，国家农业农村部已经发过一个文件，国家科技部正在起草关于科技支持乡村振兴的规划。但是我觉得科技支持乡村振兴更重要的不是向高处看齐，是如何强化科技的转化能力和科技成果的转化能力，尽快把现有的科技成果转化。前一段时间在中国农业农村所开会，我听一个搞畜牧的专家说起牛的饲养方式，冬天如果多喂些热水，牛就感到比较舒服，牛的生产效率会明显提高。这还不是高科技，而是中低科技成果转化的情况。

七是要注意培育营销无处不在的理念。我们许多地方一直注意资源优势、特色产业，但是如果不注意营销平台建设，有可能初期是资源优势，比如说特色产业，这可能带动一部分村民脱贫致富了，但是如果产业发展到一定的程度以后，如果营销跟不上，后面就不是农业致富而是把农业坑了一把，让农民陷到了一个坑里面。最典型的例子是，种1万亩让农民致富，然后种了5万亩，这个农产品可能从之前的30元一斤变成20元一斤。如果种植面积再扩大到6万亩，有可能从30元一斤变成3元一斤。所以如果营销跟不上的话，就把农民坑苦了。所以一定要注意营销平台建设。我去很多地方的宾馆住宿时，会先看有没有的介绍当地的资源宣传册，特色产业包括旅游景点，特色文化有没有介绍，然后我觉得这也是一个营销的理念。当然营销也要注意借势营销，包括利用现代互联网的技术手段。有些地方不怕没缺点，就怕没特点。怎样把缺点变成特点，把特点变成优势，这些方面可以做出很多的文章。

八是要注意借势发展带动造势发展，借力者强，借势者王。区域发展，既要促进当地的大企业，又要促进当地的小微企业，更需要关注那些创新企业。如何把小微企业和创新性企业做好，我觉得需要注意。

九是要注意产品特色的差异，尤其是小众化发展，特色发展。我们革命老区有丰富的自然资源，美丽的生态景观，还有红色文化和区域特色文化，怎样利用这些东西做一些特色小众化的产品，值得思考。小众化产品的产量不一定很大，规模也不一定很大，但是它迎合了少数中高端群体的消费需求。中高端消费者最关注的可能不是价格，而是消费体验、消费品质，所以要注重小众化产品的开发。

十是要提升产业兴旺的文化内涵。乡村振兴的五个要求是产业兴旺、生态宜居、乡风文明、治理有效、生活富裕，我们要把它做成一个整体，把生态文化做好，营造一个互动发展的环境。产业兴旺要乡风文明。区域特色文化的开发往往是核心竞争力开发的一个重要平台，一流企业卖文化，二流企业卖标准，三流企业卖技术，四流企业卖劳力，末流企业卖资源。休闲农业和乡村旅游发展方面，我们国家的台湾省在全球都做得比较好，台湾省农村和旅游发展的战略文化做得非常好，各位有兴趣的话可以去台湾省参观一下。安徽的"三瓜公社"，各位有兴趣也可以去看看，里面有南瓜电商村、冬瓜民俗村、西瓜美食村，还有安徽的一些特色小镇。

然后谈谈针对革命老区和贫困地区的特殊支持措施。首先要提高贫困地区自我发展能力和区域发展内生动力。注重扶志扶智，引导贫困群众克服"等靠要"的思想，培育提升贫困群众发展生产和务工经商的基本能力。其次要加强对贫困地区基础设施和公共服务能力建设的支持，实际上这个支持也是提升贫困地区发展内生动力的一个重要基础。再次要聚焦深度贫困地区集中发力，这个是文化的布局。最后要鼓励和激发全社会力量支持革命老区脱贫攻坚。刚才范秘书长讲了我们不仅是补"短板"也是还旧账的需要，所以鼓励和激发全社会力量支持革命老区脱贫攻坚是一个政治任务。

赣南苏区全面小康建设的成效、难点与对策

江西师范大学苏区振兴研究院首席研究员　彭道宾

在党中央、国务院的深切关怀和省委、省政府的坚强领导下，赣州市突出打好主攻工业、精准扶贫、新型城镇化、现代农业、现代服务业、基础设施建设六大攻坚战，加快苏区振兴发展步伐，推动经济社会持续平稳健康发展，全面小康实现程度呈现总体提升的好局面。但与全省平均水平相比，还存在一定的差距，尤其是全面小康建设不平衡的问题突出，需要着力攻难关、补"短板"、强弱项，才能实现同步全面小康的目标。

一、赣州市全面小康建设加速推进

2017 年，赣州市全面小康实现程度达 84.89%，比上年提升 3.45 个百分点，连续四年保持 3 个百分点以上的升幅；2012～2017 年平均提升 3.2 个百分点，比 2005～2011 年平均升幅加快 2.3 个百分点，与全省全面小康实现程度的差距不断缩小，已接近全省 2015 年的水平（85.07%），由 2011 年的相差 3 年变为仅相差 2 年左右。经济发展、民主法治、文化建设、人民生活、资源环境五大方面都有不同程度的提升，在 40 项基础指标中，有 13 项指标已达到全面小康标准。

（一）经济发展呈跨越之势

2017 年，赣州市生产总值 2524.0 亿元，同比增长 9.5%，总量居全省第 2 位，增速居第 1 位，人均 GDP 达 29308 元，是 2010 年（13397 元）的 2.19 倍。经济发展方面的全面小康实现程度为 73.29%，比上年提升 1.77 个百分点。经济结构继续优化。三次产业结构由上年的 15.2：41.6：43.2 调整为 13.7：42.2：44.1。第三产业增加值达 1113.1 亿元，占 GDP 的 44.1%，比上年提高 0.9 个百分点，全面小康目标实现程度为 98%，比上年提升 2.0 个百分点。规模以上服务业企业实现营业收入 210 亿元，增长 26.85%，增速比上年提升 11.59 个百分点。全年旅游总收入近 800 亿元，接待旅游总人数超 8000 万人次，

分别增长 35.0%、23.2%。科技创新能力明显增强。R&D 经费支出 25.98 亿元，投入强度为 1.03%，比上年提高 0.14 个百分点。战略性新兴产业增加值达 145 亿元，占 GDP 的比重为 5.7%，全面小康目标实现程度为 71.81%，比上年提升 1.68 个百分点。城镇化进程进一步加快。常住人口城镇化率达 48.7%，全面小康目标实现程度为 81.2%，比上年提升 2.65 个百分点。生产效率不断提高。全员劳动生产率为 4.43 万元/人，比上年增加 0.45 万元/人，全面小康实现程度提升 4.71 个百分点。固定资产投资持续增长。全市固定资产投资 2510.5 亿元，增长 13.8%，增速分别比全国、全省高出 6.6 个和 1.5 个百分点，居全省第一位。在 2756 个施工项目中，亿元以上项目 1232 个，比上年增加 447 个，增长 56.9%，占施工项目的 44.7%，比上年提升 10.1 个百分点；5 亿元以上项目 354 个，比上年增加 125 个，增长 54.6%，占施工项目的比重为 12.8%，比上年提升 2.7 个百分点。亿元以上项目的大幅增加，有力地支撑了投资增长。外贸出口加速增长。全市进出口总额 320.9 亿元，增长 18.2%，比上年提高 13.1 个百分点，其中，出口总额 268.9 亿元，增长 20.1%，比上年提高 13.9 个百分点，高于全国、全省 9.3 个和 6.8 个百分点，增幅列全省第 3 位，比上年前移 3 位。

（二）民主法治大步推进

2017 年，赣州市民主法治全面小康实现程度为 87.23%，比上年提升 5.11 个百分点。群众参选意识增强。基层民主参选率为 91%，全面小康实现程度达 97.85%。司法保障能力大幅度提高。每万人口拥有律师 1.15 人，比上年增加 0.17 人，全面小康实现程度为 76.62%，上升 10.71 个百分点。全市公众安全感指数为 96.6%，从 2011 年起一直保持在 96% 以上。

（三）文化建设走向繁荣

2017 年，赣州市文化建设全面小康实现程度为 68.96%，比上年提升 2.1 个百分点。文化产业稳定发展。全市文化产业增加值约 68.7 亿元，占 GDP 的比重达 2.72%。随着居民追求的生活品位和档次更高，文化消费更具个性化，信息消费更加多样化，文化消费支出相应大幅提升。城乡居民文化娱乐服务支出占消费总支出的 3.45%，全面小康目标实现程度达 82.04%，高于文化建设实现程度 13.08 个百分点；限额以上单位文化办公用品类零售额增长 41.6%。其中，计算机类商品零售额增长 62.9%；通信器材类零售额增长 31.4%，增幅比上年提高 2.1 个百分点。文化设施日趋完善。"三馆一站"文化服务设施覆盖率的全面小康实现程度为 97.54%，比上年提高 2.42 个百分点，县级图书馆、博物馆、文化馆、乡镇文化站实现全覆盖；广播电视综合人口覆盖率为 99.0%，全面小康实现程度达 99.95%。

（四）人民生活水平显著提高

2017 年，赣州市人民生活全面小康实现程度为 92.97%，比 2016 年提高 2.78 个百分点。居民收入快速增长。城乡居民人均收入与 2010 年比，实现翻番，实现程度比 2016 年提升 7.36 个百分点。其中城镇居民人均可支配收入为 29567 元，农村居民人均可支配收入为 9717 元，同比增速分别为 9.2% 和 11.3%。城乡差距逐步缩小。城乡居民收入比由 2010 年的 3.4∶1 缩小为 3.0∶1，全面小康实现程度为 81.78%，比 2016 年提升 3.2 个百分点。消费需求加快增长。2017 年全市实现社会消费品零售总额 887.05 亿元，增长 12.3%，比上年提高 0.8 个百分点，高于全国 2.1 个百分点，增幅列全省第 5 位，比上年前移 4 位；限额以上消费品零售额 336.92 亿元，增长 15.5%，分别高于全国和全省 7.4 个及 1.4 个百分点。居民生活条件不断改善。全市商品房销售面积 1045.50 万平方米，增长 25.1%，比上年提高 0.3 个百分点；城乡居民家庭人均住房面积已经达到全面小康标准。公共交通服务指数为 87.3%，其中每万人拥有公共交通车辆 10.4 标台，行政村客运班线通达率达 100%。全市人口平均预期寿命为 77.95 岁，达到全面小康标准。就业人数稳步增加。全市城镇新增就业人数 7.49 万人，失业率 3.04%，为 2010 年以来最低水平，远远低于 6% 的控制目标值，达到全面小康标准。社会保障水平逐步提高。赣州每千人口拥有执业医师数为 1.61 人，全面小康目标实现程度为 80.5%，比上年提升 7.5 个百分点；基本社会保险参保率指数为 100%，比上年提升 2.13 个百分点；全市社会保险基金筹集总额 196.32 亿元，增长 61%；参加各类养老保险人数 533.31 万人，比上年增加 8.11 万人；参加失业、工伤、生育类保险人数 128.66 万人，比上年增加 3.88 万人。农村贫困人口累计脱贫率为 83.76%，提升 7.52 个百分点；产品质量合格率为 91.8%，全面小康实现程度达 99.78%。

（五）资源环境进一步优化

2017 年，资源环境全面小康实现程度为 92.17%，比上年提升 0.67 个百分点。节能降耗成效显著。单位 GDP 能耗为 0.426 吨标准煤/万元，达到并优于 0.456 吨标准煤/万元的全面小康标准，实现程度达 100%；非化石能源占能源消费的比重为 27.3%，实现程度达 100%；单位 GDP 水耗为 152.7 立方米/万元，比上年减少 3.8 立方米/万元，全面小康实现程度为 73.33%，比上年提高 1.76 个百分点。生态环境不断优化。环境质量指数全面小康实现程度达 100%，其中城市空气质量优良天数比率为 84.3%，地表水达标率为 91.2%，森林覆盖率为 76.2%，均已达到全面小康标准；城市建成区绿地率为 39.3%，高于全面小康目标值（38.9%）0.4 个百分点。环境污染有效控制。生活垃圾无害化处理率、一般工业固体废物综合利用率、农村卫生厕所普及率全面小康实现程度均达到 100%。污水集中处理指数全面小康实现程度为 90.2%；农村自来水普及率达 91.7%，比上年提升 1.42 个百分点。

二、全面小康建设不平衡问题突出

赣州市全面小康实现程度正在加速提升，但仍低于全省平均水平 5.68 个百分点。全面小康建设五大方面内容、部分评价指标和各县（市、区）之间发展不平衡的问题较为严重，这一难题亟待解决。

（一）五大方面发展不平衡

2017 年，经济发展、民主法治、文化建设、人民生活、资源环境五大方面的全面小康实现程度高低之间相差 24.01 个百分点，处于很不平衡状况。各方面的全面小康实现程度与上年相比都有不同程度的提升，但提升度的差距比较明显。民主法治提升 5.11 个百分点，人民生活提升 2.78 个百分点，文化建设提升 2.10 个百分点，经济发展提升 1.70 个百分点，资源环境的实现程度提高 0.67 个百分点，当年提升度最高的指标与提升度最低的指标之间相差 4.44 个百分点。其中，经济发展和文化建设的全面小康实现程度不仅差距大，而且进展比较缓慢，是亟待突破的两道难关。

（二）基本评价指标实现程度不平衡

一是全面小康评价指标体系中有 5 项指标的实现程度呈下降趋势，按降幅程度从高到低依次是：高新技术产品出口值占出口总值的比重下降 30.86 个百分点；人均文化体育与传媒财政支出下降 1.78 个百分点；污水集中处理指数下降 1.31 个百分点；产品质量合格率下降 0.22 个百分点；单位 GDP 生产安全事故死亡率下降 0.10 个百分点。特别是高新技术产品出口值占出口总值比重，已连续 4 年下降，需引起高度重视。二是六项指标实现程度不足 60%。按实现程度从低到高依次是：高新技术产品出口值占出口总值比重的实现程度仅 13.13%；人均文化体育与传媒财政支出的实现程度仅 35.07%；全员劳动生产率的实现程度仅 46.36%；研究与试验发展经费投入强度的实现程度仅 51.47%；文化及相关产业增加值占 GDP 比重的实现程度仅 54.44%；单位 GDP 建设用地使用面积的实现程度仅 56.29%。

（三）县（区、市）全面小康进程不平衡

2016 年，赣州各县（区、市）全面小康指数高于全省平均水平（88%）的有章贡区（97.79%）、定南县（92.57%）、龙南县（91.35%）、崇义县（88.56%）、大余县（88.53%）、南康区（88.01%）6 个县（区）；接近全省平均水平的有会昌县（87.71%）、瑞金市（87.39%）、安远县（87.10%）、上犹县（86.66%）、全南县

（86.54%）、石城县（86.39%）、于都县（86.28%）7个县（市）；较为明显地低于全省平均水平的有赣县区（84.12%）、寻乌县（83.93%）、兴国县（83.23%）、宁都县（82.81%）、信丰县（82.33%）5个县（区）。全面小康指数最高与最低的之间相差15.46个百分点。

各县（市、区）之间在经济发展、文化建设、民主法治、人民生活、资源环境等方面的全面小康指数情况如下：

（1）经济发展指数差异最大。赣州各县（区、市）经济发展全面小康指数依次为章贡区（99.40%）、龙南县（93.88%）、定南县（93.59%）、崇义县（89.21%）、全南县（87.49%）、大余县（85.03%）、赣县区（84.69%）、南康区（83.16%）、会昌县（80.41%）、上犹县（79.95%）、安远县（79.34%）、瑞金市（79.20%）、于都县（78.78%）、信丰县（77.73%）、寻乌县（74.99%）、石城县（74.88%）、宁都县（70.03%）、兴国县（66.28%），最高与最低之间相差33.12个百分点。

（2）文化建设指数差异悬殊。赣州各县（区、市）文化建设全面小康指数依次为章贡区（100%）、会昌县（98.45%）、瑞金市（96.97%）、定南县（93.89%）、安远县（93.29%）、石城县（92.50%）、上犹县（85.11%）、大余县（79.02%）、宁都县（76.57%）、崇义县（75.76%）、南康区（75.50%）、于都县（75.16%）、龙南县（74.92%）、寻乌县（74.85%）、兴国县（74.16%）、全南县（73.79%）、信丰县（72.20%）、赣县区（68.65%），最高与最低之间相差31.35个百分点。

（3）民主法治指数差异明显。赣州各县（区、市）民主法治全面小康指数平均值依次为大余县（100%）、定南县（97.22%）、于都县（96.30%）、龙南县（94.42%）、章贡区（93.31%）、南康区（88.30%）、赣县区（88.03%）、瑞金市（87.92%）、兴国县（86.93%）、上犹县（82.91%）、全南县（81.16%）、会昌县（80.29%）、石城县（79.41%）、宁都县（79.40%）、寻乌县（79.34%）、崇义县（78.47%）、安远县（77.33%）、信丰县（75.22%），最高与最低之间相差24.78个百分点。

（4）人民生活指数差异不小。赣州各县（区、市）人民生活全面小康指数平均值依次为章贡区（96.90%）、崇义县（90.12%）、南康区（88.71%）、龙南县（88.67%）、信丰县（87.91%）、大余县（86.98%）、兴国县（86.86%）、安远县（86.33%）、定南县（85.83%）、石城县（85.64%）、寻乌县（84.93%）、会昌县（84.77%）、宁都县（84.75%）、瑞金市（84.16%）、上犹县（84.10%）、于都县（83.74%）、全南县（83.61%）、赣县区（80.33%），最高与最低之间相差16.57个百分点。

（5）资源环境指数差异较小。赣州各县（区、市）资源环境全面小康指数平均值依次为龙南县（100%）、上犹县（100%）、全南县（99.72%）、石城县（99.45%）、寻乌县（98.86%）、章贡区（98.68%）、南康区（98.49%）、崇义县（98.12%）、定南县（98.08%）、于都县（98.07%）、宁都县（98.06%）、安远县（97.95%）、兴国县（97.82%）、会昌县（97.48%）、赣县区（95.36%）、瑞金市（94.77%）、大余县

（93.21%）、信丰县（88.22%），最高与最低之间相差 11.78 个百分点。

三、着力补短板、强弱项，确保全面小康如期实现

为实现"与全国同步实现全面建设小康社会"的目标，要采取切实有效措施，精准发力、补齐短板、统筹推进。

（一）着力提升经济发展质量，促进落后地区实现跨越式发展

2017 年赣州经济发展实现程度仅为 73.29%，低于总体实现程度 11.6 个百分点。主要是全员劳动生产率（46.36%）、研究与试验发展经费投入强度（51.47%），高新技术产品出口值占出口总值比重（13.13%）等指标实现程度较低。赣州市人均生产总值为 29308 元，在 11 个设区市中排名最后一位。三次产业比为 13.7∶42.2∶44.1，一次产业比重比全省高出 4.3 个百分点，二次产业比重比全省低 5.7 个百分点，说明大量的劳动力滞留在第一产业，而第二产业发展相对不足。为确保全面小康如期实现，应采取下列措施：

一是加大科技创新力度，打造高质量发展"强引擎"，着力补平创新能力薄弱的这块短板。在加大财政投入的基础上，引导全社会多渠道、多层次增加科技投入，提高科技投入强度，增加科技投入总量。认真落实企业研发经费投入的有关政策，引导企业开展研发活动。制定更加优惠的政策，采取更加有力的措施，营造更加良好的环境，鼓励和支持企业建立研发机构，加大对企业技术中心和工程中心等研发机构的扶持力度，使企业真正成为创新主体，改变长期以来创新主体缺位的状况。促进科研院所进入企业，建立多种形式的密切合作关系，促使创新要素有机融合，优质资源充分共享。推动创新成果加快实现科学研究、实验开发到推广应用的三级跳。

二是把新型工业发展摆在突出位置，坚定不移地加快推进新型工业化。各地要因地制宜，面向市场，立足资源，根据自身特色优势，科学确定主导产业，倾力培育结构优、层次高、带动强的现代产业集群，挺起新型工业发展的脊梁。围绕产业集群的理念招商引资引智，提升工业开放发展水平，完善工业园区基础设施，强化功能配套，延伸产业链，建设工业"高产田"。要致力于变制造业"苦笑"曲线为"微笑"曲线，使产业链从加工制造向研发设计和营销服务两端延伸与提升，尤其要注重发展工业设计，使之成为工业经济发展的主导因素，变单纯争夺现有市场为开拓新的市场需求。扶持比较优势明显的产业项目优先发展，并在企业技术改造、工业转型升级、重大科技专项等方面给予倾斜，引导优强企业落户赣州市重大产业平台。

三是加快现代服务业发展。推动金融创新服务，鼓励境内外金融机构在赣州设立经营性分支机构，推进产业与金融的全面嫁接，加大"五个信贷通"推广发放力度，为企业

发行债券、并购重组、新三板挂牌等开辟绿色通道,支持实体经济发展;加快综合物流园、多式联运基地、冷链物流基地建设,形成布局合理、便捷高效的现代化物流网络,打造一批电子商务示范基地和产业集聚区,创建国家跨境电子商务综合试验区。推广线上线下互动社区、电子商务、移动电子商务等新模式。高标准、高起点、组团式建设全国著名红色旅游目的地,形成若干个在省内外有竞争优势的旅游产品、旅游线路、旅游企业和公共服务体系。大力发展康养产业,加快老年公寓护理型养老服务中心、社区居家养老服务中心等建设。

四是致力于农业提质增效。推进绿色农业标准化、产业化、规模化生产,满足广大消费者日益增长的绿色农产品需求。在县乡建设示范带动作用强的现代农业产业园,促进现代农业发展。

(二) 加强民主法治建设,努力使社会发展既保持和谐稳定又充满创造活力

赣州民主法治实现程度为 87.23%,与全面小康目标仍有较大差距。每万人口拥有律师数、每万人口行政诉讼发案率两个指标的实现程度分别为 74.44% 与 76.62%,全面小康实现程度都不高。要切实加大综治力度,大力推进法治赣州、平安赣州建设,创新社会管理模式,促进社会管理法治化、网格化、长效化;加大城市综合治理力度,依法防范和打击违法犯罪活动,进一步增强人民群众的安全感,提高公民自身民主权利满意度。建立重大工程项目建设和重大政策制定的社会稳定风险评估机制,进一步完善人民调解、行政调解、司法调解的"大调解"工作体系,从源头上预防和减少社会矛盾和社会冲突。完善立体化社会治安防控体系,加强基层司法单位建设。加强社会治安综合治理,提高发现、预防和打击违法犯罪的能力,提高破案率,切实保障人民生命财产安全。完善社会治安防控体系,增强群众自防能力。加强企业安全生产基础建设,建立健全事故和隐患举报等社会监督机制。要切实保障人民权益,不断健全和完善民主法制,加快推进律师业发展,引导支持律师服务团开展法律援助活动,保障人民权益,有效维护社会公平正义。要始终坚持依法行政,完善行政决策程序,切实做到严格规范公正文明执法。树立为民服务理念,提高办事效率,改进服务质量,建设人民满意政府。

(三) 伸长文化建设这条短腿,推进文化繁荣发展

一是加大文化建设投入力度,全面改造提升公共文化设施服务水平。要以"县域"为单元,利用"互联网+"的形式,加强县域各级公共文化机构、社会文化组织等与公共文化服务相关的数字化资源和服务整合,构建面向城乡居民提供公共数字文化服务的统一平台,建立涵盖历史传统文化、地方特色文化、红色文化的数字文化资源库,通过信息网络技术条件下公共文化服务内容、方式、渠道、载体、手段的创新运用,提高公共数字文化服务的利用率和易用性。加快农村公共文化服务体系建设,推进乡镇综合文化站、新区文化中心建设,推动公共文化资源向农村倾斜。广泛开展广播电视全覆盖,农村书屋、

出版物发行网点和电影院延伸到乡镇等文化惠民工程建设，基本形成普遍均等，覆盖城乡的公共文化服务体系。加大公共文化产品供给，满足人民群众多层次、多方面、多样化的精神文化需求。

二是增加赣南文化影响力。大力弘扬以苏区精神为代表的红色文化，充分挖掘红色资源，加强革命遗迹保护、开发和利用，传承并强化红色基因。培育发展以生态文明为主题的绿色文化，开发体现赣南自然山水、生态资源为特色的绿色文化精品。深度挖掘赣南古色文化、客家文化，拓展传承利用途径，实现传统文化创造性转化和创新性发展。

三是促进文化与科技、信息、旅游、金融、制造、体育等相融合，加快文化创意产业发展，利用传统院落、古村古街、工业厂房、仓储用房，建设文化创意产业集聚区，引导要素资源向重点题材、重点项目、重大活动聚集，提高文化产业规模化、集约化、专业化水平。

四是造就一支出色的人才队伍。鼓励和支持基层公共文化工作者参加函授、讲座、集训等各类人才教育培训。对学有专长的基层文化人才，采取"送出去""请进来"等办法进行集中进修学习，提高他们的业务素质和创新能力。扶持群众艺术队伍的发展壮大，积极开展民间文艺活动和竞赛，培养大批民间文化骨干、民间艺人，充分发挥文化能人在活跃基层文化生活、传承和光大民间文化方面的作用。

（四）多管齐下促增收，不断提高人民群众生活水平

赣南老区人民生活的全面小康实现程度低于全省平均水平，主要体现在城乡收入、公共交通、教育、医疗、安全生产等方面。要不断提高居民收入水平，加大赣南老区民生福祉和公共服务事业的支持力度，围绕增强群众获得感进一步保障和改善民生。努力实现居民收入增长与经济发展同步、劳动报酬增长与劳动生产率提高同步。深入推进收入分配制度改革，切实提高劳动者报酬在初次分配中的比例，使改革成果从源头上真正做到全民共享。加强职业技能培训力度，提高就业水平。以市场需求为导向，搭建政企合作平台，建立定向劳动力技能培训机制，促进整体就业水平的提高，保障居民收入的来源稳定。加大创业政策扶持力度。要充分发挥政府职能，不断健全和完善创业帮扶政策，对符合政策条件的项目，要从资金、税收、信贷和土地等方面给予支持，树立创业成功典型，营造良好的创业氛围，从而掀起创业热潮。要把脱贫攻坚作为决胜全面建成小康社会最重要的任务，整合资源，凝心聚力，精准施策。政府牵头，聚合各方力量，构建专项扶贫、行业扶贫、社会扶贫相辅相成的大扶贫格局，举全社会之力攻克脱贫难关。要扶贫与扶志并举，转换观念，摒弃"等、靠、要"的懒汉思想，发扬自力更生、艰苦奋斗、勤劳致富精神，激发脱贫的内生动力，增强造血功能。围绕特色农业扶贫、电商扶贫、旅游扶贫、光伏扶贫等项目，安排专项补助资金建设一批产业扶贫示范乡镇、示范村和示范户，发挥产业脱贫的示范和带动作用。

（五）持之以恒抓好生态环境保护，争做绿色崛起先行区

赣州资源环境全面小康实现程度略高于全省平均水平，但提升的难度越来越大，要如期达到全面小康目标，必须下大力气治理环境，进一步发挥生态优势，为"美丽中国·江西样板"建设做出更大的贡献。大力倡导节能环保新理念，将节能降耗工作落实到企事业单位和每一个公民的生产生活中去，开展节能降耗宣讲、节能劳动竞赛、环保家庭评比等活动，发挥引导示范作用，严格节能减排目标问责制，加大监督检查、执法力度，强化节能意识。要高度重视农村环境治理，通过广泛宣传增强农民的环保意识，加强环卫基础设施建设，落实环卫清扫保洁、垃圾清运责任和机制，扎实开展以农村生活垃圾治理为重点的环境综合整治，逐步实现农村生活垃圾处理减量化、资源化和无害化。要加快产业结构调整步伐，大力发展低耗能产业和高新技术产业，发展循环经济，实现资源的可循环利用，积极构建两型产业体系，发展绿色建筑、高效交通，倡导低碳生活方式，争取成为绿色崛起先行区。

基于大数据分析条件下的贫困特征识别和精准扶贫路径研究

——以信阳市为例

信阳师范学院副校长　齐　城

贫困问题是一个世界性的难题，始终伴随着人类社会的生存与发展。贫困问题已成为当今世界最尖锐的社会问题之一。中国党和政府正致力于打赢脱贫攻坚战，到 2020 年在现行标准下贫困人口全部脱贫。贫困问题涉及贫困标准制定和贫困人口识别，本文采取大数据分析的方法，对各类数据进行深度挖掘，力求使已有统计数据可查证、可换算。

一、贫困类型分析及标准制定

（一）贫困类型的多维分析

贫困是分层次的。一是区域意义上的贫困。它是从整体角度来看待贫困的。从这个角度来理解，所有低收入国家都是贫困国家。贫困问题也称不发达状态，它是发展经济学研究的主题。二是个体意义上的贫困。即从个人和家庭的角度来看待贫困。从这个角度来理解，所有国家都有贫困问题，除非收入和财富分配是绝对的平均。例如，2004 年美国的贫困人口比例高达 12.7％，平均 8 个人中就有 1 个穷人。[①]

贫困又是分程度的。一是相对贫困。它是相对于中等社会生活而言的贫困，是社会的总体平均水平的测度。相对贫困是指某人或家庭与本国平均收入相比后产生的贫困。相对贫困线是一个较为主观的标准，它随着平均收入的变化而变化。二是绝对贫困。它是指低于维持身体有效活动的最低指标的一种贫困状态。绝对贫困是勉强维持生存的标准，而不是生活的标准。

---

① 资料来源：《世界银行 2006 年年度报告》。

贫困还有狭义和广义之分。狭义贫困是指经济意义上的物质生活匮乏而导致生活水平低于社会标准的贫困，传统意义上讲的贫困通常是指狭义贫困。延伸的贫困意义是指收入贫困、能力贫困、权利贫困的集合。收入贫困即属于狭义贫困的范围；能力贫困是指人们获取生活资料的能力不足；权利贫困是指作为社会成员应享受的政治和文化权利的丧失。延伸后的贫困意义即为广义贫困的含义，除包含经济意义的狭义贫困外，还包括社会、环境等方面的其他因素。

（二）贫困的国内国际标准

中国是人口最多的发展中国家，贫困人口规模大，扶贫标准应与基本国情相适应，并随着经济社会发展逐步提高。1986 年，我国第一次制定国家扶贫标准，为年农民人均纯收入 206 元，到 2000 年现价是 625 元。2001 年提高到 865 元，到 2010 年现价是 1274 元。2011 年提高到 2300 元，到 2015 年，这个标准的现价为 2855 元。[①] 按购买力平价方法计算，相当于每天 2.19 美元，略高于 1.9 美元的国际极端贫困标准。

综合考虑物价水平和其他因素，应逐步更新按现价计算的标准。按每年 6% 的增长率调整测算，2020 年全国脱贫标准约为人均纯收入 4000 元，折算成人均可支配收入 10000 元。我国扶贫标准是综合标准，除收入标准外，还有保障义务教育、基本医疗和住房安全等方面的要求，因此目前这个综合标准是符合我国实际的。到 2020 年，我国现行标准下农村贫困人口全部脱贫，将比 2030 年提前 10 年实现联合国可持续发展议程确定的减贫目标。

2007 年，中国的贫困线划定在 1067 元，按实际购买力计算，首次达到日收入 1 美元的国际标准。绝对贫困线标准为人均纯收入 785 元以下。截至 2007 年底，全国农村贫困人口存量为 4320 万人，其中绝对贫困人口 1479 万人，低收入人口 2841 万人。

目前世界银行采用了每天 1.9 美元的最新国际贫困线标准，保留了世界最贫困国家的老贫困线（2005 年不变价每天 1.25 美元）的实际购买力。根据这一新贫困线标准，世界银行预测 2015 年全球贫困人口将从 2012 年的 9.02 亿人减少到 7.02 亿人，占全球人口的比例从 12.8% 下降到 9.6%。如期达到 2030 年终结贫困的历史性目标，仍需全球各国共同努力。[②]

二、贫困形成机理及特征识别

党的十八届五中全会提出全面建成小康社会目标的新要求，包括现行标准下农村贫困

---

① 资料来源：《中国统计年鉴（2001 年）》和《中国统计年鉴（2010 年）》。
② 资料来源：《世界银行 2018 年年度报告》。

人口实现脱贫，贫困县全部'摘帽'，解决区域性整体贫困问题等。因此，在多维视角下分析农村贫困人口所具有的特征，对于实现精准扶贫，消除农村贫困，具有重要的现实意义。

（一）贫困形成机理分析

近年来，国外学者关于贫困问题的研究主要集中在三个方面。

第一方面是研究贫困及贫困陷阱的形成机制。这类研究多是构建理论模型进行分析，并通过数值模拟或实证检验考察不同因素对贫困的影响。例如，KenTabata 基于世代交叠（OLG）模型分析了倒 U 形的生育率曲线和贫困、经济增长之间的关系，指出增加公共教育支出有利于降低经济收敛于贫困陷阱的风险。Semmlen 和 Ofori 考察了不同国家在资本规模及资本市场约束等方面的异质性，指出资本市场的约束性和局部规模收益递增，可能导致有的国家经济增长长期收敛于贫困陷阱之中。

第二方面是考察一些具体的经济社会因素对贫困的影响。该类研究多是基于对微观调查数据进行实证分析，是目前关于贫困比较多的一类研究。例如，Hanjra 等结合实证研究，认为人力资本和农村市场是影响农村贫困的重要因素。Bucca 从个体差异和社会结构角度分析贫困和富裕的根源，指出个体特征（如教育、社会阶层、流动性经验、种群）对贫富的影响存在较大的国家差异。

第三方面是关于减贫政策的评价与分析，多是建立在实证分析基础上的一类研究。Abro 等结合埃塞俄比亚农村家庭的调查数据，分析了旨在提高农村生产率的政策对减贫的影响，指出尽管生产率的提高能起到减贫效果，但还需完善农村资源保护、完善农村周边设施（学校、卫生中心等）、降低通胀压力和稳健的人口政策的措施来配合。

国内学者对贫困的关注程度近年来呈上升趋势。王小林和 Alkire 通过多维贫困指数衡量中国的贫困状况，指出卫生设施、健康保险和教育对贫困指数的贡献最大。罗楚亮结合中国城乡劳动力流动调查数据（Rumic），分析了中国农村贫困状况及其变化特征，发现外出务工收入、家庭健康状态都会对贫困状态的转换产生重要影响。

综观国内外学者的研究可以看出，当前的研究更多集中在分析各类因素（经济、社会、制度、政策等）对贫困影响以及贫困的经济社会后果等方面，对贫困人口的主要特征作为控制变量的研究还相对较少。

（二）贫困人口特征识别

结合 2012 年中国综合社会调查（CGSS）数据，采用 Logit 回归模型识别中国农村贫困人口的主要特征，并通过分位数回归模型考察这些变量对农村贫困人口和非贫困人口不同收入水平的影响，可以得出如下结论：①个体基本特征方面，年龄较大者陷入贫困的可能性较大，性别的影响似乎不大，健康状态良性的个体陷入贫困的可能性不大。②个体家庭特征方面，个体所在家庭人口数量较多或者家庭未成年子女数量较多，则陷入贫困的可能性较大。③个体社会特征方面，参与合作医疗和参与养老保险，在一定程度上可以降低陷入贫困的可能性。④个体其他特征方面，具有非农工作的人意味着在农业之外有其他的收入来源，因而陷入贫困的可能性较低。

综上可见，具有以下几个典型特征的人群，陷入贫困的可能性较大：老年人、受教育程度较低、身体健康状况较差、家庭抚养负担过重、没有非农工作、周工作时间较短、少数民族、处于中西部地区的人群。

三、中国扶贫开发历程及战略选取

中国扶贫开发工作大体经历了五个发展阶段：

（1）1978～1985年，实施农村经济体制变革推动减贫的战略。这一阶段是从党的十一届三中全会以后开始的。通过农村经济体制改革，家庭联产承包责任制的推行和农产品价格的提高，使农村贫困人口大幅度下降，农村贫困人口由1978年的2.5亿人减少到1985年的1.25亿人。

（2）1986～1993年，实施区域开发式扶贫战略。这一阶段是从1986年开始的。在全国范围内开展了有计划、有组织、有针对性的大规模扶贫开发。通过加强贫困地区基础设施建设，改善基本生产条件，帮助农民发展种养业，促进区域经济发展，使农村贫困人口由1985年的1.25亿人减少到1993年的8000万人。

（3）1994～2000年，实施综合性扶贫攻坚战略。这一阶段是从1994年开始的。当时全国农村贫困问题明显缓解，但剩下的贫困人口都是扶持难度很大的"硬骨头"。要解决这些贫困人口的温饱问题，单靠整个农村经济的发展或是贫困地区区域经济发展的带动，已很难奏效，必须给予这部分贫困人口特殊政策和特殊帮助。为此，1994年国务院制定了《国家八七扶贫攻坚计划》，把扶贫到户工作摆到突出位置，把解决贫困残疾人温饱纳入大扶贫，明确提出对贫困残疾人开展康复检查。

（4）2001～2012年，实施整村推进和"两轮驱动"扶贫战略。这一阶段在全国中西部地区确定592个国家扶贫开发重点县，把贫困瞄准重心下移到村，在全国范围内确定了15万个贫困村，全面推进整村推进、产业发展、劳动力转移为重点的扶贫开发措施。2007年，全面实施农村最低生活保障制度，进入扶贫开发政策与最低生活保障制度衔接的"两轮驱动"阶段。到2010年，在1196元的贫困标准线下，中国贫困人口已减少到2688万人，贫困发生率下降到2.8%。

（5）从2013年开始至今，实施精准扶贫精准脱贫方略。中国2015年做出"打赢脱贫攻坚战"的决定，明确"到2020年现行标准下贫困人口全部脱贫，贫困县全部'摘帽'，解决区域性整体贫困"的目标。坚持中国制度的优势，构建省市县乡村五级一起抓扶贫的治理格局。注重抓六个精准，即扶持对象精准、项目安排精准、资金使用精准、措施到户精准、因村派人精准、脱贫成效精准，确保各项政策落到扶贫对象身上。坚持分类施策，因人施策。通过扶持生产和就业发展一批，易地搬迁安置一批，生态保护脱贫一批，教育扶贫脱贫一批，低保政策兜底一批。围绕精准扶贫战略，为贫困人口贫困村建档立卡，出台一系列精准扶贫政策，为脱贫攻坚源源不断释放政策红利。按现行标准，截至2017 年末，全国农村贫困人口从 2012 年末的 9899 万人减少至 3046 万人，贫困发生率从2012 年的 10.2% 下降至 3.1%。

从党和政府的角度出发，中国不同历史时期的扶贫开发战略以及相应的政策体系是十分清晰的，成效也是十分显著的。至于如何区分导致中国减贫成就的各个要素并进行量化，还需深入研究。

四、信阳实施精准扶贫的发展路径

（一）信阳扶贫开发经历的五个阶段

第一阶段，1978～1985 年，为起步探索阶段。宏观政策背景是，实施农村经济体制变革推动减贫的战略。推行以家庭承包经营为基础、统分结合的双层经营体制，实施提高农产品价格、发展农村商品经济等配套改革，极大地解放了农村的生产力，为这一时期农村经济超常规增长和贫困人口急剧减少提供了强劲动力，在农村经济快速增长的背景下绝对贫困人口大幅度减少。这一时期信阳的扶贫重点是：扶持一家一户发展"短、平、快"种养项目，解决贫困户基本的生存生活条件。由开始时的发款发物，即由救济型逐步向生产型转变，全市贫困人口从 1983 年的 54.8 万户 257 万人（扶贫标准：150 元/年/人）下降到 1985 年底的 44.3 万户 177 万人（扶贫标准：206 元/年/人）。农民人均纯收入由1983 年的 150 元上升到 272 元。

第二阶段，1986～1993 年，为打基础阶段。宏观政策背景是，实施区域开发式扶贫战略。农村区域发展不平衡问题开始凸显，"老少边远"地区与沿海发达地区差距拉大，贫困人口呈现出明显的区域集中特点，成为"需要特殊对待的政策问题"。这一时期信阳农村贫困人口由 44.3 万户 177 万人减少到 1993 年的 30 万户 120 万人。贫困县农民人均纯收入从 272 元增加到 1993 年的 599 元。

第三阶段，1994～2000 年，为扶贫攻坚阶段。宏观政策背景是《国家八七扶贫攻坚计划》的颁布，又称为"八七扶贫攻坚"，即用七年时间，解决全国 8000 万农村贫困人口的温饱问题。明确提出以贫困村为基本单位，以贫困户为主要对象，以发展种养业为重点，多渠道增加扶贫投入。要求扶贫开发到村到户，其核心是扶贫资金的投放、扶贫项目等各项措施真正落实到贫困乡、贫困村、贫困户。这一阶段，信阳扶贫开发形成了"公司＋基地＋农户"的发展模式，逐步形成了贸工农一体化、产加销一条龙的经营机制，促进了支柱产业的深度开发。到 2000 年底，按照年人均 865 元的低收入标准，贫困人口由 1994 年初的 30 万户 120 万人，减至 5.6 万户 22.5 万人，农民人均纯收入由 1994 年的 771 元提高到 2000 年的 1916 元。

第四阶段，2001～2012 年，为扶贫开发新阶段。宏观政策背景是，实施整村推进与"两轮驱动"扶贫战略，进入扶贫开发政策与最低生活保障制度衔接的"两轮驱动"阶段。2007 年在农村普遍建立最低生活保障制度，2008 年绝对贫困标准和低收入标准合一，统一使用 1067 元作为扶贫标准。这一阶段，信阳共确定 849 个贫困村（全省 10430 个重点村），探索出"一体两翼"的工作路径。全市共稳定解决 60.7 万贫困人口的温饱问题（含 2003 年、2007 年淮河洪水导致返贫的 31.2 万人），农民人均纯收入增长到 2010 年的 5311 元。[①] 2011 年，国家将扶贫标准提高到 2300 元，全市贫困人口重新确认为 30.7 万户 116.7 万人。

第五阶段，精准扶贫、精准脱贫阶段。精准扶贫是相对于粗放扶贫来说的，是针对不同贫困区域环境、不同贫困农户状况，运用科学有效程序对扶贫对象实施精确识别、精确帮扶、精确管理的治贫方式。这一阶段的宏观政策背景是，2011 年《中国农村扶贫开发纲要（2011—2020 年）》颁布，提出新一轮扶贫攻坚总体目标："到 2020 年，稳定实现扶贫对象不愁吃、不愁穿，保障其义务教育、基本医疗和住房。"特点是突出精准扶贫到村到户和区域扶贫攻坚两个重点，形成了专项扶贫、行业扶贫、社会扶贫"三位一体"的大扶贫格局。

这一阶段信阳脱贫攻坚工作又经历了片区扶贫、精准扶贫、脱贫攻坚三个阶段。到 2015 年底，全市还有 628 个贫困村、44.91 万贫困人口。

（二）信阳精准扶贫面临的主要任务

从总体上看，信阳是河南省唯一一个所有县都是贫困县的地区，全市的贫困人口居全省第 4 位，其中国家级贫困县 6 个（光山、新县、商城、淮滨、潢川、固始），省级贫困县 2 个（息县、罗山）。截至 2017 年底，全市还有 339 个贫困村（其中深度贫困村 88 个）10.3 万贫困户 26.6 万贫困人口，贫困发生率为 3.69%。

从贫困人口分布看：全市非贫困村贫困人口占比较高。全市 26.6 万贫困人口中，有 15.9 万贫困人口分布在非贫困村，占 59.7%。

从致贫原因分布看，全市 26.6 万贫困人口中，有 13.2 万人因病致贫，占 49.8%；5.8 万人因残致贫，占 21.8%，这两种致贫原因成为全市最主要的致贫原因，共 19 万人，占 71.6%。

---

① 资料来源：《信阳统计年鉴（2011 年）》。

从贫困属性分布看，全市低保、"五保"贫困户较多。全市10.3万贫困户中，4.6万户为低保贫困户，占44.8%；3.1万户为"五保"贫困户，占30.1%；低保、"五保"贫困户共7.7万户，占全市贫困户的74.8%。

从劳动力分布看，全市劳动力人口偏少。在全市26.6万贫困人口中，15.3万贫困人口无劳动力或丧失劳动力，占全市贫困人口的57.6%，有劳动力的人口为11.3万人，占42.4%。

从年龄分布看，全市"老""少"人口偏多，全市26.6万贫困人口中，16周岁以下的有4.8万人，占18.2%；60周岁以上的有8.9万人，占33.7%。两项共13.8万人，占全市贫困人口的一半以上（51.9%）。

2018年信阳计划18.6万贫困人口如期脱贫、3997人易地扶贫搬迁，光山、潢川、商城、固始、息县、罗山6个县脱贫"摘帽"。其中今年计划贫困退出县个数，约占全省33个县"摘帽"任务的1/5；6个县2018年计划完成脱贫人口16.02万人，约占全省"摘帽"县人口减贫任务的1/5；6个县今年要实现250个左右的贫困村退出，约占全省1343个脱贫村的1/5。扶贫开发越往后，脱贫难度越大，剩下的都是难啃的"硬骨头"，需要精准施策，全力攻坚。

（三）信阳实施精准扶贫的主要做法

信阳市位于河南省南部，属革命老区，辖8县2区，其中6个县为国家扶贫开发工作重点县、2个县为省定贫困县，2个区也有大量贫困人口，是国家精准扶贫综合改革试点市，是河南省"三山一滩"扶贫开发重点地区，是全省唯一一个所辖县均为贫困县的省辖市。信阳市精准扶贫的主要做法是：

1. 培育市场主体，激活内力脱贫

减贫的核心动力是提升市场主体的能力，培育新的经营主体。劳动力、农业产业和金融资本是实现脱贫的三个核心要素。信阳市脱贫攻坚以此为主要抓手：一是推进转移就业。坚持把"外转"和"内转"就业作为精准脱贫的首选路径，帮助具备一定条件的贫困人口向发达地区和国外转移就业，引导产业集聚区和新型农业经营主体吸纳贫困人口就地就业。截至目前，全市今年已完成贫困人口转移就业1.8万人，新增农民工等人员返乡下乡创业和带动就业3.1万人。二是突出产业扶贫。发挥信阳丰富的特色资源优势，实施以"多彩田园"产业扶贫示范基地为龙头，以产业扶贫"八种模式"为支撑，以兴建扶贫车间、建设美丽乡村和开展"百企帮百村"等活动为重要补充的产业扶贫格局。截至目前，全市建成"多彩田园"产业扶贫示范基地2328个，累计带动贫困户11.5万户，带动贫困人口36.7万人，带动贫困村887个，覆盖率96.7%。积极开展电商扶贫，今年以来，全市电商交易额40.1亿元，已建成农村电商服务站点1047个，覆盖建档立卡贫困村321个、建档立卡贫困人口5.2万人。将乡村旅游作为产业扶贫重要抓手，全市56个村乡村旅游初具规模，约5万人从事乡村旅游经营活动，其中1.2万贫困人口参与旅游经营

脱贫。三是探索金融扶贫。推广发展卢氏金融扶贫经验，金融扶贫四大体系建设初具规模。截至目前，全市扶贫小额信贷历年累计贷款余额43.8亿元，较年初新增16.5亿元；累计获贷户数85198户，较年初增加33134户；累计户贷率达到38.8%，较年初提高20.4个百分点。

2. 实施福利政策，聚合外力脱贫

在经济增长速度大幅度降低，增长对减贫的自动拉动作用显著减弱的情况下，通过再分配解决贫困问题是必要的补充手段。信阳市实施了三大福利政策和一项救助政策：一是实施健康扶贫。健康扶贫"3+2+N"（基本医保、大病保险、困难群众大病补充医疗保险、医疗救助、贫困人口第五道医疗保障线+各地补充救助政策）的医疗保障模式基本形成。全市农村贫困人口慢性病人口签约8.1万人，签约率达100%。二是实施教育扶贫。完善建档立卡贫困家庭子女从幼儿园到大学各阶段教育保障和资助制度，确保贫困人口子女能够接受良好的基础教育，从根本上阻断贫困的代际传递。目前，共资助学前教育、义务教育、普通高中家庭经济困难学生13.9万人次，发放资助金8123.4万元，全市共办理2.4万名学生生源地信用贷款，贷款金额1.7亿元。三是建立住房保障制度。扎实推进易地扶贫搬迁，破解搬迁难题。2018年计划搬迁1337户、3997人，规划建设41个集中安置点，已全部建成31个，入住率40.8%。扎实推进危房改造，截至目前，全市4类重点对象农村危房改造共开工19329户，开工率是省下达任务的203.5%；竣工19282户，竣工率是省下达任务的203%。四是实施兜底救助。提高2018年最低生活保障标准，全市农村居民最低生活保障标准由现行的每人每年3210元提高到每人每年3450元，高于省定扶贫标准月人均142元；农村特困人员基本生活标准由2017年的每人每年4096元提高到每人每年4486元。全市共有残疾人"两补"对象15.1万人，已发放残疾人"两补"资金7922.7万元。

3. 完善基础设施，加速区域脱贫

恶劣生存环境是绝对贫困产生的重要根源。完善基础设施可以实现区域范围内的均衡发展。信阳市重点抓住与区域条件相对应的基础设施建设。一是完善交通设施。着力抓好通路、通车、通邮等各项工作，今年已完成投资额6.8亿元，完成农村公路里程1418.2公里、危桥改造1655.4延米、县乡道安保工程16.4公里。二是完善水利设施。制定《农村饮水安全工程运行管理办法》，全市2018年农村饮水安全巩固提升工程总投资3.5亿元，已全部完成。三是完善文化设施。全市建成标准的基层综合性文化服务中心2138个，其中贫困村建成920个，实现贫困村全覆盖。各县区统筹有线、无线和卫星地面接收设施三种方式，已基本实现广播电视公共服务全覆盖。四是完善农村电网。全市35千伏及以上工程项目共49项，已开工45项，完成总投资计划的80%。10千伏及以下工程项目，其中贫困村电网改造项目（包含深度贫困村）共174项，106个贫困村已全部完成改造任务，338个非贫困村已完成298个，竣工率88%。五是美化人居环境。制定全市农村人居环境整治三年行动方案。截至目前，创建达标村240个、示范村168个。全市累计建设市级美丽乡村示范村 159 个、县级美丽乡村示范村 167 个。

4. 建立长效机制，确保持续脱贫

相对贫困是一个动态标准。解决相对贫困是一项长期的战略任务，需建立长效机制，包括资金投入、项目实施、组织保障等方面。信阳市以基层组织建设为突破口，确保能够持续脱贫。一是加大财政专项投入。2018 年市本级投入财政专项扶贫资金 1.2 亿元，占省扶贫资金 5.11 亿元的 23.49%。加快财政专项扶贫资金支出进度，全市目前已安排项目 1637 个，落实资金 37.2 亿元，已完成支出 31.2 亿元，支出进度 83.9%。二是巩固深度贫困地区工作成效。结合全市 88 个深度贫困村，以重大扶贫工程和到村到户帮扶措施为抓手，有针对性地制订脱贫攻坚方案，做到一村一方案，加大资金、项目、人才、技术等资源要素的支持力度，集中力量攻关。三是健全基层组织体系。配齐配强村"两委班子"，明确村级脱贫责任，强化基层党组织在脱贫攻坚中的政治引领和战斗堡垒作用。完成全市 3461 个村（社区）党组织换届工作，全市村（社区）"两委"成员结构更加合理，一批素质优良、群众公认、热心为居民服务的优秀党员和群众成功当选，带领群众致富和服务群众的能力得到提升。

（四）巩固脱贫成果的政策建议

如何巩固脱贫成果是需要继续做好的大文章。解决相对贫困问题是一项长期的任务，需要从制度层面加以研究。根据脱贫后农村发展状况，特提出如下政策建议：

1. 继续重视贫困特征识别和兜底救助扶贫

现在农村真正需要救助的，是那些因病因灾致贫以及残疾人、孤寡老人等没有自救能力的人。解决了这部分人的问题，其他相对贫困的农户都可以通过大环境改善和经济持续发展逐步脱贫。实质上只要解决了兜底扶贫问题，也就解决了绝大多数真正符合条件的贫困户的脱贫问题。

2. 不断完善农村基础设施和公共服务平台

当前多数农民的生存状况是处于标准贫困线以上的相对贫困状态，广义的扶贫应该包括这个群体。对于这个群体而言，完善农村基础设施和公共服务平台，让农民在这个平台上充分发挥脱贫致富的能动性，才是治本之策。从体制改革和职能转变入手，完善农业科技服务等服务体系，是农民脱贫致富的最大利好。

3. 积极发展农业规模经营和转移农村人口

要从根本上解决农民的贫困问题，必须跳出"三农"看"三农"。在人均一亩多地上搞小农经济是没有出路的。现在的问题是，一方面，农村空巢化现象普遍存在，在外打工的农民工无力将老人和孩子接到城市安家；另一方面，土地分散经营收入微薄，土地规模经营又步履缓慢。这既影响了城镇化的进程，又影响了农业现代化的进程。发展农业规模经营和转移农村人口，是一个系统工程，最终解决贫困问题需要这一宏大系统工程的完成。

4. 着力提升区域性欠发达地区和革命老区脱贫成效

区域性欠发达地区和革命老区应纳入国家发展战略，争取在经济转型发展期获得更多支持。建议国家出台相关政策，进一步提高大别山革命老区贫困县财政转移支付系数，增加转移支付额度，促进大别山革命老区贫困县加快脱贫步伐，巩固脱贫成果。建议建立"环大别山经济圈"产业发展基金，专项扶持"环大别山经济圈"规划的农产品加工、旅游、纺织服装、生物医药、机械制造、现代物流等扶贫产业发展，带动并巩固贫困地区持续脱贫，使信阳革命老区与全国人民一道同步进入小康，进而同步实现社会主义现代化。

专题研讨

城乡居民基本养老保险新发展
面临的问题及对策

——以寻乌县为例[*]

——以寻乌县为例 [*]

王章华

摘　要： 城乡居民基本养老保险虽然已实现了制度的全覆盖，但城乡居民基本养老保险发展仍不平衡、不充分，还存在居民参保意识不强，增保扩面困难；参保人选择缴费档次较低，领取待遇偏低，缺乏参保吸引力；运行机制有待进一步完善等问题。应加大政府投入力度，提高养老金水平；建立正常的基础养老金调整机制；健全城乡居保缴费激励机制；加强基金监管和扩大投资渠道，实现城乡居保基金保值增值；加大宣传力度，引导中青年群体积极参保和加强经办机构建设。

关键词： 城乡居民；基本养老保险；问题与对策

一、引　言

中共十九大报告作出了"中国特色社会主义进入新时代，我国社会主要矛盾已经转化为人民日益增长的美好生活需要和不平衡、不充分的发展之间的矛盾"科学判断，提出在中国特色社会主义新时代更加突出的问题是发展不平衡、不充分成为满足人民日益增长的美好生活需要的主要制约因素，要提高保障和改善民生水平，保障群众基本生活，不断满足人民日益增长的美好生活需要，不断促进社会公平正义。还强调了坚持在发展中保障和改善民生，加强社会保障体系建设明确提出按照兜底线、织密网、建机制的要求，全

---

　*　基金项目：江西师范大学"社会发展与治理"江西省 2011 协同创新中心课题"江西社会保障体系问题研究"成果；国家社会科学基金项目"完善新型农村社会养老保险机制研究"（13BRK001）成果。

　作者简介：王章华，江西师范大学苏区振兴研究院研究员，江西师范大学马克思主义学院副教授，博士，研究方向为社会保障。

面建成覆盖全民、城乡统筹、权责清晰、保障适度、可持续的多层次社会保障体系，全面实施全民参保计划。完善城镇职工基本养老保险和城乡居民基本养老保险制度，尽快实现养老保险全国统筹。

城乡居民基本养老保险制度是我国社会保障制度的重要组成部分，其制度的建立新阶段可以追溯到 2009 年国务院下发的《新型农村社会养老保险试点的指导意见》开始在农村进行新型农村社会养老保险试点，2012 年国务院开始在城镇试点城镇居民社会养老保险，2014 年 2 月国务院下发《建立统一的城乡居民基本养老保险的指导意见》，提出"新农保"和"城居保"合并为城乡居民基本养老保险，并且在"十二五"末实现了制度的全覆盖。虽然制度进行了全覆盖，但城乡居民基本养老保险仍然存在发展的不平衡、不充分，应该在中共十九大报告精神指导下进一步完善城乡居民基本养老保险制度，使其得到充分平衡的发展。下面以江西省寻乌县城乡居民基本养老保险实施情况为例，对城乡居民基本养老保险进一步发展所面临的问题进行分析。

二、寻乌县城乡居民基本养老保险现状

2010 年 10 月，寻乌县开始城乡居民基本养老保险试点，为江西省第二批试点县，按照《国务院关于建立统一的城乡居民基本养老保险制度的意见》（国发〔2014〕8 号）、《江西省人民政府关于印发江西省城乡居民基本养老保险实施方案办法的通知》（赣府发〔2014〕38 号）文件精神，寻乌县出台了《寻乌县人民政府关于印发寻乌县城乡居民基本养老保险实施方案的通知》（寻府发〔2015〕1 号），建立了城乡居民基本养老保险制度。

（一）城乡居民基本养老保险参保情况

寻乌县 2011 年末总参保人数为 143025 人，16 ~ 59 周岁参保人数为 114560 人，对 27345 人符合领取条件的人员发放了基础养老金，至 2018 年 6 月末，城乡居民基本养老保险累计参保人数为 172850 人，占全县符合参保条件人数的 86.1%；并累计为 45024 人支付了养老金，占参保人数的 26.04%。①

（二）城乡居民基本养老保险缴费方式与水平

城乡居民基本养老保险每年缴费一次，寻乌县城乡居民基本养老保险缴费采取现金缴费和银行代扣代缴两种方式。现金缴费方式为每年年初乡镇经办机构（乡镇劳保所）到

---

① 数据由寻乌县农保局提供，以下有关城乡居民基本养老保险的数据没有特殊说明均由寻乌县农保局提供。

县级经办机构（县城乡居民基本养老保险局）领取专用票据，再将票据分发到各村，由村干部代为收取保费。乡镇劳保所定期与村干部核对所开票据金额与村干部上缴票据金额是否符合，核对准确后将保费存入县城乡居民基本养老保险局提供的基金收入专户中，然后将缴费凭证、缴款人员名单与专用票据一同上交县城乡居民基本养老保险局，由县城乡居民基本养老保险局专人核对。银行代扣代缴方式是通过签订代扣代缴协议书，利用联通公司"一信通"短信平台，进行代扣代缴，寻乌县目前参保缴费方式全部通过银行代扣代缴方式进行。

寻乌县多次调整城乡居民基本养老保险缴费档次标准，2010年新农保实施时，缴费档次设置为100元、200元、300元、400元、500元、800元6档，2011年城居保实施后，增加了600元、700元、900元、1000元4个缴费档次，2015年新农保和城居保合并为城乡居民基本养老保险时，又增加1500元、2000元缴费档次。从2018年4月1日起，取消了100元和200元缴费档次，最低缴费档次调整为300元/人·年，并增加3000元缴费档次。2017年末，缴纳最低缴费档次标准100元的参保人数为86753人，占当年缴费人数106434人的81.51%；选择1000元以上缴费档次的参保人数共167人，占当年缴费人数的0.16%。

（三）城乡居民基本养老保险待遇水平

寻乌县2010年城乡居民基本养老保险实施时，养老保险待遇领取人数为24914人，现逐年稳步增长中，至2018年6月养老保险待遇人数达到35290人。2010年新农保政策实施时寻乌县基础养老金为每人每月55元，2014年7月起上调至每人每月70元，2015年1月起上调至每人每月80元，其中70元为中央财政支付，3元为省级财政支付，7元由县级财政支付。至2018年6月，养老待遇中已有15309人领取个人账户养老金，占2018年6月待遇领取人员35290人的43.38%，个人账户养老金平均水平为每人每月2.38元，个人账户领取金额最高为每人每月129.29元。

三、寻乌县城乡居民基本养老保险经验与问题

（一）寻乌县城乡居民基本养老保险主要经验

1. 高位推进城乡居民养老保险发展

一是加强组织领导。县委、县政府高度重视基层公共服务平台建设，成立了以县长为组长、各乡（镇）和相关部门主要领导为成员的工作领导小组，建立了以县政府主导、人保部门主抓、相关部门配合、乡（镇）主办、村（居）委会广泛参与的工作推进机制。

二是强化工作调度。建立了城乡居民养老保险工作日调度、周通报、月督查及年底考核等制度，对工作不力和进度偏慢的乡（镇）进行通报批评，对任务完成较好的进行奖励，充分调动各乡（镇）工作的积极性。

2. 加强宣传，提高群众知晓率

一是加大政策宣传力度。为提高群众对城乡居民养老保险政策的知晓率，我县以"精准扶贫"工作为载体，通过数百名帮扶工作队员深入170多个村庄的农户家中，开展城乡居民养老保险政策宣传，帮群众算好眼前账、长远账和对比账，消除少部分人的参保疑虑，激发群众的参保积极性。二是加大舆论宣传力度。充分利用广播电视、手机报和县政府门户网站等媒体对城乡居民养老保险政策进行多渠道、多角度的广泛宣传，让广大群众进一步了解政策、吃透政策、掌握政策。同时，还在全县15个乡（镇）173个行政村和6个居委会建立宣传栏，采取以先进带后进、先进促后进、后进赶先进的措施，以身边人带动身边人，不断提高群众参保的积极性。

3. 明确责任，确保目标任务高效落实

一是明确工作职责。重新梳理和细化了乡（镇）劳保所和村（居）委会的工作职责，并将规章制度、服务标准、工作流程等统一制牌上墙，实行"一站式"窗口服务，做到标识明显，台账齐全，办事程序透明，工作服务到位。二是扎实开展调查摸底。为摸清全县参保人员情况，及时为符合条件的人员发放基础养老金，工作人员积极深入各村进行数据采集，各乡（镇）劳保所、派出所密切配合，加强信息互通，实现参保人员信息底数清、情况明、数据实。三是迅速落实责任。为切实把好事办好、实事办实，各乡（镇）实行班子成员包村、乡镇干部包片、包组等方法，村干部包户的工作机制，层层落实责任，做到责任到岗、任务到人。同时，将任务完成情况与各乡（镇）挂点干部及村干部的工作业绩、评先评优、福利待遇挂钩，确保征缴工作高效推进。

4. 健全制度，确保工作规范运转

一是完善政策，提高补助标准。为贯彻《江西省人民政府关于印发江西省城乡居民基本养老保险实施办法的通知》（赣府发〔2014〕38号）文件精神，县政府第一时间印发了《寻乌县城乡居民基本养老保险实施办法》，并在财政极其困难的情况下，及时制定出台了"从缴费100元补贴30元起步，最高不超过95元"的补贴政策。同时，还为重度残疾人代缴了最低标准100元的参保费，为实行长效避孕的二女户家庭代缴了300元的参保费，为建档立卡贫困户代缴了100元的参保费。二是严格账户管理。县政府及时将政府补贴、个人缴费和集体补助资金全部纳入社会保障基金财政专户，实行收支两条线管理，单独记账、核算。同时，对各村（居）居委会参保缴费情况和待遇领取资格进行公示，实行阳光操作，自觉接受群众监督。

5. 完善平台，经办能力有新提高

一是解决了业务用房。为更好地方便群众办理各项业务，县政府积极协调调度，配齐了各项办公设备和档案管理设施，设立了办事大厅，使群众办事更加快捷、更加便利。二是提升乡（镇）经办能力。根据全省"金保工程"视频会议精神，为全县 15 个乡（镇）统一配置了电脑、打印复印一体机、存折打印机、档案柜、路由器等设备，并统一安装了信息系统，实现了省、市、县、乡四级服务网络互通。三是着力解决难点问题。根据金融机构营业网点分布，承办金融机构密切配合，在各村（居）委会安装了金融终端（POS机），并为每个村配备城乡居民养老保险代办员，为广大群众领取养老金和参保缴费带来了极大的便利，实现了村民足不出村就能办好事情。

（二）寻乌县城乡居民基本养老保险存在的主要问题

如上所述，自城乡居民基本养老保险实施以来，寻乌县取得了很大的成绩，随着城乡居民基本养老保险进一步发展的需要，也面临一些需要解决的问题。

1. 居民参保意识有待加强，增保扩面困难

调查中发现，城乡居民仍然对养老保险政策的认识不到位、群众知晓率、参与率还有待进一步提高，部分中青年居民特别是 16～40 岁农村居民认为养老问题离自己还很遥远，对参保关心程度低，存在观望心理。而部分接近 60 周岁的人，存在侥幸心理，误认为城乡社保会像惠农等"普惠制"政策一样，只要到了 60 周岁就可以享受基础养老金，因而不愿意参保。同时，对政策稳定性及持续性的顾虑也影响着居民参保积极性。

2. 参保人选择缴费档次较低，领取待遇偏低，缺乏参保吸引力

从调查的情况来看，这种自主选择政策适应了农村居民收入不平衡和不稳定的实际情况，但也存在农村居民普遍选择较低缴费档次缴费的问题。虽然设置了高档次的缴费标准，规定多缴多得，但只有极少数经济收入较高的农村居民选择较高缴费标准缴费，农村居民普遍选择低标准的缴费档次缴费，绝大多数按照最低缴费档次标准 100 元/年缴费。具体情况见表 1。

表 1　2017 年寻乌县城乡居民基本养老保险缴费人员缴费档次分布情况

缴费档次	人数（人）	占参保人总数比例（%）	缴费档次	人数（人）	占参保人总数比例（%）
100 元	116057	96.40	700 元	23	0.02
200 元	2681	2.23	800 元	267	0.22
300 元	538	0.45	900 元	0	0.00
400 元	157	0.13	1000 元	135	0.11
500 元	473	0.39	1500 元	0	0.00
600 元	35	0.03	2000 元	24	0.02

资料来源：江西省寻乌县城乡居民基本养老保险局提供，每缴费档次缴费人数占参保人总数比例通过计算而得。

从表 1 可看出，江西省寻乌县 2017 年城乡居民基本养老保险参保总人数为 120390

人，选择最低三个缴费档次标准缴费人数达到了99.08%，其中选择100元缴费档次缴费参保人数为116057人，占参保缴费总人数的96.40%；选择200元缴费档次缴费的参保人数为2681人，占参保缴费总人数的2.23%；选择300元缴费档次缴费参保人数为538人，占参保缴费总人数的0.45%，绝大多数城乡居民选择了100元的缴费档次缴费。

除了有的居民经济收入水平不高外，有的居民即使经济收入水平较高，有能力按照较高缴费档次标准缴费也不愿意选择高标准缴费，其原因主要为：一方面居民对政策不够了解。虽然寻乌县城乡居民基本养老保险从新农保试点以来有7年时间，但作为一项解决城乡居民养老问题基本制度的发展过程而言时间还是相对较短，大部分城乡居民对城乡居民基本养老保险政策还不了解。如养老金的构成，大部分城乡居民不知道养老金待遇是由基础养老金和个人账户养老金组成。很多城乡居民包括参保人和已领取养老金的居民认为，他们现在或将来所领取的养老金就只有政府所发的基础养老金，以为领取的基础养老金（他们当作全部养老金）是他们自己或子女用缴费换取的，不知道领取的养老金实际上是包括基础养老金和个人账户养老金两部分，不知道基础养老金是政府单独支付的。形成这种看法的主要原因是政府宣传不到位，使城乡居民对政策的不了解。另一方面，现阶段正在领取养老金的居民是城乡居民基本养老保险实施时已满60周岁或快60周岁的居民，现在领取的养老金普遍较低，领取的养老金基本上只是基础养老金。因为有的居民在城乡居民基本养老保险实施时已经年满60周岁，这部分居民不需要缴费也可以按月领取城乡居民养老保险基础养老金，由于不用缴费也就没有个人账户和个人账户养老金，领取到的养老保险待遇就只有基础养老金；在城乡居民基本养老保险实施时快满60周岁的居民，由于缴费的时间短和缴费时又选择了低档次标准缴费（新农保试点时，由于农村居民不了解新农保制度对此政策持观望态度和基层干部为了更多的农村居民有能力、愿意参加新农保和参保人愿意续保，大多数基层干部在宣传时解释为只要每人每年缴费100元就可以参加新农保，并且可以获得政府的缴费补贴，因此绝大数农村居民按照最低缴费档次标准100元/年缴费），个人账户养老金很少，从而个人缴费对养老保险待遇水平的影响表现不出来，所领取的养老保险待遇与在城乡居民养老保险实施时已年满60周岁的不用缴费的居民只领取基础养老金的养老保险待遇几乎没有差别。因此，很多城乡居民认为自己每年的缴费将来只能获得现在老年人领取的很少养老金，不知道个人缴费实际上会影响养老金待遇甚至是影响养老金的主要因素，故很多居民都不愿意选择较高缴费档次和长期缴费。

3. 运行机制有待进一步完善

寻乌县城乡居民养老保险服务平台建设取得了较大的进步，但与群众企盼和呼声相比，还有较大差距，特别是极个别乡（镇）业务用房紧张、人员短缺，群众办事不方便的现象仍然存在。由于城乡居民养老保险存在业务量大、涉及面广、人员分散、信息量大等特点，工作任务繁重，经办机构人员不足和人员力量较弱，致使部分业务无法按时保质保量完成。

四、城乡居民基本养老保险发展的对策与措施

城乡居民基本养老保险基金由个人缴费、集体补助、政府补贴构成。参保范围是年满16周岁（不含在校学生）、未参加城镇职工基本养老保险的农村居民，可在户籍地自愿参加城乡居民基本养老保险。完善城乡居民基本养老保险制度是深入贯彻习近平新时代中国特色社会主义思想、加快建设覆盖城乡居民社会保障体系的重大决策，是逐步缩小城乡差距、改变城乡二元结构、推进基本公共服务均等化的重要基础性工程，是实现广大城乡居民老有所养、促进家庭和谐、增加城乡居民收入的重大惠民政策。为实现制度等的可持续发展，使城乡居民享受更高水平的养老待遇，建议从以下方面完善城乡居保制度。

（一）加大政府投入力度，提高养老金水平

养老金水平受到缴费档次、缴费年限、政府补贴、基金投资收益状况等因素的影响和制约，如何走出相当于零花钱的养老金水平尴尬困境是社会各界普遍关注的问题。一方面要引导有缴费能力的城乡居民选择较高的缴费档次，鼓励居民早参保、长期缴费。另一方面应继续加大政府的投入力度，适时提高基础养老金标准，并增加对居民的缴费补贴。在个人账户建立时间较短、账户积累额较少的情况下，增加基础养老金补贴是提高整体养老金水平的有效措施。除中央、省政府提高财政补贴外，兴国县政府应积极应对，责任共担，共同提升制度的保障水平。

（二）建立正常的基础养老金调整机制

正常的养老金调整机制对保证城乡居民合理分享经济发展成果，保证养老金购买力具有重要意义。建议尽快建立正常的基础养老金调整机制。养老金调整是一个系统工程，涉及调整时机、调整幅度以及对保障水平和财政支付能力的影响等方面。基础养老金的调整应在不损失经济效率的前提下为城乡老年居民提供相对较高的养老水平。建议按"与经济增长同步调整"（略低经济增长速度）方案适时调整城乡居保基础养老金，此时既能保证城乡居民年老后的基本生活，又不会给中央财政带来压力。

（三）健全城乡居保缴费激励机制

城乡居保的激励性主要体现在对多缴费、长期缴费的城乡居民实行补贴。在政策推行过程中，人们普遍反映政府的边际补贴不合理，在一定程度上甚至抑制了人们选择较高档次的积极性。建议对参保人缴费实行比例补贴制，即按缴费额一定比例进行补贴，体现多缴多得，激发人们选择较高缴费档次。但为避免出现过大的养老金差距和补富不补穷的现

象，可适当减少对 1500 元和 2000 元缴费档次的补贴。同时，为鼓励人们长期缴费，可适当拉大对超过 15 年缴费年限的基础养老金的补贴标准。

（四）加强基金监管和扩大投资渠道，实现城乡居保基金保值增值

城乡居保基金的收益状况直接关系到参保人的养老金待遇。随着经济发展，未来一年期存款利率基本不会大幅上调，但如果将个人账户养老基金进行市场化投资运营，可能会带来较高的投资收益。因此，建议兴国县参照全国社会保障基金理事会成立基金理事会，负责本县养老基金的管理，当然也包括城乡居保基金。同时要探索新的基金投资渠道，包括对重点项目的投资、协议存款、购买国债、贷款合同等，适当的部分进入资本市场。同时，要加强基金监管，尤其要加强基金及个人账户管理，不断增强内控监督力度，确保我县城乡居民社会养老保险基金运行安全可靠。

（五）加大宣传力度，引导中青年群体积极参保

教育引导符合参保条件的城乡居民树立新的养老观念，不断增强积累和自我保障意识，树立早期投入、晚年自我供养的新理念，并加强养老保险费银行代扣代缴工作的政策宣传。调查中得知，16～44 岁的城乡居民参保率在兴国县较低（这也是全国各地普遍存在的现象）。为提高这部分人的参保积极性，一是要加大宣传力度，提高人们的保险意识，使中青年人认识到参保的重要性，通过多种形式让人们清楚不同缴费标准带来的投资收益，增加人们的预期。同时要加强经办服务机构的能力建设，简化经办流程，为人们参保缴费、待遇领取、转移接续等提供便利，提高服务水平。二是要通过增加政府补贴增强制度的吸引力，按照缴费额的一定比例进行补贴，发挥多缴多得的激励效应。

（六）加强经办机构建设

一是健全各级经办机构，充实工作人员，完善工作机制，提高工作执行力，重点加强村（居）协助办理人员队伍建设。二是建立快捷准确的信息反馈机制。建立参保人员在续保缴费期间未缴纳个人保费快速反馈机制，便于代办员掌握情况及时催缴。

参考文献

［1］江西省人民政府.江西省人民政府关于印发江西省城乡居民基本养老保险实施办法的通知（赣府发〔2014〕38 号）［Z］.2014 – 11 – 18.

［2］寻乌县人民政府.寻乌县人民政府关于印发寻乌县城乡居民基本养老保险实施办法的通知（寻府发〔2015〕1 号）［Z］.2014 – 01 – 23.

［3］寻乌县人民政府办公室.寻乌县人民政府办公室转发江西省人力资源和社会保障厅　江西省财政厅关于调整全省城乡居民基本养老保险缴费档次和补贴标准的通知（寻府办发〔2018〕7 号）［Z］.2014 – 03 – 30.

［4］寻乌县城乡居民基本养老保险局. 寻乌县农保局2017年工作总结及2018年工作计划［Z］. 2018 – 01 – 20.

［5］邓大松，仙蜜花. 新的城乡居民基本养老保险制度实施面临的问题及对策［J］. 经济纵横，2015（9）：8 – 12.

原中央苏区寻乌县产业创新之路调查 *

袁初明

摘 要：寻乌县是革命老区县、原中央苏区全红县，在改革开放背景下也面临如何发展县域经济的困惑。在金山银山和青山绿水两难抉择中，寻乌县产业发展经历了矿产业、果业、通用设备制造业等几个阶段。在产业创新之路上，寻乌县既积累了一些经验，也面临着一些困难。探索寻乌县产业创新之路，提出产业创新的合理建议，不但对寻乌县的经济发展有积极意义，也对原中央苏区县域经济发展有重要的借鉴作用。

关键词：寻乌县；产业创新；绿色发展

一、寻乌县县情

寻乌县国土面积 2351 平方公里，辖 15 个乡（镇），173 个行政村、11 个居委会，总人口 33 万。寻乌县是革命老区县、原中央苏区全红县。1930 年 5 月，毛泽东同志在寻乌进行了近一个月的调查，写下了《寻乌调查》《反对本本主义》两篇光辉著作，提出了"没有调查，没有发言权"等著名论断。寻乌县位于赣、闽、粤三省交界处，与广东省、福建省山水相连、人文相亲、风俗相近，区位优势凸显。寻乌县是资源富集区，稀土储量丰富，号称"稀土王国"，独特地质也造就了发达的果业，是国内知名的果业大县。东江是珠江三角洲和香港同胞的重要饮用水源地，寻乌作为东江源头县，环境保护责任重大。

---

* 基金项目："社会发展与治理"研究中心江西省 2011 协同中心研究成果。

作者简介：袁初明，江西师范大学苏区振兴研究院研究员，江西师范大学马克思主义学院副教授，硕士研究生导师，哲学博士，马克思主义理论博士后，主要研究发展哲学、马克思主义理论。

二、寻乌县产业创新历程

梳理寻乌县产业发展历史，果业、矿产业、通用设备制造业三大产业在历史上或者至今正在为寻乌县经济发展发挥重要作用。

自1966年引种柑橘至今，寻乌县果业从无到有、从小到大，从一个单纯的种植业发展成为一个集种植生产、仓储物流、精深加工、网络交易为一体的产业集群。柑橘产业高峰时期，总面积60万亩，产量65万吨，产值达15亿元，占全县农业总产值90%，约占赣州柑橘产业总量的30%。2013年，柑橘黄龙病悄然而至，缺乏生态安全屏障的柑橘产业遭到前所未有的冲击，面积急剧萎缩。据统计，2017年柑橘面积仅为22万亩。寻乌县县委、县政府深刻认识到"一果独大"的产业发展隐患，提出了"柑橘为主、多元发展"的发展思路，把猕猴桃、甜柿、百香果等作为新兴产业重点发展，采取政府引导、市场驱动、示范带动等有力措施，大力引导群众种植，"一果（柑橘）独大"的现状得到逐步改善。目前，全县果业面积约25万亩（柑橘22万亩、其他果树3万亩），果品总产量预计达30万吨，总产值13亿元，果品加工经销企业68家，加工能力达850吨/小时，果品储蓄能力达15万吨。在中国第三届果业品牌大会上，寻乌县荣获"2017年度果业扶贫突出贡献奖"，"寻乌蜜桔"被中国果品流通协会评为2017年中国果品区域公用品牌"价值英雄"，品牌价值达23.9亿元。果业是寻乌县的一大支柱产业、特色产业，是寻乌老区人民致富奔小康的富民产业。从经济效益上看，2012年，寻乌县果品产值已超过12亿元。2016年，产值达13亿元以上。从社会效益上看，柑橘产业为农民创造了大量就业岗位，果业种植环节从业人员达22万人，占全县总人口的70%以上，占全县农村人口的80%以上。柑橘产业的发展也带动果品运输、营销等二三产业的人员增多，超过27万人（含外地经销商）。

寻乌县矿产业主要指稀土开发，寻乌县开采稀土始于1975年。1979年，在全省率先组建了县级稀土矿，1983年成立寻乌县稀土工业公司，1984年，在全国稀土办的重视下，通过江西省冶金厅进出口公司，与日本签订了稀土出口协议，1985年开始出口，自1986年起进入大生产阶段，1988年、1989年，寻乌县稀土生产进入鼎盛时期，20世纪70年代中期至80年代末，共开采稀土10000余吨，1985～1989年5年间，共为国家创汇近4000万美元，既是全省同期创汇最多的一个企业，也是全国稀土企业创汇最多的企业之一。

寻乌县稀土开采管理大致经历了三个阶段。

第一，"有水快流"阶段。寻乌县积极发展资源型工业经济，在20世纪80年代初成立了"寻乌县稀土原矿生产经销公司"，全县企事业单位、村集体为采矿主体，采取池浸生产工艺，在全县范围内遍地开采，近20年时间，为"原矿稀土公司"发展壮大、促进县域经济发展做出了积极的贡献。但是，由于使用落后的生产工艺，造成资源浪费严重，当时虽然兴建了173座拦沙坝，但水土流失、矿区沙化问题日益突出。

第二，全面整顿和规范阶段。2005年以来，全面启动整顿和规范矿产资源开发秩序，加大了矿法的宣传，制定了一系列管理措施，稀土开采秩序逐年得到好转。采矿权人主体得到明确，确定了赣州稀土矿业公司为唯一采矿权人，改变了"小、散、乱"的局面。职能部门监管责任得到落实，县、乡两级监管网络逐步形成，矿管、公安、林业、环保、水保、安监等主要职能部门认真履行各自的职责。

第三，稀土整合阶段。自2007年8月起，全面整顿稀土生产秩序，进一步落实采矿权人的主体责任，强化相关部门监管责任和责任追究制度，对"开采和保护"提出了"刚性"要求，提高了稀土开采门槛，建立和完善了常态化执法监察机制，稀土管理开始步入规范化、法制化轨道。自2012年起，全面停止稀土生产。

2017年，在上级部门把寻乌县主攻工业首位产业定位为新型建材产业（细分领域主要是建筑陶瓷）的情况下，寻乌县县委、县政府结合本县具体情况，认为果品打蜡分级包装和陶瓷建材等行业资源和能源消耗大，生态环境破坏严重，产业链条短，附加值低，发展不可持续，主要出于以下几点考虑：一是寻乌县在2016年被设立为国家生态功能区，为保护东江源头生态要求限制发展建筑陶瓷产业；二是寻乌县二氧化硫排放指标已用完，不能新增建筑陶瓷产能；三是目前全国建筑陶瓷产业已存在产能过剩现象；四是建筑陶瓷企业占地大、用工多、税收少，资源利用效率低，发展不可持续。通过不断摸索实践和研究论证，寻乌县县委、县政府在征得上级部门批准的情况下，决定把首位产业调整为通用设备制造业。实行"首位产业、首位支持、首位服务、首位发展"，坚持以"龙头企业拉动、配套企业跟进、产业集群发展"的思路发展首位产业，继续把政策、资金、土地、劳动力、人才等生产要素向通用设备制造产业倾斜。坚持以园区平台建设为核心工程，按照"一园三区"布局，重点打造石排园区、黄坳园区、杨梅园区，将石排园区和杨梅园区打造成为通用设备制造产业集聚区，将黄坳园区打造成为广寻商会企业返乡创业基地。不断完善和优化产业发展扶持政策，专门出台《寻乌县扶持机电机械制造首位产业发展22条》等优惠政策，扶持首位产业发展壮大。初步形成以上游的铸造、电线电缆、钣金，到下游的空压机、水泵、减速设备、工业冷水机、环保设备、空压机后处理设备、工业机器人、智能控制系统等通用设备制造产业链，产业集聚力不断加强，工业发展实现质的飞跃，力争走出一条山区小县工业首位产业发展的新路子。截至2018年上半年，寻乌县共签约通用设备制造业项目34个，签约金额159.69亿元。园区现有通用设备制造企业4家，在建通用设备制造企业17家，总投资77.69亿元，投产后年产值达60亿元。聚焦首位产业，采取有效措施，有力地推动了寻乌县工业经济各项工作。2018年1~4月，全县实现规模以上工业增加值2.97亿元，同比增长9%，排赣州市第18名；主营业务收入12.34亿元，增长22.5%，排赣州市第8名；利润总额1.13亿元，增长55.2%，排赣州市第 8 名。工业固定资产投资 5.9 亿元，增长 35%。

三、寻乌县产业发展经验

寻乌县作为一个经济基础相对落后，经济规模较小，产业发展相对单一的山区小县，在产业发展上，定位准确，思路清晰，效果显著。

（一）立足本县县情，发展特色产业

作为一个山区县，山多地少，不适合大规模种植南方传统的水稻，结合本县特殊地质，寻乌县确定了"柑橘为主、多元发展"的发展战略，把柑橘产业定为寻乌县的农业主导产业，同时发展百香果、猕猴桃、甜柿等果业。目前，全县果业面积约 25 万亩（柑橘 22 万亩、其他果树 3 万亩），果品总产量预计达 30 万吨，总产值 13 亿元。寻乌县先后被国家授予"中国蜜桔之乡""中国脐橙之乡""中国脐橙出口基地""全国绿色柑橘标准化生产基地""全国农业标准化示范县（示范产品：脐橙）""全国农产品加工示范基地""国家农业标准化示范区"等荣誉称号。寻乌蜜桔获"中国驰名商标""国家地理标志保护产品"等荣誉称号。果业发展既推动了寻乌县经济发展，也为寻乌县打造了一张亮丽的名片。

（二）确实落实新发展理念，把经济发展与环境保护结合起来

在大力发展经济的同时，寻乌县也没有忽略对生态环境的环境保护。一方面，加大对生态环境的修复工作。由于 20 世纪对矿产资源的过度开发，导致生态环境遭受巨大破坏。为贯彻落实习近平总书记生态文明思想，实现绿色发展，寻乌县坚持"山水林田湖草是一个生命共同体"的重要理念，坚持按照"宜林则林、宜耕则耕、宜工则工、宜水则水"的治理原则，统筹水域保护、矿山治理、土地整治、植被恢复四大类工程，探索"三同治"治理模式，实现"废弃矿山"变"绿水青山"，同时，通过项目治理，充分改善了当地生态环境，通过政府奖补、银行信贷、合作社和龙头企业等带动等措施，帮助当地贫困户发展特色产业，因地制宜种植油茶、竹柏等经济作物，提升综合治理效益，实现"废弃矿山"变"金山银山"。项目总投资 2.98 亿元（其中已到位山水林田湖中央补助资金 7353.14 万元），截至 2018 年 7 月，累计完成投资 28030 万元，占总投资的 94%。另一方面，在寻求产业发展的过程中，拒绝重污染企业，避免陷入"发展—污染—治理"的怪圈。寻乌县本着保护环境、发展经济的原则，放弃污染严重的陶瓷、建材、化工产业，把首位产业调整为通用设备制造业，推动"资源经济"向"生态经济"转变。经过多年不懈努力，寻乌生态环境质量提升明显。全县森林覆盖率由 1979 年的 45% 提高到现在的

81.5%，源头桠髻钵山的森林覆盖率达到了95%；东江源饮用水源水质稳定在Ⅱ类，东江源头保护区团丰桥考核断面水质稳定在Ⅱ类以上，地表水和东江源保护区水质满足环境功能区水质要求；空气环境质量达到国家一级标准；全县化学需氧量、二氧化硫、氨氮和氮氧化物等主要污染物排放总量不同程度下降，均达到了年度计划控制指标和减排目标。

（三）围绕全面建成小康社会奋斗目标，把产业发展与脱贫攻坚相结合

寻乌县坚持共享发展理念，把发展经济与消除贫困结合起来，把产业发展与脱贫攻坚结合起来，"授人以鱼不如授人以渔"，改变单纯对贫困户进行经济救助的传统做法，大力提高人们的生产能力。通过建档立卡，掌握全县贫困户的基本情况，针对进行果业生产的贫困户，制定相关扶持政策，在苗木供给、苗木管理等方面进行补助，对资金短缺的贫困户提供信贷扶持，对吸纳贫困户实现劳动就业的种植户，给予相应补助。寻乌县通过创新多种利益联结机制，坚持把贫困户优先发展作为立脚点，工作向贫困户聚焦，政策向贫困户倾斜，引导建档立卡贫困户参与到果业产业发展中来，让广大农民特别是贫困群众充分分享产业发展成果。在中国第三届果业品牌大会上，寻乌县荣获"2017年度果业扶贫突出贡献奖"。

四、寻乌县产业发展面临的困难

（一）作为农业支柱产业的果业发展面临巨大风险

第一，病虫害的威胁。主要是柑橘黄龙病暴发，对寻乌柑橘带来重大损失，自2013年以来，已砍除柑橘黄龙病病株约2200万株（占全县果业总株数的60%），直接损失达30亿元，目前现存的25万亩果园，病株发生率仍然高达15%，寻乌柑橘已处在发展的最低点。

第二，自然灾害的威胁。近几年寻乌县出现的干旱、冰雹、低温及连续阴雨等天气概率逐年增加，如2011年、2012年秋季干旱、2013年冰雹及连续阴雨，严重影响果品的产量和品质，不少橘果农出现绝收情况。

第三，市场风险的威胁。柑橘染色、假冒，对赣南脐橙及寻乌蜜桔的良好声誉造成巨大伤害，导致消费者对赣南脐橙、寻乌蜜桔失去信誉，一度影响了市场销售，危害产业安全。寻乌蜜桔具有皮薄、色鲜、果型好、质脆化渣、清香无核、风味浓厚等特点，深受消费者喜爱。不法经销商一味追求经济利益，对赣南脐橙、寻乌蜜桔以次充好、以假冒真，寻乌果品的市场声誉受到损害。

（二）产业发展水平不高，工业经济总量不大

与周边县市相比，无论在工业经济总量，还是在发展层次上寻乌县均存在较大差距。第一，项目攻坚力度有待加强。一是特大项目偏少；二是推进速度不快；三是重点项目进展不平衡。第二，首位产业集聚度不高。表现为：首位产业发展不集中，关联度不强。现有产业发展的技术含量较低，产品附加值不高。第三，产业结构不合理，总体上仍未摆脱"农业大县，工业小县，财政穷县"的局面，欠发达、后发展的状况没有得到根本性改变。虽然近年来产业结构持续优化，但三产结构仍然不合理、待调整，农业仍以大田、山地农业为主，现代设施农业发展不快、比重较低，工业产业集群未成形、总体规模较小，第三产业仍不兴旺、带动能力不足，在区域发展中面临被边缘化的危险。

（三）相应配套条件严重不足

第一，园区建设滞后。寻乌省级产业园区刚刚获批，园区建设欠账较大，园区平台分散，平整造价高（每亩60万元左右），寻乌县是国定贫困县，财力有限，影响了基础设施的改善。第二，交通业不发达。寻乌县虽然区位优势明显，与福建省、广东省相接，但是，到目前为止，仍然没有火车直达寻乌县，高速公路开通时间也较短，线路较少，到福建、广东的公路路况较差，落后的交通条件严重制约了寻乌县经济和产业的发展。

（四）转变群众观念面临巨大挑战

作为传统农业县，寻乌县农村人口占大多数，农民的观念里是以土地为安身立命之地，不愿意离开土地到工厂上班，导致企业存在一定程度的招工难度。一些农民存在狭隘的小农思想，仅仅考虑自身利益，不能从大局、整体利益出发来考虑问题。在防控柑橘黄龙病的过程中，一些农民为了减少个人损失，盲目保留患有黄龙病的果树，没有及时清除病树，导致柑橘黄龙病病情加重、损失加大。在柑橘产业恢复阶段，一些果农对柑橘黄龙病防控心存疑虑、信心不足，观望心理严重，导致产业恢复进展缓慢。

五、寻乌县产业发展若干建议

（一）合理布局产业发展，实现产业优势互补，坚持产业融合

在果业和通用设备制造业两大支柱产业之间寻找契合点，加强农业与工业之间的联系和相互借力，提高资源配置效率，实现两大支柱产业的相互促进。大力发展以甜柿、猕猴桃、百香果为特色的休闲观光和乡村旅游产业，推进果游结合、农旅融合，延伸壮大果业

产业链条，带动一二三产业融合发展。大力发展"互联网＋农业"，推动农业实现市场化，加快发展物流业，为果业、通用设备制造业的发展提供助力。

（二）以更大的力度打造生态牌、健康牌

在新时代，主要矛盾已经转化为人民日益增长的美好生活需要和不平衡、不充分的发展之间的矛盾，对健康的需求比任何时候都强烈。寻乌县要以"赣南脐橙""寻乌蜜桔"等知名品牌为依托，加入健康、生态等要素，进一步完善实现蜜桔、脐橙质量安全公共管理体系，实施农业标准化生产、加工及质量安全全程监控，全面提升综合管理视频，切实提高果品质量，提升寻乌县果品的国内、国际竞争力。同时，要积极探索和完善"赣南脐橙""寻乌蜜桔"品牌维权打假机制，加强品牌保护。最终实现以发展求生态，以生态促发展。

（三）积极打造产业发展平台

一是要进一步提升技术平台。技术是产业发展的生命线，2012 年柑橘黄龙病暴发对寻乌县果业几乎造成致命的破坏，不断提升果树病虫害防治的技术是果业发展的保障线。寻乌县园区现有企业研发投入不足，研发平台几乎空白，科技创新能力不足，发明专利少，质量品牌创建落后。研发和专业技术人才紧缺，智能制造刚起步。激励科技创新，推进科研平台建设，鼓励企业加大研发投入，吸引科研人才和专业技术人才落户，是寻乌县促进产业发展的必然选择。二是积极构建交通平台。通过申请上级部门支持和自身融资，加快水、陆、空交通建设，特别是高铁建设，充分利用寻乌县毗邻福建、广东等发达省份的地理优势，促进资金、市场、信息、资源的流动，为产业发展搭建交通平台。三是打造宣传平台。要把好脉、定好位，通过电视、网络等媒介向全国、全世界宣传寻乌。紧紧抓住寻乌的红色基因，扣住绿色、健康等关键词，吸引人才和资金来参与寻乌县建设。四是夯实合作平台。加强与国内外的技术、管理、资金、人才、信息等方面的合作。利用区位优势，积极争取融入珠三角经济区。出台、完善和落实各项优惠政策，吸引引领性、示范性、标杆性的大企业。

（四）积极转变观念

人是生产力的第一要素，要促进产业发展，关键是提高人的素质，人的素质的一个重要方面就是具有符合时代的观念。要通过宣传和教育，改变在广大群众中根深蒂固的因循守旧、不愿冒险、得过且过的陈旧观念，树立竞争意识、创新意识、风险防范意识、市场经济意识、合作意识、大局意识。打破观念的束缚，为产业发展提供精神动力、智力支持和思想保障。

赣南苏区经济发展差异的空间格局及演化特征

张明林　曾令铭[*]

摘　要：基于2009～2017年赣南苏区18个县（市、区）数据，本文利用探索性空间数据分析方法对赣南苏区经济发展差异的空间格局及演化进行了分析。结果表明：赣南苏区区域相对差异和绝对差异均呈扩大趋势，赣州西部区域内部差异是区域差异的主要贡献者；赣南苏区区域经济发展不平衡，区域经济空间分化明显；根据空间关联性分析，赣南苏区区域经济联系较弱，通过结合Moran散点图，可将赣南苏区划分为扩散型、极化型、沉陷型及传染型4种不同类型的经济发展区域，其中扩散型主要位于赣州南部，极化型和沉陷型交叉分布，传染型集中分布在赣州东部和北部地区；据冷热点分析可知，赣南苏区冷热点的区域分布特征明显，热点区无明显变化，冷点区呈不断缩小的趋势。最后，在此研究基础上，提出了赣南苏区经济发展需要增强区域经济联系，加速圈域经济一体化，同时还要加快培育和强化核心增长极。

关键词：赣南苏区；区域差异；空间格局；演化

一、引　言

区域经济差异是指在一定时期内区域间经济发展水平非均等化的现象（谭成林，1997）。区域经济差异一直受到学术界的广泛关注，国内外学者针对不同的研究问题和目的采用不同的研究指标、研究方法和研究尺度等。研究结果多从格局、过程、机理和政策等视角展开，阐述区域经济差异（杨开忠，1994；Ye、X、Wei、Y，2005；蔡昉和都阳，

＊　作者简介：张明林，江西师范大学商学院教授，博士生导师，管理学博士，研究方向为区域经济学。曾令铭，江西师范大学江西经济发展研究院硕士研究生，研究方向为区域经济学。

2000）。研究也呈现出新的特征，其一，研究单元、研究范围越来越聚焦于小尺度和特定经济区域，如鄱阳湖生态经济区（钟业喜和陆玉麒，2010）、长三角区域（吕韬和曹有挥，2010）、长江经济带（曾浩等，2015）等特定经济区域。其二，研究方法多元化，在传统的变异系数、基尼系数、泰尔指数和综合熵指数等分析方法基础上，开始关注空间计量方法的应用。

改革开放以来，经济取得了突飞猛进的发展，但区域间发展不平衡的问题日益突出。为了促进区域经济协调发展，我国政府陆续出台了西部大开发、振兴东北老工业基地、中部崛起等区域振兴战略（洪俊杰等，2014）。赣南苏区作为中央革命根据地的主体，为中国革命做出了重大贡献和巨大牺牲，但近年来，赣南等原中央苏区由于地理位置以及战争创伤等多种原因，经济发展仍然滞后，民生问题仍然突出，贫困落后面貌仍然没有得到根本改变，如何进一步帮助和支持赣南苏区发展值得高度重视和深入研究。为此，我国政府加大了对赣南等原中央苏区的扶持力度，在习总书记的亲自推动下，2012年6月28日，党中央和国务院出台实施《国务院关于支持赣南等原中央苏区振兴发展的若干意见》（以下简称《若干意见》），开启了赣州发展新纪元。目前，对江西省区域经济差异和空间格局演化已有研究，但针对赣南苏区区域经济发展差异的研究甚少，特别是《若干意见》的实施对赣南县域发展有着怎样的影响？赣南苏区经济发展差异空间格局和演化有着什么样的特征？这些都需要理论界进行测定，从而为政府各部门实践探索经济发展提供有力依据。

因此，本文以赣南18个县域为研究区域，应用探索性空间数据分析（ESDA）等方法揭示赣南苏区区域经济发展差异的空间格局以及演化特征，对推动赣南苏区振兴以及促进区域经济协调可持续发展，都具有重要的理论意义和现实意义。

二、研究区域、数据来源及研究方法

（一）研究区域

赣南苏区主要是赣州市所辖的18个县（市、区），赣州位于江西省的南部，经济面积39379.64平方千米，占江西省总面积的23.6%。《赣州市城市总体规划（2017～2035年）》提到，打造以赣州都市区为核心，东部和南部城镇群协同发展的"一区两群"市域城镇发展空间结构。其中，"一区"即以章贡区为核心的赣州都市区，包括章贡区、赣县区（2016年"撤县设区"）、南康区（2012年"撤县设区"）、兴国县、上犹县、信丰县、大余县、于都县、崇义县9个县（区）；"两群"即以龙南县为核心的赣州南部城镇群和以瑞金市为核心的赣州东部城镇群，赣州南部城镇群包括龙南县、定南县、全南县、安远县、寻乌县 5 个县；赣州东部城镇群包括石城县、瑞金市、会昌县、宁都县 4 个县（市）。为了便于研究，本文按照"一区两群"的规划部署依次将赣南苏区划定为赣州西部地区、赣州南部地区及赣州东部地区。

（二）数据来源

本文以赣州西部、赣州南部以及赣州东部共 18 个县（市、区）作为研究单元，以人均 GDP 作为分析赣南苏区县域经济发展差异的衡量指标，时间跨度为 2009 ~ 2017 年。研究数据主要来源于《江西省统计年鉴》《中国县域统计年鉴》《中国区域经济统计年鉴》《赣州市统计年鉴》及各地区统计公报等。

（三）研究方法

1. 标准差指数及变异系数

区域经济差异可分为绝对差异和相对差异。绝对差异是区域经济指标之间的偏离距离，反映的是区域之间经济发展量上的等级水平差异。相对差异是区域经济指标之间的比例，反映了区域经济发展水平的差异（吴爱芝等，2011）。本文采用标准差指数（S）和变异系数（V）分别从相对差异和绝对差异测度出区域间的经济差距。可表示为：

$$S = \sqrt{\frac{1}{N} \sum_{i=1}^{N} (Y_i - Y_0)^2} \tag{1}$$

$$V = \frac{S}{Y_0} \tag{2}$$

式中，N 为研究区域个数；Y_i 为第 i 个区域的人均 GDP；Y_0 为 N 个区域的 GDP 平均值。S 的值越大，表明绝对差异越大；V 的值越大表明，相对差异越大。

2. 泰尔指数

泰尔指数（Theil）能够将整体差异划分为组内差异和组间差异，能很好地用于区域整体差异和区域间差异的实证研究。

$$I(0) = \frac{\sum_{i=1}^{n} \log\left(\frac{\bar{Y}}{Y_i}\right)}{n} \tag{3}$$

$$I(0) = T_{BR} + T_{WR} = \sum_{g=1}^{G} P_g I(0)_g + \sum_{g=1}^{G} P_g \log\left(\frac{P_g}{V_g}\right) \tag{4}$$

式中，n 为统计单位数；Y_i 是第 i 个单位的人均 GDP；$\bar{Y}$ 是 Y_i 的平均值。对泰尔指数进行分解，按照一定的分组方式将所有单位分成 G 组（本文 G = 3），分解为式（4）。其中，T_{BR} 为区域内的差异，T_{WR} 为区域间的差异。P_g 表示第 g 组人口在总人口中的份额；V_g 表示第 g 组 GDP 占总 GDP 的份额。泰尔指数越大，表明区域之间差异越大。

3. 空间自相关

（1）全局空间自相关。空间自相关是一个区域单元上的某种地理现象或某一属性值与邻近区域单元上同一现象或属性值的相关程度。它分为全局空间自相关与局部空间自相关，其全局测度主要有 Moran's I 统计量，其计算公式如下：

$$I = \frac{\sum_{i=1}^{n} \sum_{j=1}^{n} W_{ij}(x_i - \overline{x})(x_j - \overline{x})}{S^2 \sum_{i=1}^{n} \sum_{j=1}^{n} W_{ij}} \tag{5}$$

式中，S^2 为人均 GDP 的方差值，即：

$$S^2 = \frac{1}{n} \sum_{i=1}^{n} (x_i - \overline{x})^2 \qquad \overline{x} = \frac{1}{n} \sum_{i=1}^{n} x_i \tag{6}$$

式中，x_i 和 x_j 分别为 i 区域单元和 j 区域单元的人均 GDP；W_{ij} 为空间权重矩阵的要素，可以采用邻接标准和距离标准来判定，本文采用的是邻接标准，即区域 i 和区域 j 具有公共边界，空间权重 W_{ij} 取 1，否则取为 0。全局空间自相关通常采用 Moran's I 值作为测度指标，Moran's I 值介于 -1 和 1 之间，如果 Moran's I 值是正且越接近 1，说明具有正的空间自相关性，集聚度明显；如果 Moran's I 值是负且越接近 -1，说明具有负的空间自相关性，离散度越明显；如果 Moran's I 值接近 0 则表明不存在空间相关性，呈空间随机分布。

（2）局部空间自相关。为反映局部空间集聚程度，引入描述每个区域单元与其周围显著的相似值区域单元之间空间集聚程度的指标，即局部 Moran 指数，其计算公式如下：

$$I_i = n(x_i - \overline{x})\frac{\sum_i W_{ij}(x_j - \overline{x})}{\sum_i (x_i - \overline{x})^2} \tag{7}$$

式中，I_i 表示局部 Moran 指数。其他变量的含义与式（5）相同。I_i 的值大于零表示该区域单元周围相似值（高值或低值）的空间集聚，I_i 的值小于零表示该区域单元周围非相似值的空间集聚。本文利用局部空间自相关解释区域空间差异的异质性，故本文采用 Moran 散点图和 Getis – OrgG_i 指数。

其中，Getis – OrgG_i 指数是用来揭示空间地域中较显著的高值簇及低值簇，也即识别区域中冷热点区的空间分布，常用于区域空间格局演变研究，可表示为：

$$G_i(d) = \frac{\sum_{j=1}^{n} W_{ij}(d) X_j}{\sum_{j=1}^{n} X_j} \quad (i \neq j) \tag{8}$$

式中，$W_{ij}(d)$ 为空间权重，其他变量含义与式（5）相同。

三、赣南苏区经济发展差异时间演变特征

（一）区域间发展不平衡

从图1可知，赣南苏区区域间经济发展不平衡，2009 年，赣州西部区域人均 GDP 为 13256 元，赣州南部区域人均 GDP 为 12324 元，赣州东部区域人均 GDP 为 8221 元，全区 人均 GDP（这里采用赣州市人均 GDP）为 11201 元；2017 年，赣州西部区域人均 GDP 为 34414 元，赣州南部区域人均 GDP 为 33983 元，赣州东部区域为 21211 元，全区人均 GDP 为 29300 元。四者比值分别为 $1:0.93:0.67:0.84$ 和 $1:0.99:0.62:0.85$。近十年，比例 基本维持一致，表明赣南苏区中的三个区域经济发展速度趋同。同时赣州西部区域与赣州 南部区域经济差异不明显，但比赣州东部区域经济发展水平更高，且经济发展差异还在不 断扩大。由此可见，区域间发展不平衡没有改变，甚至有加剧的趋势。

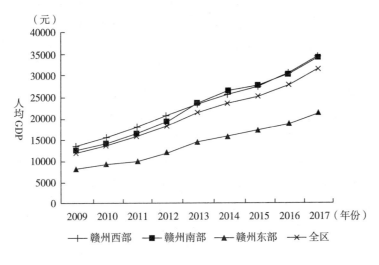

图1 人均 GDP 区域差异

（二）区域相对差异呈不断扩大趋势

从表1可以看出，2009～2017 年标准差指数逐年递增，由 2009 年的 5513 增长到 2017 年的 13204，增长近 158%，年平均增长率为 15.82%。从标准差指数增长趋势表明 赣南苏区区域经济的相对差距不断扩大，区域间经济发展不平衡越来越明显。

表1 2009～2017年赣南苏区区域经济差异

年份	标准差指数	变异系数	Moran's I
2009	5513	0.4304	0.1185
2010	5656	0.4133	0.1313
2011	7064	0.4491	0.1563
2012	8062	0.4438	0.1342
2013	8610	0.4041	0.1827
2014	9489	0.4036	0.1840
2015	10215	0.4072	0.1891
2016	11384	0.4108	0.1819
2017	13204	0.4210	0.1713

（三）区域绝对差异呈波动扩大趋势

从变异系数看（见图2），赣南苏区经济差异呈波动变化轨迹，总体来看呈现出明显的阶段特征。大致可以分为两个阶段，即高差异阶段（2009～2012年），这一阶段的变异系数明显处于高值，变异系数只在2010年出现小幅下降，变异系数仅由0.4304降至0.4133，2011年又增加到了0.4491，并达到研究期间内的峰值，2012年变异系数无明显变化，依然处在较高的水平。低差异阶段（2013～2017年），在这一阶段中变异系数明显低于前一个阶段，2013年变异系数出现了明显的下降趋势，变异系数由0.4438下降至0.4041，下降幅度约为8.9%。此后，变异系数出现了小幅扩大趋势，但年均扩大幅度也仅仅只有0.8%。由结果分析可知，在2013年前，赣南苏区经济发展存在较大差异，但自2012年6月28日《若干意见》出台实施后，赣南受到政策冲击，所以在2013年时变异系数出现了明显拐点，赣南经济发展差异明显缩小。此后，尽管赣南苏区受到政策持续影响，变异系数出现小幅扩大趋势，但变异系数仍然处在较低的水平，且年均扩大幅度也仅仅只有0.8%。这充分表明自《若干意见》实施以来，一方面，促进了全市经济社会稳步发展。赣州GDP总量由2012年的1512.76亿元增加到2017年的2524.01亿元，年平均增长率为11%，连续几年主要经济指标增速高于全省和全国平均水平，位居全国第一方阵。有效地促进了全区域的经济发展，特别是推动老少边穷地区的发展，并有效地放缓了区域经济差异的进一步扩大的趋势。另一方面，又由于各地的资源禀赋的不同，政策实施的效应往往在经济基础较好的地区率先得到体现，而相对落后的地区政策效应体现得不明显或者稍晚，所以在政策实施的前期可能会在一定程度上加剧区域经济发展差异。

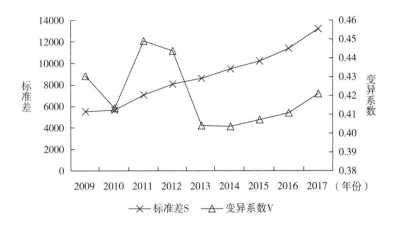

图2 人均GDP标准差与变异系数

表2 区域经济差异演化及分解

年份	总差异	泰尔系数及其分解				构成比例（％）			
		赣西部	赣南部	赣东部	区间	赣西部	赣南部	赣东部	区间
2009	0.1788	0.0949	0.0187	0.0094	0.0558	0.53	0.11	0.05	0.31
2010	0.1660	0.0867	0.0179	0.0072	0.0542	0.52	0.11	0.04	0.33
2011	0.1749	0.0886	0.0196	0.0087	0.0579	0.51	0.11	0.05	0.33
2012	0.1718	0.0844	0.0216	0.0101	0.0557	0.49	0.13	0.06	0.32
2013	0.1707	0.0787	0.0229	0.0093	0.0598	0.46	0.13	0.06	0.35
2014	0.1668	0.0772	0.0226	0.0092	0.0578	0.46	0.14	0.05	0.35
2015	0.1680	0.0754	0.0220	0.0105	0.0601	0.45	0.13	0.06	0.36
2016	0.1764	0.0844	0.0211	0.0106	0.0603	0.48	0.12	0.06	0.34
2017	0.1699	0.0775	0.0212	0.0102	0.0610	0.46	0.12	0.06	0.36

四、赣南苏区县域经济差异空间演化特征

为了反映赣南苏区经济发展水平的空间格局及其变化，研究以2009年、2013年和2017年县（市、区）人均GDP数据，参照世界银行的区域经济分类方法和标准，按区域人均GDP（本文分别采用赣州历年人均GDP数据）的50％、100％、150％依次将各县（市、区）划分为低水平发展区、中低水平发展区、中高水平发展区、高水平发展区。

（一）赣南苏区区域经济发展水平整体偏低

按照赣州人均 GDP 划分，处在全区人均 GDP 的 50% 的区域个数为 0，所以不存在低水平发展区，全区可划分为三个经济发展水平区域：中低水平发展区、中高水平发展区以及高水平发展区。就赣南苏区区域经济发展水平空间格局而言，2009 年、2013 年和 2017 年人均 GDP 低于全区平均水平的区域占绝大多数，分别约占全区数的 67%、61% 和 56%。处在中高水平以上区域分别约占全区数的 33%、39% 和 44%。充分表明赣南苏区整体经济发展水平偏低。2009～2017 年，区域经济发展水平空间格局有小幅变化。在 2013 年和 2017 年中，处在低水平区域都分别减少 1 个，高水平区域也只分别增加 1 个。表明在赣南苏区振兴发展的实施下赣南苏区县域经济取得了稳步的发展，但仍未从根本上改变经济落后的局面，2017 年赣州市人均 GDP 为 29300 元与全省平均水平 45187 元相差 15887 元，同时差距还在不断扩大。

（二）县域经济发展水平两极分化呈逐渐减弱趋势

2009～2017 年处在中低水平发展区的县域数量有明显的下降，由 12 个减少到 10 个。处在全省平均水平以上的区域也只在原来的基础上增加了 2 个，分别是赣县区和南康区。2017 年，处在高水平发展区的个数由 3 个减少到 2 个，仅章贡区和龙南县。表明自《若干意见》出台以来，赣南苏区经济更加趋于均衡发展，有效地缓解了两极分化的趋势。

（三）县域经济发展水平区域空间分化明显

赣南苏区区域经济发展水平在空间分布上呈现出明显的南高北低的特征。参照按全区人均 GDP 的划分标准可知，赣南苏区人均 GDP 发展水平空间分布呈比较明显的集聚特征，逐步形成了一个以章贡区为核心的"核心—边缘"的空间结构。除章贡区外，处在中高发展水平以上的区域集中位于赣州的西南部和南部，包括大余县、崇义县、龙南县、定南县、全南县 5 个县。这些县域占据了优越的区位和交通条件，赣州南部自古就是赣粤两省的咽喉要地、商贾要道，都素有"江西南大门"之称，是江西对接粤港澳的第一门户和排头兵，地处"珠三角"两小时交通圈，是江西省融入"9 + 2"泛珠三角经济圈和承接产业转移的最前沿，同时还是珠三角、海峡西岸经济区的直接腹地。同时这些地区矿产资源丰富，如大余县素有"世界钨都"之称。而处在中低发展水平的区域集中在除章贡区以外的赣州中部、北部以及东部地区，其区域个数占总数量的 67%。这些地区大多交通落后，地理环境封闭，如赣州东面的武夷山脉作为江西与福建的省界；西面罗霄山脉中的诸山天然地将江西与湖南分隔；北面的雩山等山岭阻隔了赣州与赣中及赣北的联系，闭塞的地理环境是造成了这些地区长期处在经济发展水平相对落后局面的重要原因。

五、赣南苏区区域经济空间关联分析

（一）全局空间自相关分析

全局 Moran's I 系数来测度区域总体空间相关性，可以衡量区域之间整体上的空间关联与空间差异测度。本文借助 GeoDa 1.6 软件计算出 2009～2017 年人均 GDP 的全局空间自相关系数 Moran's I。由表 1 可知，赣南苏区 2009～2017 年人均 GDP 呈现出正的空间自相关特性，即拥有较高（或较低）人均 GDP 的区域与其他同样拥有较高（较低）人均 GDP 的区域相邻，也即在空间上呈集聚分布（马晓熠和裴韬，2010）。但 Moran's I 值一直维持在较低的水平，表明赣南苏区区域经济关联性较弱。从 Moran's I 系数的变化趋势来看，呈现出波动变化的轨迹，大致可以分为两个阶段，即平稳上升阶段（2009～2015年），在这一阶段 Moran's I 系数的变化总体呈现出波动上升的趋势，在 2009～2015 年 Moran's I 值由 0.1185 提高到 0.1891，并到达研究期间的峰值，表明在这一期间，全局空间相关性不断增强，赣南苏区区域经济关联性不断增强。其中在 2012 年后出现了一个明显的拐点，仅 2013 年的 Moran's I 值的涨幅就达 36%，造成的原因可能是受《若干意见》刚出台冲击较大，所以在短时间内表现出区域间经济的联系增强以及落后地区经济发展水平低下的局面在一定程度上得到了改善；缓慢下降阶段（2015～2017 年），在这一阶段 Moran's I 系数出现幅度下降的趋势，系数由 0.1891 下降至 0.1713。表明《若干意见》的实施在增强区域间经济联系方面还有很大不足。同时随着政策的不断推进，还存在区域经济差异进一步扩大的趋势，表明政策的实施在促进区域协调发展的作用依然不够明显。

（二）局部空间自相关分析

Moran's I 系数是一个全局空间上的统计量，只能反映 2009～2017 年赣南苏区人均 GDP 在整个研究区域的空间关联性，因而不能用来估计局部空间上的自相关结构（张晓旭和冯宗宪，2008）。所以要借助局部空间自相关分析方法，通常可以借助 Moran 散点图和 Getis - OrgGi 指数来进行局部空间自相关分析。

1. Moran 散点图

根据对全局空间相关性的分析，本文选取了 2009 年、2013 年和 2017 年作为研究的年份，分别对这三个年份的散点图数量进行了统计，借助 GeoDa 1.6 软件和 ArcGis 10.2 软件计算得出赣南苏区各县域人均 GDP 的 Moran 散点地图。

通过 Moran 散点图可将各个地区的经济发展水平分为四个象限的集聚模式，Moran 散点图的四个象限表达了某一点（区域）和其周围点（区域）四种类型的局域空间联系

（吕韬和曹有挥，2010）。这四个象限分别对应的是：高高空间关联（H—H）、低高空间关联（L—H）、低低空间关联（L—L）和高低空间关联（H—L）。"H—H"型代表某一区域和其周围区域的观测值都较高；"L—H"型代表某一低观测值的区域被周围高观测值的区域所包围的空间联系形式；"L—L"代表某一区域和其周围区域的观测值都较低；"H—L"型代表某一高观测值的区域被周围低观测值的区域所包围的空间联系形式。其中"H—H"型和"L—L"型表明具有较高的空间正相关性，反映在区域的集聚和相似性上。"L—H"型和"H—L"型表明存在较强的空间负相关性，区域具有异质性（孟斌等，2005）。根据他们各自的性质，为表达的直观性，分别用扩散型、沉陷型、传染型、极化型代替"H—H"型、"L—H"型、"L—L"型和"H—L"型（麻永建和徐建刚，2006）。

扩散型（H—H）。这一类型的县域表现出自身和周围县域都具有较高的经济发展水平，同时具有较高的空间正相关性。在2009年、2013年和2017年这一类型的县域分别有4个、3个和3个，主要位于赣州的南部地区，包括了龙南县、全南县和大余县。这三个县都是位于赣粤两省的咽喉要地，占据了极佳的交通地理位置，充当着"江西南大门"的重要角色，也是联系广东沿海城市的第一门户。随着广东省产业转型升级和"腾笼换鸟"式的产业转移的需要，大量的传统劳动密集型加工制造业纷纷转移到内陆地区，这三个县具有承接珠三角产业转移的区位优势，可以通过承接大量制造业发展自身的经济。赣粤两地的经济发展和产业结构都存在着很大的差异，根据扩散效应的作用机理，即各种生产要素在一定发展阶段上从增长极向周围不发达地区的扩散，从而带动周围地区的经济发展（Karl Gunnar Myrdal，1957）。广东省作为经济发达的省份，具有较强的经济辐射能力，广东省的增长极作用逐渐显现，带动了周边省份的县域经济发展，形成了明显的扩散型区域。

极化型（H—L）。这一类型的县域往往自身具有较高的经济发展水平，但相邻县域的经济发展水平较低，具有明显的空间异质性。这一类型的县域呈零散分布的特点，主要包括了章贡区、崇义县以及定南县，其中在2009～2017年崇义县由扩散型演变为极化型，表明崇义县与周边县域的经济差异逐渐扩大。除章贡区外，崇义县和定南县都位于赣州边界，同时都受到广东省的经济辐射影响，但与扩散型县域相比，虽然这些区域具有较快的发展趋势，但由于自身经济总量还偏低，自身对周边县域涓滴效应较弱，无法带动周边县域的发展，难以形成扩散型区域，从而形成了极化型区域。而位于赣州的中心城市章贡区，与周围地区经济发展水平有着较大的反差，存在着一个明显的经济凹陷区，表明赣州市中心的经济辐射带动作用极其有限，极化作用占据主导地位。

沉陷型（L—H）。这一类型的县域自身经济发展水平偏低，但周围县域的经济发展水平相对较高，这种类型县域一般分布在"H—H"型和"H—L"型县域周围，又被称为"边缘县域"（谢磊等，2014）。其主要原因是其位于经济发达县域边缘，处在中心的高值地区扩散效应不足，难以形成"大树底下好乘凉"的景象，赣州市中心城市的辐射能力和吸引能力尚不够强，对周边区域的带动能力较弱，再加上相对落后的地区无法与其竞争获取经济发展所需的资源，强化了区域发展的"马太效应"（Williamson J. G.，1965；罗守贵和高汝熹，2005），反而更易造成"大树底下不长草"的困境，这类型的县域在 2013 年有 3 个，分别是南康区、上犹县、信丰县。从分布特点来看，这些县域恰好符合"边缘县域"的分布特征，集中分布在极化型以及扩散型县域周围。据 John Friedmann 的"核心—外围"理论，这类边缘区域一般是处在核心区域外围，与核心区域之间已建立一定程度的经济联系，经济发展呈上升趋势，该区域有新城市、附属的或次级中心形成的可能，这一类型也是经济发展的过渡型城市（Friedman J. R.，1996）。2017 年赣县区由 2013 年的"L—L"型演变为"L—H"型县域，已然表明赣县区自 2016 年撤县设区以来，经济发展迈入新的发展阶段，经济发展水平有了明显的提升，是迈入更高水平类型的过渡期。赣县自 2016 年撤市设区，丰富了赣州中心城区的城市功能，增强了辐射带动能力，赣县区应当抓住机遇，实现经济飞跃式发展。

传染型（L—L）。这一类型跟"H—H"型区域正好相反，县域自身及周边县域都处在较低的经济发展水平，空间呈集聚分布特征，也被称为落后型。这种类型县域集中分布在赣州的北部和东部。由北至南分别是宁都县、兴国县、石城县、赣县区、于都县、瑞金市、会昌县、安远县以及寻乌县。这一类型的县域占了总数的一半左右。这一类型的县域由 2009 年的 9 个演变为 2017 年的 8 个，在数量上只减少了 1 个，仅赣县区退出这一类型。这些县域地理位置偏远，分散于山区，基本属于农业大县，其中工业化以及服务业发展水平都普遍偏低，加上原有的基础条件较差，经济发展水平低下，难以形成中心城市的辐射带动效应，造成长期无法摆脱落后的局面。

2. 冷热点分析

以人均 GDP 为变量，计算出 2009 年、2013 年和 2017 年时间断面的赣南苏区各县域单位的 Getis - OrgGi 指数，并用自然间断点分级法（Jenks）将 Gi 指数由高至低分为 4 类，得到赣南苏区经济发展冷热点演化图。

赣南苏区经济发展热点区整体空间格局并无明显变化。其中 2009 年和 2017 年热点分布大致相同，从热点的数量来看，2009 年和 2017 年热点区域个数都为 5 个，仅 2013 年热点数量减少 1 个，位于赣州西部的大余县是热点变动的主要区域，大致经历了"热点区—次热点区—热点区"阶段。这些热点区主要分布在赣州南部以及赣州西部，分别分布在以章贡区为核心和龙南县为核心的热点区，而冷点区大片集中在赣州北部以及东部区域边缘地区。

赣南苏区经济发展冷点区格局呈缩小的趋势。在研究期内，经济发展冷点区集中分布在赣州北部以及东部区域，而次冷点区分布在赣州西部以及南部。2013～2017 年，次冷点以下区域有明显减少的趋势，其中冷点区的县域数量减少 1 个，次冷点区减少 2 个。从热点区分布的空间格局来看，次热点以上区域开始慢慢出现往东扩展集聚的趋势。

从次热点以上的区域的变迁来看，2009 年和 2017 年热点区的县域数量与次热点区数量持平，热点区集中分布在赣州南部以及西南部，包括南康区、章贡区、龙南县、全南县4个县（区）。而次热点集中分布在热点区边缘，包括了崇义县、大余县、信丰县、定南县4个县（区）。2013年热点以及次热点区分布大体上没有明显变化，次热点区越来越呈沿京九铁路线的"带状式"扩展，次热点和热点分别减少1个。2017年热点区扩展又逐渐呈"组团式"，热点区的县域数量由原来的4个增加到5个，2017年逐渐形成了以章贡区为核心的热点区以及以龙南县为核心的热点区的两大空间结构。以上赣南苏区经济发展冷热点格局的演变表明，《若干意见》政策效应日益显现，赣南苏区经济发展格局出现明显的变化。

六、结论与讨论

本文利用传统的统计分析方法，结合ESDA，在ArcGis和GeoDa软件的支持下，以赣南苏区18个县（市、区）为研究单位，以人均GDP为测度指标，分别从时间、空间以及关联性三个角度分析了2009~2017年赣南苏区区域经济差异的空间格局及演化。结论如下：

第一，赣南苏区经济发展相对差异和绝对差异均呈扩大趋势。区域差异分解结果表明，赣南苏区区域差异波动主要受赣州西部区域差异以及区间差异的影响，其中赣州西部区域差异呈波动缩小趋势，而区间差异呈不断扩大的趋势；赣州东部以及赣州南部区域差异变化较小，对总差异的贡献也略有不足。

第二，赣南苏区经济发展空间格局呈现出赣州西南强、赣州东部弱的特征。赣州西南部边缘地区经济发展水平相对较高，赣州东部以及赣州北部地区由于地处丘陵山区地带，经济发展相对落后。经济发展水平空间分布格局上表现出明显分化特征。赣南苏区区域经济发展处于偏低水平，县域经济的两极分化现象得到有效抑制，区域经济逐渐趋向均衡发展。

第三，赣南苏区区域经济空间演化有着明显的空间集聚趋势，但Moran's I值一直处在较低的水平，表明赣南苏区区域经济关联性较弱。根据Moran散点图可将赣南苏区区域分为扩散型、极化型、沉陷型以及传染型。扩散型区域无明显变化，主要以赣州南部以及西南部的边缘性县域为主。极化型区域也无明显变化，零散分布在南部、西南部以及赣州中心城区。由于这些县域自身经济总量还偏小，以致这些地区的扩散效应不足，表现出与周边县域截然不同的经济发展水平。沉陷型区域大多处在经济发达县域边缘，受发达地区经济辐射效应不足，经济带动能力偏弱。传染型区域超过总区域数量的一半，在这一研究期间，仅仅只有赣县区退出了这一类型。从这一类型的分布特点可以看出，这些县域大多处在交通不便的丘陵山区一带，闭塞的地理环境是造成经济落后的主要原因。根据热冷点的分布也大致呈现这样的特点，次冷点区以下的县域个数占全区域的绝大多数，分布特点基本与落后型县域分布特点基本一致。分布在赣州北部以及东部。热点以及次热点分布多集中赣州西南部、南部以及章贡区周边县域。在研究期间，次热点以上区域明显扩大，次冷点以下区域有明显的缩小趋势。

基于赣南苏区经济发展差异的空间格局及演化分析结果可知，在《若干意见》实施五年多来，虽然赣南苏区振兴发展取得阶段性重大成果，但赣南苏区发展依然面临很多问题：其一，赣南苏区区域差异不平衡没有发生改变，且有扩大的趋势，经济板块间差异较大，关联性不足。因此，要不断深入推进《若干意见》贯彻落实，增进振兴发展政策效应，同时要突出区域协调发展，通过发展壮大县域经济，优化"一区两群"城镇空间总体布局和加快打造赣州市一小时城市经济圈等方式强化市、县两级及县级之间的经济联系与协作，加速形成圈域经济一体化的发展态势。其二，赣州市中心城区作为中心极的辐射作用不断增强，但其影响还很不足，主要体现在 Moran 指数偏低，次热（冷）点区发展缓慢以及"三南"（全南县、龙南县、定南县）发展自成体系。因此，要培育和强化核心增长极。加强培育赣州中心城区成为具有较为完善的对接功能和较为强大的辐射、带动能力的核心增长极，打造成为全市经济引力较强的对接"洼地"与经济张力较强的辐射"高地"；同时，加速推进东部城镇群、南部城镇群和瑞金、龙南次中心城市建设，发挥东部城镇群、南部城镇群毗邻海西经济区、珠三角经济区的优势，培育市域次增长极，形成支撑赣闽合作、赣粤合作的门户区域，强化南北双核作用凸显赣州的门户地位。

参考文献

[1] 谭成林. 中国区域经济差异研究［M］. 北京：中国经济出版社，1997.

[2] 杨开忠. 中国区域经济差异变动研究［J］. 经济研究，1994（12）：28 - 33，12.

[3] Ye，X and Wei，Y. Geospatial Analysis of Regional Development in China：The case of Zhejiang Province and the Wenzhou Model［J］. Eurasian Geography and Economics，2005，46（5）：261 - 342.

[4] 蔡昉，都阳. 中国地区经济增长的趋同与差异——对西部开发战略的启示［J］. 经济研究，2000（10）：30 - 37.

[5] 钟业喜，陆玉麒. 鄱阳湖生态经济区区域经济差异研究［J］. 长江流域资源与环境，2010，19（10）：1111 - 1118.

[6] 吕韬，曹有挥. "时空接近"空间自相关模型构建及其应用——以长三角区域经济差异分析为例［J］. 地理研究，2010，29（2）：351 - 360.

[7] 曾浩，余瑞祥，左樨菲等. 长江经济带市域经济格局演变及其影响因素［J］. 经济地理，2015，35（5）：25 - 31.

[8] 洪俊杰，刘志强，黄薇. 区域振兴战略与中国工业空间结构变动——对中国工

业企业调查数据的实证分析［J］．经济研究，2014，49（8）：28-40．

［9］吴爱芝，杨开忠，李国平．中国区域经济差异变动的研究综述［J］．经济地理，2011，31（5）：705-711．

［10］马晓熠，裴韬．基于探索性空间数据分析方法的北京市区域经济差异［J］．地理科学进展，2010，29（12）：1555-1561．

［11］张晓旭，冯宗宪．中国人均GDP的空间相关与地区收敛：1978~2003［J］．经济学（季刊），2008（2）：399-414．

［12］孟斌，王劲峰，张文忠等．基于空间分析方法的中国区域差异研究［J］．地理科学，2005（4）：11-18．

［13］麻永建，徐建刚．基于ESDA的河南省区域经济差异的时空演变研究［J］．软科学，2006（5）：51-54．

［14］Karl Gunnar Myrdal. Economic Theory and Under—developed Regions［M］. London：Gerald Duckwarth，1957.

［15］谢磊，李景保，袁华斌等．长江中游经济区县域经济差异时空演变［J］．经济地理，2014，34（4）：19-24，39．

［16］Williamson J. G. Regional Inequality and the Process of National Development：A Description of the Patterns［J］. Economic Development and Cultural Change，1965，13（1）：3-45.

［17］罗守贵，高汝熹．改革开放以来中国经济发展及居民收入区域差异变动研究——三种区域基尼系数的实证及对比［J］．管理世界，2005（11）：45-49，66．

［18］Friedman J. R. Regional Development Policy：A Case Study of Veuezuela［M］. Cambridge：MIT Press，1968.

赣南苏区振兴发展战略的政策效应分析
——基于双重差分法的实证检验

曾令铭　张明林　张　琪[*]

摘　要：近年来，赣南等原中央苏区振兴发展越来越受到社会各界的广泛关注。本文基于 2007~2017 年江西省各地级市的面板数据，利用双重差分法对《国务院关于支持赣南等原中央苏区振兴发展的若干意见》出台实施后的政策效应进行了实证分析，研究结果表明：赣南苏区振兴发展战略的实施使赣南苏区经济增长率提高了 0.7 个百分点。进一步的分析表明，投资、消费、产业结构以及经济发展基础也是影响一个地区经济增长的重要因素。本文综合研究结果，提出了相关政策建议：第一，要继续深入推进《若干意见》的实施；第二，优化投资环境，激发市场活力；第三，优化产业结构，加快产业转型升级；第四，制定和完善人才引进政策，加快建立和完善人力资源体系。

关键词：赣南苏区；苏区振兴；政策效应；双重差分法；政策建议

一、引　言

改革开放以来，我国发生了翻天覆地的变化，但伴随着经济高速增长的同时，依旧面临着诸多问题，如区域间发展不平衡、不充分的问题，特别是在少数落后地区表现得尤为明显。随着我国全面建成小康社会以及伟大"中国梦"的构想提出，赣南苏区经济发展落后，民生问题突出，贫困落后面貌仍然没有得到根本改变等一系列问题显得尤为突出。为此，在 2012 年 6 月 28 日，党中央和国务院出台实施《国务院关于支持赣南等原中央苏

---

* 作者简介：张明林，江西师范大学商学院教授，博士生导师，管理学博士，研究方向为区域经济学。曾令铭，江西师范大学江西经济发展研究院硕士研究生，研究方向为区域经济学。张琪，江西师范大学商学院硕士研究生，研究方向为企业管理。

区振兴发展的若干意见》（国发〔2012〕21 号）（以下简称《若干意见》）。

赣南苏区位于我国江西省南部，是土地革命期间最重要的革命根据地，为中国革命做出了巨大贡献和巨大牺牲。为此，党和国家将赣南苏区振兴发展作为一项重大的经济任务和政治任务。支持赣南苏区振兴发展，不仅是协调区域发展的战略要求，更是确保与全国同步实现全面建成小康社会目标的迫切要求，同时也是构建和谐社会的重要举措。随着《若干意见》出台实施五年多来，党和国家陆续出台支持赣南苏区振兴发展的文件已近百来个，数百项具体政策得到了落实。在此背景下，赣南苏区振兴发展战略的实施究竟在赣南苏区发展过程中带来了怎样的影响？影响究竟有多大？这些问题都亟待解答。事实上，学术界对于政策效应的研究已经相当成熟，并对大量的相关政策的实施效果进行过实证检验，但少有涉及赣南苏区振兴战略实施效果的研究，而国内学者对赣南苏区振兴发展成效的研究往往偏向定性方面的分析，并未从实证的角度评估过政策实施的效果。因而，迫切需要理论界对赣南苏区振兴发展战略的实施效果做出科学、客观的评估，以便为实践部分提供理论依据，同时对于完善和推进赣南苏区振兴发展战略的实施具有重要的现实意义。

鉴于此，本文着重考察赣南苏区振兴发展战略在经济层面上的政策效应，以期能够对赣南苏区振兴发展战略做出客观科学的评价。本文以下部分作如下安排：第二部分，主要阐述基于双重差分法下的政策效应研究以及赣南苏区振兴发展的相关研究；第三部分，提出本文的研究方法，构建双重差分法模型及对相关变量进行设定与说明；第四部分，报告了主要回归结果及对结果进行稳健性检验；第五部分，总结研究结论并提出相关政策建议。

二、文献综述

（一）双重差分法对政策效应的测定

双重差分法（difference – in – difference）是基于"自然实验"下有效估计政策效果的一种研究方法。相比其他研究方法，双重差分法的优点在于能够减少政策作为解释变量产生的内生性问题。陈林和伍海军（2015）指出，双重差分法能够控制个体异质性，同时控制随时间变化产生的个体影响。叶芳和王燕（2013）指出，双重差分模型通过控制事前差异，可以有效地分离出真正的政策效果。在国内外，双重差分法在政策效果评估领域已经得到广泛应用。在我国，周黎安和陈烨（2005）最早引入双重差分法，研究将试点期的税费改革视为一次"准实验"，借助双重差分法对农村税费改革的实施效果进行了实证检验。该研究是国内首次对双重差分法在政策效应应用上的有效尝试。自此，我国基于双重差分法的政策效应研究越来越丰富。从以往文献来看，此类研究多聚焦于不同的公共政策类型，例如，财政政策、产业政策、区域发展政策以及其他政策方面。再如，国内学者通过借助双重差分法对"营改增"、产业政策、西部大开发战略以及"省直管县"改革等政策的实施效果进行了实证研究（李成和张玉霞，2015；钱雪松等，2018；郑新业等，2011）。这些研究都准确地评估了政策实施的具体政策效应，如经济效应、生态效应以及社会效应等多方面。具体地，研究文献对政策实施效果中的经济增长、生态环境、农民纯收入增长以及公共服务支出等的影响做出了科学和客观的评估（蒲龙，2017；沈坤荣等，2018；左翔等，2011）。

综上所述，不难看出双重差分法已经逐渐成为科学评价政策效果最为广泛应用的工具，特别是在对于考察区域发展战略的政策效应上有着不可比拟的优越性，尽管已有研究借助双重差分法对西部大开发、中部崛起以及东北振兴等区域性发展战略的政策效应进行了科学的评估，但至今还没有文献借助这一方法对赣南苏区振兴发展战略的政策效果进行过实证研究。

（二）赣南苏区振兴发展的研究

2012 年 6 月 28 日，为支持赣南苏区振兴发展，党中央和国务院出台实施《若干意见》，将赣南苏区振兴发展上升为国家战略。《若干意见》确立了经济和民生两大方面的发展目标：其一，实现赣南等原中央苏区整体跨越式发展，与全国同步实现全面建设小康社会目标；其二，解决突出的民生问题和制约发展的薄弱环节。赣南苏区振兴发展战略无论是从经济上还是政治上都具有着重要的战略意义，因此，学术界开始逐渐聚焦于赣南苏区振兴发展的研究，周国兰和季凯文（2012）从区域协调发展的视角分析了赣南等原中央苏区的重要战略地位。同时，赣南苏区发展的滞后性也是实施赣南苏区振兴战略的现实背景，孔柠檬和刘桂莉（2016）通过研究发现赣南苏区发展滞后主要表现在经济发展水平偏低、贫困发生率高以及社会事业发展落后等方面。通过对赣南苏区发展现状和困境的清楚认识能够更好地为赣南苏区振兴发展指明方向。特别是赣南苏区存在贫困人口数量众多以及贫困发生率高的问题是打赢脱贫攻坚战和实现赣南苏区振兴的最大的"拦路虎"。例如国内学者李志萌和张宜红（2016）就产业扶贫进行了有效的探索并提出了破解路径，其中刘善庆等（2017）提出新型农业经营主体要作为产业扶贫的主要抓手。在赣南苏区振兴发展战略实施之初，国内学者黄小勇（2012）就提出赣南等原中央苏区的振兴发展，财税政策是重点，要着重从绿色生态、民生质量和产业转型升级三大方面制定财税支持政策。同时也有研究提出要加大金融支持和推进新一轮的开放合作等措施加快赣南苏区振兴发展（高小琼，2012；季凯文，2016）。不可否认，《若干意见》出台实施了五年多来，赣南苏区已经取得了重大的发展成果，不少学者对赣南苏区振兴发展战略的实施效果进行了定性研究，从已有的研究结果表明，自《若干意见》出台实施以来，赣南苏区经济发展明显加快、人民福祉不断提升（谢宝河，2015）。

通过上述文献回顾可以发现，关于赣南苏区振兴发展的研究多聚焦于现状、困境以及对策等视角进行分析，而对于赣南苏区振兴发展战略的政策效果的研究相对还不成熟，现有研究文献在研究方法上多数采取描述赣南苏区振兴发展战略实施前后的变化来评价政策的实施效果，但不足以准确识别赣南苏区振兴发展战略对于地区经济增长的净效应。因为即使没有这项战略的实施，这个地区也会在其他要素的推动下取得经济增长。如果要考察一项战略（政策）的影响，则要剔除可能会影响该地区经济增长的其他因素。而借助双重差分法能够有效地剥离干扰因素，更加科学和客观地评估政策净效应，同时也是对评估赣南苏区振兴发展战略的实施效果的有效尝试，可以进一步弥补关于赣南苏区振兴发展战略实施效果实证研究的不足。有鉴于此，本文采用较为严谨的双重差分法对赣南苏区振兴发展战略的实施效果进行评价。本文拟用赣南苏区振兴发展战略作为外生变量，以期对战略实施后的经济效应做出科学准确的评估。

三、研究设计

（一）研究方法

本文主要从经济增长视角评估赣南苏区振兴发展战略的政策效应，借鉴和采用了现在国内普遍采用的双重差分法进行分析。通过构造政策实施的实验组和非政策实施的对照组，并控制其他可能影响经济增长的因素，比较政策实施前后实验组和对照组的差异，从而进一步检验赣南苏区振兴发展战略实施对经济增长的影响。基本模型如下：

$$Y_{it} = \beta_0 + \beta_1 \text{treated}_{it} + \beta_2 \text{time}_{it} + \beta_3 \text{did}_{it} + \varepsilon_{it} \tag{1}$$

其中，Y_{it} 代表被解释变量；i 代表地区，t 代表年份；ε 代表随机误差项；用变量 treated_{it} 反映研究的地级市是否为政策实施地区，取值为 1 代表实验组，取值为 0 代表对照组；time_{it} 反映政策执行的进程，政策执行当年与此后取值 1，否则为 0。通过这种方式，我们可以将样本划为 4 组，政策实施前的实验组（treated = 1，time = 0）、政策实施后的实验组（treated = 1，time = 1）、政策实施前的对照组（treated = 0，time = 0）以及政策实施后的对照组（treated = 0，time = 1）。为了检验改革效果，我们设立"实验组（treated）"和"政策实施时间（time）"的交互项，即政策效应（did），只有当"实验组"和"政策实施时间"两个哑变量同时取 1 时，这个变量才为 1，否则为 0。其中交互项（did）用来衡量政策实施所带来的净效应。

从式（1）可以分解对照组和实验组的被解释变量的变动模型，其中对照组在政策实施前后的被解释变量可以表示为：

$$Y_{it} \begin{cases} \beta_0 + \varepsilon_{it}, \text{time}_{it} = 0 \\ \beta_0 + \beta_2 + \varepsilon_{it}, \text{time} = 1 \end{cases} \tag{2}$$

所以，对照组政策实施前后 Y_{it} 的变动为 $\text{Diff}_1 = \beta_2$，同样地，实验组的被解释变量可

以表示为:

$$Y_{it} \begin{cases} \beta_0 + \beta_1 + \varepsilon_{it}, time = 0 \\ \beta_0 + \beta_1 + \beta_2 + \beta_3 + \varepsilon_{it}, time = 1 \end{cases} \tag{3}$$

所以,实验组政策实施前后 Y_{it} 的变动为 $Diff_2 = \beta_2 + \beta_3$。从而就可以估计政策对 Y_{it} 的净影响为: $Diff = Diff_2 - Diff_1 = \beta_2 + \beta_3 - \beta_2 = \beta_3$。$\beta_3$ 也就是式(1)中 did 的系数,即双重差分法的估计值。若 β_3 的值显著为正,说明具有正向的政策效应;反之则为负。

(二)变量设定与数据说明

本文研究目的是验证赣南苏区振兴发展战略对推动地区经济增长的影响以及影响程度。变量的选取也是为研究目标服务的,考虑到一个地区的经济增长还受到多方面因素的影响,因此在设置赣南苏区振兴发展战略这一核心变量的同时,还需要综合考虑其他相关变量因素,变量设置以及相关具体说明如下:

1. 被解释变量

为了能够更好地度量地区的经济增长情况,本文选取实际 GDP 增长率 Y_{it} 作为被解释变量。

2. 核心变量

政策效应(did)是本文关注的核心变量,即时间变化哑变量与实验组哑变量的交互项,回归系数反映了政策的效应,本文将主要将赣南苏区作为重点关注地区,主要将赣州市作为实验组,同时在选择全省范围内各地级市的基础上剔除了吉安市和抚州市苏区比率超 20% 以上的地级市作为对照组,共计 8 个地级市(包括南昌市、景德镇市、九江市、萍乡市、上饶市、新余市、宜春市和鹰潭市)。并根据 2012 年《若干意见》的出台实施作为时间节点,在此基础上评估赣南苏区振兴发展对赣南苏区经济发展的影响效应。

3. 控制变量

选择控制变量的目的在于控制其他因素对地区经济增长的影响,从而更加科学地评估政策效应。基于索罗经济增长模型 $Y = AK^{\alpha}L^{\beta}$,同时借鉴郑新业等(2011)的研究,本文选取了地区人口增长率(pop)来控制劳动力因素对经济增长的影响;选取全社会固定资产增长率(k)来控制投资增长对经济增长的影响;选取全社会消费品零售总额的增长率(con)控制消费和市场因素对经济增长的影响;选取第一产业比重(prate)反映地区的经济结构,一般认为第一产业比重较大的地区属于发展相对落后的区域;另外,我们还用 2007 年各地级市 GDP 总量(g2007)来反映各地级市初始经济发展情况(郑新业等,2011)。最后需要说明的是,为了减少个体效应和时间效应对分析的影响,本文在最后引入双向固定效应模型进行实证检验,在模型中,μ_i 代表各地级市的个体固定效应;λ_t 代表时间固定效应。基于双重差分法基本模型,在引入控制变量后,具体模型如下:

$$Y_{it} = \beta_0 + \beta_1 treated_{it} + \beta_2 time_{it} + \beta_3 did_{it} + \beta_4 k_{it} + \beta_5 pop_{it} + \beta_6 com_{it} + \beta_7 prate_{it} + \beta_8 g2007_{it} +$$
$$\mu_i + \lambda_t + \varepsilon_{it} \tag{4}$$

（三）数据来源与统计描述

基于研究样本选取的合理性考虑，鉴于各省之间差异较大，为了控制跨省对比可能出现的系统差异，所以选取江西省各地级市作为研究样本（卢新波等，2011）。选取了2007～2017年江西省9个地级市的面板数据来评估赣南苏区振兴发展战略的政策效应，本文将2012～2017年作为赣南苏区振兴发展战略实施之后的时期；政策实施前，即2007～2011年作为对照。基于数据的可得性及合理性对样本进行了如下筛选：其一，对照组中剔除了吉安市和抚州市等苏区占比超过20%的地级市。其二，其中由于受到2008年金融危机的影响，2009年数据存在较大的偏差，故剔除了2009年的各地级市的数据。其中各数据均来自2007～2017年的《江西省统计年鉴》以及各地级市的统计公报等。各变量的描述性统计结果如表1所示。

表1　各变量描述性统计结果

变量	观测值	均值	标准差	最小值	最大值
gdp	90	0.114	0.025	0.045	0.171
k	90	0.260	0.182	0.05	1.365
pop	90	0.006	0.004	0.001	0.027
con	90	0.156	0.040	0.084	0.244
prate	90	0.104	0.048	0.038	0.222
g2007	90	532.287	344.458	204.780	1390.100
time	90	0.600	0.493	0	1
treated	90	0.111	0.316	0	1
did	90	0.067	0.251	0	1

资料来源：2007～2017年《江西省统计年鉴》及各地级市统计公报。

四、实证结果与分析

（一）适用性检验

在进行具体分析之前，需要对样本是否适用于双重差分法进行验证。双重差分法的使用要满足两个条件：其一，研究样本选取是随机的。其二，实验组与对照组在政策实施前具有相同趋势。本文分别对这两个条件进行检验。

1. 随机性检验

《若干意见》指出原中央苏区特别是赣南地区，经济发展滞后、民生问题突出等问题仍旧没得到很大的改善，因此将赣南苏区作为苏区振兴发展战略的重点实施区域。通过大样本比较发现，赣州市人均 GDP 和人均财政收入都远远低于全省以及全国的平均水平，同时还存在第一产业比重过大等现状。因此，我们有理由认为赣南苏区振兴发展战略的确定跟赣州现实发展水平有着密切的关系。我们采用 Logit 模型检验政策实施地区选取的标准。采用 2007~2017 年还未实施战略之前的各市数据。本文以"是否为实验组"作为因变量，选取人均 GDP、第一产业比重、人均财政收入作为解释变量，考察这些因素是否影响实验组的选取。另外，本文选取 GDP 增长率作为是否影响选择的标准的因素。据此本文得出 Logit 模型回归结果如表 2 所示。

表 2　Logit 模型回归结果

变量	回归（1）	回归（2）	回归（3）	回归（4）
人均 GDP	- 2. 261 *** (- 4. 04)			
第一产业比重		34. 504 *** (4. 50)		
人均财政收入			- 1. 119 *** (- 3. 19)	
GDP 增长率				0. 0411 (0. 00)
常数项	20. 627 *** (3. 70)	- 6. 688 *** (- 6. 20)	6. 464 ** (2. 45)	- 2. 084 * (- 1. 76)
R^2	0. 202	0. 328	0. 106	0. 000

注：*、**、*** 分别表示在 10%、5%、1% 的置信水平上显著；括号内是 t 统计量。

从回归结果可知，人均 GDP 和人均财政收入系数均在 1% 显著水平上显著为负，第一产业比重系数在 1% 显著水平上显著为正，这表明地区存在经济落后的事实是实施苏区振兴战略的重要原因。不过，从表 2 中 GDP 增长率估计系数不显著，这说明经济增长的高低不是政策实施选取的标准。而本文研究的问题是赣南苏区振兴发展战略对经济增长的影响作用，而一个地区的人均 GDP、人均财政收入以及第一产业比重与该地区经济实际增长率并无直接相关关系。因此，进一步确立了本文实验组样本选择的随机性。

2. 平行趋势检验

双重差分法虽然默认实验组和对照组之间存在差异，但在政策实施前发展趋势应是一致的，即实验组与对照组差距固定或近似固定，就可以认为对照组的选取是合适的，所以在分析前需检验实验组与对照组在政策实施前实际 GDP 增长率是否具有相同趋势。实验组和对照组 2007~2017 年的 GDP 增长率走势如图 1 所示。

由图 1 可知，在政策实施前，即 2012 年前，实验组和对照组的变化趋势近乎一致，因此，符合平行趋势的条件。

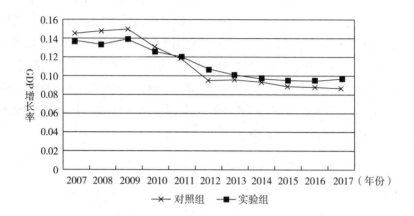

图 1　2007~2017 年实验组和对照组实际 GDP 增长率

（二）回归结果分析

本文结合双重差分法原理，首先采用单变量双重差分方法进行实证检验。将赣南苏区振兴发展战略实施的区域设定为实验组，其余战略未实施的区域设定为对照组，同时将 2012 年赣南苏区振兴发展战略出台实施作为时间节点，分别划分为两个阶段：战略实施前阶段（2007~2011 年）和战略实施阶段（2012~2017 年）。在此基础上，本文分别计算出实验组和对照组的 GDP 增长率在这两个阶段的平均值，然后运用 t 检验方法考察两组区域 GDP 增长率的差异是否在战略出台实施前后表现出系统差异，结果如表 3 所示。

表 3　单变量双重差分估计结果

项目	战略实施前阶段			战略实施阶段			双重差分值
	对照组	实验组	Diff	对照组	实验组	Diff	Diff – In – Diff
GDP 增长率	0.141	0.133	− 0.008 ***	0.096	0.102	0.006	0.014 ***
P 值	—	—	0.006	—	—	0.152	0.006

注：* 、** 、*** 分别表示在 10%、5%、1% 的置信水平上显著。

由表 3 可知，在战略出台实施之前，对照组 GDP 增长率均值为 0.141，实验组 GDP 增长率为 0.133，实验组比照组低了 0.008；在战略实施后，对照组 GDP 增长率均值为 0.096，实验组 GDP 增长率为 0.102，实验组比对照组高出 0.006。上述结果表明，自赣南苏区振兴发展战略实施后，实验组的 GDP 增长率明显要快于对照组。整体而言，与对照组相对，赣南苏区振兴发展战略的实施明显促进了赣南苏区经济的增长，政策效应为0.014，且在1%显著水平上显著。

由上述分析可知，在应用单变量双重差分法的检验结果显示，赣南苏区振兴发展战略的政策效应显著为正。但需要指出的是，在上述检验中，本文并未控制其他可能会影响经济增长的因素。基于此，为了进一步识别赣南苏区振兴发展的政策效应，本文在加入了其他控制变量的基础上，利用面板双重差分法对式（4）进行回归分析，结果如表4所示。

表4 双重差分回归结果

解释变量	模型1	模型2	模型3	模型4	模型5	模型6	模型7	模型8
time	−0.045 ***	−0.035 ***	−0.036 ***	−0.026 ***	−0.026 ***	−0.027 ***	−0.027 ***	−0.043 ***
	（−10.49）	（−9.88）	（−9.82）	（−7.27）	（−7.48）	（−7.96）	（−6.84）	（−3.57）
treated	−0.009 ***	−0.006 ***	−0.005	−0.004	−0.005 *	−0.006 **	—	—
	（−3.8）	（−4.12）	（−1.34）	（−1.5）	（−1.82）	（−2.05）		
did	0.146 ***	0.009 ***	0.009 ***	0.010 ***	0.010 ***	0.010 ***	0.010 ***	0.007 ***
	（3.37）	（3.19）	（3.00）	（3.28）	（3.27）	（3.25）	（3.58）	（2.96）
k		0.046 ***	0.046 ***	0.033 ***	0.033 ***	0.036 ***	0.038 ***	0.034 ***
		（5.97）	（5.95）	（3.73）	（3.65）	（3.9）	（3.9）	（5.25）
pop			−0.144	−0.112	−0.11	−0.167	−0.276	−0.205
			（−0.44）	（−0.34）	（−0.35）	（−0.58）	（−0.84）	（−1.02）
con				0.179 ***	0.178 ***	0.151 ***	0.136 **	0.239 *
				（3.6）	（3.4）	（3.43）	（3.04）	（1.81）
prate					0.001	0.009	0.048	−0.161 **
					（0.10）	（1.03）	（0.84）	（−2.06）
g2007						4.71e−06 **	—	—
						（3.17）		
地区效应	no	no	no	no	no	no	yes	yes
时间效应	no	no	no	no	no	no	no	yes
常数项	0.414 ***	0.123 ***	0.124 ***	0.094 ***	0.093 ***	0.095 ***	0.095 ***	0.112 **
	（61.29）	（35.79）	（31.35）	（10.59）	（11.36）	（12.77）	（9.04）	（3.14）
R^2	0.771	0.857	0.858	0.867	0.867	0.868	0.868	0.941

注：* 、** 、*** 分别表示在10%、5%、1%的置信水平上显著；括号内是t统计量。

表4中模型1是不加入任何控制变量的估计结果，为了考察回归系数的稳健性，模型2~模型6在模型1的基础上依次加入了"固定资产投资增长率（k）""人口增长率（pop）""全社会消费品零售总额增长率（con）""第一产业比重（prate）"以及"各地级

市 2007 年的 GDP 总量（g2007）"作为控制变量。其中模型 1~模型 6 是混合 OLS 回归模型，模型 7 是个体固定效应模型，模型 8 是双向固定效应模型。由表 4 可知，模型 1 在不加入任何控制变量的情况下 did 系数为 0.146，并且在 1% 的显著水平上显著，模型解释力度为 0.771，表明赣南苏区振兴发展战略对 GDP 的增长有显著的正向效应，但这还不足以揭示政策效应的真实情况。因为在没有剔除影响 GDP 增长的其他因素的情况下，结果可能会被高估（或低估）。因此，我们在模型 1 的基础上依次加入了不同的控制变量，由模型 1~模型 6 结果可知，在逐步加入控制变量后，政策相关系数逐渐减小，最后趋于稳定，政策效应（did）相关系数保持在 0.010，且均在 1% 显著水平上显著，调整后的 R^2 为 0.868。结果表明，赣南苏区振兴发展战略使经济增长率显著提高了 1 个百分点。虽然政策效应相关系数变小，但 R^2 变大，表明回归的拟合度提高，模型的解释力度得到了增强，回归分析更加有效，这在一定程度上避免了高估政策效应的结果。为进一步估算结果，本文采用了控制地区效应的固定效应模型，结果如表 4 所示，模型 7 中政策效应相关系数为 0.010，调整后的 R^2 为 0.868。由结果可知，无论是采用 OLS 混合模型还是固定效应模型，赣南苏区振兴发展战略对赣南苏区经济增长的影响都是显著为正的，且系数大小也没发生任何变化。最后，为减少地区个体效应和时间效应对本文识别效果的影响，在加入所有的控制变量后，我们采用了包括个体效应和时间效应的双向固定效应模型进行实证检验，由模型 8 的估算结果可知，在加入时间和地区的虚拟变量后政策效应相关系数为 0.007，且在 1% 显著水平上显著，同时调整后的 R^2 为 0.941，表明赣南苏区振兴发展战略使经济增长率显著提高了 0.7 个百分点。具体而言，在模型 7 的基础上控制了时间效应的影响，政策效应的相关系数出现明显减小的情况，但模型的解释力度有了明显的增强，在一定程度上避免了高估（低估）政策效应，更能够准确和客观地反映政策效应的真实情况。综上所述，如表 4 所示，在模型 1~模型 8 中，尽管政策效应的相关系数有所不同，但其系数均在 1% 的置信水平上显著为正，在一定程度上表明本文的估计结果是稳健可信的。据此，我们有理由相信赣南苏区振兴发展战略对 GDP 的增长有显著的正向效应。

在控制变量方面，众所周知，长期以来，消费、投资和出口被喻为拉动中国经济发展的"三驾马车"，根据本文回归结果显示，其中固定资产投资（k）和全社会消费品零售总额（con）的增长对经济增长均有显著的正向影响，这表明地区经济增长依旧很大程度上依赖投资和消费。其中，人口增长率（pop）并未给经济增长带来显著作用，且相关系数呈非显著的负相关，原因可能是：第一，很大程度上是由于数据选取上存在误差。由于缺乏各地级市常住人口的统计数据，所以本文仅采用了年末户籍人口的统计数作为人口增长率的计算指标，存在与真实劳动力增长情况上的偏差。再加上江西省是典型的人口输出大省，人口流动性大，"用脚投票"现象较为普遍（Tiebout C. M，1956），人们往往偏好经济发展水平相对较高的地区，所以内陆地区人口大量向沿海大城市涌入，人才出现人规模"孔雀东南飞"的现象，这就造成了内陆地区人口流失非常严重，因此户籍人口不能准确反映一个地区的真实劳动力情况，所以无法据此准确估计人口增长给经济带来的影响，进而在估算时出现结果的偏差。第二，我国经济正在从简单的劳动密集型向人力资本密集型转变，经济增长慢慢不再依赖劳动力数量的简单投入，而是人力资本质量的提高（王小鲁等，2009）。第三，江西省的人口红利逐渐消失，经济增长已逐渐由简单的资本和劳动力投入向依靠全要素生产率提高的方式转变（蔡昉，2010）。此外，已有大量研究表明一个地区产业结构的合理化和高级化能够衡量一个地区发达程度，并且对经济增长有持续推动作用（干春晖等，2011）。由模型8的结果可知，第一产业比重（prate）相关系数为 - 0.161，在5%的显著水平上显著，表明一个地区第一产业比重过大会制约这个地区的经济发展速度。最后，根据模型6的回归结果，经济发展初始情况（g2007）的相关系数为正，且在5%显著水平上显著，表明一个地区的经济发展基础也会对这个地区未来一段时间的经济发展产生影响。

（三）稳健性检验

本文在做实证研究前，已经通过构造对照组和实验组的实际GDP增长率趋势图对双重差分法的平行趋势进行了初步检验。为了进一步检验政策效应的评估结果是否真正来源于政策的实施，本文借鉴以往研究中的反事实检验方法，通过虚构实验组（白重恩等，2011；钱雪松等，2018），将研究区间迁移至2011年以前，构造一个虚拟样本组。假设"赣南苏区振兴发展战略"在2010年实施，2010～2011年的样本构造成了虚拟实验组；2007～2009年的样本组构造成虚拟对照组，其他变量设置不变。本文采用混合OLS回归模型得到模型9，模型10和模型11分别对应的是个体固定效应模型和双向固定效应模型，具体结果如表5所示。

表5　反事实检验结果

解释变量	模型9	模型10	模型11
time	- 0.004 (- 1.07)	- 0.001 (- 0.13)	- 0.019 ** (- 2.52)
treated	- 0.004 (- 0.87)	—	—
did	0.001 (0.45)	0.001 (1.19)	- 0.001 (- 0.39)
k	0.028 *** (5.87)	0.022 ** (3.85)	0.024 ** (4.00)
pop	- 0.012 (- 0.02)	0.168 (0.42)	- 0.273 (- 0.72)

解释变量	模型9	模型10	模型11
con	−0.024 (−0.61)	−0.002 (−0.05)	−0.06 (−0.21)
prate	−0.043* (−1.86)	0.118 (0.78)	−0.233 (−1.68)
g2007	2.45e−06* (1.89)	—	—
地区效应	no	yes	yes
时间效应	no	no	yes
常数项	0.141*** (10.77)	0.117** (4.54)	0.179** (2.93)
R^2	0.348	0.369	0.763

注：*、**、*** 分别表示在10%、5%、1%的置信水平上显著；括号内是 t 统计量。

由表5可知，在控制了所有变量之后，在三个模型中，政策效应（did）的系数均不显著，说明未实施赣南苏区振兴发展战略时，虚拟变量 did 并未给经济增长带来任何影响，不存在系统性误差。所以，通过检验说明上述估算结果是可靠的，从而表明赣南苏区经济增长是由赣南苏区振兴发展战略产生的影响，并非时间趋势的作用。

五、结论与建议

赣南苏区振兴发展战略的实施对我国区域协调发展具有重要借鉴和实践价值，为我国加快建成全面小康社会和实现伟大"中国梦"提供了有益探索。本文基于2007～2017年的江西省各地级市的面板数据，采用双重差分法对赣南苏区振兴发展战略实施以来的政策效应进行了实证分析。根据实证结果，可以得出以下结论：第一，赣南苏区振兴发展战略政策效应显著为正，表明赣南苏区振兴发展战略的实施在一定程度上有效地促进地区经济的增长，研究结果表明，赣南苏区振兴战略实施后能够提高经济增长率0.7个百分点；第二，研究还发现，投资、消费和产业结构与经济发展具有显著的正相关性，加大资本投入、扩大市场和优化产业结构是提高经济发展的重要举措。同时在对劳动力因素的回归中发现，尽管人口的增长对GDP增长呈非显著的负相关，但也能在一定程度上反映一个地区的经济发展问题，一方面说明户籍人口不能准确地反映一个地区的真实劳动力情况，但这也恰恰验证了江西省是一个人口输出大省的事实，反映了江西省劳动力流失严重，特别是高技术人才；另一方面说明在劳动力投入方面，已由数量上的简单扩张逐步向投入质量上发生转变。最后，随着人口红利的逐步消失，经济发展方式的加快转变，更加注重创新驱动力。

根据上述分析及结果，可以得出以下政策建议：第一，要继续深入推进《若干意见》贯彻实施。加速推动政策、资金和项目的实施落地，进一步增进赣南苏区振兴的政策效应。第二，优化投资环境，激发市场活力。在硬环境方面，加大和完善基础设施投资，营造良好的投资环境；在软环境方面，转变政府职能，通过体制创新，充分激发市场活力，加速构建"小政府，大社会"。第三，优化产业结构，加快产业转型升级。改造和提升传统产业，加快培育新兴产业，加快产业集群，同时还要深入实施创新驱动战略，加快新旧动能接续转换，形成加快新的经济结构和增长格局。第四，制定和完善人才引进政策，加快建立和完善人力资源体系。人才是第一资源，在全国各地掀起了"人才抢夺战"的局势下，赣南苏区要认清形势和把握机遇，一方面，要加大教育类投入，促进教育公平，特别是要完善高等院校和科研机构保障机制；另一方面，创新和拓宽人才引进方式，制定和完善人才引进政策和机制，增强赣南苏区对人才的吸引力，"聚天下英才而用之"，为赣南苏区振兴发展提供强有力的人才保障和智力支持。

参考文献

［1］周黎安，陈烨．中国农村税费改革的政策效果：基于双重差分模型的估计［J］．经济研究，2005（8）：44-53.

［2］陈林，伍海军．国内双重差分法的研究现状与潜在问题［J］．数量经济技术经济研究，2015，32（7）：133-148.

［3］叶芳，王燕．双重差分模型介绍及其应用［J］．中国卫生统计，2013，30（1）：131-134.

［4］李成，张玉霞．中国"营改增"改革的政策效应：基于双重差分模型的检验［J］．财政研究，2015（2）：44-49.

［5］钱雪松，康瑾，唐英伦等．产业政策、资本配置效率与企业全要素生产率——基于中国2009年十大产业振兴规划自然实验的经验研究［J］．中国工业经济，2018（8）：42-59.

［6］刘瑞明，赵仁杰．西部大开发：增长驱动还是政策陷阱——基于PSM-DID方法的研究［J］．中国工业经济，2015（6）：32-43.

［7］郑新业，王晗，赵益卓．"省直管县"能促进经济增长吗？——双重差分方法［J］．管理世界，2011（8）：34-44，65.

［8］蒲龙．西部大开发战略对重点县经济发展的影响［J］．财经问题研究，2017（2）：105-111.

［9］沈坤荣，金刚．中国地方政府环境治理的政策效应——基于"河长制"演进的研究［J］．中国社会科学，2018（5）：92-115，206.

［10］左翔，殷醒民，潘孝挺. 财政收入集权增加了基层政府公共服务支出吗？——以河南省减免农业税为例［J］. 经济学（季刊），2011，10（4）：1349－1374.

［11］周国兰，季凯文. 赣南等原中央苏区在全国发展格局中的战略定位及发展建议［J］. 江西社会科学，2012，32（10）：248－252.

［12］孔柠檬，刘桂莉. 赣南苏区发展的滞后性及发展振兴政策建议［J］. 苏区研究，2016（6）：114－123.

［13］李志萌，张宜红. 革命老区产业扶贫模式、存在问题及破解路径——以赣南老区为例［J］. 江西社会科学，2016，36（7）：61－67.

［14］刘善庆，尤琳，张明林等. 赣南新型农业经营主体助推脱贫攻坚情况调查［J］. 苏区研究，2017（2）：122－128.

［15］黄小勇. 赣南等原中央苏区振兴发展的财税政策研究［J］. 江西师范大学学报（哲学社会科学版），2012，45（5）：86－91.

［16］高小琼. 金融支持赣南苏区振兴发展的思考与对策［J］. 金融与经济，2012（11）：9－13.

［17］季凯文. 赣南苏区新一轮开放合作的现实基础与战略选择［J］. 苏区研究，2016（5）：123－128.

［18］谢宝河. 赣南等原中央苏区发展战略的提出、推进及其攻坚对策［J］. 苏区研究，2015（1）：114－123.

［19］卢新波，黄滕，郑建明. 经济分权与县域经济增长：以浙江省为例［J］. 财经论丛，2011（1）：3－8.

［20］Tiebout C. M. A Pure Theory of Local Expenditures［J］. Journal of Political Economy，1956（64）.

［21］王小鲁，樊纲，刘鹏. 中国经济增长方式转换和增长可持续性［J］. 经济研究，2009，44（1）：4－16.

［22］蔡昉. 人口转变、人口红利与刘易斯转折点［J］. 经济研究，2010，45（4）：4－13.

［23］干春晖，郑若谷，余典范. 中国产业结构变迁对经济增长和波动的影响［J］. 经济研究，2011，46（5）：4－16，31.

［24］白重恩，王鑫，钟笑寒. 出口退税政策调整对中国出口影响的实证分析［J］. 经济学（季刊），2011，10（3）：799－820.

赣南苏区经济发展绩效分析

——基于 2013～2017 年纵向比较

张　琪　　张明林　　林娟娟*

摘　要：近年来，随着《国务院关于支持赣南等原中央苏区振兴发展的若干意见》出台实施，赣南苏区的经济发展取得了长足的进步。本文通过构建一定的指标评价体系，以赣州市 2013～2017 年的经济数据为分析样本，对赣州市这段特定时期内的经济发展情况进行了研究，研究结果表明：赣州市在这五年内经济总量明显增长，产业结构持续升级，财政总收入平稳增加，居民收入和消费水平得到了大幅度提升，经济发展在这个阶段取得了瞩目成效。此外，还通过比较发现，赣南苏区在经济发展中存在着经济总量偏小、产业层次偏低、投资效益低迷、区域发展不平衡等一系列问题，针对这些问题，本文依据其发展状况提出了相应的建议：第一，抓住发展机遇，紧跟政策引导；第二，推动产业发展，优化产业结构；第三，发展特色经济，平衡县域发展。

关键词：赣南苏区；经济发展；评价指标；比较分析

一、引　言

革命老区的发展长期受到党中央和全国人民的高度关注。赣南等原中央苏区（本文主要指赣州市）地跨赣闽粤三省广大地区，在土地革命战争时期，中国共产党创建了以瑞金为中心的中央革命根据地，开始了艰苦卓绝的苏维埃斗争运动；在中华人民共和国成立以后，赣南苏区凭借其丰富的稀土和森林资源有力地支持了国防建设和国家经济发展，在我国发展历史上做出了巨大贡献。但是由于地理位置偏远、经济基础薄弱、战争遗留创伤等诸多原因，改革开放以来，赣南苏区发展仍然相对滞后，离实现 2020 年同全国人民

---

* 作者简介：张明林，江西师范大学商学院教授，博士生导师，管理学博士。张琪，江西师范大学商学院硕士研究生，研究方向为企业管理。林娟娟，江西师范大学商学院 2015 级学生。

一道实现全面小康的目标还有一定差距。在党的十八大上，国务院正式出台了《国务院关于支持赣南等原中央苏区振兴发展的若干意见》（以下简称《若干意见》），为支持赣南等原中央苏区（以下简称赣南苏区）缩小差距、振兴发展提供了难得的历史性机遇。2013～2017年,赣南苏区在党中央国务院支持赣南等原中央苏区振兴发展的一系列方针政策的引导下，积极探寻经济发展新路径，经济社会发展取得了较快发展，人民收入大幅提高。

那么，近些年来赣南苏区经济发展绩效究竟如何？这点需要进行检验，当前对于赣南苏区经济发展的研究成果主要体现在三个方面：第一，对赣南苏区经济发展滞后原因的探究；第二，对赣南苏区今后经济发展的思考和建议；第三，对赣南苏区各县域经济的比较。由此可见，当前研究中缺少对赣南苏区近些年经济发展绩效的完整描述分析，并且其中大部分研究采用的是定量式的比较分析的研究方法，仅通过对数据的整理描述来对问题加以分析说明。因此，本文将采用定性与定量相结合的研究方法，通过构建一定的经济指标评价体系，对赣州市2013～2017年的经济指标数据进行比较分析，从而探索这五年内赣州市在各项政策举措下的经济发展绩效，展现出赣州市在这段特定时期内的经济发展水平，总结经济发展成功经验，探索经济发展新动能，并针对存在的问题对赣州市未来的经济发展提出相关的思考与建议。

二、指标的选取与体系的构建

经济发展是指一个国家或地区摆脱贫困落后状态，走向经济与社会生活现代化的过程，不仅意味着国民经济规模的扩大，更意味着经济和社会生活素质的提高。对于一个国家或地区来说，经济发展不仅指经济总量的增加、人均实际收入的增长，而且还表现在其他的方面，即社会结构和经济结构不断优化的发展过程。目前，经济发展水平已经逐渐成为衡量一个国家或地区综合实力的重要因素。

近些年来，不少学者通过对经济指标进行筛选构建出经济发展指标体系来对某一国家或地区的经济发展进行评价。例如，国内学者汪晓梦（2018）选取了全区经营收入、工业生产总值等13个指标，使用主成分分析法确定了具有代表性的指标和相应权重，通过具体数值对安徽省16个地市的经济开发区的经济发展情况进行比较评价；学者孙冰等（2018）则是使用熵值法确定了指标评价体系和权重，从而对描述评价了山东省17个地市的开放型经济发展水平，以上两位学者都是通过使用数理统计的定量方法筛选和构建经济发展指标体系来对研究对象的经济发展水平进行评价。也有学者是从经济发展的质量和经济指标的内涵出发确定相应的指标体系，例如，学者许永兵（2013）将经济发展分为经济增长的稳定性、经济结构、社会总需求、科技进步、资源环境、民生改善六个方面，共选取了人均可支配收入等30个经济指标对河北省的经济发展质量进行了研究；学者李云霞（2018）则是直接选取了 GDP，第一、第二、第三产业总值，固定资产投资额、社会消费品零售总额、出口总额这几个主要的经济指标，进行了河北省和湖北省的经济发展水平的比较分析，其选取的这几个经济指标在进行经济发展水平的评价时经常被用到。

　　基于以上的相关研究，结合经济发展的相关定义，本文认为对一个地区经济发展水平的评价需要点面结合——既包括对经济发展总体水平的分析，也包括对整个发展环境下投资、收入和消费水平等的分析。因此，本文将经济指标分为七类：总量类、产业类、财税类、投资类、消费类、收入类和消费收入综合类。在指标的选取上借鉴了学者李云霞的研究，选取了 GDP、固定资产投资额、社会消费品零售总额等六个主要经济发展指标，同时考虑到赣州市在这段时期内的政策导向和发展情况，另外选取了人均生产总值、产业结构、全部工业增加值、规模以上工业增加值、财政总收入、城镇人均消费支出、农村人均消费支出、在岗职工平均工资、城镇人均可支配收入、农村人均可支配收入、城镇恩格尔系数、农村恩格尔系数等共 15 个指标，并通过不同指标的内涵和关系构建了包含 7 个二级指标、18 个三级指标的经济发展指标评价体系（见表 1）。本文将对赣州市这 20 个经济指标五年内的数据进行比较，通过分析得出对赣州市在这段时期内的经济发展成效的评价。

表 1　赣州市经济发展指标体系

一级指标	二级指标	三级指标
经济类	总量类	地区生产总值（GDP）
		人均生产总值
	产业类	第一产业增加值
		第二产业增加值
		第三产业增加值
		产业结构
		全部工业增加值
		规模以上工业增加值
	财税类	财政总收入
	投资类	固定资产投资
	消费类	社会消费品零售总额
		城镇人均消费支出
		农村人均消费支出
	收入类	在岗职工平均工资
		城镇人均可支配收入
		农村人均可支配收入
	消费收入综合类	城镇恩格尔系数
		农村恩格尔系数

三、指标的比较分析

本文的各个指标的数据主要来自《江西统计年鉴》（2013～2017年）、《赣州市统计年鉴》（2011～2017年）及中国统计信息网官网。每个数据均四舍五入保留两位小数，部分指标因无官方记载会有缺失，以下是各个指标的比较分析情况：

（一）总量类指标

GDP是指一个国家（或地区）所有常住单位在一定时期内生产的全部最终产品和服务价值的总和，被认为是衡量国家（或地区）经济状况的重要指标。人均GDP是将一个国家或地区在核算期内（通常为一年）实现的生产总值与所属范围内的常住人口的比值，是用来衡量这个国家或地区的人民生活水平的一个重要标准。

赣州市2013～2017年的地区生产总值（GDP）分别为1688.07亿元、1850.68亿元、1984.13亿元、2207.20亿元、2524.01亿元，与2012年的1512.76亿元相比，这五年内增长速度明显，GDP年平均增长速度约为36%；分别与上一年相比则可发现赣州市在这五年内呈一个小的"V"字形，2013～2015年增速有所放缓，2016～2017年又恢复上升水平，年平均增长速度约为11%，但GDP总体仍是呈逐年上升趋势，且增速越来越快，具体数值增长如图1所示。这段时期内GDP的稳定增长说明赣州市在这五年内经济运行稳中向好，经济实力显著增强，且GDP增速呈现出持续上升的趋势。

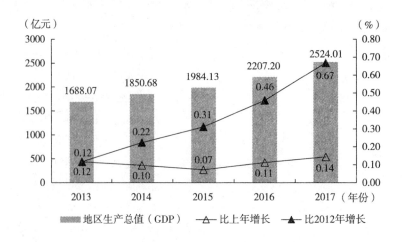

图1 2013～2017年生产总值及增长速度

同时，赣州市2013～2017年的人均GDP与GDP呈现了几乎相近的发展趋势，与

2012 年 1.79 万元的人均 GDP 相比，2013～2017 年的人均 GDP 平均增长速度约为 34%；分别与上一年相比则五年内的平均增长速度约为 10%，与 GDP 的增长速度非常相近但是略低，反映出赣州市这几年内经济发展迅速，居民生活水平也在不断提高，具体数值如图 2 所示。

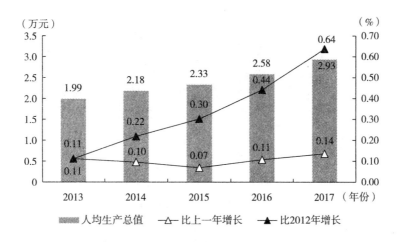

图 2　2013～2017 年人均生产总值及增长速度

（二）产业类指标

产业结构是指农业、工业和服务业在一个国家或地区经济结构中所占的比重，这个比重反映出该地区经济发展的主要驱动力来源于哪一类产业。赣州市 2013～2017 年第一、第二、第三产业值分别所占比重为 15.8∶45.7∶38.5、15.3∶45.9∶38.8、14.9∶44.3∶40.8、15.2∶41.6∶43.2 和 13.7∶42.2∶44.1。第一产业所占比重由 2013 年的 15.8% 下降至 2017 年的 13.7%，比重在 2016 年有过一次小幅度的上升，但总体是在下降；第二产业所占比重由 2013 年的 45.7% 下降至 2017 年的 42.2%，期间比重变化起伏，在 2016 年下降明显，下降了约 3 个百分点；第三产业所占比重由 2013 年的 38.5% 上升至 2017 年的 44.1%，2016 年比重上升最多，期间也一直呈稳步上升趋势。这五年内三类产业对 GDP 增长的贡献率分别为 10.4%、35.3% 和 55.3%，其中第三产业的增长最为迅速和显著，第一产业和第二产业比重虽然在逐渐减少，但是在产业结构中仍占有一定比重，这说明赣州市在五年发展中不断调整产业结构，通过产业升级和转型取得了一定的经济增长成效，具体数值如图 3 所示。

全部工业增加值由 2013 年的 661.93 亿元增加至 2017 年的 897.48 亿元，增长率为 35.59%；规模以上工业增加值由 2013 年的 635.78 亿元增加至 2017 年的 926.95 亿元，增长率为 45.80%。并且规模以上工业增加值每年占 GDP 比重变化呈先上升后下降趋势，这说明赣州市在这五年内虽然经济总量提升了很多，但是大型工业企业的发展没有跟上相应的综合经济发展速度，产业结构的调整优化还有待提高，这也与前面分析的第二产业发展趋势相吻合，具体数值如图 4 所示。

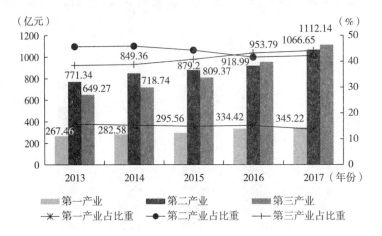

图3　2013～2017 年三类产业产值及其比重

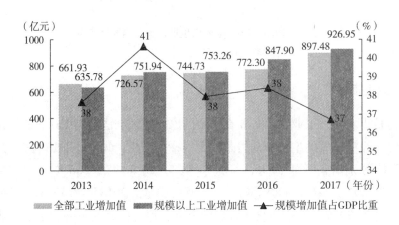

图4　2013～2017 年全部工业、规模以上工业增加值

（三）财税类和投资类指标

全年财政收入由 2013 年的 280.20 亿元增加至 2017 年的 408.32 亿元，增长了 45.72%，全市经济运行状况良好；固定资产投资由 2013 年的 1330.87 亿元增加至 2017 年的 2510.48 亿元，增长了将近一倍。在政府的大力支持引进下，赣州市吸引了不少海内外投资，投资的增加带动了当地就业和经济增长，这也反映在固定资产投资在五年内增长了将近一倍的事实上，说明赣州市在产业推广和资金引入等方面取得了不错的成效，同时经济的繁荣有效地带动了当地政府的财政收入，为当地的基础设施建设和民生环境的改善提供了有力保障，具体数值如图 5 所示。

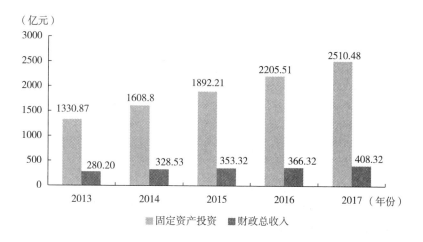

图5　2013～2017年财政总收入和固定资产投资

（四）消费类指标

社会消费品零售总额由2013年的559.99亿元增加至2017年的887.05亿元，增长率为58.40%；城镇人均消费支出由2013年的13353元增加至2017年的18547元，增长了38.9%；农村人均消费支出由2013年的5267元增加至2017年的8214元，增长了55.95%。由此可见，赣州市在这五年内整体的消费水平有了大幅提升，而居民收入水平的高低是决定消费支出的主要因素，消费的增加一方面反映出居民的收入持续稳定增加，另一方面也说明居民购买环境和商品品质的提升，尤其是农村地区，农村居民生活条件和生活水平得到了很大的改善和提升，城乡差距在逐渐缩小，具体数值如图6所示。

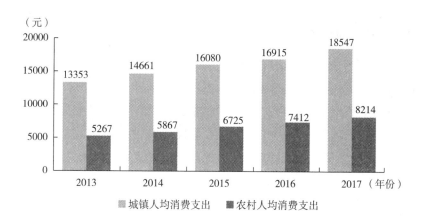

图6　2013～2017年城镇、农村人均消费支出

（五）收入类指标

城镇人均可支配收入由 2013 年的 20797 元增加至 2017 年的 29567 元，增长了 42.17%，与 2012 年相比年平均增长率为 9.60%；农村人均可支配收入由 2013 年的 6224 元增加至 2017 年的 9717 元，增长了 56.12%，与 2012 年相比年平均增长率为 12.91%；全市在岗人员平均工资从 2013 年的 40922 元上升至 2016 年的 55253 元（2017 年数据暂未公布），增长率为 35.02%。具体数值如图 7 所示。由此看出，赣州市居民普遍收入增加，物质生活水平得到了提升，但是城乡收入存在一定差距。截至 2017 年，城镇人均可支配收入是农村人均可支配收入的三倍多，但差距正在逐步减少，农村人均可支配收入年增长率比城镇人均可支配收入的年增长率更高。

图 7　2013～2017 年城镇、农村人均可支配收入和在岗人员平均工资

（六）消费收入综合类指标

恩格尔系数指的是居民家庭中食物支出占消费总支出的比重。一个家庭收入越少，家庭收入中或者家庭总支出中用来购买食物的支出所占的比例就越大，随着家庭收入的增加，家庭收入中或者家庭支出中用来购买食物的支出将会下降。恩格尔系数是用来衡量家庭富足程度的重要指标。赣州市城镇恩格尔系数和农村恩格尔系数分别从 2013 年的 36.1% 和 38.1% 下降至 2017 年的 33.6% 和 36.1%，各下降了 2.5 个百分点和 2 个百分点，可以看出，城乡居民普遍消费能力提升，购买力增强，并且消费更多地用于非食物支出方面，这段时期内人民生活水平和生活质量都有一定的提升。这也与之前分析的居民消费水平的情况相吻合，具体数据如图 8 所示。

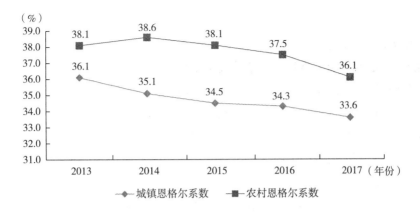

图8　2013~2017年城镇、农村恩格尔系数

四、结果与讨论

通过对赣州市以上20个经济指标五年数据的比较分析，自《若干意见》实施以来，赣州市政府在全市人民的共同努力下，经济总量明显增长，产业结构持续优化，财政总收入平稳增加，居民收入和消费水平得到了大幅度提升，经济发展在这个阶段取得了瞩目成效。但是通过横向比较，依然要正视在发展中存在的几个突出问题。

（1）经济总量、均量仍然偏小。虽然赣州市作为江西省的第二大经济体，据统计，在2017年中赣州市对江西省GDP贡献仅仅只有12.2%，其2017年的人均GDP为29308元，而全省和全国的人均GDP分别为45187元和59660元，明显落后于全省和全国水平。并且赣州市近五年的GDP和财政总收入增速曲线呈"V"字形，经济增速出现了放缓趋势，财政总收入增速在2014~2016年更是明显放缓，这反映出赣州市在经济发展过程中遭遇到了一定的瓶颈期，经济发展内生动力不足，对于如何寻找新的经济增长点、如何使经济取得跨越式的发展仍然是赣州面临的新问题。

（2）产业层次偏低，优化程度有待提高。欧美经济强国普遍存在"两个70%"现象，即第三产业产值占GDP比重的70%，制造服务业占整个第三产业比重的70%。与发达国家的经济结构相比，赣州市第三产业发展还十分滞后。并且在产业结构中，农业比例仍旧很大，主要依靠种植型农业为主，经济效益仍然不明显；工业增长中钨、铜、有色金属、纺织等传统产业占据了很大的比重，但传统增长动力受产能过剩、需求减弱的影响，开始逐步回落。新一代信息技术、新能源汽车、智能装备等高新技术产业目前总量偏小，仍然尚未成为主导力量；第三产业服务业对拉动经济增长还不够明显，发展进程缓慢，每年所占GDP比重均低于全国水平，经济增长主要依靠第二产业驱动，产业结构还需做调整优化。

（3）投资依赖症致使动力单一、效益低迷。由于长期习惯于靠投资拉动经济增长，不少地方的投资依赖症越来越重，逐渐从投资主导变为投资主体，甚至出现固定资产投资规模超过当地经济总量的情况。2017 年，赣州市固定资产投资增速为 13.8%，比全国高出将近 7 个百分点，比全省高出将近 2 个百分点，并且全市固定资产投资占 GDP 的比重达到 99.5%，几乎 100%，这意味着固定资产投资的乘数效应不明显，投资产出效益低迷。合理地引导和使用投资，使投资在经济发展中充分发挥价值是赣州市在发展中要认真思考和解决的问题。

（4）城乡差距大，区域发展不平衡。虽然这几年内赣州市农村经济得到了长足发展，但是城乡仍存在较大差距，2017 年，城镇居民人均可支配收入比农村居民人均可支配多出近 2 万元，是农村居民的三倍多，并且赣州市全市各地都不同程度地分布有贫困人口、贫困村，经济发展过程中不注意资源引导和倾斜会使城乡差距越来越大；同时赣州市有着 18 个县市区，各区域经济发展也存在着巨大的差距，特别是中心县市区与周边县市区的差距会更加明显。据统计，2017 年章贡区与石城县的人均 GDP 相差 53780 元，其差值接近石城县人均 GDP 的三倍。城乡差距和区域间的发展不平衡依旧是制约赣州市经济发展的重要因素。

针对发展中存在的以上问题，本文提出了以下建议：

（1）抓住发展机遇，紧跟政策引导。《若干意见》的出台为赣州市带来了前所未有的发展机遇，赣州市政府应把握机遇，积极争取中央部委业务指导、政策和项目支持，深化体制机制改革，充分释放中央财税、投资、对口支援等政策支持，加快基础设施建设。与此同时，"一带一路"倡议正在全国如火如荼地开展，赣州市作为江西省的"南大门"，应紧密结合国家对江西省"一带一路"倡议连接点和内陆开放型经济战略高地的定位，利用四省交汇的有利区位，升级全市交通设施，形成水陆空大交通格局，充分发挥赣州港的贸易功能，加强与邻省合作，建好赣闽、赣粤产业园区，推动优势产能输出。积极争取各级丝路基金项目支持，加快赣南脐橙、油茶等特色农产品国际化步伐，提高欧美澳市场占有率。

（2）推动产业发展，优化产业结构。大力发展现代农牧业，发展专业大户、家庭农牧场、农业生产合作社，对于脐橙、油茶等具有代表性的种植作物要推进农牧业标准化生产，提高农产品质量，建立产品质量安全示范基地，带动农民种养积极性；积极引进高新技术产业，扶持比较优势明显的产业项目优先发展，引导优强企业落户赣州市重大产业平台，培育壮大新能源汽车、稀土钨新材料、现代家居、生物制药和电子信息等优势产业集群；加快发展现代服务业，鼓励境内外金融机构在赣州设立经营性分支机构，同时市内金融机构要加强金融产品创新，推进产业与金融的全面嫁接，促进中小企业的健康发展。

（3）发展特色经济，平衡县域发展。发展特色经济首先要立足赣州市各地的比较优势，其次是要有意识地培养本地的比较优势。赣州市内农业自然资源丰富，是江西省的一个农业大区和经济作物主产区，国家有关部门先后命名市内的信丰县为脐橙之乡、南康区为中国甜柚之乡、安远县为中国九龙蜜柚之乡、寻乌县为中国蜜桔之乡、大余县为中国瑞香之乡；石城县为中国白莲之乡、崇义县为中国毛竹之乡、赣县区为中国板鸭之乡、会昌县为中国肉兔之乡。赣州市政府要因地制宜，有意识地吸引和引导投资进入，并合理进行投资分配，鼓励和帮助各县域制定产业招商以及配套的产业优惠政策，加大产业扶持力度，创出县域经济的特色，打响本地的品牌特色。

参考文献

［1］汪晓梦．基于主成分分析的安徽省经济开发区发展评价［J］．重庆交通大学学报（社会科学版），2018，18（1）：75－79．

［2］孙冰，王成新，王波涛．山东省开放型经济发展水平评价［J］．合作经济与科技，2018（17）：4－8．

［3］李云霞．河北省与湖北省经济发展比较分析［J］．河北企业，2018（1）：47－48．

［4］许永兵．河北省经济发展质量评价——基于经济发展质量指标体系的分析［J］．河北经贸大学学报，2013，34（1）：58－65．

［5］朱远程，谭敏．北京经济发展指标体系构建及实证研究［J］．商业经济研究，2012（2）：136－137．

［6］张彩霞，吕伟彩，付小明．基于科学发展观的区域经济发展评价指标体系研究［J］．经济与管理，2010，24（11）：84－87．

［7］孔柠檬，刘桂莉．赣南苏区发展的滞后性及发展振兴政策建议［J］．苏区研究，2016（6）：114－123．

［8］商伊娜．赣南苏区县域经济产业结构影响因素实证分析［J］．经济研究参考，2016（55）：59－63．

［9］谢宝河．赣南等原中央苏区发展战略的提出、推进及其攻坚对策［J］．苏区研究，2015（1）：114－123．

［10］周吉，曾光，龙强．推进赣南苏区产业精准扶贫的对策研究［J］．苏区研究，2016（2）：122－128．

［11］黄金岭，邓婕．区域金融中心与振兴赣南原中央苏区发展［J］．杭州金融研修学院学报，2013（11）：29－32．

［12］史文清．弘扬苏区精神，促进赣南苏区振兴发展［J］．党史文苑，2012（24）：4－6．

［13］朱金英．新常态下赣南苏区县域经济发展战略研究［J］．管理观察，2017（29）：88－90．

［14］吴义丹，李静，李明娟等．赣南原中央苏区产业结构分析［J］．企业技术开

发，2015，34（4）：67 - 70.

　　［15］季凯文．赣南苏区新一轮开放合作的现实基础与战略选择［J］．苏区研究，2016（5）：123 - 128.

　　［16］国务院关于支持赣南等原中央苏区振兴发展的若干意见［Z］．国发〔2012〕21 号．

赣南苏区民生发展绩效

——基于 2013~2017 年民生指标纵向比较分析

赵美琪　　张明林　　游　城[*]

摘　要： 本文采用文献分析法，对民生指标研究现状进行了深入分析，在借鉴已有成果的基础上，从民生的内涵出发，构建民生指标体系，对《国务院关于支持赣南等原中央苏区振兴发展的若干意见》颁布实施以来 2013~2017 年的赣南苏区的民生发展数据为样本，选取了教育、就业、人民生活与社会保障、医疗卫生、扶贫 5 个主要指标，构建了包含 5 个一级指标、15 个二级指标的民生指标体系，通过纵向比较，来衡量赣南苏区民生发展绩效，得出赣州市政府高度重视民生的发展，加大了民生事业的扶持力度，教育基础更加坚固，社会保障惠及城乡，民生总体水平不断提高，但是城乡居民收入还存在明显差距，城乡居民养老保险参保率低，仍有很多地区还未实现真正脱贫的结论。在民生发展过程中还需要进一步优化方案，并提出了推进赣南苏区民生发展的对策：着力缩小城乡差距；提高社会保障效益；完善基础设施建设；加大扶贫开发力度。从赣南苏区的角度用民生指标去衡量民生发展绩效，为接下来赣南苏区政府开展民生工作提供现实意义和指导意义。

关键词： 赣南苏区；民生指标；比较分析

一、引　言

民生是人民幸福的基础，也是社会和谐的根本。中共十九大报告明确指出，中国特色社会主义进入新时代，我国社会主要矛盾已经转化为人民日益增长的美好生活需要和不平

---

* 作者简介：张明林，江西师范大学商学院教授，博士生导师，管理学博士。赵美琪，江西师范大学马克思主义学院马克思主义理论专业在读硕士研究生。游城，江西师范大学商学院 2015 级学生。

衡、不充分的发展之间的矛盾。坚持以人民为中心，把人民对美好生活的向往作为奋斗目标，保障和改善民生等民生思想被纳入习近平新时代中国特色社会主义思想。

2012 年中共中央颁布的《国务院关于支持赣南等原中央苏区振兴发展的若干意见》（以下简称《若干意见》）中明确指出，赣南等原中央苏区地跨赣闽粤，是土地革命战争时期中国共产党创建的最大最重要的革命根据地，是人民共和国的摇篮和苏区精神的主要发源地，但由于战争创伤的影响及自然地理等多种原因。迄今为止，原中央苏区特别是赣南地区，经济发展仍然滞后，民生问题仍然突出，贫困落后面貌仍然没有得到根本改变。还有不少群众住在危旧土坯房里，喝不上干净水，不能正常用电；基础设施薄弱等制约当地民生发展的问题仍然比较突出。振兴发展赣南等原中央苏区，既是一项重大的经济任务，更是一项重大的政治任务，支持赣南等原中央苏区振兴发展，是进一步保障和改善民生，促进和谐社会建设的重大举措。赣州市紧紧围绕赣南苏区振兴发展战略，采取一系列措施来优先解决民生问题，例如，加大以土坯房为主的农村危旧房改造力度；加快解决农村饮水安全问题；加强农村电网改造和农村道路建设；提高特殊困难群体生活水平；加快基础设施建设；培育壮大特色优势产业；等等。但是，目前很少有人用科学的方法对《若干意见》实施以来的民生发展绩效进行衡量，而构建民生指标体系，是了解民生状况、衡量政府解决民生问题绩效的前提。本文采用文献分析法，对民生指标研究现状进行了深入分析，在借鉴已有成果的基础上，从民生的内涵出发，构建民生指标体系，对赣南苏区《若干意见》颁布实施以来的五年数据进行纵向比较，来衡量赣南苏区民生发展绩效，并为赣南苏区民生发展提供对策建议。

二、民生内涵及指标体系构建

（一）民生内涵

"民生"一词最早出现在《左传·宣公十二年》，"民生在勤，勤则不匮"。在中国传统社会中，民生一般是指百姓的基本生计。到了 20 世纪 20 年代，孙中山给"民生"注入了新的内涵，并将之上升到"主义"、国家大政方针以及历史观这样一个前所未有的高度。孙中山对民生问题较为经典的解释是："民生就是人民的生活——社会的生存，国民的生计，群众的生命。"民生就是政治的中心，就是经济的中心和种种历史活动的中心。民生是社会一切活动的原动力。

广义上的"民生"指凡是同民生有关的，包括直接相关和间接相关的事情都属于民生范围内的事情。狭义上的"民生"主要是从社会层面卜着眼的，主要是指民众的基本生存和生活状态，民众的基本发展机会、基本发展能力和基本权益保护的状况，等等。客观地评价民生发展水平，需要通过民生指标来进行分析。

(二) 民生指标

民生指标体系已成为国际社会广泛采用的用来衡量社会发展的重要指标体系。在民生发展过程中，建立科学有效的民生指标体系对于民生的发展有着重要的意义，也是了解民生实际状况，衡量政府民生工作的重要前提。中国民生指标涉及设计的原则主要包括科学性、系统性、可操作性、可比性及可量化性五个方面。

从国外角度看，西方国家对民生发展的研究主要集中在社会保障、社会福利、社会救济等方面。从国内角度看，近些年来，不少学者通过对民生指标进行筛选构建出民生发展指标体系来对某一国家或地区的民生发展进行评价。例如，许萍（2015）构建了包括文化教育、就业收入、健康医疗、社会保障、住房交通、资源环境、安全稳定七个方面的民生指标体系；运用基于组合赋权的综合指数法对 2011～2013 年我国民生进程进行分析，同时，运用主成分分析法对 2013 年我国各省市区（西藏除外）的民生质量进行评价。最后，基于上述研究结果，总结存在的民生问题，为促进我国民生发展提出有针对性的建议。

王贤斌（2015）以民生指标体系构建的科学性、全面性、前瞻性和可行性为原则，把民生指标体系分为由生活质量、发展程度和保障状况三个领域构成的客观指标体系和由幸福感、满意度两个方面构成的主观指标体系。

王青等（2014）从民生的内涵出发，建立民生水平统计指标体系，利用因子分析法对中国省域民生水平进行综合评价与比较，明确优势和差距。

李辉等（2014）从食品安全问题、教育问题、就业问题、医疗问题、社会保障问题、住房问题六个方面入手，探索影响民生发展的主要因素，并在此基础上构建完善的、系统的民生指标评价体系。

康锦（2013）则在对我国已有的民生评价指标体系进行梳理、研究的基础上，建立了一套较为科学系统、行之有效的民生评价指标体系。在权重确定过程中，将层次分析法和熵权法这两种不同方法结合起来，使权重确定更为科学；结合国际、国内和山东省实际情况确定了所建指标体系对应指标的目标值。运用所建指标体系测算了山东省 17 个地市 2008～2010 年的民生指数，并据此对山东省民生现状进行了综合评价；然后，运用聚类分析法将山东省 17 个地市按照民生指数进行了分类，并进行了纵横向比较，提出了相关对策建议。

赵西超（2012）确立了对就业、教育、收入、医疗、消费、居住环境、社会安定团结与和谐六个民生问题研究的主要内容，结合江西省的实际，选取出反映江西省民生问题的民生特色指标，建立江西省民生指标体系，由此对江西省民生问题进行民生进程和民生效率两方面的评价，找出民生问题的薄弱环节，给出一些个人看法和相应的建议。

综述已有相关研究成果可知：一是民生指标问题研究还处于探索阶段并且结论也存在

较大的差异性；二是尽管有学者从江西省的角度去分析民生指标体系的构建，但还没有学者从赣南苏区的角度用民生指标去衡量民生发展绩效，这为本文撰写提供了思路。

（三）赣南苏区民生指标构建

基于以上的相关研究，本文首先选取了教育、就业、人民生活与社会保障、医疗卫生、扶贫五个主要民生发展指标，结合赣州市相关政策和发展现状，另外选取了高中阶段毛入学率、高等教育毛入学率、人均受教育年限、就业率、失业率、城镇就业人员平均工资、城乡居民社会养老保险参保人数、城镇人均可支配收入、农村人均可支配收入、城镇恩格尔系数、农村恩格尔系数、每千人口拥有的医生人数、床位数、贫困人口、贫困发生率、农村危旧土坯房改造数、农村公路建设公里数共 17 个指标，并通过不同指标的内涵和关系构建了包含 5 个一级指标、17 个二级指标的民生发展指标评价体系，如表 1 所示。本文将对赣州市这 17 个经济指标五年内的数据进行比较，通过分析得出对赣州市在这段时期内的民生发展成效的评价。

表 1　民生发展指标体系

总指标	一级指标	二级指标
民生指标	教育	高中阶段毛入学率（两纲）
		高等教育毛入学率
		人均受教育年限（两纲）
	就业	就业率
		失业率
		城镇就业人员平均工资
	人民生活与社会保障	城乡居民社会养老保险参保人数
		城镇人均可支配收入
		农村人均可支配收入
		城镇恩格尔系数
		农村恩格尔系数
	医疗卫生	每千人口拥有的医生人数
		床位数
	扶贫	贫困人口
		贫困发生率
		农村危旧土坯房改造数
		农村公路建设公里数

三、2013～2017年赣南苏区民生指标比较分析

2013～2017年是中共中央《若干意见》实施中的五年，通过对2013～2017年的民生指标数据进行纵向比较，来衡量政府解决民生问题的绩效，为赣南苏区民生发展提供对策，为下一步的实践提供指导意义。

本文数据来自中国统计信息网官网、《江西统计年鉴》（2013～2017年）、《赣州市统计年鉴》（2011～2017年）。部分数据因无官方记载会有缺失，具体指标的比较分析情况如下：

（一）民生类支出比较

赣州市2013～2017年民生类支出分别为271.6亿元、303.1亿元、350亿元、552.54亿元和648.19亿元，从2013年至2017年增长了138.7%；民生类支出占财政总支出比重从2013年的56.5%增加至2017年的83.5%，增长了27个百分点，其中2015年到2016年增长最多，从56.8%增加至81.6%，民生类支出占财政总支出的4/5，由此可见赣州市政府高度重视民生的发展，加大了民生事业的扶持力度，持续增加民生投入，新增财力向民生领域倾斜，具体数值如图1所示。

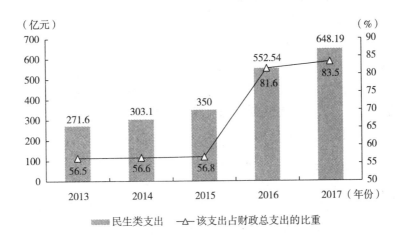

图1　2013～2017年民生类支出及其占比

（二）教育水平变化

教育是民生之本，决定国家的未来和发展。教育对提高生活质量和全面建成小康社会

都有重要影响。在教育方面，全市充分落实"一法两纲"，高中阶段毛入学率和人均受教育年限均逐年增加，高中阶段毛入学率从2013年的76.97%上升至2016年的92.60%，增加了将近16个百分点；人均受教育年限由2013年的8.79年增加至2016年的9.01年，增加了0.22年，教育普及率更高，惠及更多偏远山村的学龄儿童，具体数值如图2所示。

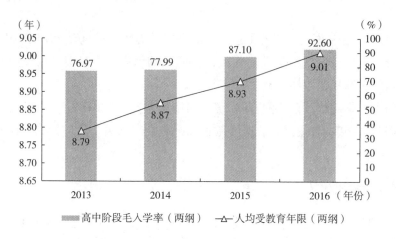

图2 2013~2016年高中阶段毛入学率、人均受教育年限

（三）就业方面变化

就业是民生工作的重中之重，同时也是民生指标的重要因素之一。目前的就业问题主要表现在大学生就业难和农民工就业保障方面。就业的发展能够促进社会经济的发展以及社会的和谐稳定，因此在民生统计指标体系的构建中，要充分地考虑就业所占的比重，这对于解决民生问题具有很大的现实指导意义。在就业方面，失业率由2013年的3.32%下降至2017年的3.04%，下降了0.3个百分点，每年的就业率均在96%以上，2017年接近于97%；城镇就业人员平均工资逐年增加，由2013年的40280元增加至2016年的54699元，增长率为35.8%，说明全市就业状况良好，且城镇就业人员的平均工资处于稳步提升状态。具体数值如图3、图4所示。

（四）医疗卫生服务变化

医疗和人们的切身利益相关，是改善和促进民生发展的重要组成部分，是除教育、就业外，人们所能感受到的最明显的民生问题。目前，在赣南苏区依然存在不少"看病难，看病贵"的问题，制约着人们生活水平的提高，因此，将医疗问题纳入民生指标体系，可以为进一步推进医疗改革提供一定的数据参考，也为进一步全面改善和保障民生提供动力。在医疗方面，卫生医疗机构总床位数从2013年的30945张增加至2017年的45200张，增长了46.07%，每千人口拥有的医生数从2013年的1.09人增加至2016年的1.46人，医疗卫生队伍建设及医疗服务水平得到了进一步的发展提高，具体数值如图5所示。

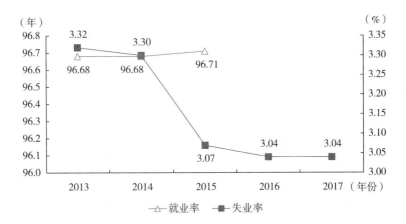

图3 2013～2017年全市就业率和失业率

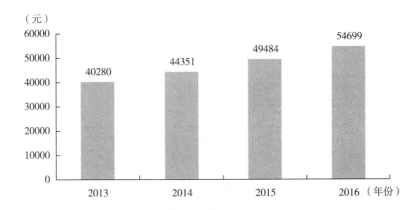

图4 2013～2016年城镇就业人员平均工资

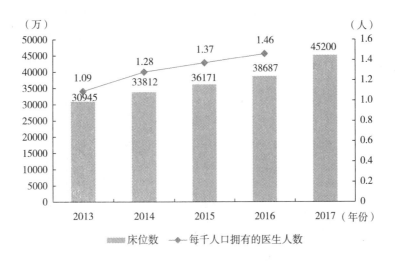

图5 2013～2017年每千人口拥有医生数及总床位数

（五）人民生活与社会保障变化

1. 居民收入与恩格尔系数变化

居民收入是反映一个地区经济发展、居民生活水平的重要指标，目前，赣南苏区的居民收入存在差距，特别是城乡居民的收入差距依然明显，虽然政府在政策方面给予了足够的重视，但是收入差距的问题还是不容乐观。因此，我们将收入纳入民生指标体系显得尤为重要。恩格尔系数是指食物消费支出占总消费支出的比重，是国际通用的衡量居民生活质量的指标。2017 年城镇居民人均可支配收入 29567 元，比 2016 年增长 9.2%，农村居民人均可支配收入 9717 元，比 2014 年增长 12.1%，城镇居民家庭恩格尔系数为 33.6%，农村居民家庭恩格尔系数为 36.1%，见表 2。

表 2　2013～2017 年城乡居民生活改善情况

指标	2013 年	2014 年	2015 年	2016 年	2017 年
城镇人均可支配收入（元）	20797	22935	25001	27086	29567
农村人均可支配收入（元）	6224	6946	7786	8729	9717
城镇恩格尔系数（%）	36.1	35.1	34.5	34.3	33.6
农村恩格尔系数（%）	38.1	38.6	38.1	37.5	36.1

2. 社会保障服务水平变化

社会保障问题是民生问题中的重要问题，也是民生指标体系中最重要的组成部分。对于特殊群体、低收入群体以及老年群体的生活改善来说，社会保障尤为重要。增强社会保障，有利于社会发展的公平与正义。赣州市城乡居民社会养老保险参保人数逐年增加，从 2013 年的 393.4 万人增加至 2017 年的 414.19 万人，增长了 5.28%。具体数值如图 6 所示。

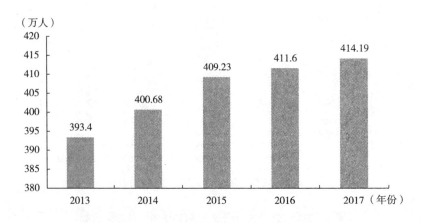

图 6　2013～2017 年城乡居民社会养老保险参保人数

（六）扶贫方面变化

扶贫就是政府和社会帮助贫困地区和贫困户来开发经济、发展生产、摆脱贫困。结合赣南苏区的贫困现状，扶贫也是影响民生发展的重要指标。在扶贫方面，全市贫困人口从2013年的139.5万减少至2017年的34.99万，共减少了104.51万贫困人口，在五年内将贫困人口数减少至原来的1/4；贫困发生率也是逐年递减，从2013年的18.75%下降至2017年的4.31%，下降了将近15个百分点，扶贫工作取得了突破性进展，具体数值如图7所示。

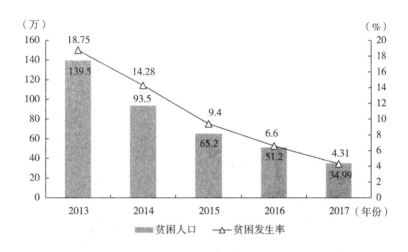

图7 2013～2017年贫困人口及贫困发生率

农村地区的民生建设一直是政府民生工作的重点，赣州市在2013年和2014年分别改造了农村危旧土坯房17.04万户和14.28万户，修建农村公路里数分别达2500公里和3800公里，全市自来水普及率在2015年已经达到了70.46%，比2013年上升了将近13个百分点，城乡面貌大为改善，基础设施不断完善，在经济快速发展发展的同时，民生建设发展速度也并未落后。

四、推进赣南苏区民生发展的对策

通过对《若干意见》实施以来的五年数据进行纵向比较分析，可以得出：赣州市政府高度重视民生的发展，加大了民生事业的扶持力度，持续增加民生投入，新增财力向民生领域倾斜，成效显著，教育基础更加坚固，社会保障惠及城乡，民生总体水平不断提高，但是城乡居民收入还存在明显差距，城乡居民养老保险参保率低，仍有很多地区还未实现真正脱贫的结论。在民生发展过程中还需要进一步优化方案，集中力量先解决最突出的问题，改善人民生产生活条件，调动人民积极性，共同为实现赣南苏区振兴发展而努力。

（一）着力缩小城乡差距

赣南苏区还存在着城乡差距，它是影响民生的重要因素，比如把"三农"问题放在突出位置，大力发展现代农业，加快城乡建设一体化进程，稳定发展粮食生产，大力发展特色农业，优化农产品区域布局，做强脐橙产业，发展毛竹、花卉苗木等特色林业，发展蜜桔、茶叶、白莲等特色农产品，建立现代农业示范区。大力发展乡村旅游，拓宽农民收入渠道，鼓励农民工返乡创业，建立农民创业基地。

（二）提高社会保障效益

赣州市应逐步建立城乡一体化的养老保障制度，大力倡导并支持农民参加新型农村合作医疗和新型农村社会养老保险，针对城乡居民养老保险参保率低，缺乏积极性的问题，政府相关部门应该出台相关参保缴费的优惠政策或给予其他补贴待遇，增加人们的参保积极性，争取到2020年完善好城市反哺农村的社会保障机制，使农村养老保险达到城市标准。

（三）完善基础设施建设

改善人们的居住条件和交通条件。适应城镇化趋势，结合新农村建设，积极探索创新土坯房改造方式，大力支持保障性住房建设，加大对赣州市城市棚户区改造支持力度，加快国有工矿棚户区和国有农林场危房改造。加快推进赣南等苏区新一轮农村电网改造升级，实施农村公路危桥改造，推进县乡道改造和连通工程，加强交通基础设施建设，完善铁路网络，对国省道干线公路进行改造，改善赣南苏区的交通条件，提高民生满意度。

（四）加大扶贫开发力度

为了尽快实现全面脱贫的重任，政府应该积极开展创新产业扶贫、能源扶贫、金融扶贫等政策，比如引入农业保险，降低农业产业风险，构建平台，培育创业型新型职业农民，国家划拨经费支持新型农民培训，支持人力资源和社会保障服务中心建设，支持创业孵化基地建设，实现创业带动就业，缓解就业压力。完善管理机制，建议银行实施分期分批、小规模多批次的贷款策略，并将经营主体还贷风险与基层村组织利益挂钩，降低新型经营主体的还贷风险。改进贫困县考核机制，健全干部驻村帮扶机制，提高产业扶贫干部的积极性。

参考文献

［1］王波．拉萨市民生指标体系的构建与应用［J］．西藏科技，2018（8）：37－44.

［2］欧阳妤．株洲市民生政策执行存在的问题及对策研究［D］．湖南大学，2018.

［3］张明林，刘善庆．民生发展与改革实践——赣南苏区研究［M］．北京：经济管理出版社，2017.

［4］刘善庆，张明林．共享理念下的赣南等中央苏区脱贫攻坚研究［M］．北京：经济管理出版社，2017.

［5］禹明晓．怀化市民生建设的现状与对策研究［D］．湘潭大学，2016.

［6］孙锦程．当代我国民生问题探讨［D］．吉林财经大学，2016.

［7］黄光琳．新时期赣南农村民生建设研究［D］．江西理工大学，2015.

［8］许萍．民生指标体系及评价方法研究［D］．湖南大学，2015.

［9］王贤斌．民生指标体系的构建与评价探讨［J］．宁波经济（三江论坛），2015（11）：37－39.

［10］李晓园，钟业喜，黄小勇．振兴原中央苏区的现实条件、产业布局和财政税收政策研究［M］．北京：中国社会科学出版社，2014.

［11］王青，王娜．民生统计指标体系的构建与评价［J］．统计与决策，2014（17）：26－28.

［12］李辉，相迎昌．关于我国农村民生指标体系构建的思考［J］．中国市场，2014（27）：115－117.

［13］康锦．民生评价指标体系的构建与应用［D］．山东财经大学，2013.

［14］康琼花．"社会公平正义"与赣州农村民生建设——《国务院关于支持赣南等原中央苏区振兴发展的若干意见》［J］．参花（下），2013（11）：160.

［15］赵西超．民生指标体系的构建及评价研究［D］．江西财经大学，2012.

［16］江西省统计局．江西省统计年鉴［M］．北京：中国统计出版社，2013－2017.

［17］国务院关于支持赣南等原中央苏区振兴发展的若干意见［Z］．2012－06－28.

赣南苏区金融扶贫发展研究[*]

陈建国

摘　要： 习近平总书记强调要做好金融扶贫这篇文章。就金融扶贫而言，首先要关注以企业运营为主体的产业，其次提供满足各种特色需求的金融产品，再次是全方位的金融保障，最后是不断持续成长的金融市场。对于县域金融扶贫而言，重点在前两项。五年来，赣州积极探索金融扶贫路子，宏观上建立起了一套多方利益联结机制，有效地整合了各方资源。微观上则根据当地实际，设计出有特色的金融产品，比如"五通"产品，给贫困户、农村新型经营主体、中小企业提供了获取贷款的新途径，缓解了他们由于无抵押物而融资难的问题。不过，在县域也出现了扶贫脱贫的可持续性和金融扶贫的实际操作两个问题。具体表现为实体经济贷款增长乏力影响就业扶贫工作；不符合贷款条件的贫困户占比大，金融放贷扶贫工作难度增加；风险补偿进度偏慢；壮大村集体经济的政策难落地；贫困边缘农户认定难；贷后管理存在盲点等。为此，当前需要积极推进信用体系建设；加强贷后管理，规范资金使用用途；应贷尽贷，提高贷款覆盖面；完善激励机制等。

关键词： 赣南苏区；金融；扶贫

习近平总书记指出，要坚持精准扶贫，精准脱贫，重在提高脱贫攻坚成效。他还强调，要加大金融资金对扶贫开发的投放；要做好金融扶贫这篇文章。

一、金融精准扶贫分析

金融是在一定的风险或不确定性条件下，与跨时空的资产和债务配置（投资）相联

---

*　基金项目：本文为"社会发展与治理"研究中心江西省2011年协同中心研究成果。
作者简介：陈建国，江西师范大学马克思主义学院副教授、博士，研究方向为公共经济政策。

系的领域。金融也常被定义为钱管理科学。市场参与者的目标是根据风险水平、基本价值和预期回报率来定价资产。金融可以分为三个子类：公共财政、企业融资和个人理财[①]。金融扶贫在上述三个领域中都涉及。公共财政要引导金融企业增加金融产品的供给，提升信贷规模等；企业融资涉及融资渠道和规模，以及融资成本的高低；个人理财涉及农户之间相互帮扶等。

在金融扶贫工作中，参与者主要有政府、以银行为核心的金融主体、贫困户、村集体、市场经营主体。精准扶贫的关键在精准，政府在短期上要对贫困户进行分类，能发展的支持发展，需要扶的进行帮扶，有特殊困难的提供补助，有需要培训的给予培训，生活环境极其恶劣的进行搬迁。在长期上要千方百计不断提高本区域的经济增长速度及做大经济总量。也就是短期上精准地解决贫困户的生活问题，长期上则要解决他们的发展问题。金融扶贫毫无疑问在长短期上的参与形式、内容和介入强度都是不一样的。

以银行为核心的金融主体参与扶贫有主动和被动之分。政策性金融机构和商业性金融机构在金融扶贫中的参与方式也完全不一样。政策性金融机构在扶贫中以主动式为主，而商业性金融机构则以被动为主，主动为辅。

贫困户主要因病、环境、缺项目、文化低、突发灾害、供孩子读书等原因致贫，可以通过获取经营性收入、资产性收入、工资性收入脱贫，也可通过农业产业扶贫、金融扶贫、教育扶贫、乡村旅游扶贫、生态扶贫、社会帮扶、卫生扶贫、改善基础设施和公共服务、社会兜底等各种方式脱贫。贫困户为获取经营性收入，金融可以提供启动、运营资金和壮大资金；为获得资产性和工资性收入，金融可以为相关运营公司提供各类资金支持。农业产业、教育、乡村旅游发展都可以得到金融的支持。而卫生扶贫、改善基础设施和公共服务、社会兜底等方式脱贫则主要由公共财政支持。

微观上，金融扶贫一是在于引入金融机构，完善金融体系。既要增加市场金融产品的供给，又要通过增加竞争者的方式降低金融产品的供给成本。二是在金融机构自身运营要求方面要督促各银行机构向总部争取不同金融产品的信贷规模，引导银行机构加大信贷投放力度以增加资金供给。三是完善农村支付体系以降低与资金获取和还贷的相关成本。四是贷后管理上建立问题个人和企业还款协调处置等事项。

宏观上，金融扶贫一是加快资本市场建设，比如加快建设地方性金融中心，拓宽融资渠道，大力发展非银行金融业务，引进证券公司、创投基金等以推进企业上市步伐。目的仍然是通过市场竞争方式增加供给进而降低企业和个人获取资金的各种运营成本。二是强化风险监测排查，提升金融风险处置能力，进而整体上实现金融市场的有序运行。

总体上，就金融扶贫而言，首先是要关注以企业运营为主体的产业，其次是提供满足各种特色需求的金融产品，再次是全方位的金融保障，最后是不断持续成长的金融市场。对于县域金融扶贫而言，重点在前面两项。

---

① 资料来源：https://en.wikipedia.org/wiki/Finance。

二、赣州市金融扶贫做法

五年来，赣州积极探索金融扶贫路子，宏观上建立起了一套多方利益联结机制，有效整合政府、以银行为核心的金融机构、贫困户、村集体、各类市场经营主体等各方资源。微观上则根据当地实际，设计出有特色的金融产品，比如"财园信贷通""小微信贷通""创业信贷通""财政惠农信贷通""产业扶贫信贷通"（简称"五通"）产品，给贫困户、农村新型经营主体、中小企业提供了获取贷款的新途径，缓解了他们由于无抵押物而融资难的问题。

（一）金融扶贫着力点在产业

产业扶贫是推动贫困户实现精准脱贫的重要途径，然而，"无抵押、贷款难"又是制约贫困户发展致富产业的重要"瓶颈"。

"产业扶贫信贷通"是赣州市创新开发的一款为解决上述问题而推出的金融扶贫信贷产品。为充分发挥政府的增信和财政资金的杠杆作用，市政府筹集风险缓释基金，以1:8的比例撬动银行信贷资金，从而为贫困户发展生产和市场经营主体带动贫困户发展创收提供资金供给，以增加贫困户造血功能，达到贫困户脱贫致富的目标。同时，县级财政负责对贷款利息进行补贴，市、县两级按5:5的比例分担"产业扶贫信贷通"实际贷款损失。2016~2017年，赣州市累计发放金融扶贫贷款528.64亿元，其中用于支持贫困户及贫困村发展产业增收脱贫的"产业扶贫信贷通"贷款共计发放160.76亿元。该产品惠及贫困户18.6万户、市场经营主体4566家、贫困村193个。其中，全市29.5万户建档立卡贫困户两年来贷款占比达到63.25%。

具体到示范性做法上，××县"产业扶贫信贷通"[①] 的发展或许更有说服力。

2015年初，××县委、县政府专门派出调研组开展了为期一个月的专题调研。对当时全县13890户48500个贫困人口逐户开展入户调查，摸清贫困现状，找准致贫原因。通过对调研数据的归类分析，发现全县有73%的贫困户缺乏产业发展资金，65%的贫困户有贷款意愿，但只有不到9%的贫困户已经得到银行贷款。缺乏产业发展的"起火钱"（本钱）成为脱贫道路上的重要障碍。

而制约贫困户获得贷款的主要"瓶颈"就是缺乏可抵押的资产。为破解这一"瓶颈"，该县按照"政府搭台、银行唱戏、农户受益、脱贫致富"的思路，2015年筹集财政资金2000万元作为信贷风险缓释金，分别投放到农业银行和农村信用社，由两家金融机

---

① 相关数据来自2018年7月的实地调研。

构按1:8（财政资金：信贷投放资金）的比例进行放大，为全县有信贷需求的贫困户提供贷款。有了财政资金构筑的"防火墙"，银行由"惜贷"变为"乐贷"。由于该县的"产业扶贫信贷通"运行效果良好，2016年开始，市级以该县为模板，向全市推广"产业扶贫信贷通"，并由市级财政提供风险缓释金。

"产业扶贫信贷通"具有非常明显的优势：

1. 放大了扶贫资金的总量

通过设立财政风险缓释金，放大了财政资金投入扶贫开发力度，使财政的"小钱"撬动金融的"大钱"，有效地缓解了政府的资金投入压力。2017年，该县累计发放"产业扶贫信贷通"贷款7.3348亿元，比2016年增加3.5741亿元。2017年12月末，全县各项存款余额121.24亿元，同比增长20%；各项贷款余额88.42亿元，同比增长34%。2012～2017年，存贷款平均增速分别为21.7%、31.75%。"五通"贷款余额14亿元。至此，该县15个乡镇173个行政村实行信贷全覆盖，信贷满足率达80%以上，涉农贷款余额58.67亿元，占贷款总量的66.35%。《国务院关于支持赣南等原中央苏区振兴发展的若干意见》（以下简称《若干意见》）出台后累计发放涉农贷款228.2亿元。

2. 破解了信贷抵押的难题

贫困户贷款难的问题一直是制约群众自我发展的"瓶颈"。贷款难的关键是贫困户很难提供有效担保，金融机构担心风险失控。"产业扶贫信贷通"的作用就是通过财政扶贫资金的投放为贫困户贷款提供担保，降低贫困户贷款准入门槛。

3. 减轻了贫困群众的负担

贷款利率高，贫困户贷款负担重，是制约贫困户贷款意愿的重要因素。2015年，该县在为银行提供2000万元风险缓释金的同时，又筹集财政扶贫资金为贫困户贷款提供50%贴息，同时要求金融机构降低贷款利率，让利于农，从而切实减轻贫困户支付贷款利息的负担。2016年以来，按照赣州市委、市政府统一布置，该县进一步实行对贫困户100%、示范引领的龙头企业及合作社50%的贴息政策。

4. 提升了帮扶工作的实效

扶贫资金的有偿使用，有利于激发群众的主体作用，使贫困群众转变"等、靠、要"的思想，增强自我发展的动力和积极性。也让扶贫工作从"输血型"向"造血型"转变，让贫困群众从"等着扶贫"向"我要致富"、自主发展的方向转变。通过信贷资金发展致富产业，确保贫困户长期享有稳定收益。

5. 加速了特色产业的培育

通过"产业扶贫信贷通"的金融贷款，让贫困户发展产业有了启动金，而贴息等政策也提升了贫困户发展致富产业的信心和勇气。这些措施迅速推进了该县农业产业转型和电商、光伏等扶贫产业的发展。

（二）量身定制扶贫金融产品

要把扶贫工作做到实处，推出的金融产品只有与实际需求无缝对接才有旺盛的生命力。除了"产业扶贫信贷通"，赣州市各类金融机构还按需推出了多种对应金融产品，比如中国农业银行推出的"金穗油茶贷"。事实上，不仅有"油茶贷""蔬菜贷""脐橙贷""果业贷"等各类农业贷，还有江西赣州银座村镇银行先后推出的"小本贷""兴农贷""畅易贷""信用易贷""小微信贷通""商赢易贷""春节备货好易贷""林权贷"等与赣州经济发展实际相适应的产品，受到当地小微企业的广泛欢迎与认可。

当然，在赣州银监分局支持引导下，依托贷款风险补偿机制，在金融业相关监管机构的引导下，为拓宽承贷主体覆盖面，银行机构除了创新推出上述契合赣南扶贫产业的特色信贷产品，还积极探索开展"银行+各类新型农业经营主体+贫困户""村集体+贫困户""银行+贫困户"等信贷扶贫模式。通过林地流转、资金入股分红、带动创业、家门口就业等多种形式帮扶贫困户增收脱贫。

（三）为扶贫提供全方位金融保障

保险、期货等金融资源为农产品和贫困户保驾护航。一般而言，农产品具有质量不稳定，市场价格波动大且易受自然灾害影响等特征。借鉴国内外成熟经验，赣州市整合保险、期货等金融资源，构建了完善、可持续的农业保险体制机制，为贫困户排忧解难，为扶贫产业保驾护航。比如，结合"一县一品"项目，当地推出特色农业保险产品助力农业各类产业发展。2017年赣州将莲子、肉鸡（鸭）、山羊、三黄鸡、甜叶菊等地方特色农产品纳入保障范畴。其中，石城县白莲保险覆盖面近100%，提供风险保障金5600万元，支付赔款184万元；会昌县柑橘保险试点项目为全县共计2543户建档立卡贫困户柑橘种植户和珠兰、周田镇的柑橘种植大户共承保面积1.99万亩，保险金额3982.5万元，保险公司全年保费收入79.65万元，赔付额近1000万元，有效保障了贫困户的收益。

完善的医疗保险——"四道医疗保障线"破解因病致贫、因病返贫的脱贫攻坚难点。2016年起，赣州在全省率先探索设立城乡居民基本医疗保险、城乡居民大病保险、城乡贫困人口疾病医疗补充保险、民政医疗救助"四道医疗保障线"。2017年，当地又将贫困人口疾病医疗补充保险保费由每人每年90元提高到260元，保费以政府购买服务的方式由财政支付，同时将未纳入建档立卡的城乡孤儿、特困人员、低保对象列为"四道医疗保障线"的享受范围。目前，赣州贫困群众医疗费用个人自付的比重降至10%以内，部分重病患者自付比例不到5%。当地逐渐完善的健康扶贫保障线，夯实了兜底保障作用。

（四）不断持续成长的金融市场是扶贫的坚强后盾

近年来，随着赣州县域经济发展提速，各类金融机构应运而生。在完善金融组织体系、创新金融产品、优化金融服务等方面取得了实质性突破。从一元化银行体制逐步发展成为多元化、多层次的金融体系，有效推动了县域经济又好又快发展。比如，至2018年6月，××银行业金融机构有7家，设立金融机构网点40个，保险业金融机构6家。此外还有财险、寿险营销部2家，证券公司1家，非银行金融机构5家。通过改革、引进机构、培育新兴业态等方式，形成了银行、保险、证券、新型金融机构等业务互补、共同发展的县域金融组织体系。

三、存在的问题及分析

精准扶贫脱贫工作当前在县域出现了两个主要问题：一个是扶贫脱贫的可持续性问题，另一个就是金融扶贫的实际操作问题。

截至 2018 年 6 月，××脱贫攻坚工作面临的一大难点就是促进持续增收难度大。按照现有的脱贫标准，实现收入过线问题相对容易，但要帮助贫困群众找到致富渠道、促进持续增收难度较大。虽然该县积极推进产业扶贫，在培育致富产业上做了大量工作，但诸多不确定因素影响了扶贫的长远效果。目前新发展的蔬菜、葡萄、百香果、猕猴桃等替代产业当前效益可观，可其能否成长为规模产业、主导产业，成为群众的长久致富产业，还有待时间和市场的检验。这些产业大多数还没有成为贫困家庭的主要收入来源。

而在金融扶贫实际操作中面临着不符合贷款条件的贫困户、非贫困户贷款难和贷后管理等问题。

实体经济贷款增长乏力影响就业扶贫工作。2017 年 12 月末，该县工业贷款余额 3.4 亿元，比 2016 年增加 0.14 亿元，同比增长 4.12%，较同期各项贷款增速低 29.8%。百户重点企业贷款余额 1.89 亿元，同比增加 0.1112 亿元，较同期各项贷款增速低 27.8%。该问题既是精准扶贫脱贫的可持续问题凸显，也是贷后管理难以到位的外在表现。贫困户的脱贫首要仰仗国家精准扶贫政策的落实到位，但在一定标准下的脱贫后，贫困户进一步迈向小康则需要自己的努力和市场环境的支持。市场环境好，企业乐意筹资扩大生产，招募更多员工，与之相联系的市场生态也就欣欣向荣，即市场"蛋糕"不断做大。实体经济贷款增长乏力则表征当地做大"蛋糕"的市场生态还没有真正启动。

不符合贷款条件的贫困户占比大，金融放贷扶贫工作难度增加。"产业扶贫信贷通"项目在该县经过近 3 年的推广，产品知晓率已达到 100%。经过前期的不断努力，有贷款意愿的贫困户基本已向银行申请过贷款，而符合贷款条件的贫困户也已获得贷款。余下大部分是 65 岁以上、有不良信用记录、患有重疾等不符合贷款条件的贫困户。2018 年 1~5 月，该县发放"产业扶贫信贷通"贷款 0.7369 亿元，仅完成任务数 3.929 亿元的 18.76%，这严重制约了该县金融扶贫工作的进一步开展。当然，金融扶贫工作显然不能简单以贷款的数额来衡量，只能说有贷款意愿并贷了款的贫困户是在外界的支持帮助下，有积极性、有信心、有能力通过自己的双手改善自己生活的一群人。诸如"65 岁以上、有不良信用记录、患有重疾等不符合贷款条件的贫困户"不管是从信心上还是从能力上已经很难通过自己的双手改善自己的生活，这更是国家社会保障的兜底工作应该覆盖的。

风险补偿进度偏慢。目前，该县已发生不良贷款近200万元，至今未获得代偿，同时根据银行反馈，已出现了几笔逾期。鉴于农业产业回报率较低、回报周期长的特征，从长期来看，3年贷款到期后，不良贷款将呈上升趋势。而较慢的代偿效率在一定程度上影响了银行的放贷积极性。风险补偿涉及县财政的丰裕度、贷款贫困户的信用和资金使用效率、贷款银行的风险控制等多方面的因素。由于扶贫信贷资金政策上规定只能用于农产品、畜产品的生产，而这些产品的数量受天气、病虫害和疾病等不可控因素的制约，产品的品质同样难以保证恒定，导致收益很不稳定进而限制了贫困户的还贷能力。财政风险补偿、还贷激励和农产品生产特性之间存在的困境需要创新解决方案。

壮大村集体经济的政策难落地。政策规定，村级组织不能作为贷款主体，而可以贷款的合作社不单管理松散，且基本没有实体经济和资产，银行没法提供贷款。更甚的是，有意愿与村集体经济组织、贫困户建立利益联结机制的能人难找，使村集体经济组织最高能贷100万元用于壮大村集体经济的政策落地难。在贫困村贫困户所处地方一般都没有村集体经济组织，尤其缺乏带领大家脱贫致富的适用人才的情况下，人才可能比资金对精准扶贫脱贫更关键。

贫困边缘农户认定难。根据《赣州市2018年"产业扶贫信贷通"工作方案》要求，贫困户边缘农户可以纳入"产业扶贫信贷通"贷款范围。但根据扶贫办反映，该县并无明确统一的边缘农户认定标准，也无具体名单。在具体操作过程中，容易引起没有获得贷款农户的不满。通过"识别七步法"确定的贫困户达到"两不愁、三保障"的脱贫标准就要从贫困户系统中删除。但事实上，"两不愁、三保障"本身就是一个多维贫困标准，如果把教育、卫生、住房等因素考虑进来，按照购买力评价，我国的扶贫标准略高于每天消费支出3.1美元的国际贫困标准（黄承伟，2018），总体上还是比较低的标准。贫困边缘农户在精准扶贫之前与贫困户之间的生活水平可能仅略高，而在精准扶贫之后反而其生活水平略低了，而这群人的总数大大超过认定的贫困户。唯有贫困户和边缘贫困户的完全脱贫，乡村的脱贫工作才能真正落到实处，对贫困边缘户的贷款工作正当时。

贷后管理存在盲点。产业扶贫贷款点多面广，贷款人数众多且分布在全县173个村，贷后管理存在盲点。个别贫困户将贷款用在兴建住房、操办婚事、转存定期存款等非产业发展项目上。这在一定程度上增加了金融风险，更主要是难以发挥其扶贫效益。这里有三个问题需要明确：一是扶贫的目的是不是只要贫困户的收入增加，而不管其通过何种合法方式增加收入。二是与其由银行等金融机构花费大量的人力、物力实地监督产业扶贫贷款的具体用途，不如把监督权限放给与贷款人紧密联系的相关人。当然这种方式带来的风险可能更大。三是信用与其他监督方式如何结合。

四、进一步完善金融扶贫的建议

金融扶贫工作取得了巨大的成效，但也存在很多机制和操作上的问题。当前，需要在以下几方面加以完善。

积极推进信用体系建设。要按照"政府推动、市场运作、统筹规划、逐步完善"的原则，进一步加强社会诚信教育宣传，大力培育社会诚信意识。综合运用政策、经济、舆论等多种手段整合和开放信用信息，培育信用市场需求，加快社会信用系统建设，全面优化金融生态环境。一是充分发挥政府信用建设引导作用。制定规范信用体系建设的法规、规章、制度、文件，依法有序建设社会信用。二是继续开展金融信用环境、金融信用企业、金融信用乡镇和文明信用农户评比，继续完善正向激励机制，加大对优质信用地区和守信企业的金融支持力度，充分发挥金融信用对社会信用的反哺功能，为银行增加信贷投入营造良好的外部环境。

建立信用管理中心。将在县域内有经济行为的企业和个人全部建立信用档案，通过政府网站向全社会公开，实现全县信用征信基础信息的集中、统一与规范管理。

强化政策宣传，加大对贫困户的宣传培训力度。由金融机构、村委会等通过宣传栏、宣传手册、集中宣传等方式，确保每个贫困户知晓金融扶贫政策，熟悉申请贷款的流程，使其能正确地认识并运用金融扶贫贷款发展产业。

加强贷后管理，规范资金使用用途。为确保贫困户将贷款资金用于发展产业，不能用于建房等非规定产业发展上，以保障信贷资金安全，并发挥其扶贫效应。有必要适时推出《产业扶贫信贷通贷后管理办法》。办法要明确贷款人资金使用用途、资金还贷方式、流程，尤其要明确不及时还贷将带来的不便和惩罚，以及及时按要求还贷带来的益处等。

应贷尽贷，提高贷款覆盖面。在硬性政策规定下，当前可适当放宽初创企业、合作经济组织、村集体经济组织等经营主体、贫困户贷款准入条件。超过银行机构贷款准入年龄的贫困人口，可由赡养其的子女或孙子（女）申请贷款并承担还款责任。超过贷款年龄（60~65周岁）且无赡养子女或孙子（女）、单身（未婚或离异）、有不良信用记录（已结清全部本金和部分利息）等贫困户，可加入合作社，通过"市场经营主体+合作社+贫困户"模式，银行将贷款贷给合作社社员（贫困户）或合作社后，以合作社名义入股市场经营主体，市场经营主体定期按银行同期贷款利率保底分红给贫困户。长期来看，还需要国家继续完善社会保障的覆盖范围和提高农民各方面的社会保障待遇，以使老有所养，老有所依。

完善激励机制。出台并不断完善《金融机构考核奖励办法》，如设立产业扶贫信贷通单项考核指标、完善财政性资源与信贷政策执行情况、信贷投放、存贷比挂钩的激励机制。充分发挥财政资金的引导作用和落实信贷政策导向效果评估机制，并鼓励银行业金融机构加大信贷投入力度等。

参考文献

[1] 黄承伟. 论习近平新时代中国特色社会主义扶贫思想 [J]. 中国扶贫，2018 (5).

[2] "脱贫致富不返贫" 如何实现？——江西赣州金融扶贫攻坚调研 [N]. 经济日报，2018 – 06 – 18.

苏区振兴文献综述*

刘善庆　石小茹

摘　要： 依照"问题—原因—对策"范式，本文对苏区振兴研究文献进行了综述。分析发现，随着中央支持赣南等原中央苏区振兴发展政策的出台，学界掀起了研究苏区振兴的热潮，各种成果陆续出现，极大地推动了苏区振兴的研究。但是，从整体看，研究成果中相当部分仅仅是对《国务院关于支持赣南等原中央苏区振兴发展的若干意见》（以下简称《若干意见》）的解读。需要在此基础上加强三方面的研究，即进一步开展对全国原苏区振兴发展的研究，进一步加强苏区振兴发展的理论依据研究，进一步加强苏区产业发展的研究。

关键词： 文献综述；苏区振兴；赣南

检索中国知网发现，关于苏区研究的文献可谓汗牛充栋，达到 6942 篇，但是，涉及苏区振兴的研究文献则要少得多，仅 786 篇，大致占其总数的 11% 强。而且出现的时间也比较晚，最早的 1 篇出现于 1986 年，发表在《武汉大学学报》（社会科学版）。从那以后，整个 20 世纪 90 年代均未读到这方面的文献。直到 2003 年，才有 1 篇。进入 2012 年以来，苏区振兴成为一个热门话题。

一、苏区振兴文献数量变化、媒体发布情况

如果说在 20 世纪关于苏区振兴的话题几乎无人问津的话，那么，进入 21 世纪以来，

---

*　基金项目：本文系 2018 年国家发改委课题"加快革命老区振兴发展的思路和举措研究——以赣闽粤革命老区为例"课题成果。

作者简介：刘善庆，博士，研究员，江西师范大学苏区振兴研究院常务副院长，江西师范大学区域创新与创业研究中心研究员。石小茹，江西师范大学政法学院行政管理专业本科生。

苏区落后的状况不断引起国家重视，尤其是中共十八大以来，中央着力解决"中部塌陷"问题，赣南等原中央苏区的振兴发展引起最高层领导的关注，此后，关于苏区振兴的话题得到社会各界的普遍重视，相关纸质文献数量迅速增加，具体情况如表1所示。

表1　苏区振兴文献历年变化情况　　　　　　　　　　　　　　　单位：篇

年份	1986	2003	2011	2012	2013	2014	2015	2016	2017	2018
篇数	1	1	4	142	179	161	125	55	74	28

注：2018年的数据截止于2018年9月。

资料来源：笔者根据中国知网数据制作。

上述纸质文献出现在报纸、期刊等不同媒体上，其中，主要以报纸为主，占总数的77%，期刊论文约占总数的21%。具体如表2所示。

表2　各种媒体发表的苏区振兴文献统计情况　　　　　　　　　　单位：篇

媒体	报纸	期刊	会议	学位论文
文献数量	608	167	2	4

资料来源：笔者根据中国知网数据制作。

在报纸类文献中，除了少量学术性文献发表在《光明日报》《中国社会科学报》外，多数是新闻类文献，主要以江西省为主。从发表时间看，改革开放以来的二十多年时间里，关于苏区振兴的问题始终没有得到报纸类媒体的关注，直到2011年，才引起报纸媒体的关注，出现了4篇相关报道。作为党和政府的"喉舌"，报纸对苏区振兴关注度的变化情况从某个角度反映了政府工作重心的变化。报纸类媒体历年发表的文献情况如表3所示。

表3　苏区振兴报纸类文献历年变化情况　　　　　　　　　　　　单位：篇

年份	1986	2003	2011	2012	2013	2014	2015	2016	2017	2018
文献数量	0	0	4	73	145	117	112	45	64	22

注：2018年的数据截止于2018年9月。

资料来源：笔者根据中国知网数据制作。

期刊类文献对苏区振兴的关注情况总体上与报纸类似，但略有不同。早在20世纪80年代以及21世纪初，洪湖、赣州等苏区的振兴问题就得到了少数学者的关注，中共十八大以后，这种关注度进一步提高，相关文献迅速增加，并在前几年涌现了一批成果；自2015年开始，成果逐渐稳定在10篇左右。在这些研究成果中，少量受到国家基金的资助以及省级重大项目基金的资助，具体情况如表4所示。

表4　苏区振兴期刊类文献历年变化情况　　　　　　　单位：篇

年份	1986	2003	2011	2012	2013	2014	2015	2016	2017	2018
文献数量	1	1	0	61	29	40	10	10	9	6

注：2018年的数据截止于2018年9月。

资料来源：笔者根据中国知网数据制作。

关于苏区振兴的专著则更少，一直停留在个位数阶段，从未达到两位数。

从研究机构和作者看，上列文献的机构和作者呈现明显的地域特色，主要分布在江西，少量机构、作者为广东、福建、北京等地。也正因如此，关于原中央苏区尤其是赣南苏区的振兴问题就成为其中的主体，占据了主导地位。

二、关于赣南等原中央苏区的研究

（一）赣南等原中央苏区的历史地位与贡献

1. 战争年代的贡献

罗光旺（2012）从当时苏区所占赣南行政区的面积、参加革命的人数、参加长征的人数、革命烈士人数及其占比等多个角度论证指出，赣南等原中央苏区是中华人民共和国的摇篮，没有赣南等原中央苏区就没有中华人民共和国的成立。

赣南为中国革命所付出的代价还表现在生态上。当时，赣南以大量的木、竹、矿产等各种自然生态资源换取紧缺的军用物资支援革命战争，以及红军转移后赣南遭到国民党军队的疯狂报复，客观上也导致赣南自然生态状况多次遭到严重破坏（王兰英等，2013）。

2. 和平年代的贡献

和平年代的贡献主要体现在为完成国家工业化所做出的牺牲与贡献。中华人民共和国成立后，为筹集工业化所需的巨额资金，国家采取了部分牺牲农业、农民利益换取工业发展的战略，实行工农产品的"剪刀差"，低价收购农产品、高价销售工业品，统购统销。赣南等原中央苏区是传统的农业地区，农产品、矿产品等各种资源类产品丰富，工业几乎是空白。为了实现国家的工业化，赣南等广大苏区一边医治战争创伤，恢复发展经济，一边大力为国家经济建设"输血"。具体体现在四个方面：第一，大量供应稀土、钨等矿产资源，增加国家外汇收入，有力地支持了我国的经济发展与国防建设（章蒻安，2013）；第二，大量提供统配毛竹、木材、粮食、生猪、油料、甘蔗等，合计1785亿元（程宇航，

・137・

2012）；第三，为沿海发达地区供应农村青壮年劳动力等大量人力资源（章莳安，2013）；第四，为建设好赣南生态屏障，保护广东、香港等珠江三角洲居民用水，牺牲工业发展机会，累计经济损失不下千亿元（程宇航，2012）。

（二）赣南苏区长期存在的问题以及落后的原因分析

1. 赣南苏区长期存在的主要问题

作为"后发展、欠发达"的典型（张慧婷，2012），在肯定赣南发展取得长足进步的同时，学者客观地指出了赣南苏区仍然存在的各种问题，如社会发展滞后、经济实力弱、保障能力差和贫困程度深等（杨涛、陈瑞华，2012）；人均收入水平低，交通、电力、水利等基础设施建设滞后，社会事业发展缓慢等（吴德进，2014）。以下三个方面也特别明显。

第一，人力资源问题。人才是经济社会发展的关键性资源，由于其待遇较低、事业发展平台少、结构不合理等因素的影响，导致与赣南苏区振兴发展相匹配的各种人才非常缺乏（李晓园、张云、赖利燕，2012），客观上迟滞了赣南苏区的发展。

第二，价格困惑。计划经济时代，长期以来对农业实施的"剪刀差"是以农业为主的广大苏区落后的重要原因；市场经济时期，广大苏区又呈现出优势矿产价格扭曲、生产生活成本高企的景象（黄振文，2012）。

第三，产业发展落后。赣南苏区第一、第二、第三产业结构以及产业内部结构不合理、产品产业层次低（王琨、廖桂庆、吴海顺，2012）。如旅游产业存在体制机制问题、战略谋划问题、资金问题、缺乏核心竞争力问题、发展规划落后问题（王琨、廖桂庆、吴海顺，2012）；金融产业存在总量规模较小、金融功能发挥有限、市场化程度低、金融深化缓慢、银行存贷比过低导致资源利用不足等问题（高小琼，2012；章莳安，2013）。在中小企业融资方面，也存在政府扶持力度不足、融资渠道狭窄、融资成本高、信用水平低等问题（苗振青，2013）。文化建设落后，尤其是农村文化建设存在经费不足、设施落后陈旧、队伍建设薄弱、文化建设流于形式等问题（王安萍，2014）。

2. 赣南苏区落后的原因分析

关于赣南苏区落后原因的研究成果较多。综合起来，主要有两个原因，即资源禀赋先天不足、后天政策优势缺位（吴德进，2014），或者说是历史原因和现实原因。前者主要指战争对赣南造成的创伤，后者是制度原因，具体又包括两个方面：计划经济时代出于工业化原始积累考虑而实行的工农业产品"剪刀差"，市场经济时代因区域不平衡发展政策导致的被边缘化（杨涛、陈瑞华，2012）。刘嘉（2013）从资源配置视角出发，将赣南落后的现实原因归结为计划经济时代政府的"主观失灵"和市场经济时代的市场失灵。章莳安（2013）则将赣南发展相对缓慢的主要因素归结为效率，即发展效率、资源配置效率相对较低。

曾纪发（2013）具体分析了制约赣南经济发展的五个因素：第一，交通条件差导致信息流、人流、物流等成本较高；第二，生存环境比较恶劣，贫困程度高；第三，工业化发展长期滞后，"企业家"资源十分紧缺；第四，政府性债务沉重；第五，三次错失发展良机，导致被边缘化。

有的学者关注了赣南苏区文化产业、金融产业落后的原因。其中，文化产业落后的原因主要有三个：一是文化市场发育不良；二是文化体制相对滞后；三是资源配置不尽合理（卢旗英，2012）。金融业则肇因于区域经济承载力较差、无差别化调控政策与监管手段、资本吸纳能力较弱、金融创新能力不足、地方法人机构发展滞后等（高小琼，2012）。钟敏（2012）则将其归结为四大障碍，即金融产业载体障碍、金融市场资质障碍、中介支撑体系障碍、金融专业人才障碍。

（三）振兴赣南苏区的政策建议

1. 苏区振兴的含义、目的与动力

很少学者研究苏区振兴的含义。章莳安（2013）认为，振兴原中央苏区既可以从广义角度理解，又可以从狭义角度理解。从广义角度来说，原中央苏区振兴的含义应该根据《国务院关于支持赣南等原中央苏区振兴发展的若干意见》进行理解，大致包括三个方面的内容：一是着力解决突出的民生问题；二是解决基础设施薄弱、产业结构单一、生态环境脆弱等制约当地经济社会发展的问题；三是发展经济，改变贫困落后面貌。从狭义角度理解，原中央苏区的振兴就是发展经济一个方面。

苏区振兴发展的根本目的是改变贫困落后面貌，让人民富裕、幸福（陈绵水、万振凡，2012），这也是苏区振兴发展的关键（黄小勇，2012）。陈绵水、谢宏维（2012）主张苏区精神是振兴发展原中央苏区的原动力。

2. 赣南苏区振兴的主要路径

必须以感恩之心加快脱贫攻坚，以奋进之势推进苏区振兴（刘奇，2017），真抓实干，突出重点（李朴民，2017）。关键是提高振兴发展的效率，增加投入产出比，促进经济发展方式从过去的粗放型转向集约型，即从单纯增加人力、资金等初级资源转向主要依靠提升生产要素使用效率的途径（章莳安，2013）。要以开放为前提，以市场机制为基础，建立适应苏区振兴的内陆开放型经济体系，使之成为中国和世界经济的组成部分（陈文华，2014）。从区域合作角度出发，推动闽粤赣原中央苏区与沿海发达地区联动发展的路径，主要包括两个方面的内容（吴德进，2014）：第一，基于产业对接和产业转移基础上的区域产业联动；第二，基于交通基础设施互联基础上的区域市场整合和资源联动开发。具体可以从四个方面入手：一是建立区域协调机制，推动区域互促发展；二是建立区域互动机制，实现区域互补发展；三是联手共建产业园区，推进区域产业转移与对接；四是推进体制机制创新，夯实区域合作发展基础。

肖四如（2012）批评了既有的欠发达地区惯性发展思路，指出，从长远看，原有的思路不仅代价巨大，而且最终还是难以摆脱落后的面貌。他认为，赣南苏区的振兴必须走

差异化发展之路。其具体含义是：第一，努力用好国家政策，创造要素集聚的优势；第二，发挥自身优势，加快城乡一体化进程。

　　3. 赣南苏区振兴的具体措施

　　从机制上看，主要是大力发挥政府和市场的作用。政府作用主要体现于反哺苏区，帮助其起步，市场的作用则确保苏区振兴的可持续（刘嘉，2013）。

　　程宇航（2012）具体提出在发挥政府作用时，要加大政策支持力度、深化体制机制改革创新。在政策支持方面，要实施比西部大开发更优惠的政策组合，具体包括如下四个方面的内容：创新财税扶持政策，加大资金投入力度；创新金融与投资政策，设立原中央苏区金融改革试验区，鼓励先行先试；创新人才与科教政策；实施比照援疆援藏的对口支援政策。在深化体制机制改革创新方面主要进行五个方面的改革与创新：第一，以增强赣州中心城市，瑞金、龙南次中心城市辐射、带动功能的综合配套改革；第二，进一步深化林权制度改革；第三，深化赣南特色战略资源经营与价格管理体制改革；第四，深化教育体制改革；第五，深化社会保障体制改革。

　　李晓园、张云、赖利燕（2012）强调人力资源是原中央苏区振兴的依托和保障，必须高度重视人才队伍建设，尤其要重视提升政府官员素养，壮大企业家等高级人才队伍。李钧、宋伟（2016）建议，培养具有地方特色的卫生管理人才，服务赣南苏区经济建设。

　　作为扶贫攻坚政策，财税政策受到多位学者关注。如黄小勇（2012）指出，财税政策具体包括三个方面的政策，即作用于绿色生态的财税政策，如退耕还林财税政策、矿产资源开采生态补偿财税政策、节能减排财税政策；确保民生质量的财税政策，如扶贫增收财税政策、公共服务均等化财税政策；促进产业转型升级的财税政策，如扶持稀有金属产业发展、特色农产品深加工产业发展、红色旅游及其创意产业发展的财税政策。李春根、刘李青（2012）分别从财政和税收两个方面提出建议，主张完善苏区振兴的税收政策体系，增强税收优惠政策针对性，实行税收优惠方式多样化，实施生态税收政策。此外，还要完善税收返还架构，加大税收返还力度。切实加大财政投入力度，增强赣南苏区"造血"功能（曾纪发，2013）。在财政性转移支付政策方面，要进一步加大财政转移支付力度，丰富转移支付模式。加大中央专项补助力度，争取国家部门强力支持；加大中央彩票公益金投入，支持社会公益事业发展；适度降低财政配套比例，切实加大苏区支持力度；加大红色旅游开发投入，促进苏区精神薪火相传；切实加强财政资金监管，努力提高扶持资金效益（曾纪发，2013）。

　　黄振文（2012）认为，在价格管理上，需要打造行政事业收费"洼地"，设立老区扶贫开发补助资金、老区社会和民生保障资金、老区民生价格保障专用资金等几项特殊援助基金，下放部分价格管理权限，对优势矿产实行灵活定价，改革小水电上网定价机制等。

　　肖四如（2012）认为，可以从以下五个方面用好国家的政策：一是提高城乡居民的素质，加快人才培养，增强区域内人力资本价值；二是重视环境保护，加强基础设施建设，以改善人民生活和经济社会发展的基础条件；三是用财政杠杆引导苏区城乡建设及项目发展，确保项目的经济、社会、生态综合效益；四是完善苏区社会保障政策，使苏区人民真正得到实惠；五是完善相关金融政策，为苏区金融创新创造良好的环境，促进区域发展。

产业是赣南苏区振兴的关键，多位学者从不同产业出发提出了自己的建议。如邱小云、彭迪云（2018）利用赣州市2000~2016年产业转移、产业结构和经济增长数据，分析赣州市承接产业转移与产业结构升级及经济增长之间的长期均衡和短期波动的关系。实证分析认为，承接产业转移能够促进赣州市产业结构优化升级和经济增长，经济增长主要来自于产业结构升级；苏区振兴政策因素对产业结构升级只有短期影响，没有长期影响，但能够推动经济长期增长。王兰英等（2013）强调苏区振兴要重视生态建设，促进绿色产业升级发展。建议着重实施低产低效林综合改造工程、矿山植被恢复工程、林下经济产业集群建设，强化科技支撑体系等几大方面。

关于文化建设。卢旗英（2012）强调必须充分挖掘赣南本土资源，坚持四项原则：转变观念，优势互补；科学规划、加大投入；统一开放，竞争有序；沟通协调，建立机制。进一步发现、挖掘苏区精神内涵，整合资源打造"红色故都"亮丽名片（邓小丰等，2018），提高赣南红色文化的市场化、产业化程度，加大资源整合与协作开发力度（赖章盛、胡小玉，2012）。肖燕（2014）主张从四个方面着力：一是大力发展红色旅游，通过红色旅游提高红色文化的知名度；二是加快文化体系的构建，推动红色文化的创新发展；三是充分发挥红色文艺在红色文化弘扬中的宣传作用；四是培养一批具有丰富历史知识和红色文化知识的人才，打造赣南红色品牌产业。

关于金融业发展。建议以将赣州建设成为区域金融中心为目标（黄金岭、邓婕，2013；邓婕，2018），营造良好的金融生态环境，既要实现规模上的突破，也要形成良好的内部资金循环机制，构建适应赣南苏区振兴发展的金融合作、金融服务、金融政策、融资平台等支撑体系（许颖，2013），将金融打造成为赣南的支柱产业。具体从五个方面着手：一是实行差别化的金融扶持政策，大力培育金融业；二是大力推动金融创新，做实金融产品创新，有效提高金融承载力；三是积极支持金融组织发展，积极培育金融市场主体，做强法人金融机构；四是构建良好的金融工作机制，加快完善金融组织体系；五是进一步做好金融服务工作，锻造金融专业人才队伍（钟敏，2012；高小琼，2012；张智富，2012）。完善间接融资服务体系（李卓，2012），在解决中小企业融资难问题方面，需要继续加大政府扶持力度，规范民间借贷，发展新金融组织，建立中小企业工业园，提高中小企业自身素质，加快信用担保体系建设（苗振青，2013）。

关于旅游产业发展。必须用融合、协调的理念发展赣南苏区旅游产业。这种融合既要实现与工业、文化、农业、林业、交通等相关产业的融合发展，也要加强区域融合，实现共同发展。协调则既要在产业布局上与全省旅游业发展相协调，完善整体规划，也要在品牌定位以及规模、质量上与振兴苏区经济发展相协调（左振华、吴磊，2013；王琨、廖桂庆、吴海顺，2012）。

上述文献主要从赣南苏区振兴的宏观视角提出了具体的措施，也有少数文献研究了县域的振兴发展问题。如赖晓军（2012）指出，兴国要破除"阶段论""务虚论""无关论"的错误认识，以更加务实的作风，更加有效的措施，纵深推进赣南苏区振兴发展。徐兵（2012）总结了崇义县的做法，指出该县围绕打造"三个基地一个后花园"的发展目标（"全国钨产业深加工基地""全省竹木精深加工基地""全省绿色食品产业基地""长珠闽地区健身养生的绿色后花园"），不断将该县的资源优势、生态优势转化为产业发展优势，一批成长快、潜力大、效益好、带动能力强的大项目、好项目迅速成长，从而改变了单一的产业结构，延长了产业链，进一步提升了科技水平，进一步增强了产业辐射带动能力。

三、关于其他苏区的研究

第二次国内革命战争时期，中国共产党共建立了 13 块比较大的苏区。上述文献主要研究了赣南等原中央苏区振兴发展问题，也有少量文献关注了其他苏区的振兴发展问题。如毛智勇、麻智辉、高玫（2012）指出，赣东北苏区人民为中国革命作出了巨大贡献，也做出了极大牺牲，因而建议国家出台有利于推动赣东北苏区加快发展的财税政策、投融资政策和产业政策。阮李全、陈茂礼（2016）认为，生态资源丰富是川陕革命苏区发展康养产业的后发优势，在老龄化日益严峻的形势下，养老服务产业的发展需求为川陕苏区振兴带来了新的发展机遇，建议重视发展康养等有助于川陕苏区人民脱贫致富的新兴产业。加快梅州苏区振兴发展的关键是抓好政策转化落实（谭君铁，2017）。

四、简短的述评

几年来，关于苏区振兴的研究已经取得了长足进步，呈现三大特点：一是不平衡现象比较突出。这种不平衡既表现为研究区域的不平衡，即当前的研究主要集中于原中央苏区尤其是赣南等原中央苏区振兴发展问题，对于其他苏区的研究则比较薄弱，也表现在研究力量的不平衡上，即研究者主要以江西省为主，其他省份研究者较少涉足。二是所研究的问题偏宏观，较少关注"微观"问题；一般性问题较多，具体问题较少；比较注意研究的宽度、广度，但是比较缺乏深度。三是研究成果精品较少。相当部分成果仅仅是对《若干意见》的解读，而且多数研究偏重于质性研究，较少定量研究。

上述情况表明，关于苏区振兴的研究才刚刚起步，研究空间巨大，需要在已有基础上进一步加强，尤其需要在以下三个方面进一步深化：第一，在研究区域上，要进一步开展对全国原苏区振兴发展的研究。与赣闽粤等原中央苏区一样，广大苏区大多属于欠发达地区，虽然具有与欠发达地区相同的境遇，但是，具有各自的独特性，因此，需要对其开展研究，以找到振兴发展之策。第二，在研究议题上，既要兼顾宏观问题的研究，更要重视具体问题、"微观"问题的研究，尤其要进一步加强苏区产业发展的研究以及苏区治理的研究，力争多出精品。现有研究较多涉足旅游、金融产业，其他产业少有涉足，需要在现有基础上加强农业产业尤其是农业产业的转型升级、工业产业尤其是实体产业的研究。第三，在研究方法上，改变一味依靠文献研究的方法，不断加大田野调查的分量。鼓励研究者深入苏区、深入农村，从亲身感知中收集研究数据，用数据说话、用事实说话。在兼顾质性研究的同时，不断加大定量分析的分量，增强可视度。

参考文献

［1］李朴民．真抓实干　突出重点　进一步做好支持赣南等原中央苏区振兴发展工作［J］．宏观经济研究，2017（9）．

［2］邱小云，彭迪云．苏区振兴视角下产业转移、产业结构升级和经济增长——来自于赣州市的经验证据［J］．福建论坛（人文社会科学版），2018（2）．

［3］杨涛，陈瑞华．"苏区振兴规划"预期下赣州经济发展的思考［J］．企业经济，2012（11）．

［4］李晓园，张云，赖利燕．赣南等原中央苏区人才队伍现状与建设对策研究［J］．江西师范大学学报（哲学社会科学版），2012（10）．

［5］黄小．赣南等原中央苏区振兴发展的财税政策研究［J］．江西师范大学学报（哲学社会科学版），2012（10）．

［6］阮李全，陈茂礼．论川陕革命老区的振兴与农村康养产业的发展［J］．重庆师范大学学报（哲学社会科学版），2016（4）．

［7］程宇航．全面小康：赣南等原中央苏区的差距与振兴对策［J］．中国井冈山干部学院学报，2012（7）．

［8］卢旗英．原中央苏区振兴视野中赣南红色文化建设路径探究［J］．江西社会科学，2012（8）．

当代乡村精神生态的问题与对策

霍 伟[*]

摘 要：当代乡村精神生态的问题主要体现为陋习繁多、根深蒂固；部分农民性格不健全、不完备；乡村社会矛盾凸显，以"村霸"为代表。这些都严重影响着当代乡村社会的健康和谐发展。针对当代乡村精神生态问题，应采取多种措施革除陋习；应以先进文化为引领，培育农民健全人格；应扫除"村霸"，还乡村一份宁静。通过这些方面的努力，来逐步提升乡村精神生态，将乡村振兴战略落到实处。

关键词：精神生态；乡村陋习；村霸；文化引领；农村教育

一、"精神生态"及其内涵

"精神生态"的概念于 20 世纪 80 年代逐渐形成。思之在阐述"文化"时使用了"精神生态环境"一词，他认为人类政治结构、军事组织、社会团体、血亲宗族，以及伦理道德、刑法律令、典礼仪式、规章制度等属于精神生态环境的范畴。刘再复提出精神界也有生态平衡的问题，他认为"人类的多方面精神需求，就要求社会给予他们多方面的精神满足，而只有精神界的生态平衡，才可能实现这种满足"。鲁枢元在 1989 年第一次明确提出了"精神生态"的概念。他将"精神生态"与"自然生态""社会生态"相提并论，并认为当今社会人们在膨胀的欲望的支配下，耗费了巨大的资源创造了极大的经济繁荣，给人们带来了极大的物质享乐，但却出现了前所未有的精神生态危机：人的物化、道德感的丧失、精神的堕落、情感的冷漠和人性的沦丧等。

可见，"精神生态"是相对于自然生态和社会生态而言的，同自然生态和社会生态密

---

* 作者简介：霍伟，文艺学硕士，信阳农林学院讲师，研究方向为生态文化研究。

切相关。它主要研究两个关系：一是个体精神内部因素，包括信仰、欲望、动机、情感、人生观、价值观等之间的关系，表现为人本身是否处于一种和谐美好的境界。二是精神与其外部各因素之间的关系，表现为人与自然、社会是否处于一种和谐美好的状态。简单地讲，"精神生态"的主要内容是，考察人与自身、人与外部环境的和谐。由此，我们可把"乡村精神生态"定义为：是乡村在长期发展过程中形成的约束乡村主体行为的价值观念、精神共识和行为规范的共生系统，它体现着社会环境、自然环境、乡村主体精神现状的和谐发展。

中共十九大报告提出了乡村振兴战略，从本质上说，乡村振兴是我国农业发展的一场崭新革命，实施乡村振兴战略，关键在农民，关键在农民的精神风貌，农民提升了精神风貌，乡村振兴就会获得强大的精神力量。所以说，农业农村的发展必须要处理好"人"——农民的问题，处理好农民的精神生态或者思想观念的问题。

占中国人口绝大多数的农民群体，曾经创造了丰富的物质和精神财富，推动了历史的发展和社会的进步。他们的质朴淳厚、勤劳节俭、顽强坚韧固然是传统乡村精神生态不可分割的因素，但随着时代的发展，被经济浪潮裹挟下的乡村精神生态也发生了明显的蜕变，甚至出现了一系列的问题。如何疏导、应对这些问题，进而通过精神意识的转变带动行为方式的转变，维护他们与自然、与社会、与自身的平衡，成为推进农业农村健康、持久发展的一个亟待解决的现实问题。

二、当下中国乡村精神生态存在的问题

（一）乡村陋习繁多、根深蒂固

一是婚丧嫁娶大操大办，盲目攀比炫耀。近年来，农村婚嫁的"天价"彩礼问题频频见诸各大媒体。彩礼本是一种传统民俗，但攀比之风却使一些农村家庭苦不堪言，甚至因娶亲致贫。河南南部的一些县区，婚嫁期间为了按风俗办事，双方父母要宴请宾客长达一周或更长一段时间，不仅耗费了大量的财力、物力、人力、精力，还让原本喜庆的婚宴成了男女双方的负累。

二是低俗文化流行。近年来，随着中国城镇化进程的不断推进，农村文化在呈现多元、丰富态势的同时，低俗文化却仍未绝迹。如河南南部有些地方，在逝者的葬礼上，晚辈常常为了"好看、有面子"，在葬礼上专门请来"哭丧队"花钱点歌，或者花钱"代哭"以示哀悼。安徽有些地方还活跃着跳脱衣舞的所谓戏班、剧团。据说当地凡高寿老人（80岁以上）去世，都要请这种所谓的戏班子，搭台脱衣。一边是庄严肃穆的葬礼，一边却是全裸露点、不堪入目的低俗表演。但就是这么滑稽的场景，葬礼主家不但不认为是辱没先人，败坏风俗，奢侈浪费，反而觉得"热闹、有面子"。

三是落后愚昧思想在农村仍大有市场。目前中国乡村的农民，尤其是年岁较大的农民，落后愚昧思想仍旧严重。如在笔者的家乡就有一些村民盲目信仰基督教，认为"我们的饭是耶稣赐予的"，"生病不用打针吃药，有主保佑病就能好"。笔者曾经碰到一位因公致左手残疾的村民，他笃信基督教，甚至认为他左手被机器截断也是"耶稣的旨意"。这些狂热的基督教徒还时刻不忘兜售教义，发展信徒，几近成疯，也令人生厌。此外，在笔者的家乡，还有一些不可思议的现象。一些奇形怪状的树木（如一些树因为生长发育的问题，在树干上鼓起了大包）也被村民认为"神仙"附体、充满"神力"，他们往往对着该树祷告祈福。更有甚者一些人自发出资在树下建成小庙宇，供奉观音菩萨、太上老君之类的神仙道人。还有一些村民大小事情都要算命占卜，生病宁愿请人做法事也不去医院救治。凡此种种，令人咋舌。

这些名目繁多、根深蒂固的乡村陋习，不仅耗费了农民的财物，还让他们的思想和行动如木偶一样被支配和牵制。更不可小觑的是，这些陋习通过他们的言传身教，有些已经渗透到下一代，这对农村的发展极为不利。

（二）部分农民性格不健全、不完备

以习近平同志为总书记的党中央非常重视"三农"问题，为农业农村农民的振兴和发展提出了一系列的政策和措施。农民从这些政策中确实获得了很多实惠。但面对这些好政策时，部分乡村农民性格中的不良因素也暴露了出来。

一是狭隘自私，重个人而轻他人。一些农民把自己的个人利益放在首位，贪心不足蛇吞象。如笔者接触到的两名 Y 姓村民，兄弟二人一贫如洗，哥哥一直单身，弟弟曾娶妻，妻子生下一对双胞胎女儿（现已 18 岁）后离家出走。为了解决他们生活困难的问题，党和政府一直给予他们关怀和帮助，不仅为他们申请了"贫困户"名额、给予他们一定的生活补助，为他们资助盖新房，介绍工作，还为双胞胎姐妹免去上学的杂费并给予生活上的补助。但 Y 姓兄弟并不满足也并不真正感恩，更不愿自立自强摆脱贫困，反而挖空心思捞好处、讨利益，到处散播自己年岁已大，依然贫穷可怜等言论，不愿把"贫困户"的名额让与他人。在他们看来，"贫困"不仅不羞耻，反而还是获取自我利益的手段，好政策却滋长了他们"坐等靠"的懒汉思想。同村的 R 姓村民也有这种倾向。R 姓村民在脱贫以后，仍然想去扫马路赚补贴，当得知村干部将这份差事转于更贫困的老人时，她不顾同村之谊，不仅对老人破口大骂，还无理纠缠村干部数日。这种狭隘自私、重个体而忽视他人的行为，不仅消弭了乡里对他们的同情，还在无形中破坏了和谐融洽、相扶相持的邻里关系，也为中央惠农政策的实施增添了障碍。

二是小农思想严重，缺乏市场竞争意识、发展意识、开拓创新意识。所谓小农思想，就是为满足个人温饱，在一小块地上自耕自作，无约束、无协作、无交换而长期形成的一种思想观念和行为习惯。心理上表现为求稳、怕变、盲目和狂热；在价值观念上，自然经

济使人们形成以自足、患得患失、平均主义为特点的观念体系；在思维方式上自然经济的规模狭小导致人们的活动范围狭窄和认识水平低下，从而决定了人们的思想方式的经验性、直观性和不系统性。

在新时代背景下，中国乡村的小农思想依然根深蒂固。如有些农民看待问题容易钻牛角尖，固执己见、不懂得变通。由于知识水平的限制，信息意识差，不能够充分收集和利用信息，积极、主动地寻求新的发展机会。不太善于学习新知识、新技术，将新知识、新技术运用到生产经营实践中去的实践能力弱。有些农民坐等好政策，却对村里改造塘堰、清理渠道、维修机泵站等公益性事业抱着"事不关己，高高挂起"的态度，非但不出力，有时还暗地里放阴风制造阻力。还有一些农民共享意识淡薄，合作意识差，自己获得了新的种植经验、种植方式，拒绝与他人分享；还有些村民在得到小利、小成绩之后盲目自大，易于满足，停滞不前，缺乏探索进取精神。

三是人文精神的失落。在拜金主义和消费主义盛行的当下，乡村人文精神也不免受到影响。当前，中国乡村中大多为老人和小孩，年壮劳力多前往经济发达的城市谋生。乡村社会常常以子女外出打工是否买车、买房作为攀比的资本，一旦比不上对方就心有不甘，甚至心生嫉恨。此外，目前乡村社会的"人情往来"呈畸形化态势，如在孩子过生日、升学等事情上，部分农民为了将"人情债"收上来，往往大张旗鼓地举办宴会。宴会现场锣鼓喧天、鞭炮齐鸣、大吃大喝，传统淳朴节俭之风消失殆尽。另外，农村经济的发展一方面使村民思想更加解放，另一方面也加重了人们的利益观念，有时不免为了谋求利益而选择一些不道德、不诚信的行为，如部分村民兜售劣质农产品等。

（三）乡村社会矛盾凸显，以"村霸"为代表

近年来，中国"三农"领域的成就有目共睹，但其发展也遇到了一些问题，尤其是"村霸"问题不仅严重侵害了农村基层群众的切身利益，还严重污染了乡村精神生态，对乡村社会产生了恶劣影响。"村霸"多指在村子里或一定区域内恃强凌弱、仗势欺人，经常制造事端，严重扰乱农村社会治安秩序的人。"村霸"对村民明借实抢，吃拿卡要。如今一些地方的村干部也摇身一变成了鱼肉百姓的"村霸"。如河北"最牛村主任"孟玲芳，村民家有喜事不给她送礼，就会被她骂大街，甚至会在喜事当天收到她送的花圈。河北侯落鸭村村长"南霸天"侯志强，长期殴打、敲诈村民，村民郑潮军因对其寻衅滋事忍无可忍，用铁镐将其打死，被判刑期8年，近百村民联名上书为其求情，认为村长侯志强是恶人，郑潮军是正当防卫。

"村霸"行为令人发指，更令人愤怒的是，他们将忠诚厚道的乡村社会搅得乌烟瘴气，部分农民对于他们的所作所为不敢反抗，万般无奈之下，苟安忍让。有些人敢于反抗，但是这种反抗不仅不管用，反遭报复。这不仅破坏了党和政府的威信和形象，破坏了良好的群众基础，阻碍了相关政策的落实，还败坏了乡村风清气正的政治生态，给乡村老百姓造成了严重的精神创伤。

三、当代中国乡村精神生态问题的应对策略

乡村振兴，不仅要靠发展经济，还要廓清目前乡村社会的精神生态问题，实事求是地提出应对策略，让乡村生成内在的自我约束和自我完善机制，扫除乡村精神生态环境中的沉渣污秽，实现乡村精神生态环境的洁净，进而为乡村振兴战略的实现提供坚强的思想保证、强大的精神力量、丰润的道德滋养、良好的文化条件。

（一）遏止陋习，多措并举

一是做好方式引导，提升革除陋习的内生动力。结合新时代创新合理、有效的引导方式，让陈规陋习日渐消弭，新风新俗深入人心。以婚嫁为例，可以通过鼓励创新婚礼方式，如采取旅游结婚、集体婚礼等多种庄重高雅的结婚形式，以实际行动营造文明节俭的婚庆氛围。通过开展活动，推进简化治丧仪式，缩短治丧时间，减少丧礼宴席，杜绝大操大办、封建迷信、喧闹演出等不文明现象，促使人们更加注重文明行孝，争做文明之风的倡导者和实践者。

二是做好宣传工作，为革除陋习营造舆论氛围。通过人民群众喜闻乐见的方式，深入开展破旧立新活动宣传工作，在寓教于乐、潜移默化中引导群众转变落后观念，自觉改进和抵制陈风陋习。大力弘扬中华传统美德，引导广大人民群众树立先进的思想观念和良好的道德风尚，提倡科学健康的生活方式，形成积极向上、健康文明的社会氛围。

三是建章立制，为革除陋习奠定制度基础。村党支部联合村民针对本村存在的陈风陋习，从环境卫生、村风民俗、婚姻家庭、邻里关系、社会治安、消防安全等各个方面积极修订完善村规民约。同时，加强文明村镇考核，坚持把破除陈风陋习、推进乡村文明作为文明村镇评选、管理、考核的重要标准和测评指标，引导农村基层组织和广大人民群众在精神文明创建活动全过程破陋俗、树新风，努力倡导文明、和谐、健康、向上的生活方式。

（二）以先进文化为引领，培育农民健全人格

一是利用乡贤文化培育农民健全人格。在漫长的中国历史进程中，一些在乡村社会建设、风习教化、乡里公共事务中贡献力量的乡绅，都被称为"乡贤"，由此而形成了"乡贤文化"。"乡贤"良好的道德品行、较高的文化修养形成了他们较强的精神凝聚力和号召力，能够得到多数村民的认可和尊重。当然，新时代条件下，也出现了一些新乡贤主体，如优秀基层干部、优秀创业者、道德模范等，重点发挥这些人的引领作用，用乡情乡谊为纽带，吸引支持各界成功人士回乡建设，用他们的善言善行来引导人们重塑美好

乡风。

二是培育优良家风、文明乡风。家风作为一种无形力量，潜移默化地影响着民众的行为，进而影响了民风。家风正则民风淳。通过开展讲好家风故事、优良家风评选等活动引导人们弘扬中华民族传统家庭美德，鼓励他们从自身做起，从小事做起，培育传承良好家教家风家训，以德治家、以学兴家、文明立家、忠厚传家，让千千万万个好家风支撑起一股股好民风、好乡风。还可以组织群众观看家风、乡风影片，通过鲜活的事例来传承家风、乡风文化，汲取精髓，为群众启迪思想，塑造心灵，培养心智，培育道德正能量。重塑文明乡风不仅要正面引导，也需要用村规村纪加以制约。

三是"送"文化与"种"文化要完美结合。整合力量"送"文化。发挥文化部门的优势，做好文化"三下乡"活动。注重文化产品的选择，针对基层受众的特点，精准选择群众喜闻乐见的剧目、电影，把积极健康新鲜的文化食粮送到农村；加大创作力度，把农村生活作为创作素材，每年生产一批接地气的优秀文艺作品，为满足农民的精神文化需求提供优质服务。此外，还要"种"文化，通过培植文化中心户、文艺专业人才教授、挖掘农村文艺人才等，充分发挥其带动作用，把优秀文化"种"在基层。对乡土文化人才，要在智力、资金、硬件条件上予以扶持，可以采取购买服务、捐资扶持、建立工作室等途径，方便他们在农村开展文化活动，进而发展壮大，培育形成乡土文化标志性领军人物。

（三）扫除"村霸"，还乡村一份宁静

首先，要提高乡村法治水平。加强对农村群众的法治宣传教育，提高农村群众知法、守法、用法水平，在面对"村霸"的不法侵犯时敢于用法律武器维护自身合法权益，这也是对"村霸"犯罪潜在群体的震慑。领导干部带头学法守法是树立法治意识的关键，更是预防"村官型村霸"犯罪的法治途径。要进一步完善农村基层工作人员的学法用法制度，保障农村地区依法办事水平。要走群众路线，充分发动群众，充分依靠群众，及时检举揭发犯罪，形成政法机关专门打击与群众性打击相互补充的强大打击攻势。大力倡导正气，树立起勇于同违法犯罪作斗争的良好社会风气。

其次，发展农村经济。贫富差距导致的相对剥夺感和心理落差以及资源占有的矛盾是"村霸"产生的原因之一。所以，应当通过增加投入，调整税收政策，深化农村综合改革，转移农村劳动力等经济手段，降低生产成本、提升农民收益，遏制"村霸"产生与蔓延的经济基础，确保农村社会安全稳定。

最后，农村教育精准投入是解决"村霸"问题的长远之计。优先发展农村教育是提高农民水平、塑造美丽乡村的关键一步，从长远来看也是净化"村霸"滋生土壤的良方。一项调查显示，70%的"村霸"都是知识文化水平不高的青壮年。这些年轻人之所以走上"村霸"的道路，不能说与他们之前受到的教育毫无关联。因此，加大农村教育精准投入、提升农村教育水平、提高农民的知识文化素养是净化"村霸"滋生土壤的良方。

实施乡村振兴战略，必须要实现农村物质文明与精神文明的对接，营造良好的乡村精神生态环境，提高村民文化素质和精神风貌，为农业农村经济社会的持续发展提供安定团结、和谐有序的文化氛围和精神引领。

参考文献

刘再复. 杂谈精神界的生态平衡［J］. 读书，1985（4）：4.

财税支持的亚洲经验、国内政策与原中央苏区振兴

李似鸿　孙　瑾　高　璐*

摘　要：本文通过对中国台湾、韩国、印度如何利用财税政策支持经济发展、民生改善、基础设施建设、产业结构优化等经验的介绍，和对国内的西部大开发、陕甘宁革命老区振兴、原中央苏区振兴的相应财税政策的回顾和梳理，提出如何利用好财税政策振兴原中央苏区的对策建议：一是始终要坚持以支持经济发展为核心，二是要始终坚持以保障和改善民生为重点，三是要充分利用并发挥好金融的作用，既要利用好财税政策防止金融"脱实向虚"，又要利用财税政策防止金融房地产化，从而推动金融对原中央苏区经济和社会发展的全面促进作用。

关键词：财政政策；亚洲经验；原中央苏区振兴

一、亚洲经验

（一）我国台湾

一般认为，从国民党政权去台至今，台湾经济经历了三个阶段：

进口替代时期（1949～1959年）：当时在美国"经援"下，"台湾当局"利用日本统治时代留下的工业基础和由大陆迁台的设备以及带去的技术，从恢复农业生产入手在农村开展了土地改革、社会建设和土地改良三项工作，当局选择电力、肥料、纺织三种工业作为发展进口替代工业的突破口，集中部分财力、物力对这三种工业的基础设施进行修复、

---

*　作者简介：李似鸿，江西师范大学财政金融学院副教授。孙瑾，江西师范大学财政金融学院硕士研究生。高璐，江西师范大学财政金融学院硕士研究生。

迁移、合拼和扩建，使之很快恢复并投入生产。

出口扩张阶段（1960～1973年）：从20世纪60年代初开始，我国台湾地区利用世界资本主义经济处在战后迅速发展的转型期，发达国家转向发展资本技术密集型工业，把劳动密集型工业转移给发展中国家这一时机，采取了比较开放的政策，一方面把进口替代工业导向出口；另一方面引进大量劳动密集型的轻纺业资本和技术，利用本地大量廉价劳力，进行生产、加工和装配，并把产品销往国际市场，从而造成了将近10年的出口繁荣和经济繁荣的局面。

升级换挡阶段（1974年至今）：从1974年开始，我国台湾地区转入了以加强社会基础设施和发展资本技术密集型工业为主的第二次进口替代阶段，旨在促进经济升级。大力发展交通、港口，核能发电，钢铁、造船等基础设施和重化工业，同时发展高科技策略型工业，引进和开发以电子资讯工业为主的高科技工业产品。十多年来，社会基础设施、重工业比重、技术密集型企业都有所增强。在当局制定的"国际化、自由化、制度化"政策引领下，台湾地区经济发展较快。

到20世纪80年代的时候，台湾地区选择以科学园为载体，大力发展半导体为主的高科技产业。特别值得一提的是，当时一开始发展高新技术产业的时候，很多的民营企业面临很多的风险，投资也比较大，当时民间是做不了，台湾当局先来主导，通过公共财政做出一定的规模和效益后，然后就把它转移到民营，像联电和台积电都是这样过来的。

综观台湾地区的经济发展，可总结出如下经验：一是制定并采取了一系列适应台湾地区实际和国际经济形势的政策，特别注重对基础设施的公共投入，在引进和发展高科技产业时"公共财政搭台，民营资本唱戏"。二是通过公共财政大力发展教育来促进经济长足增长。台湾地区的教育制度按"官民并举""公私共举"的办法，实行学前教育和9年制"国民义务教育"。从幼稚园到大学都有一定法规，形成了"义务制教育""中等职业教育和中等普通教育相结合""高等教育"体系。台湾地区1981年比1976年的劳动生产率提高567%，而就业人数仅增长17.8%。可见，教育的发展是台湾地区经济发展的又一推动力。三是岛内相对稳定的政治和社会环境也为台湾地区经济发展提供了有利条件。

（二）韩国

韩国是一个国土狭小、人口稠密、资源稀缺的国家，同时也是一个战争多发的国家。但朝鲜战争后，韩国很快开始了工业化历程，并在不到30年的时间里创造了举世瞩目的"江汉奇迹"，一跃跨入"新型"工业化国家的行列。韩国的成功固然与美国的援助有关，但更主要的是韩国所采取的产业政策及工业管理体制。韩国经济起飞的经验之一，就是特别注重通过公共财政的支持，为市场经济提供良好的社会基础设施。具体表现如下：

一是加大对教育的投入，兴办了大批国立大专院校和职业技术学校，并鼓励发动社会力量办学，产学研合作，推动建立"开放教育社会"和"终身教育社会"。韩国政府还提出了"技术立国"方略，引导国民经济各部门以技术开发为先导，增加科技研发资金投入，建立科技型企业，并实现了从以技术引进为主到以自主开发为主的转变，大力推动了工业发展。

二是采取了"经济发展第一"的治国方略，重视专家、学者和经济官僚在经济、社会决策中的重大作用。为确保各项经济决策的科学性，政府千方百计地搜罗和延聘有真才实学的专家进入政府工作。韩国经济企划院是专家荟萃之地，其中的 20% 是经济学家，其他为政治、法律、公共管理和教育等各方面的专家。

三是设立经济企划院，建立了集权化的政府经济决策体制。由于该机构直接通过其长官向总统负责，不仅能对变化了的经济情况及时做出反应，迅速向上传递信息，保证了有关重大决策过程的集权性质，而且也有利于迅速地执行政府的各项经济政策。经济企划院实行精英决策，其成员大多是受过现代教育的留学归国人员，专家在制定政策方面享有很大的独立性或自主性。

四是韩国政府能够根据自身基础条件、发展水平和在国际分工中的比较优势，及时捕捉并积极利用各个时期国际上产业结构变动的有利机遇，适时进行产业结构调整，推动经济增长，不仅注重大中型企业发展，还特别注重扶植中小型风险企业进行技术开发，这些措施都是以科技升级带动产业结构高级化，使资本、知识密集型产业成为 21 世纪韩国的主导产业。

（三）印度

自 20 世纪 80 年代中期以来，印度历届政府都把发展信息技术产业，尤其是软件产业置于优先地位，以期带动国家整体实力的提高。实施政策倾斜，包括财政税收政策、进出口政策、金融政策、知识产权保护政策等，为软件业快速发展创造良好环境。印度对软件产业的财税支持政策主要体现在以下几个方面：

1. 实行多种税收优惠政策

印度政府为推动软件产业更快发展采取了较多的税收优惠政策，尽管有些已经失效，但现存的仍有许多。例如，2005 年的经济特区法案（Special Economic Zones Act，2005）和 2006 年的经济特区条例（Special Economic Zones Rule，2006）中重新制定了对经济特区创立者（developers of SEZ）和经济特区内成立的企业（units established in SEZ）实行的税收优惠政策，以上法案和条例统一自 2006 年 2 月 10 日起开始执行。目前，涉及软件企业的税收优惠政策主要包括：

一是为了鼓励出口，《所得税法案》（The Income Act）10A 和 10B 部分规定，对于产品全部出口的新建企业获得的出口收益连续 10 年 100% 减免所得税，但从 2003 年 4 月 1 日起，只对 90% 的出口收益减免所得税，这项优惠到 2012 年 4 月 1 日截止。

二是为了提高进口计算机质量，引进国外的先进技术，政府放宽了对计算机进口的限制，允许进口计算机企业的资产限额从 2 亿卢比降至 100 万卢比，并大幅降低关税。目前，印度关税法案（The Tariff Act）规定，对信息技术软件免征基础关税。联邦预算 2006

（Union Budget 2006）又规定，从2006年3月1日起开始，进口计算机和软件时分别征收12%和8%的相当于消费税的附加关税。

三是按照《所得税法案》规定，在企业缴纳所得税时，对于购买的计算机及其软件第一年可以按照账面价值的60%计提折旧进行税前扣除；对电子产品里的套装软件征收8%的消费税，但是按客户需求量身设计的软件免税，另外，印度政府也将取消从网上下载软件的8%的消费税。

四是2005年的经济特区法案对1961年的所得税法案（The Income Tax Act）进行了一些补充，其中一条就是现在所得税法案中10AA部分。这里规定对2005年4月1日开始及以后运营的特区内制造业和服务业企业头五年给予出口利润100%的所得税减免，后五年给予出口利润50%的所得税减免，如果利润留在经济特区则延长五年优惠。

五是经济特区的创立者和特区内的企业进出口商品免征关税，其从国内关税区（Domestic Tariff Area，DTA）购买的商品免征消费税并给予其他退税等优惠；对提供给经济特区创立者和特区内企业的应纳税服务免征服务税；经济特区的创立者和特区内企业销售和购买商品免征中央销售税（Central sales tax），地方销售税（Local sales tax）或增值税减免等优惠要按照特区所在地区的相应税收条例执行。以上优惠措施中提到的商品必须用于经认可的业务（Authorized operations），这些业务在法案和条例中都有说明。

六是1994年财政法案（Finance Act 1994）第五章"服务税"中规定，计算机软硬件工程师提供的咨询服务免征服务税；与计算机软件设计和开发相关的商业附属服务免征服务税。

2. 印度政府非常重视基础设施的建设

1991年，投资兴建了可高速传输数据的微波通信网络SoftNet。这在当时是个创举，至少满足了10年内软件企业的发展需求，也为后来不断吸引其他著名企业前来提供了重要帮助。基础设施的完善也为软件企业的人才培训开辟了道路。政府在《国家信息技术行动计划第三部分——国家信息技术长期政策》中规定，由政府部门和工业部门合资建立高速的全国性网络中枢（Vadya Vahini），允许各软件人才培训公司使用卫星和基于网络的有线电视。专门从事网络教育节目和服务的公司将被视同教育公司，与IT人才培训公司享有同等的待遇。所有在全国性网络中枢计划的投资将被视作在基础设施部门的投资，从而享有国家对基础设施部门的一切财政优惠待遇。印度政府还推行了"电信港"计划——由高宽带通信设施、跨国通信网络、数字交换与传输设备、卫星地面站所组成的网络系统。

3. 大力发展风险投资基金

为筹集软件产业发展资金，印度政府实行了金融优惠政策，主要包括在政策性金融机构设立软件产业风险投资基金、大力吸收国际风险资金与直接投资、鼓励有条件的软件企业上市集资等。并且印度政府对风险投资基金公司实行特殊的所得税优惠政策［Income Tax Act，section 10（23FB）］。1986年，印度财政部拨款1亿卢比成立了印度第一家风险投资基金，之后每年又增拨 1 亿卢比资金，按国际惯例初步构建起风险投资基金的框架。

1998 年 7 月，印度政府又提供了 10 亿卢比设立了金融风险基金，以大量吸引国外资金。政府的这些引导措施收到了良好的效果。据统计，进入印度的风险投资 1998 年为 1.5 亿美元、1999 年为 3.2 亿美元、2000 年为 10 亿美元。目前，印度风险投资资金中国外资金已占 60% 以上，其中以软件产业为主要投资标的资金约占风险投资总额的 20% 以上。另外，在政府的大力支持下，大批软件企业通过发行股票上市集资。到 2000 年 6 月，印度软件企业股票在国内上市的总市值就已达 610 亿美元。

二、国内政策

（一）西部大开发中的财税政策

国发〔2000〕33 号《国务院关于实施西部大开发若干政策措施的通知》中指出，当前和今后一段时期，实施西部大开发的重点任务是：加快基础设施建设；加强生态环境保护和建设；巩固农业基础地位，调整工业结构，发展特色旅游业；发展科技教育和文化卫生事业。力争用 5～10 年时间，使西部地区基础设施和生态环境建设取得突破性进展，西部开发有一个良好的开局。到 21 世纪中叶，要将西部地区建成一个经济繁荣、社会进步、生活安定、民族团结、山川秀美的新西部。

在第二条"增加资金投入的政策"中指出，一是要加大建设资金投入力度。提高中央财政性建设资金用于西部地区的比例。国家政策性银行贷款、国际金融组织和外国政府优惠贷款，在按贷款原则投放的条件下，尽可能多安排西部地区的项目。对国家新安排的西部地区重大基础设施建设项目，其投资主要由中央财政性建设资金、其他专项建设资金、银行贷款和利用外资解决，不留资金缺口。中央将采取多种方式，筹集西部开发的专项资金。中央有关部门在制定行业发展规划和政策、安排专项资金时，要充分体现对西部地区的支持。鼓励企业资金投入西部地区重大建设项目。二是要优先安排建设项目。水利、交通、能源等基础设施，优势资源开发与利用，有特色的高新技术及军转民技术产业化项目，优先在西部地区布局。加强西部地区建设项目法人责任制、项目资本金制、工程招投标制、工程质量监督管理制、项目环境监督管理制等制度的建设和建设项目的前期工作。三是要加大财政转移支付力度。随着中央财力的增加，逐步加大中央对西部地区一般性转移支付的规模。在农业、社会保障、教育、科技、卫生、计划生育、文化、环保等专项补助资金的分配方面，向西部地区倾斜。中央财政扶贫资金的安排，重点用于西部贫困地区。对国家批准实施的退耕还林还草、天然林保护、防沙治沙工程所需的粮食、种苗补助资金及现金补助，主要由中央财政支付。对因实施退耕还林还草、天然林保护等工程而受影响的地方财政收入，由中央财政适当给予补助。四是要加大金融信贷支持。银行根据商业信贷的自主原则，加大对西部地区基础产业建设的信贷投入，重点支持铁路、主干线公路、电力、石油、天然气等大中型能源项目建设。加快国债配套贷款项目的评估审贷，根据建设进度保证贷款及早到位。对投资大、建设期长的基础设施项目，根据项目建设周期和还贷能力，适当延长贷款期限。国家开发银行新增贷款逐年提高用于西部地区的比重。扩大以基础设施项目收费权或收益权为质押发放贷款的范围。增加对西部地区农业、生态环境保护建设、优势产业、小城镇建设、企业技术改造、高新技术企业和中小企业发展的信贷支持。在西部地区积极发放助学贷款及学生公寓贷款。农村电网改造贷款和优势产业贷款中金额较大的重点项目，由农业银行总行专项安排和各商业银行总行直贷解决。有步骤地引入股份制银行到西部设立分支机构。

在第三条第二款中指出，要实行税收优惠政策。对设在西部地区国家鼓励类产业的内资企业和外商投资企业，在一定期限内，减按 15% 的税率征收企业所得税。民族自治地方的企业经省级人民政府批准，可以定期减征或免征企业所得税。对在西部地区新办交通、电力、水利、邮政、广播电视等企业，企业所得税实行两年免征、三年减半征收。对为保护生态环境，退耕还生态林、草产出的农业特产品收入，在 10 年内免征农业特产税。对西部地区公路国道、省道建设用地比照铁路、民航用地免征耕地占用税，其他公路建设用地是否免征耕地占用税，由省、自治区和直辖市人民政府决定。对西部地区内资鼓励类产业、外商投资鼓励类产业及优势产业的项目在投资总额内进口自用先进技术设备，除国家规定不予免税的商品外，免征关税和进口环节增值税。

（二）陕甘宁革命老区振兴的财税政策

2012 年 3 月 25 日，国家发展改革委以发改西部〔2012〕781 号印发《陕甘宁革命老区振兴规划》（以下简称《规划》）。该《规划》分发展基础、总体要求、空间布局、交通建设、水资源利用、生态建设和环境保护、能源化工基地建设、特色产业发展、新农村建设、公共服务、改革开放、保障措施十二章。

在第九章第四节"扶贫开发"中特地指出，坚持开发式扶贫方针，创新扶贫工作机制，以集中连片特殊困难地区为主战场，加大整村推进、连片开发、以工代赈、易地扶贫搬迁、产业扶贫、教育扶贫、就业促进等扶贫开发力度。增加中央财政扶贫资金投入，加大中央和省级财政一般性转移支付力度，切实改善困难群众生产生活条件。支持龙头企业带动贫困人口稳定增收致富。推进扶贫开发与农村最低生活保障制度及社会保险、救助、福利制度有效衔接。中央集中彩票公益金用于扶贫开发事业的部分向老区倾斜。开展农民收入倍增计划试点工作，提高农民经营性、工资性、转移性和财产性收入。

在第十二章"保障措施"中指出，老区地位特殊、贡献卓著，国家将继续给予政策支持。同时，老区地方各级人民政府要充分发挥主动性、积极性和创造性，扎实工作，努力实现本规划确定的各项目标。

特别是在第一节"支持政策"中指出,在财税金融政策上,中央财政继续完善转移支付制度,不断加大对老区的转移支付力度。通过财政贴息、费用补贴等方式,鼓励和引导金融机构加大对老区重点工程和建设项目的信贷支持。在科学规划、有效防范风险的前提下,支持设立村镇银行等新型农村金融机构以及小额贷款公司、担保机构和典当公司,农村金融机构按国家统一规定享受税费优惠。鼓励民营金融机构发展。稳步推进林权抵押贷款和森林保险工作。在投资政策上,加大政府投入力度,中央和地方财政性投资优先向老区民生工程、基础设施和生态环境等领域倾斜。中央安排的病险水库除险加固、生态建设、农村饮水安全、大中型灌区配套改造等公益性建设项目,取消县及县以下资金配套。提高中央公路建设资金对国省干线公路改造的补助标准。支持老区农业产业化发展,加强产业化基地建设,扶持龙头企业,提高产业化水平。加大中央地质勘查资金、国土资源调查评价资金对老区的投入。对符合国家产业政策的项目,在规划布局和项目核准等方面予以优先考虑。支持宁夏中南部地区生态搬迁。在生态环境政策上,中央财政加大一般性转移支付力度,提高国家重点生态功能区转移支付系数。研究设立国家生态补偿专项资金,加大对六盘山区生态补偿力度。建立资源型企业可持续发展准备金制度。推行排污权市场化交易机制,推动煤炭、石油及矿业开采等企业大幅降低单位产能排放。

(三)原中央苏区振兴的财税政策

《国务院关于支持赣南等原中央苏区振兴发展的若干意见》(国发〔2012〕21号文件)第十条"加大政策扶持力度"中指出,原中央苏区特别是赣南地区经济社会发展存在特殊困难和问题,应给予特别的政策支持。并明确规定赣州市执行西部大开发政策。特别是在第三十五款"财税政策"中进一步规定,"进一步加大中央财政均衡性转移支付力度,逐步缩小地方标准财政收支缺口。加大中央财政对赣南等原中央苏区振兴发展的财力补助。加大中央专项彩票公益金对赣州社会公益事业的支持力度。支持化解赣州市县乡村公益性债务,将公益性建设项目国债转贷资金全部改为拨款。中央代地方政府发行的债券向原中央苏区倾斜。统筹研究将赣州列为中国服务外包示范城市并享受税收等相关优惠政策问题"。

在第三十六款"投资政策"中规定,"加大中央预算内投资和专项建设资金投入,在重大项目规划布局、审批核准、资金安排等方面对赣南等原中央苏区给予倾斜。中央在赣州安排的公益性建设项目,取消县及县以下和集中连片特殊困难地区市级资金配套。加大扶贫资金投入。国家有关专项建设资金在安排赣州市公路、铁路、民航、水利等项目时,提高投资补助标准或资本金注入比例"。

在第三十七款"金融政策"中,"鼓励政策性银行在国家许可的业务范围内,加大对赣南等原中央苏区的信贷支持力度。鼓励各商业银行参与赣南等原中央苏区振兴发展。促进赣州地方法人金融机构加快发展,发挥差别准备金动态调整机制的引导功能,支持地方法人金融机构合理增加信贷投放,优化信贷结构,满足有效信贷需求。支持开展保险资金投资基础设施和重点产业项目建设，开展民间资本管理服务公司试点。支持符合条件的企业发行企业（公司）债券、中期票据、短期融资券、中小企业集合票据和上市融资。深化融资性担保公司或再担保公司、小额贷款公司创新试点。大力推进农村金融产品和服务方式创新，鼓励和支持设立村镇银行"。

（四）江西省支持原中央苏区振兴的财税政策回顾

中共江西省委、江西省人民政府贯彻落实《国务院关于支持赣州等原中央苏区振兴发展的若干意见》的实施意见中，明确"落实中央财政转移支付、投资补助、税收优惠等各项政策，及国家规定的省级配套政策"。"对接落实中央财政进一步加大均衡性转移支付力度，逐步缩小地方标准财政收支缺口，以及加大对赣南等原中央苏区振兴发展的财力补助政策。省级财政设立原中央苏区振兴专项补助资金，每年安排赣州市 18 个县（市、区）和吉安、抚州等原中央苏区重点帮扶县补助资金 1000 万元。省级安排经济社会事业发展专项资金重点向原中央苏区倾斜。争取中央专项彩票公益金加大对赣州社会公益事业的支持力度。积极申报在中央福利彩票中发行即开型'振兴赣南等原中央苏区'专项彩票。争取中央财政安排专项补助支持化解赣州市县乡村公益性债务，落实将公益性建设项目国债转贷资金全部改为拨款。中央代地方政府发行的债券向赣州和吉安、抚州原中央苏区倾斜。积极申报赣州为中国服务外包示范城市并享受税收相关优惠政策。"

在投资政策方面，江西省出台的实施意见中明确指出：加大中央预算内投资、专项建设资金申报和倾斜安排力度，积极落实省级配套资金。中央在赣州安排的公益性建设项目，取消县及县以下和集中连片特困地区高级配套资金。在重大项目规划布局、审批核准、资金安排等方面对原中央苏区给予倾斜，并纳入重大项目绿色通道。落实国家有关专项建设资金在安排赣州市公路、铁路、民航、水利等项目时，提高补助标准或资本金注入比例政策。积极争取国家加大扶贫资金投入，省扶贫资金向原中央苏区倾斜。省基本建设投资和各专项投资加大对原中央苏区支持力度。

在金融政策上，"鼓励政策性银行在国家许可的业务范围内，加大对赣南等原中央苏区的信贷支持力度。鼓励各商业银行以更大力度支持原中央苏区加快推进工业化、城镇化和农业农村现代化"。

另外，江西省原发改委主任在接受新华网记者就如何落实中央和省发改委振兴原中央苏区政策时指出："省发改委在重大项目协调和审批上如何给予赣南等原中央苏区倾斜上，将重点从四个方面支持：一是积极争取国家优先在赣南等原中央苏区布局重大交通、能源、水利等基础设施项目，同时落实国家提高赣州市重大项目中央投资补助标准或资本金注入比例政策。二是中央代地方政府发行的债券加大对赣南等原中央苏区倾斜，中央投资计划和省基本建设投资加大对赣南等原中央苏区的支持力度。三是建立赣南等原中央苏区重大项目审批绿色通道，加快项目审批速度，并优先列入省级重大项目调度会议，优先安排用地指标。四是积极协调国家开发银行牵头相关商业银行扩大信贷规模，支持赣南等原中央苏区重大项目建设，并支持原中央苏区城投企业发行企业债券。"

在如何落实好相应的财税、投资和金融等相关扶持政策时，许爱民主任进一步指出："一是赣州市执行西部大开发政策。主要涉及中央财政补助比例，内外资鼓励类产业及优势产业项目关税减免，以及企业所得税率减按15%征收等内容，尤其是所得税减免政策，要抓紧落实。这些政策对赣州提高招商引资吸引力，促进开放型经济发展将营造有利条件。二是财税政策。重点是落实中央财政加大对赣南等原中央苏区振兴发展的财力补助，争取中央财政专项补助化解赣州市县乡村债务问题。三是投资政策。重点是对赣州公路、铁路、民航、水利等重大项目提高投资补助标准或资本金注入比例。这项政策的实施将会极大地减轻江西省配套压力。四是对口支援政策。主要是建立中央国家机关对口支援赣州18个县（市、区）以及吉安、抚州特殊困难县的机制，鼓励和支持中央企业在赣州发展，开展帮扶活动。这项政策将为原中央苏区全面振兴发展提供长久持续的发展支撑。五是金融、生态补偿、人才等政策，也都是非常重要的政策。"

在振兴原中央苏区时如何确保税收扶持政策按时落到实处，特别是比照西部大开发政策，赣州市能享受到哪些税收优惠政策时，江西省国税局党组书记、局长张贻奏接受新华网记者采访时指出："为贯彻落实党中央、国务院关于深入实施西部大开发战略的精神，进一步支持西部大开发，2011年7月，财政部、海关总署、国家税务总局联合印发《关于深入实施西部大开发战略有关税收政策问题的通知》，出台了关税、企业所得税等'一揽子'税收优惠政策，其中涉及国税优惠政策的具体规定是：自2011年1月1日至2020年12月31日，对设在西部地区的鼓励类产业企业减按15%的税率征收企业所得税。鼓励类产业企业是指以《西部地区鼓励类产业目录》中规定的产业项目为主营业务，且主营业务收入占其收入总额70%以上的企业。设在西部地区的鼓励类产业企业，经企业申请并由主管税务机关审核确定，可减按15%的税率缴纳企业所得税，与法定税率相比优惠了10个百分点。赣州市执行西部大开发政策，就是比照西部大开发享受上述税收政策优惠。"

在回答如何用足、用好、用活国家现有税收优惠政策来促进原赣州等原中央苏区振兴时，张贻奏指出："一是争取国家配套税收政策支持。积极关注国务院《支持赣南等原中央苏区振兴发展规划》的制定和出台，争取有利于发挥苏区资源禀赋优势的具体税收优惠政策。积极向国家税务总局等部委汇报，争取国家部委尽快联合下发赣州市执行西部大开发、服务外包示范城市等相关税收优惠政策文件，尽早使之成为支持赣南等原中央苏区经济发展的'真金白银'。同时加强调研，特别是西部地区执行税收政策的情况，为更好地把握政策标准、规范政策操作做好准备。二是用足用好国家现有税收优惠政策。认真梳理国家现有税收优惠政策规定，在符合法律、法规和上级政策的前提下，积极探索和大胆创新，灵活运用税收政策，充分发挥税收政策的产业导向功能，引导生产要素向赣南等原中央苏区流动，为实现其振兴发展提供最大的政策支持。三是切实加大税法宣传力度。在对国家现有税收优惠政策认真梳理的基础上，及时编制支持赣南等原中央苏区振兴发展的税收优惠政策手册，对企业可享受的税收优惠政策内容、享受优惠条件和程序等进行详细解读说明，并通过各类媒体、手机短信、12366 热线、办税服务厅等载体向社会各界特别是广大纳税人和当地党政领导进行广泛宣传，形成政策落实推动机制，引导纳税人合理调整经营行为，引导赣南等原中央苏区积极引进国家鼓励类产业和技术先进型服务企业。同时做好调查摸底工作，对符合享受税收优惠条件的企业，开展'一对一'的个性化服务，有针对性地做好纳税辅导。四是抓好政策跟踪问效。加强赣南等原中央苏区税收优惠政策执行的监督、管理、检查和指导，健全税收优惠政策执行反馈机制，动态掌握税收优惠政策执行情况，及时解决税收优惠政策落实过程中存在的问题，确保各项税收优惠政策及时、全面、准确落实到位。"

在回答记者提出的国家税收扶持政策将给赣南等原中央苏区振兴发展带来哪些重大机遇时，张贻奏回答说："中央给予了赣南等原中央苏区财税、投资、金融、产业等特别政策支持，将使赣南等原中央苏区变成'投资的洼地，发展的高地'，将为赣南等原中央苏区振兴发展带来以下重大发展机遇：一是为形成政策'洼地效应'带来重大机遇。原可享受企业所得税 15% 优惠税率的厦门、珠海、汕头、深圳等经济特区，将很快恢复企业所得税 25% 的法定税率，赣州正可利用优惠政策承接产业梯度转移，吸引沿海发达地区的优秀企业、优秀人才到赣州投资兴业。二是为促进产业转型升级带来重大机遇。目前赣州从事钨、稀土生产加工的企业，多数生产初中级产品，能够享受 15% 优惠税率的企业较少。如果企业进行产业升级，从事生产硬质合金深加工和稀土磁性新材料深加工，就能享受鼓励类产业企业实行 15% 的企业所得税优惠政策。三是为转方式调结构带来重大机遇。将赣州市列为第 22 个中国服务外包示范城市并享受税收优惠，有利于赣州把发展现代服务业和服务外包作为战略性产业。赣州执行西部大开发税收政策，将进一步引导外地或本地企业在赣州投资鼓励类产业企业，企业的投资结构和质量将得到优化。"

三、对策建议

（一）要始终坚持以支持经济发展为核心

一是支持县域经济发展。坚持财力倾斜和体制让利，通过减税让利呼应供给侧改革，加快推动县域经济发展，进一步调整完善市与县（市、区）财政体制机制，赋予县级更大的发展权。加大市级财政直接投入，特别是要增加安排统筹城乡发展、扶贫开发专项资金、水利建设专项资金，支持县市改善城乡基础设施条件。加大县级发展奖励力度，建立县域经济发展考核评价体系，完善奖励办法，奖励资金向发展又好又快的县（市、区）倾斜，充分调动县级发展的积极性，激发县域经济发展活力，推动县域经济发展大竞赛。

同时，研究建立县（市、区）之间合作共建和利益共享机制，实现优势互补、资源共享，引导区域合作，推动县域经济发展大合唱。

二是支持构建现代产业体系。加大财税政策资金扶持奖励力度，支持构建以新型工业为主导、现代服务业为支撑、现代农业为基础的产业体系，推动经济发展主要由第二产业带动向第三产业协同发展转变。设立战略性新兴产业发展资金，对产业带动强、技术含量高、市场前景好的战略性新兴产业项目给予重点支持，如赣州市级财政要安排一定的产业发展专项资金，发展以钨和稀土等为代表的优势工业产业集群，支持稀土、钨等优势产业发展高端化；吉安市要安排财政专项资金重点发展并做大旅游业、电子产业、生态农业等；抚州市在发展以粮食生产为主体的种养业和加工业、生物医药和机电制造业方面，也要安排好一定的财力支持。特别是要加大财政投入，支持构建区域性金融中心、物流中心、旅游中心，支持文化产业发展，促进现代服务业升级。整合支农资金，加快发展果业、生猪、油茶等优势农业产业，推动现代农业发展。

三是支持企业升级转型。完善支持原中央苏区内已有工业园区发展的各项政策措施，积极支持承接产业转移；支持企业上市，新增安排企业上市等，要安排相应的财力支持。引进战略投资者，加快骨干企业转型升级；落实财税优惠政策，扶持小微企业发展；落实支持金融企业的各项财税措施，提升金融服务经济发展、服务企业水平；支持总部经济区建设，积极引进有实力的企业入驻赣州。

四是做好减税让利工作，支持不同所有制企业的全面发展。尤其是针对现在国内经济增速放缓，企业利润下降，外贸领域由于贸易战而造成出口变数、民营企业融资难、融资贵等新情况新问题，原中央苏区尽管财税资源紧张，也应响应党中央国务院提出来的供给侧改革等政策，对出现暂时困难的企业，实行降税让利、减税让利的优惠政策，以帮助企业共克时艰，共渡难关，从而做到实现发展经济、培育税源的长远目标。

（二）要始终坚持以保障和改善民生为重点

一是进一步提高民生支出比重。围绕省市县的各种"民生工程"，坚持新增财力向民生倾斜，确保财政配套资金的及时足额到位，财政民生支出占财政支出的比重逐年提高。同时，充分发挥财政资金杠杆作用，鼓励和引导社会资金、资源投入民生公共服务领域，加快形成政府主导、多方参与的多元筹资机制，切实办成一批顺民意、得民心的好事实事。

二是加大重点民生领域投入。积极统筹财力，贯彻落实中央和江西省关于教育、文化、水利、扶贫开发、保障性安居工程等民生重点领域的决策部署，支持城乡统筹发展，保障事关民生和发展稳定大局的支出需要。立足中心城区民生节点难点问题，加大财政投入，优先发展公共交通事业，改善公共交通条件，实施中心城区环境整治、景观提升工程，加快保障性住房建设。

三是做好收入稳定和增长工作。统一提高城乡低保户等社会困难群体生活补助标准，兑现好各项惠农补贴资金。加大财政保障力度，提高机关单位津补贴标准和事业单位绩效工资水平，实现机关事业单位职工收入稳步增长。加大财政投入，建立健全村（社区）干部待遇落实和正常增长机制，探索建立业绩考核奖励制度。

四是针对农村日益"空心化"、老龄化现状，利用好财税政策，完善村（社区）干部养老保险和医疗保险制度。积极落实财税扶持政策，实施税费减免优惠，帮助中低收入者和困难家庭稳步增收，提高农民和城镇居民收入水平。

（三）要充分利用并发挥好金融的作用

这方面，可以从两个层面来说，第一是从财税与金融的关系的层面上来讲，一是要通过财税政策来防止金融"脱实向虚"；二是通过财税政策来防止金融资源过度投向房地产，或者说，要防止金融的房地产化。

财政与金融有着极大联系和互相依赖，且在经济建设和发展中所起的作用难以分割，因而，做好做实财税工作，离不开金融对经济的有力支持。针对原中央苏区的经济振兴，金融尤其不可"脱实向虚"。

所谓金融的"脱实向虚"，从金融这边来讲，就是金融机构热衷于把钱借给同业而不是非金融企业，同业拿到钱后去投资炒作各种证券、股票、房地产等，形成资金在金融系统内空转。那么，金融业为什么不愿意把资金投入非金融企业，这与企业的净资产、企业的资本金、企业的负债率水平有关。而当前，正是因为企业的杠杆率偏高、偿债能力偏弱等原因，容易使银行的信贷资金陷入有去难回的状态，形成了金融"脱实向虚"的局面。显然，这方面的化解，除了要加强企业的创新能力，如上所述，政府利用财税政策，做好对企业的减政放权和减税让利，让企业有利可图，从而引导金融资源流入企业。

同时，金融在支持实体经济的发展中，还要防止过度向房地产集中，即金融经济的过度房地产化。截至2017年，我国的GDP为80多万亿元，而广义的货币供应M2是170多万亿元，在M2/GDP已经超过200%的情况下，全国企业的资金面依然紧张，尤其是中小企业、民营企业。而根据笔者长年对江西省原中央苏区金融情况的跟踪和调研，赣州、吉安和抚州三市情况，M2/GDP的情况，大体分别为140%、120%和110%，远远低于全国的平均水平，如果根据20世纪70年代麦金农、格利·肖和戈德·史密斯等的金融发展理论，那么，与全国同期水平相比，原中央苏区的金融发展，还属于"金融分割""金融浅化"和"金融抑制"的状态，即在推动经济和社会发展中，金融资源和金融作用还处于不足和滞后状态。如果在这种情况下，还把有限和稀缺的金融资源投入过度发展的房地产当中，就会使原本就处于金融"失血"状态的企业，尤其是中小企业、小微企业和民营企业，金融饥渴和金融失血更加严重，而这些企业在原中央苏区的企业构成当中，无论是数量还是产值，都占有绝对地位，显然，这样一来，就更不利于原中央苏区的经济振兴和社会发展。因而，今后相当一个时间，金融在支持原中央苏区的振兴大业中，要严防金融的房地产化，政府的财税政策要大力鼓励、支持并引导金融资源流向非金融企业和非房地产行业。

第二是从金融支持原中央苏区经济和社会的发展层面来讲，要有重点、有层次地推进和发展，具体来讲，落实为如下六个方面。

一是加快以赣州为中心、以抚州、吉安为两翼的区域金融中心建设，为原中央苏区经济和社会的发展提供有效的金融平台。在赣州、抚州和吉安已有的金融基础设施上进一步提升传统金融服务功能的同时，以原中央苏区的产业布局为依托，按照现代金融业发展的需要，规划建设高起点、高标准的金融功能区。同时，要抓紧做大原中央苏区的金融总量。三市金融与经济相关指标中，首先是存贷款比例偏低，金融与经济的相互作用还有很大的空间；其次是存款比 GDP 的比重仍然偏低，还存在一定的金融抑制情况。总而言之，金融总量太小仍是影响原中央苏区经济快速增长的重要原因。因此，加强区内金融发展要把扩大金融总量放在突出位置，把加快金融组织发展当作第一要务。

二是积极培育和发展地方法人金融机构，为区域经济发展提供有力的金融支持。当前在江西原中央苏区的赣州、抚州和吉安三市中，只有赣州有地方商业银行，而抚州和吉安还处于空白状态。而国内其他商业银行在三地的分支机构数量也极为有限。建议以这次振兴原中央苏区为契机，以赣州作为省内次金融中心，整合原中央苏区金融资源，促进并加快区内金融机构的融合与重组，特别是针对抚州、吉安还没有地方商业银行的实际，建议推动申请组建抚州商业银行和吉安商业银行工作，推动赣州银行在抚州吉安设立特别分行，以增加当地金融机构。

三是鼓励国内股份制商业银行和外资银行到区内设立分支机构或代理机构，提高区内金融服务的整体水平，支持地方性商业银行在原中央苏区的城市社区和县域城镇开办网点，为社区居民和县域微观经济主体提供更多针对性和专业性的金融服务；建立适应区内农村经济发展的小型银行、社区银行、村镇银行、小额贷款公司和农村资金互助社，重点支持区内生态农业发展和农业产业化经营，满足农村经济发展中出现的不同层次的多样化的金融需要。

四是整合原中央苏区已有的各类投资集团公司，充分发挥集团公司的投资银行功能，使之成为项目融资、收购兼并的战略投资者，带动有实力的机构投资参与市场运作；组建原中央苏区金融公司，赋予其处置不良债务、不良资产、企业搬迁破产的资金周转、土地置换的托底、企业资产重组、股权转换、地方金融资产管理等职能，将金融功能辐射到整个原中央苏区，并承接其他城市群的金融资源转移，成为金融资源流动的前沿阵地。

五是要注重抓紧调原中央苏区的金融结构，提高直接融资比例。积极设立原中央苏区产业投资基金和基金管理公司，吸引各类金融机构和企业持有基金股权，面向区内企业进行生态产业风险投资和创业投资；鼓励区内有条件的企业上市融资，为企业上市融资提供便利；支持原中央苏区内开展公司债试点，积极推进企业债和短期融资券工作。同时，加快证券、保险、基金、信托、租赁等非银行金融机构的发展，提高非银行金融在金融业中的比重，实现区域金融业的均衡发展。推进金融机构综合经营，吸引和支持全国性大型金融企业到原中央苏区进行综合经营试点，整合区内各类地方金融企业股权，设立金融控股公司，加快区域商业银行向全能银行的转变，逐步实现由银行业向保险、证券等方面的业务拓展，以改善经营结构，增强赢利能力。

六是要抓紧强化财政资金与信贷资金之间的互动关系。运用财政资金发起设立原中央苏区生态发展私募基金，借鉴证券市场投资基金的操作方式，吸引普通投资者购买基金股份，基金采取信托贷款的方式对区内绿色生态、污水处理治理项目进行支持；设立由财政出资组建或控股的区内政策性信用担保基金，通过与银行机构建立"利益共享，风险共担"协调合作机制，为区域内中小企业、农业经济发展解决贷款担保难的问题；强化信贷资金与项目资金之间的互动关系，区内各项目单位要加强与银行机构的沟通和协调，密切配合，及时实现项目启动资金、自筹资金和银行信贷资金的配套和衔接。

基于生态文明视角的欠发达地区产业
结构转型升级路径分析

梁静波[*]

摘　要：产业结构转型升级是促进欠发达地区生态文明建设的重要途径。本文在对河南生态文明建设现状进行分析的基础上，指出生态文明视域下河南省产业结构存在诸多不足：第一产业内部传统农业比重过高，林牧渔业占比较低；第二产业内部工业重型化结构突出，轻工业发育不足，高耗能行业占比大；第三产业内部传统服务业比重过高，现代服务业发展滞后。为促进河南省产业结构转型升级，应采取以下路径：强化生态文明建设的绿色发展理念；提高第三产业在国民经济发展中的比重；推进三次产业结构内部生态化转移；提升产业生态科技创新能力；加强生态法规建设等。

关键词：生态文明；产业结构；转型升级路径

为应对日益紧迫的环境和资源压力，中共十八大把生态文明建设纳入中国特色社会主义现代化建设"五位一体"总体布局，彰显了中央对生态文明建设的重视达到了前所未有的高度。河南作为中部人口大省、传统农业大省和新兴工业大省，其生态环境保护在全国生态安全格局中具有重要地位。随着河南省工业化、城镇化的迅速推进，资源需求将大幅增加，节能减排任务将更加艰巨，环保压力将更加突出。如何解决经济发展和生态文明建设矛盾，实现经济与生态环境可持续发展，已成为当前河南省亟待解决的问题。产业结构作为连接经济增长与环境、资源的桥梁和纽带，与经济增长、环境保护密切相关。生态文明视域下的产业结构是节约资源能源和保护生态环境，关注经济效率和生态效率统一的产业结构，本质是可持续的产业发展模式。本文从生态文明视角研究欠发达地区——河南省产业结构转型升级问题，对新常态下河南省协调经济发展与生态环境保护，促进河南省生态文明建设和实现绿色发展具有重要意义；对于中西部其他欠发达省份的生态文明建设、绿色发展和产业结构转型升级具有借鉴意义。

---

[*]　作者简介：梁静波，博士，硕士生导师，信阳师范学院教授。研究方向为区域经济和产业经济。

一、河南省生态文明建设现状

自中共十七大首次提出生态文明建设以来，河南省各级政府对此高度重视，采取了一系列政策和措施，重点围绕水、大气环境治理和生态环境做了大量工作，生态文明建设取得了较大成效。河流水质总体稳定，森林资源保护和草原生态环境综合治理取得了一定成绩，水土流失和水资源污染等情况都有了改善，自然生态保护区的建立也提升到一定水平，但长期形成的粗放型发展方式尚未根本扭转，大气和水环境接近或超过环境承载能力，经济社会发展对环境要素需求的增加与环境容量不足的矛盾日益突出，环境质量改善压力加大。2017 年发布的《中国省域生态文明建设评价报告（ECI 2017）》显示，河南在31 个省、自治区、直辖市的年度生态文明指数排在倒数第 3 位，仅高于宁夏和河北。当前，河南省生态文明建设存在如下问题：

（一）生态文明理念薄弱，节能减排形势严峻

河南省经济总量虽然比较靠前，但人们对生态环境的保护意识比较薄弱，表现在产业结构上是资源消耗型产业和重工业比重过高，资源和能源消耗过大，生态产业发展缓慢。2016 年发布的《河南省能源中长期发展规划》显示，河南省能源原材料等资源性产业占规模以上工业的 70% 左右，且多处于产业链的前端和价值链的低端，造成第二产业特别是高耗能工业能源消耗比重过高，钢铁、有色、化工、建材四大行业能源消耗占全部工业能源消耗的 70%，全省单位生产总值能耗仍高于全国平均水平 12.9%。另外，河南节能减排任务艰巨。2016 年全国主要污染物总量减排考核公告显示，河南省单位 GDP 化学需氧量、氨氮、二氧化硫、氮氧化物在全国的排名居第 3 位、第 4 位，第 4 位、第 3 位，污染物排放强度总体上偏高。

（二）城市空气质量较差，农村环境保护水平低

近年来，河南省很多地市出现了连续的雾霾天气，PM 2.5 居高不下。河南以雾霾为特征的重污染天气多发频发，城市环境空气质量尤其是省辖市空气质量呈现恶化态势，给人们日常生产生活造成较大影响。一些城市大气中，可吸入颗粒物、细颗粒物浓度严重超标。郑州时常出现在"中国十大污染城市"之列。河南省塑料薄膜、农药、化肥使用量居高不下，畜禽养殖大量污染水体和土壤；夏收和秋收时节，秸秆焚烧污染了空气，给环境治理带来较大压力；工业化和城镇化进程的加快，导致工业污染和城市污染也向农村转移；乡镇生活污水处理、垃圾处理设施滞后。

（三）地表水污染程度较高，不容忽视

《河南省环境质量状况公报（2017）》显示，河南省地表水水质级别为中度污染，其中，省辖海河流域为重度污染，淮河流域为中度污染，黄河流域为轻度污染。水体污染不仅影响工业生产、影响产品质量，而且还破坏生态环境，直接危害人类健康。此外，在83个省控河流水质监测断面中，水质符合Ⅰ~Ⅲ类标准的断面有37个，符合Ⅳ类标准的断面有22个，符合Ⅴ类标准的断面有4个，水质为劣Ⅴ类的断面有20个。与2016年相比，Ⅰ~Ⅲ类水质断面减少1个，Ⅳ类水质断面增加6个，Ⅴ类水质断面减少5个，劣Ⅴ类水质断面持平。总的来看，河南省地表水污染程度较高，地下水污染不容忽视。

（四）矿产开发造成的生态环境破坏没有得到有效控制

河南省矿产资源丰富，但矿产资源的粗放式开发对全省生态环境破坏严重。在广大矿区，矿山生态环境破坏和地质灾害普遍，给水土保持、景观地貌造成了严重影响，矿山生态恢复治理工作进展缓慢。

二、生态文明视域下河南省产业结构不足

近年来，河南省产业结构不断优化，第一产业比重持续下降，从2005年的17.4%下降到2017年的11.9%；第二产业比重在2008年达到最高值后，开始不断下降，但始终稳定在50%以上；第三产业比重稳步提高，从2005年的30.8%上升到2017年的42.1%。2016年河南省三次产业结构的比重为11.9∶51.0∶37.1，而全国的比例是9.2∶42.7∶48.1。河南省的第一、第二产业分别比全国平均水平高出2.7和8.3个百分点，第三产业比全国平均水平低11个百分点。总的来看，与全国平均水平相比，河南省三次产业结构不尽合理：第一产业比重较高，第二产业大而不强，第三产业比重偏低。这种状况不利于河南省生态文明建设。具体到三次产业内部构成来看，河南省的三次产业结构内部也存在不利于生态文明建设的地方，表现如下：

（一）第一产业内部传统农业比重过高，林牧渔业占比较低

河南是农业大省，农业资源丰富，但不是强省，农业现代化水平、产业化水平不高，生产方式落后，内部结构不平衡。从第一产业内部结构来看，传统农业比重过高，种植业仍偏重于传统种植业，蔬菜、水果、园艺作物产值占种植业的比重低。2017年，河南省传统农业增加值占第一产业比重达到59.5%，高于全国平均水平5.9个百分点，这种失衡的产业结构反映了河南省第一产业的资源综合利用率不高。此外，在河南省历年农林牧

渔的增加值中，农业增加值所占比重最大，牧业、林业增加值远小于农业增加值，渔业增加值最小，畜牧业虽获得较快发展，但其增加值占农林牧渔业的比重较低，说明河南省第一产业内部结构失衡较为严重。

（二）第二产业内部工业重型化结构突出，轻工业发育不足，高耗能行业占比较大

第二产业是河南省经济发展的主力，但其内部结构中重工业比重偏大，新型工业比重偏低，轻工业发育不足，整个工业仍然是高投入、高消耗、低效益的粗放型增长方式，资源型工业的特征比较明显。这种结构必然造成高消耗、高污染。2016 年全省轻、重工业之比为 34:66，重工业占绝对主导地位。煤炭开采和洗选业、化学原料及化学制品制造业、非金属矿物制品业、黑色金属冶炼及压延加工业、有色金属冶炼及压延加工业、电力热力的生产和供应业六大高耗能行业增加值占规模以上工业的比重为 35.3%，比全国平均水平高出 10.6 个百分点。这种偏重的生产结构必然造成资源消耗量大，破坏生态环境，不适应当前生态文明建设需要。

（三）第三产业内部传统服务业比重过高，现代服务业发展滞后

第三产业规模和质量一定程度上决定了一个地区经济增长模式以及经济增长的可持续性。传统服务业会消耗资源，给生态环境带来较大破坏。近年来，河南省第三产业总体规模继续扩大，但从河南省第三产业内部行业结构看，交通运输、仓储和邮政业，批发和零售业，住宿和餐饮业等传统行业仍居主导地位。2017 年，这三大传统服务业占第三产业增加值的比重为 38.2%；而金融业，信息传输、计算机服务和软件业，租赁和商务服务业，科学研究、技术服务和地质勘探业等现代服务业占比较低，2017 年，这几项占比为 21.08%，发展较慢；知识密集型的高端服务业更是薄弱。现代服务业可以减少经济发展中能源资源消耗和环境污染，实现资源共享和环境保护，加快经济发展方式转变，是河南省实现绿色发展的一个重要方向。

三、促进河南省生态文明建设的产业结构转型升级路径

（一）积极开展生态环境宣传，强化生态文明建设的绿色发展理念

促进生态文明建设的产业结构转型升级，需要生产和消费主体以生态文明理念进行自我规范。只有生态文明下的生产方式和消费方式社会才能跳出"重增长、轻发展、高消耗、高污染"的发展模式。为使生态文明理念深入生产、流通、消费等各个领域，引导产业结构向生态化、向节约能源资源和保护生态环境方向发展，当前应采取以下措施：

①开展丰富多彩的公众环保科普宣传，提高全民保护环境的自觉性；②在全社会宣传绿色消费观，大力倡导节约消费和适度消费观，自觉抵制不利于环境保护的商品；③加强生态环境教育，特别是要加强青少年环保教育，将环境保护列入素质教育的内容；④加强对领导干部、重点企业负责人的环保培训。

（二）提高第三产业在国民经济总量中的比重

第三产业是一个地区经济发展水平的重要标志，其发展状况直接影响区域产业结构的优化和经济的不断发展，发展第三产业可极大地促进河南省产业结构生态化转型。目前河南省第三产业发展相对滞后，2014 年服务业占河南省经济比重仅为 37.1%，而全国平均水平为 48.1%。第三产业发展滞后是造成能源消耗强度和污染排放强度相对较高的重要原因之一。重视第三产业发展，不断提高其比重，是未来产业结构转型升级的战略方向。鉴于第三产业发展相对滞后现状，河南省应采取多方措施促进第三产业大力发展，逐步提高第三产业在经济总量中的比重。通过调整三次产业的比例结构可以缓解河南省能源、经济和环境发展之间的矛盾，促进河南省生态文明建设。

（三）推进三次产业结构内部生态化转移，实现绿色经济发展

1. 优化农业结构，大力发展生态农业

生态农业是一种向着健康、环保方向发展的新型农业，是生态文明建设的基础。生态农业可以避免或最大限度地减少农业资源和生态环境的污染，从而实现农村资源、环境与农业生产的整体良性循环。发展生态农业有利于优化经济结构，提高农民生活质量，推进生态文明建设。河南是一个农业大省，农业在国民经济中具有重要地位。河南省应结合自身实际情况，因地制宜，发展特色农业、观光农业、休闲农业等；在农业生产中，大力推广小麦、玉米等农作物秸秆还田，减少秸秆焚烧对环境造成的污染。加大农业面源污染防治力度，控制农药化肥使用。发展农牧结合的循环经济，推进畜禽粪便等有机肥的资源化利用。推进以沼气池建设为重点的农村生态循环经济发展，规范农业投入品使用。推广病虫害生物防治技术，减少化学农药使用量。通过水土保持技术的利用、生物肥料的使用，还原土地自然肥力；通过提高单位面积生产效率，提升土地资料利用率。在种植业中，减少传统种植业比重，提高优质农产品比重。林业具有调节气候、维护生态平衡作用，生态文明建设强调发展生态经济，必然强调林业的重要战略地位，河南省应加大植树造林步伐，提高生态公益林和天然阔叶林比重，提高林业在农业中的比重和地位。

2. 推动工业绿色转型，促进生态产业发展

（1）大力发展战略性新兴产业。战略性新兴产业代表着产业结构优化的重点方向，对产业结构转型升级具有一定的带动作用，其不仅能突破环境、资源制约，也能抢占经济发展制高点，是实现经济可持续发展的重要力量。河南省要依靠现有的产业优势和资源禀赋，大力发展新材料、新能源、生物医药、信息技术、节能环保、高端制造等战略性新兴

产业。通过自主创新、政策扶植等一系列举措，使战略性新兴产业成为河南省产业结构调整和经济发展新增长点。

（2）用高新技术与节能环保技术提升传统产业。河南省目前处于工业化中后期，发展阶段决定了传统优势产业在河南国民经济发展中仍将在很长时期占据主导地位。而河南的煤炭、冶金、钢铁、化工、纺织服装等传统优势产业，由于技术水平不高，产业深加工程度低，不仅浪费了大量资源，而且也严重污染了生态环境。当前的产业结构转型升级中，高新技术与节能环保被广泛应用于改造和提升传统产业中。采用高新技术对传统产业改造和升级，不仅能够提高传统产业的技术含量，提升产业价值链，也能够降低资源消耗和环境污染，使传统产业的内部结构向着生态化进行深度转型。当前随着资源、环境成本的提高，企业进行产品更新和产业升级的意愿非常强烈。因此，河南应抓住机遇，立足省情，加快改造传统产业。一是利用现代科技和新的工艺技术对传统产业进行改造优化，提高产业的技术含量，增加产品的附加值。二是实行节能减排，推行清洁生产、绿色生产；对一些高耗能、重污染的传统产业进行强制改造，对无法改造和提升的落后技术和设备坚决淘汰。

3. 立足资源优势，积极发展生态服务业

首先，旅游业是第三产业中最具活力的绿色产业。河南旅游资源和人文历史资源丰富，旅游基础条件好，河南应充分利用这些优势，以发展旅游业为突破口，促进旅游业迅速发展。其次，要积极推动现代服务业的发展。现代服务业能够弥补传统服务业不足，并能为第一、第二产业的生态发展提供支持。河南省要立足于现有资源，加快改造传统服务业，积极发展能耗低、附加值高的现代服务业，把金融、物流、休闲旅游、创意经济、会展经济等作为服务业发展的重点，提高现代服务业比重。大力发展文娱演出、动漫游戏、广告会展等为重点的文化产业，做大文化产业规模。

（四）提升科技创新能力，为实现生态产业提供技术支持

促进生态文明建设的产业结构，不能忽视技术创新对产业结构生态化转型的作用。高科技是推动生态文明建设的主力军。科技的进步、创新和运用，对于自然资源的保护、环境污染的控制、能源消费的下降，生态文明建设水平的提高，产业结构转型升级，绿色经济和可持续发展的实现具有十分重要意义。因此，河南需要积极实施人才战略，培养一批科技领军人物；推动以企业为主体，产学研相结合的节能减排技术与成果转化体系建设；在生产、消费、技术、产业等多方面开展以保护资源环境为目的的创新，重点开发科技含量高、防治污染的高新设备。在关键技术和重大技术的科技攻关方面，建构起政府支持、企业自主、科研机构和高校积极参与的创新体系；政府加大科技投入力度，加快新技术转化，从而促进资源利用和生态环境保护，实现河南省生态结构转型升级，生态文明和经济协调发展。

（五）加强生态法规建设，推进生态文明和生态产业健康发展

要确保河南省环境不受破坏，生态文明和生态产业更好发展，必须加强法律法规建设。一是要加强生态环境保护立法工作。河南应在国家现有的法律法规基础上，结合河南实际，完善促进资源节约、有效利用和发展生态产业的地方性法规。当前，尤其要提高立法的针对性，制定有关森林、矿产、水等自然资源保护的法律法规，注重生态环境补偿机制方面的立法工作。二是要进一步落实现有的生态环境保护法规制度，加强与产业生态化相关法律的执法队伍建设，提高执法能力，严格查处各种生态环境违法行为。同时要完善监督机制，规范公众和企业环保行为，提高公众和企业环保的自觉性。

参考文献

［1］李春发，李红薇，徐士琴．促进生态文明建设的产业结构体系架构研究［J］．中国科技论坛，2010（2）：48－52.

［2］河南省能源中长期发展规划（2012—2030年）［Z］．2013－05－08.

［3］河南省环境质量状况公报（2016）［R］．http：//www.hnep.gov.cn/.

［4］黄志红，任国良．引用基于生态文明的我国产业结构优化研究［J］．河海大学学报（哲学社会科学版），2014（4）：32－36.

［5］赵西三．生态文明视角下我国的产业结构调整［J］．生态经济，2010（10）：43－46.

［6］安国安，孔海燕等．河南省生态文明评价指标体系研究［J］．河南科技，2016（15）：149－151.

达州市川陕革命老区核心示范区建设思考

陈 岗[*]

摘 要：达州市川陕革命老区振兴发展核心示范区建设是因应《川陕革命老区振兴发展规划》，推动达州振兴发展与脱贫攻坚具体的落实与举措。核心示范区建设必须立足于达州现有的经济社会发展基础条件、示范区的战略定位、发展目标以及建设路径的选择。

关键词：达州；川陕革命老区；核心示范区

一、引 言

达州地处四川东北部，位于川渝鄂陕四省市的结合部，宣汉罗家坝遗址、渠县城坝遗址分布其中，是古代巴文化发祥地，介于长江与黄河之间，是我国地理的中心地带。1933年8月入川的红四方面军发起了宣（汉）达（县）战役，解放了以达县为中心的巴渠大地，将通江、南江、巴中、平昌与达州连成一片，建立了川陕革命根据地，成为土地革命战争时期的第二大苏区。

达州市辖有4县2区1市（大竹县、渠县、宣汉县、开江县、达川区、通川区、万源市）是川渝陕结合部区域中心城市和川东北经济区核心增长极，幅员面积1.66万平方公里，总人口700万，是四川省的人口大市、农业大市、资源富市。

2016年达州市有2个国家级贫困县（市）、5个省级贫困县（区）、828个贫困村、49.85万贫困人口，贫困人口总量居全省第二（大小凉山彝区第一：17个县有11个县，52.83万人），脱贫攻坚任务十分繁重。

*作者简介·陈岗，教授、博士，四川文理学院振兴发展研究院副院长。

为加快老区发展步伐，让老区农村贫困人口尽快脱贫致富，确保老区人民同全国人民一道进入全面小康社会，2016年国家出台了《川陕革命老区振兴发展规划》（以下简称《规划》），达州市全域纳入。2017年四川省公布了《四川省川陕革命老区振兴发展规划实施方案》（以下简称《方案》），随后达州市按照《规划》《方案》的要求，召开了四届五次会议，并结合达州经济社会发展实际，颁布了《达州市川陕革命老区振兴发展核心示范区建设实施方案》，作为落实《规划》《方案》，推动达州振兴发展的具体举措。

《达州市川陕革命老区振兴发展核心示范区建设实施方案》以区域开发与脱贫攻坚为工作重点，坚持内生发展与对外开放相结合，以供给侧结构性改革委为引擎，明确提出用3~5年时间，实现"1+4"的目标任务（一个枢纽：中国西部重要交通枢纽；四个示范区：资源转化利用、产业转型、城乡融合发展、生态文明建设），探索出一条利用区域比较优势、补齐扶贫开发"短板"、缩小区域发展差距的新路子，发挥达州在川陕革命老区区域内引领、示范作用。

二、核心示范区建设的条件与可行性

（一）达州市经济社会发展水平及发展的态势是核心示范区建设的重要基础与重要支撑

近年来，达州市委、市政府坚持以习近平新时代中国特色社会主义思想为指导，团结带领达州人民，深入贯彻落实省委、省政府的各项决策部署，坚持稳中求进工作总基调，深化供给侧结构性改革，大力实施"12335"战略，达州经济持续健康较快发展，发展势头良好，一些发展目标接近全国平均水平。

经济总量优势相对靠前。2017年达州实现地区生产总值（GDP）1583.94亿元，在全省21个地市州中位列第7位。在川陕革命老区八市（绵阳、南充、达州、汉中、安康、商洛、广元、巴中）中，达州市经济总量次于绵阳和南充，位居第3位，比位居第4位的汉中高250.6亿元，经济总量优势相对明显。

经济结构方面，第一产业增加值322.13亿元，增长3.8%；第二产业增加值558.12亿元，增长8.1%；第三产业增加值703.69亿元，增长10.5%。达州三次产业结构优化明显，由2016年的21.4∶41.6∶37调整为20.3∶35.3∶44.4。

职业教育人力资源优势明显，且发展潜力较大。达州职业教育在校学生人数为6.230万人，占全省基础教育总数的6.91%，占四川川陕革命老区5个市（达州、南充、绵阳、巴中、广元）职业教育学生总数的25.7%，总数排名第一，在数量与质量上，为达州核心示范区建设，尤其为"6+2"产业发展提供了技能人才保障。

（二）城市发展的基础较好，城镇化提速明显，城镇居民收入增长稳定

2017 年达州市总人口 700 万，位居四川省第 3 位，在区域内仅次于南充（760 万）；主城区人口已经百万，仅次于绵阳、南充；近年来城市空间拓展逐步加快，城市功能逐步完善，大城市框架基本形成，人口集聚和承载能力显著提高，近 3 年来，城镇化年均提高 1.54 个百分点，增速位居全区域第 1 位。

2017 年城镇化率达到 44.42%，较 2014 年的 39.4% 有近 5 个点的提升，高于川陕革命老区 43.7% 的水平。同时，全年实现城镇新增就业 44159 人，城镇年新增就业人数为 63 人，提前三年实现川陕革命老区振兴规划中 40 人的指标。

此外，近年来，达州在项目引进、固定资产投资、国内贸易与对外经济财政税收以及民生改善均有较大的提升。如在 2017 年，全市居民人均可支配收入 19068 元，城镇居民人均可支配收入 30758 元、增长 9.3%，农村居民人均可支配收入 14228 元、增长 9.2%。相关指标接近《规划》中川陕革命老区 2020 年的水平。

（三）工业基础与产业结构：达州市"6＋3"重点产业集群的实施奠定了核心示范区建设良好的产业基础

核心示范区建设需要产业的发展来支撑，"十二五"以来，达州工业经济持续壮大，2015 年，规模以上工业企业达 495 家，其中主营业务过亿元的企业达 262 家，企业利润为 56.3 亿元。

近年来，为顺应工业供给侧结构性改革的要求，推动达州工业经济转型升级，达州市一手抓存量改革提升，即对煤、电、冶、化、建五大传统支柱产业，通过技改、腾笼换鸟、引入战略合作者、兼并重组、退城进园等方式与手段，实现传统产业转型升级；一手抓增量创新培育，构建了构建"6＋3"产业集群，培育新兴产业是推动达州工业再上台阶的另一重要举措。经过几年的努力，达州市产业集群的发展初具规模，形成了能源化工"千亿产业集群"和新材料、智能装备制造两个"百亿元产业集群"，并且培育了以"电子信息、生物医药和农产品加工"为主要内容的三个"特色优势产业集群"。2017 年，六大产业集群总产值达 550 亿元、同比增长 24.5%，其中电子信息产业产值增长最高，达 42%。

与此同时，2012 年以来，按照"一县（市、区）、一园区""一园区、一主业"的要求，把产业园区建设作为实施项目带动、加快经济发展的重要载体，初步形成了"定位明确、布局合理、主业突出、集约发展"的园区建设体系，构建起了以达州市经济开发区为主的"1＋7"产业园区发展格局。在"7＋1"产业园区建设上，通过完善功能定位、强化要素支撑以及推进制度创新等方式，使达州市产业园区特色鲜明，布局清晰，产业承载能力较强，项目入驻产生的产业集聚发展效果明显，初步形成了"市农产品加工集中区—达川商贸物流园区—达州经开区—达川工业园区—达州空港新区—大竹工业园区"产业带建设。

（四）资源禀赋：资源优势相对突出，油气资源以及发展特色农产品资源的优越自然、地理条件，是建设核心示范区的重要依托

油气资源：达州市普光气田是全国第二大天然气田，已探明储量 4000 亿立方米，年产能超过 100 亿立方米，储量是元坝气田的 3.1～3.5 倍（元坝气田横跨南充、巴中、广元），业已成为我国"川气东送"主供气源，且在区域内首个获批"国家天然气综合开发利用示范区"。

矿藏资源：煤炭总储量达 5.3 亿吨，是全省三大煤田之一，且煤质较优；钾盐储量超过 1.5 万亿立方，且盐矿中各个元素含量均超过国家单独开采的品位标准，多为国家急缺矿种，其中钾盐矿含锂量超过工业品位的 4.5 倍，如以经济价值论，钾资源量超过 5 亿吨，价值 8000 亿元；锂资源量 100 万吨以上，经济价值 1000 亿元；还有硼溴碘等多种稀有金属，经济价值 1000 元以上。

农畜资源：达州作为四川农业大市，为全国三大的天然硒资源区之一，素有"四乡三都两基地"的美誉，是中国苎麻、黄花、乌梅、糯米之乡，中国油橄榄、富硒茶、醪糟之都，国家商品粮和优质生猪生产基地，拥有国家地理标志农产品数达 24 个，农业与畜牧业基础雄厚。农业与畜牧业具有"资源优、产量大、品种特、基础好"的特点，具备大规模发展"有机农业、生态农业、富硒农业"的自然、地理条件。

（五）区位特点：独特的区位优势与投资环境是建设核心示范区重要保障

达州位于成都、重庆和西安三角的中心地带，是丝绸之路经济带、长江经济带的重要通道，也是连通成渝经济区、关中天水经济区、大武汉经济区的重要节点城市，具备了成为川渝陕结合部区域中心城市和川东北经济区核心增长极的地理条件。

同时，达州历为秦巴地区物资集散中心，以达州为圆心，半径 200 千米范围，涵盖川渝鄂陕四省八市两区 7300 多万人口，具有广阔的市场空间。

截至目前，达州已建在建 7 条高速公路、5 条铁路纵横交错、贯穿全境，达州机场已开通北上广深等 10 条航线；"十三五"期间，还将启动连接国家"八纵八横"的 2 条高铁，一条是成都—遂宁—南充—达州—万州连通沿江的高铁，另一条是从包头到海口中的西渝高铁，这两条高铁将在达州形成"十字架"。

三、核心示范区建设的战略定位与发展目标

核心示范区目标任务的确立，是建立在核心示范区功能定位基础之上，目标任务不能脱离与超前示范区的功能定位，按照《川陕革命老区振兴发展规划》的指导要求，综合

考虑结合达州市所处的区位特点以及资源禀赋，达州市核心示范区的功能定位应该体现在以下几个方面，即长江经济带和丝绸经济带的重要通道；区域开发与精准扶贫协同推进示范区、清洁能源综合开发利用示范区、特色农产品生产加工基地；红色文化传承区和生态旅游目的地；秦巴山生态文明先行先试区。围绕此定位，才能有针对性地探索核心示范区的目标任务。

（一）建设中国西部重要综合交通枢纽

作为是川渝鄂陕四省市的结合部与两大经济带的重要通道，把达州建设成为中国西部重要综合交通枢纽，是核心示范区建设的重要目标，唯有如此，才能激活区域内商贸繁荣发展的优势，推动综合性的物流园区及物流配送的发展，统筹区域中转与多式联运、商贸物流与城市配送，高起点承接重庆、东部地区和发达国家（地区）产业转移，加快融入国际、国内重大产业价值链，着力打造具有核心竞争力的产业带和产业集群。

（二）建设资源转化利用示范区

达州天然气资源、特色农产品资源丰富，如何开发利用这些资源，拓宽、延长这些资源的产业链，增加其附加值，将资源优势转化为经济优势是建设核心示范区，提升区域核心竞争力的关键所在。建设资源转化利用区，需要创新天然气开采的新模式，加大勘探开发力度，推进以气为燃料、以气为原料的产业发展。

同时，立足生态资源和特色农林、中药材资源优势，大力发展绿色高效生态产业，打造特色农产品生产、精深加工基地和秦巴地区道地中药材生产、精深加工基地。

此外，利用达州红色文化、巴文化、民俗文化资源富集的优势，解决三大文化资源优势向经济优势转化的问题，大力发展红色文化、生态休闲度假康养旅游，打造区域旅游精品景区和线路。

（三）建设产业转型发展示范区

依托"1+7"工业园区，充分发挥其产业的承载作用与承载能力，以"6+2"产业集群的发展为引领，推动关联产业向园区集聚。同时，产业区的发展要突出重点、明确方向，把握市场的脉搏，加快推动优势产业和重点企业链条向深度、广度延伸，着力在价值链关键环节、关键领域培育壮大龙头企业，打造一批区域知名品牌，构建特色优势现代产业体系基本，产业集聚化、集群化、绿色化、信息化水平显著提升，实现达州产业的转型升级。

重点推进农业、旅游、金融、物流等园区建设，加快川渝合作示范园区建设，推动关联产业向园区集聚。加快推动三次产业内部融合和信息与产业深度融合，大力发展新经济、新业态。大力实施品牌发展战略，加快推进改革创新试验，积极探索革命老区产业转型发展新路。力争到2020年，规模以上工业增加值达到450亿元，六大产业集群比重达到20%以上，服务业增加值比重达到40%以上，民营经济进一步发展壮大；科技进步贡献率达到 58%。力争到 2025 年，核心竞争力明显增强；区域创新创业"高地"基本建成，形成一批影响力较强的技术、产品和品牌。

（四）建设城乡融合发展示范区

推动城乡融合发展，健全城乡融合发展体制机制，是中共十九大提出的乡村振兴战略的重要内容，川陕革命老区第一产业比重高，农业人口数量多，加之城市发展较为滞后，实现城乡融合发展面临的挑战巨大。就达州市而言，如何解决这一矛盾，面临的问题尤为突出。如何加快推进主城区、县城、重点镇、特色小镇建设，着力提升公共服务水平，实现扩容与提质并进，在城镇化指标上，常住人口城镇化率达到 50%，成为川陕革命老区新型城镇化"排头兵"。此外，大力实施乡村振兴发展战略，推动城乡融合发展发展，必须与扶贫攻坚同步推进，唯有实现了脱贫，乡风村貌的改善，幸福美丽乡村的建设，才能真正落实于实现。

脱贫攻坚必须因地制宜，把产业发展作为脱贫的重点，走多元产业发展的路子，坚持扶贫与扶业、扶贫与扶志相结合，通过激发农民脱贫奔康的内生动力，加快区域性整体脱贫奔康，走出一条精准脱贫扶贫促进区域开发的新路。到 2020 年，全面解决绝对贫困现象，现有的四个省定贫困县"摘帽"，334 个贫困村退出，15 万人脱贫。

（五）建设生态文明示范区

达州川陕革命老区地处南北气候过渡区，立体气候明显，雨量充沛，区域内土壤有机质含量高，渠江、巴河、州河等水系发达，流域覆盖达州市四个县（市），造就了区域生物资源丰富，达州市共有脊椎动物 400 余种、野生植物 5000 余种，其中，达州市普查鉴定的 2158 种植物中，可供药用的 1652 种，因此，达州有"天然基因库""天然药库"之称。在地形地貌上，达州作为四川秦巴山地，山地占幅员面积 70.70%，丘陵占 28.10%，平坝占 1.20%，在人多地少的环境下，生态的承载力较为脆弱。达州建设生态文明示范区，必须严守资源生态红线，探索生态文明建设有效模式，巩固生态屏障地位。强化环境污染治理，统筹推进"大气、水、土壤"污染防治，加强城乡环保基础设施建设和重点行业污染防治。

四、制约达州市川陕革命老区核心示范区建设的问题与困难

（一）经济发展质量不高

达州市在川陕革命老区中是经济大市，但不是经济强市。2017 年达州市三大产业结

构比为 20.3∶35.3∶44.4，农业占比在区域内居第 1 位，也高于其他革命老区。2016 年，达州三大产业结构比为 22∶48.6∶29.1；四川为 12∶42.6∶45.4；全国为 8.6∶39.8∶51.6，达州第三产业占比比全国低近 16 个百分点。

同时，尤其严峻的是，川陕革命老区八市中，达州经济总量居第 3 位，但以人均 GDP 来看，其排位不仅在川陕革命老区则靠后，高于巴中、广元，而且也低于其他革命老区，如 2017 年发展依旧远低于全国其他革命老区，2017 年，达州市人均 GDP 为 28066 元（1583 亿元），在全国重要老区六市 2016 年主要发展指标排名中均居于末位，落后于陕甘宁革命老区延安 56214 元（1266 亿元）、沂蒙革命老区临沂 41618 元（4345 亿元）、赣南等原中央苏区赣州 29567 元（2500 亿元）、左右江革命老区百色 37616 元（1361 亿元）、大别山革命老区河南信阳 34528 元（2226 亿元）、湖北黄冈 30404 元（1921 亿元）。

（二）交通优势面临较大挑战

普特时代，达州交通优势在区域内较为明显，襄渝铁路、达成铁路、达万铁路在达州交汇，达州火车站位于成都、重庆、武汉、西安四个特大铁路站交汇中心，但高铁时代到来，原有的优势面临较大压力。西成客专开通，让广元、汉中迈入高铁时代，兰渝铁路开通，进一步提升了南充、广元的铁路枢纽优势，郑万高铁开通，万州的铁路、水利综合优势更加明显，而达州市目前还没有与成都、重庆、武汉、西安等大城市有高速铁路相连，且高速公路的面积密度仅为 2.46 公里/百平方公里，区位优势尚未有效发挥；县际快速通道刚刚起步，且公路质量不高，质量亟须改造升级。同时，老区山地多、平原丘陵少，区域内很多县市区人口分布处于点状割据状态。由于历史、人文、地理原因导致交通基础设施布控条件不足，一些村庄通路成本过高。交通问题"瓶颈"较为突出。

（三）脱贫攻坚异常繁重

2017 年，通川区贫困县"摘帽"已接受省上验收，全市全面完成 311 个贫困村退出、15.07 万贫困人口脱贫目标，贫困发生率为 3.7%，比 2016 年下降了 2.8 个百分点。完成贫困户危房改造 1.33 万户，建成农村公路 1562 公里，8.4 万人饮水安全问题得到解决，206 个贫困村建立了电商服务站点。建成易地扶贫搬迁集中安置点 154 个，搬迁入住 1.5 万户 4.8 万人。

但达州市尚有 6 个贫困县未"摘帽"，其中 2 个国贫县中贫困人口 19.99 万人，总量在老区 8 市中居第 4 位，扶贫任务十分艰巨；初步计算，2018 年全市脱贫攻坚资金需求为 59.37 亿元，是达州经济社会发展的一大掣肘；因病、因灾、因产相互交织，稳定脱贫难度较大。

（四）城市对人才集聚力不足

城市工服务发展水平较差，特别是优质教育资源和卫生资源缺乏，导致大量本地人赴成都、重庆、绵阳求学就医，初步估计达州市常年在外地求学的学生为 3000 人以上，且有逐年上升之势；全市高等本科院校仅四川文理学院 1 所，远低于南充的 5 所；达州市还是区域内，乃至四川最大的外出务工大市，每年外出务工人员占总人口的 25% 以上。

尤其是适龄劳动力大多外出务工，农村"空壳化"现象严重。据统计，达州外出务工人员为 183 万，南充 170 万，广元 96 万，巴中 110 万，汉中 95 万，安康 50 万，商洛 60 万，川陕革命老区每年外出务工人数达 700 万以上，相当于区域总人口的 1/5。与此同时，受成都、重庆资源高度聚集产生的"虹吸效应"影响，达州市对人才引进的吸引力严重不足，达州市自 2012 年实施的"千名硕博进达州"，截至 2017 年，尽管引进了数百名硕博人才，但真正具有一定研究能力、创新能力、学术影响的硕博人才引进数量很少，而有实力的研发团队、领军人物或顶尖人才几乎没有。

五、核心示范区建设实现的路径

围绕达州川陕革命老区核心示范区建设的目标，结合达州振兴发展的优劣条件，核心示范区建设实现的路径应该按照这样的宏观思路：以改革创新为理念、以项目建设为抓手，以示范带动为标杆，对上争取为突破，探究核心示范区建设的具体路径：

（一）交通突破：集中力量重点打通川陕革命老区发展"短板"

完善综合交通运输体系，建设以普通公路为基础，以铁路、高速公路为骨干，以水路、民航为重要组成部分的综合交通运输网络。构建起以主城区为中心的"三大交通圈"，即与市内各县（市、区）、重点景区及南充、巴中、广安、万州等城市 1 小时同城圈；与成都、重庆、安康、广元、汉中等城市半天往返圈；与西安、武汉等城市一天往返圈。

同时，为发挥干线公路网的辐射功能，切实提高通达深度，有效实现城乡物资的运输畅通，要加快实施农村公路改造工程和"通达工程"，注重农村公路网建设，提高各乡镇的出行质量，服务老区经济社会的快速发展。

（二）扶贫攻坚：全力推进秦巴贫困老区连片扶贫开发

按照中央扶贫工作的"六个精准"和"五个一批"的要求，围绕"两不愁、三保障"和四个好目标，继续打好达州市"3＋10＋N"扶贫组合拳，坚持问题导向，下足"绣花"功夫，以决战决胜的信心和定力，举全聚焦脱贫攻坚目标任务，破难点、补短板，集中力量打好基础设施、产业培育、民生保障三大攻坚战。一是基础设施"改穷貌"。以路、水、电、广、网为重点，打好基础设施攻坚战，做到"路硬化到村、水接通到缸、电连接到户、广播响到村、网络覆盖到人"，确保贫困村有路有水有电有广播有网络有"样子"，切实改善贫困地区面貌。二是产业培育"拔穷根"。以种、养、加、销、游为重点，打好产业培育攻坚战，要做到"村村有特色，社社有产业，家家有项目，人人能致富"，确保贫困户有种有养有加有销有"票子"，大力促进贫困群众增收。三是民生保障"兜穷底"。以吃、穿、住、医、教为重点，打好民生保障攻坚战，实现"一超过两不愁三保障三有"，确保贫困人口有吃有住有医有教有"法子"，不断提升民生保障水平。

（三）绿色农业：发展生态特色优势农业和农产品深加工业

利用秦巴山区生态优势和山区高海拔特点，规划建设一批农业示范园区，作为发展绿色农业的突破口，培育循环农业、生态农业、低碳农业、有机农业和观光农业等绿色农业形态。

按照优质化、特色化、标准化、产业化、品牌化的要求，积极开发绿色农产品、有机食品和地理标志产品，壮大特色畜牧业、特色种植业和特色林产业为重点，大力发展专业合作组织，提高农业组织化程度，推广新型实用农业机械，全面提升农业产业化水平。

加快建设特色种植业基地、特色林业基地和特色畜牧业基地。依托特色农产品基地，建立加工示范园区，引导和推动现有加工企业向园区集中，培育农产品加工龙头企业，突出发展畜禽、粮油、茶叶、食用菌、蚕桑、中药材、林产品等八大类农产品精深加工。

（四）项目建设：以"6+3"产业集群发展为抓手，以项目落实转型，以项目推进资源转化，以项目创新优势

在具体的工作中，围绕以下方面展开：

实施传统产业振兴、支柱产业优化、优势产业发展等工程，着力形成经济持续健康发展的"多业支撑"格局。

针对产业结构偏重化工型、资源型和传统型的短板，按照供给侧结构性改革的要求，推动钢铁、煤炭，水泥等产业转型升级，实施相关产业的技术改造，提质增效，发挥传统产业对达州的经济贡献。

同时，结合核心示范区的发展定位，加强对"6+3"产业集群的研究，做好产业集群中项目认定和储备工作，按照达州市"6+3"重点产业发展实施方案，打造能源化工"千亿产业集群"和新材料、智能装备制造两个"百亿元产业集群"，培育电子信息、生物医药和农产品加工三个"特色优势产业集群"，壮大新型建筑、文化旅游两大"优势潜力产业集群"。围绕这些产业集群发展，实现达州市优势资源的转化。

（五）旅游商贸：发挥区域两个通道的作用，推动区域整合开发旅游资源做强产业链

利用区域独特的"自然生态"资源、"历史人文"资源、"红色文化"资源，推动旅

游业资源的整合开发，做强旅游资源的产业链，发挥达州市作为两大战略通道的优势，推动南北旅游对接区、游客南下北上景观走廊的作用。

保护开发红色旅游资源，加大革命遗址、旧居保护修缮力度，提升纪念设施教育功能，打造红色旅游精品景区和经典线路，构建以广元—巴中—达州为核心的原川陕苏区红色旅游圈。

利用秦巴山脉地区自然生态、自然风光及国家级自然保护区，发展生态休闲、观光旅游，打造好巴山大峡谷旅游风景区，使之成为川陕革命老区的一张旅游名片，同时，做好巴山大峡谷旅游扶贫开发项目规划设计，实现旅游与扶贫同步。

整合川陕革命老区红色旅游资源与秦巴山自然风光、川东北美食文化、巴蜀民俗文化、历史古迹等其他旅游资源进行整合开发，增强旅游产品的吸引力，扩大旅游产品的吸引范围。

（六）产城融合：以产促城，以城兴产，产城融合

"产城融合"是指产业与城市融合发展，以城市为基础，承载产业空间和发展产业经济，以产业为保障，驱动城市更新和完善服务配套，以达到产业、城市、人之间有活力、持续向上发展的模式。达州经开区作为达州市的工业经济的主战场和主阵地，大力发展新型经济模式，转换经济经营管理理念，加快建设国家级产城融合示范园区，以点促面，带动整个达州市的城市产业体系的建设，推动产、城、人三者融合，建设宜居达州，美丽达州。

（七）开放合作：实施大开放借势川陕渝融入西三角

建设四川东向开放支点城市，积极主动融入重庆、西安"一带一路"节点城市的建设，通过产业配套、流化工产品输出、特色农产品加工、出口，寻找出双方的契合点，统筹"走出去"与"引进来"，构建对外开放新格局，推进达州域内与域外协调发展。

六、结　语

达州是我们党领导和创建的川陕革命根据地的重要组成部分，为中国革命的胜利做出了重大的贡献与牺牲。习近平总书记多次讲道："老区人民对美好生活的向往，就是我们的奋斗目标"，要让人民过上更加幸福美好的生活，全面建成小康社会"一个都不能少"，并郑重指出"加快老区发展，使老区人民共享改革发展成果，是我们永远不能忘记的历史责任，是我们党的庄严承诺"。

2018年《达州川陕革命老区振兴发展核心示范区建设方案》，绘制了达州川陕革命老

区振兴发展与脱贫攻坚的蓝图、指明奋斗的方向与目标，是对《川陕革命老区振兴发展规划》具体落实的体现，这对达州而言，既是振兴发展的重要机遇，也是一场巨大的考验与挑战。

参考文献

［1］达州市统计局．经济发展换挡减速转型升级势头良好——2017 年达州经济运行况［Z］．www. sc. gov. cn/10462, 2018 – 03 – 14.

［2］四川省统计局．新常态　新挑战　新成就——"十二五"达州经济发展情况综述［Z］．四川省政府网，2016 – 02 – 26.

［3］傅忠贤．区域特色优势资源开发产业化培育的现状、问题和对策研究——以四川省达州市农业特色优势资源开发产业化发展为视角［J］．今日中国论坛，2016（3）：34 – 35.

生态哲学视域下乡村生态
文明建设实践研究*

蒋婷燕

摘　要：通过原中央苏区乡村生态文明建设的实地调研，重点考察江西省赣州市寻乌县山水林田湖草生态保护修复试点、东江源全流域"河长制"、水土保持综合治理、低质低效林改造、生态公益林项目五项生态文明建设实践和成效。简要梳理马克思主义生态哲学和西方生态哲学的主要思想流派，从"山水林田湖草是一个生命共同体；坚持尊重自然规律，认识和正确运用自然规律；坚持用整体思维开展综合治理；坚持长远的生态利益高于短期的经济利益；坚持绿色发展，寻找解决污染问题的根本之策；坚持自然与文化的和谐统一的多元价值向度"六个方面分析乡村生态文明建设经验，探索苏区振兴的生态文明之路。

关键词：生态哲学；生态文明建设；苏区振兴

生态文明建设是中国特色社会主义事业"五位一体"总体布局的重要内容。中共十八大以来，习近平总书记就生态文明建设提出了一系列新理论新思想新战略，为建设美丽中国、实现中华民族永续发展指明了方向。中共十九大报告指出，人与自然是生命共同体，人类必须尊重自然、顺应自然、保护自然。为了建设人与自然和谐共生的现代化，既要创造更多物质财富和精神财富以满足人民日益增长的美好生活需要，也要提供更多优质生态产品以满足人民日益增长的优美生态环境需要。生态文明建设是以习近平同志为核心的党中央，着眼党和国家事业全局，顺应全国人民对美好生活的期待，做出的重大决策部署，为新时代的苏区振兴发展带来强劲动力。

---

*基金项目：全国高校辅导员发展研究中心江西师范大学 2017 年度研究项目"中美高校辅导员职业化和专业化发展比较研究"（项目批准号：JD17160）；江西省高校人文社会科学研究专项任务（思想政治工作）2016 年度项目"基于学生事务管理的中美高校思想政治教育比较研究"（项目批准号：SZZX16042）。

作者简介：蒋婷燕，讲师，江西师范大学马克思主义学院博士研究生。研究方向为马克思主义理论、思想政治教育。

一、生态哲学思想的主要流派

马克思曾说过，"任何真正的哲学都是自己时代精神的精华"，"是文明的活的灵魂"。刘福森认为，生态哲学是以自然存在论为基础的生态世界观，以环境价值为核心的生态价值观，以"生命同根"为价值前提的生态伦理观和以"生态约束"为特征的生态发展观（包括进步观、幸福观、人生观等）构成的全新的哲学形态。他指出，生态哲学作为一种新哲学的形成，是以从根本上对西方近代主体形而上学的颠覆为前提的。

西方生态哲学对人与自然关系的思考有着丰富的思想和理论内涵，在长期的理论发展中不断纠正西方近代主体形而上学，演化为新的哲学范式，形成了人与自然和谐统一、共生发展的世界观。西方生态哲学思想对中国特色社会主义生态文明建设道路研究和苏区生态文明建设实践具有重要参考和借鉴意义。西方生态哲学的两条主线是人类中心主义和生态中心主义。生态中心主义流派包括大地伦理生态观、动物解放论、浅生态学和深生态学、自然生态主义、生态有机主义、生态伦理主义、伦理整体主义等。

人类优越论是人类中心主义生态观的基础，起源于西方文明的四个历史依据。

第一，古希腊人本主义把人类本质定义为人类是理性的动物，人类通过特有的推理能力控制和命令动物而成为动物的主人；第二，基督教神学理论"存在之链"的观点阐述了秩序依次为上帝、天使、人类和动植物的巨大等级链，这种依据人际伦理制定的上帝的善和存在之链根本上是人类中心主义学说；第三，笛卡尔的二元论将人的精神和肉体区分成两种不同属性的物质，认为人类和动植物之间存在绝对的形而上学鸿沟，人类比动植物拥有更大的固定价值；第四，美国密歇根森林大学哲学系教授路易斯·伦巴迪以生物的能力范围界定其固有价值的观点，认为人类拥有推理能力、道德判断能力以及创造能力，因此人类的固有价值高于动植物的固有价值。深植于西方文明的人类优越论与资本主义生产方式交织演化为西方资本主义现代性世界观的危机。

美国杰出的生态伦理学家利奥波德在吸收德国学者阿尔贝特·施韦泽敬畏生命的伦理思想基础上，针对人类中心主义的弊端，提出大地伦理生态观。他认为，大地包括土壤、动物、植物、空气、水等自然界存在的一切存在物，人是土地共同体的普通一员，人与土地共同体的其他成员处于同等地位。因此，人不能以掠夺占有的方式征服自然，而应该尊重自然，尊重每一个共同体成员存在的权利。利奥波德的理论贡献主要是创建了一种处理人与土地及土地上动植物之间关系的新型伦理观，把伦理学的范围从协调人与人、人与社会之间的关系扩展为协调人与自然之间的关系。

动物解放论的代表人物辛格和动物权利论的代表人物雷根从不同的角度肯定了动物的内在价值。辛格认为动物拥有"感觉能力"，将价值主体从人推及动物，使人类伦理原则适用于动物；雷根主张人类尊重具有"生命主体"特征的动物的"天赋价值"，动物与人拥有与生俱来的权利。

美国当代生态伦理主义的重要代表贝尔德·克利考特在人类中心主义、利奥·波德大地伦理学和动物解放理论的基础上提出了伦理整体主义思想，这不是传统哲学方法从人类中心主义伦理范式至非人类世界的简单延伸，而是一个全新的路径：直接关注环境本身，而不是人类自身或动物权利。伦理整体主义汲取了大地伦理中保持生物群落的完整、稳定和美丽的"共同体"理论精髓，从达尔文生物进化论、生态学和哥白尼天文学三个方面对大地伦理的核心部分"科学"进行阐释，再结合大卫·休谟和亚当·斯密的道德情感理论使科学阐释与生态伦理紧密联系在一起。克利考特提出"土地美学"思想，强调美学对环境保护的激励作用，以及义务优先性的二阶原则，作为整体主义一阶原则的补充，用来解决共同体成员首要责任间相互冲突的问题。

挪威奥斯陆大学哲学系教授阿恩·纳斯在浅生态学的基础上创立了深生态学。他批判浅生态学本质上是人类中心论，主张建立生态哲学世界观，改变"人类主宰世界观"中战胜自然、掠夺财富和消费主义的错误认识，提倡尊重自然的一切内在价值，承认生命平等，与自然和谐共生。阿恩·纳斯提出调整政策以促成社会经济、技术、意识形态结构的改变等深层生态主义行动纲领的八条基本原则。深生态学对泰勒生物中心主义、罗尔斯顿自然生态主义和生态女性主义等理论产生了深远影响。

美国早期生物中心主义代表人物保罗·泰勒的核心思想是要求人类采用"尊重自然"的态度对待动植物，建立以生物为中心的自然观。泰勒定义了两种自然生态系统和人工生态系统；将生态意识与伦理学相结合，提出有效道德原则的五个形式条件和区别于人际伦理的环境伦理中的实质条件（人类和所有生物组成生命共同体），把尊重自然的态度视为道德代理人的意向并划分为评价、意动、实际和情感四个维度；认为生物的固有价值不同于工具价值或天赋价值，是生物作为道德主体的前提；建立生物中心主义自然观并阐述了其标准、条件及合理性；在尊重自然的行为观中明确人类的基本行为准则和规范。

美国当代著名环境哲学家霍尔姆斯·罗尔斯顿探索了自然生态主义的内涵（自然和荒野、近代自然观、现代自然观、价值和自然价值）、自然生态主义的外延（人类对高等动物、有机体、濒危动物和生态系统的义务，自然生态主义在公共土地伦理、商业伦理、个人伦理中的实践）、自然生态主义的十四种价值、自然内在价值的客观性和价值层次、自然系统价值和创生万物的自然价值层面金字塔图等西方生态哲学的新观念，体现了生态还原主义、生态整体主义及生态多元主义的理论特征。

此外，还有美国生态哲学家默里·布克金从社会角度分析生态危机，提出构建生态社会的布克金生态有机主义，以及美国当代著名物理学家、系统理论家和生态哲学家弗里特乔夫·卡普拉以诸多前沿科学理论和东方哲学智慧为背景形成广义系统论的思想和有机系统生态主义思想。以上西方生态哲学思想为解决日趋严重的全球生态问题提供了思路，也为我国生态文明建设的理论和实践带来了有益启示。

在探索生态文明建设的道路上，我们应始终坚持以马克思主义生态哲学理论为根本指导，借鉴吸收西方生态哲学理论的合理内核。国内学者陈墀成、蔡虎堂把马克思主义生态哲学思想的发展过程划分为三个阶段：第一，世界观转变与科学世界观形成时期的自然观：批判与反思。以马克思博士论文、莱茵报时期的文章、《黑格尔法哲学批判导言》等著作为代表，对现实的考察和对神学自然观的批判；在 1843 年《政治经济学批判大纲》、《1844 年经济学哲学手稿》、1844 年《神圣家族》、1845 年《英国工人阶级状况》等著作在科学世界观探索中反思人与自然的关系。第二，哲学变革时期的思考：立足人类实践的人与自然的关系。自 19 世纪 40 年代以来，马克思恩格斯出版了《关于费尔巴哈的提纲》《德意志意识形态》《共产党宣言》《雇佣劳动与资本》等一系列著作，其中蕴含着丰富的生态哲学思想。第三，现实批判与哲学发展中的生态哲学思想。主要有《资本论》的现实批判、《自然辩证法》的理论概括，以及其他著作如 1853 年《不列颠在印度的统治》、1856 年马克思《在"人民报"创刊纪念会上的演说》、1857～1858 年《政治经济学批判》"导言"等。

马克思生态哲学是马克思主义经典作家研究人与自然环境关系的科学，是科学的生态世界观与方法论的有机统一。它是由主体生态观、辩证生态观、和谐生态观等部分构成的理论体系，具有人本性、科学性、实践性等基本特点。马克思创立了以实践为基础的主体生态观，人与自然的关系为主体与客体的关系，突破了人类中心主义生态观与生物（自然）中心主义生态观的主客二分哲学。马克思生态哲学是具有科学性和应用价值的生态哲学，它是我们树立生态文明观念的理论基础，是建设生态文明的行动指南。

二、苏区寻乌生态文明建设调查

赣闽粤原中央苏区生态地位重要，是赣江、闽江、东江等重要河流的源头地区，是我国南方重点林区和重要的生态屏障。《国务院关于支持赣南等原中央苏区振兴发展的若干意见》（国发〔2012〕21 号），以及赣闽粤原中央苏区振兴发展规划科学确定赣闽粤原中央苏区的发展战略定位，打造我国南方地区重要的生态屏障以及红色文化传承创新区、著名生态和文化旅游目的地。

2018 年 7 月 22～26 日，江西师范大学苏区振兴研究院调研组赴江西省赣州市寻乌县就苏区振兴与乡村发展主题开展调研。寻乌县位于江西省东南部，居赣、闽、粤三省交界处。全县土地面积 2351 平方公里，辖 15 个乡（镇），173 个行政村，11 个居委会，共184 个村（居），总人口 33 万。调查发现，寻乌县的县情特点主要表现为：第一，寻乌县是原中央苏区全红县，毛泽东、朱德、邓小平等老一辈无产阶级革命家在这里从事伟大的革命实践活动，包括"圳下战斗""罗福嶂会议""寻乌调查""罗塘谈判"等中国革命史上的重要历史事件。第二，寻乌是东江源头县，是江西省内流域面积大、流入量多的东江源区县，是珠江三角洲和香港同胞的重要饮用水水源地。作为东江源头县，水资源丰富，全县大小河流 547 条，河流总长度为 1902 公里，河网密度为 0.823 公里/平方公里，全县的水域面积为 8310.7 公顷，占全县的总土地面积 3.59%。第三，寻乌县是资源富集区，山川秀美，资源丰富，已发现的矿种有钨、锡、钼、铜、铅、锌、稀土、铌钽、铁、钴、金、花岗岩石材、磷、石膏、黏土，水晶、铀等 30 余种，其中稀土为优势矿种，号称"稀土王国"，探明储量 50 多万吨，远景储量 150 多万吨。寻乌地热资源丰富，其出水量大的地热资源是南桥镇青龙岩鳞石背温泉，为江西省第二大地热资源，日出水量 3800 吨，出水温度超过 70 摄氏度。第四，寻乌县是赣南果业产业的核心区和果品流通集散地，其中"寻乌蜜桔"荣获中国驰名商标和国家地理标志保护产品。第五，寻乌县是江西省唯一的赣、闽、粤三省交界县份，是对接闽、粤的前沿阵地，是承接珠三角、海西经济区产业转移的"桥头堡"，区位优势明显。第六，寻乌县是客家聚居地，境内全部是客家民系，民风淳朴，干群关系和谐。

作为江西省级生态文明示范县，寻乌县以习近平新时代中国特色社会主义思想为引领，牢牢把握赣南苏区振兴发展的重大机遇，坚持"绿水青山就是金山银山"发展思路，坚持"创新引领、绿色崛起、担当实干、兴赣富民"工作方针，坚持生态优先、民生为本、绿色发展、改革创新原则，牢固树立尊重自然、顺应自然、保护自然的生态文明理念，重点推进生态保护、环境综合治理，初步探索出多种生态价值转换的模式，建立生态文明建设考核评价体系，全面实施生态补偿制度，纵深推进东江流域上下游生态补偿，全力打造山水林田湖治理示范样板，实施"净水""护林""兴业"等绿色工程，使生态文明建设水平和生态环境质量进一步提升、生态资源得到有效挖掘、贫困群众的生活水平逐步提高。

（一）山水林田湖草生态保护修复试点

寻乌县现有稀土废弃矿山 40 处，共 7 个区块，其中文峰、南桥两个乡（镇）6 个主区块，另一区块零星分布在其他乡（镇），总面积 20.4 平方公里，其中采剥区 12.2 平方公里，占治理总面积的 59.6%，尾砂堆积面积 2.6 平方公里，占治理总面积的 12.8%，尾砂淤积污染面积 5.6 平方公里，占治理总面积的 27.6%。

三十多年来，寻乌县的稀土开采由兴旺到衰落，经历了从池浸到堆浸再到原地浸矿三个过程，采矿和选矿引发了不同程度的矿山地质环境问题。寻乌县废弃稀土矿山地质环境问题主要有三类：一是矿山地质灾害及隐患，主要有滑坡、崩塌、泥石流及拦沙坝的溃坝隐患；二是地形地貌景观破坏，表现为山体破损、土壤侵蚀和毁损、植被破坏等；三是水资源破坏，主要表现为矿区浅层地下水及地表水的水量减少和水质污染。

在财政部、国土资源部、环境保护部的关心和支持下，2016 年赣州市入围全国首批山水林田湖草生态保护修复试点，并获得中央基础奖补资金 20 亿元。寻乌县文峰乡柯树塘废弃矿山环境综合治理与生态修复工程作为试点项目之一，于 2017 年 4 月通过了赣州市竞争性评审论证，被赣州市山水林田湖办确定为 2017 年山水林田湖草项目，项目概算总投资为 29797.49 万元，治理面积 4 平方公里（其中遗留废弃矿山 0.52 平方公里，提升治理 3.48 平方公里）。

山水林田湖草项目率先对废弃矿区开展了生态修复、综合治理与资源循环利用等改造工程。寻乌县坚持把统筹规划、整体推进作为首要前提，坚持全景式策划、全员性参与、全要素保障。按照"规划先行、谋定后动"理念，通过公开招标，选聘技术实力雄厚的水利水电甲级设计单位中水珠江规划勘测设计有限公司、生态建设和环境工程甲级设计单位环境保护部华南环境科学研究所进行工程设计。通过公开招标确定了湖南大学设计研究院作为山水林田湖草修建性详细规划编制单位。县委、县政府印发了《寻乌县山水林田湖草生态保护修复项目实施方案》，作为全县山水林田湖草生态保护修复试点的纲领性指导性文件，做到项目实施"有章可循""有法可依"。同时，邀请中国环科院、清华大学、中山大学等国内著名科研院所大学的专家团队对废弃稀土矿治理进行指导和结果评估。

按照"宜林则林、宜耕则耕、宜工则工、宜水则水"的治理原则，统筹水域保护、矿山治理、土地整治、植被恢复四大类工程，实现"废弃矿山"变"绿水青山"。通过对不同植被进行调查，可知治理范围内总体植被覆盖率已由 10.2% 提升至 80%，植物品种由原来的 3~6 种增加到 100 余种，复绿效果较显著。通过山上山下同治、地上地下同治、流域上下游同治的"三同治"新模式，通过采取矿山地形整治、建挡土墙、截排水沟、修复边坡、植被恢复等措施，矿区内整体水土流失量由 359 立方米降至 32.3 立方米，控制率达到 91%，地表、边坡未出现大型沟壑或崩岗现象，全面消除了大型崩塌、泥石流等地质灾害。通过在废弃矿山流域汇聚区域建设终端污水处理设施，涵盖了 7.2 平方千米的废弃稀土矿山，中坑寨河河水中氨氮去除率约为 50%。2018 年，CCTV－13《直播长江》、CCTV－1《新闻联播》连续多次播报寻乌县实施山水林田湖草生态保护修复工程的经验做法。全国人大和江西人大组团视察时也给予了高度评价。

（二）建立东江源全流域"河长制"

寻乌县作为东江源头县，率先在赣州市建立了全流域河长制，并取得了明显成效，为保护东江源一江清水做出了积极贡献。寻乌县水环境质量污染物主要是氨氮，20 世纪 80 年代至 21 世纪初，因无序开采稀土、开采工艺不高，导致稀土矿区残留大量含氨氮的物质。2015 年，寻乌县水功能区水质达标率只有 75%，严重影响了东江流域居民的饮水安全，特别是香港地区居民的饮水安全。2016 年 3 月启动河长制至今，10 个水功能区水质达标率为 100%。为解决水质超标的突出问题，寻乌县率先在赣州市启动县域各条河流水系全面实行河长制。2016 年 3 月建成了覆盖县乡村组四级河长制组织体系，使寻乌水生态、水环境有了很大的改善，并着重治理县城饮用水水源——九曲湾水库、废弃稀土矿山、马蹄河。

2016 年，寻乌县落实河长制专项经费 1617 万元，2017 年提升到 4000 万元（其中专项经费 2000 万元），确保了日常工作的正常运行。同时结合东江流域上下游横向生态补偿资金、山水林田湖资金、江河湖库整治专项资金等，投资九曲湾水库治理 1.095 亿元、废弃稀土矿山治理 2.98 亿元、马蹄河水生态综合治理 1.396 亿元。

首先，为严格落实责任，寻乌县河长制建立了完善健全的组织体系，有总河长 1 名、第一副总河长 1 名、常务副总河长 1 名、副总河长 1 名、县级河长 3 名、乡级河长 16 名、村级河长 173 名、河道巡查员 174 名、专管员 112 名、河道保洁员 371 名、乡级库长 51 名、村级库长 51 名、村小组河长（溪沟长）2311 名，完善健全的组织体系为开展河长制工作，提供了强有力的组织保障。其次，建立水质考核机制，全县设有国控、省控水功能区监测断面 10 个，乡镇跨界断面水质考核断面 16 个，跨界抽检断面 21 个，重点污染区域抽查断面 3 个，饮用水水源区监测点 7 个，形成了覆盖整个水功能区、各个流域水系的水质监测网络。最后，制定《寻乌县生态环境损害责任追究实施办法（试行）》，对乡（镇）跨界断面地表水水质进行每月一监测，一次不达标的，予以约谈；二次不达标且水质环比有下降的，予以诚勉，并全县通报；三次不达标且水质环比再下降的，予以组织处理或党纪政纪处分。

2017 年寻乌县水功能区水质达标率为 100%，主要地表水水质达标率为 100%。县城饮用水源——九曲湾水库水质稳定在 Ⅱ 类水以上，赣粤出境断面水水质稳定在 Ⅲ 类水以上。马蹄河通过建设拦河坝、防洪堤及河旁绿化、亮化，水体自净能力得到了明显的提升，水生态有了明显的改善，水质达到了水功能区区划要求，又增加了城市景观。同时，"乱占乱建、乱围乱堵、乱采乱挖、乱倒乱排"等现象得到有效的遏制，两年未发生河道侵占、岸线破坏事件，逐步实现"河畅、水清、岸绿、景美"的目标。

（三）开展水土保持综合治理

寻乌县属于赣南较典型的红壤丘陵、水力侵蚀区，具有我国南方水土流失的典型特征，土壤侵蚀方式为面蚀和沟蚀，局部地区存在崩岗等重力侵蚀。2000 年据江西省第三次土壤侵蚀遥感调查结果，并结合野外实地勘察调查，全县水土流失面积 366.52 平方公里，其中，轻度水土流失 93.4 平方公里，中度水土流失 122.99 平方公里，强度水土流失 78.97 平方公里，极强度水土流失 14.78 平方公里，剧烈水土流失 56.38 平方公里，剧烈水土流失面积居全市第一，占全市剧烈流失面积的 1/7 强。全县水土流失主要分布在：矿产资源丰富的文峰乡，植被稀少的南桥、留车镇，果业开发相对集中的吉潭、澄江。

寻乌县水保局编制了《寻乌县水土保持生态保护 2006—2015 规划》，编报十项水土保持生态建设治理项目，开展以小流域为单元的水土保持综合治理，截至 2011 年，实施 26 条小流域治理，全县累计综合治理水土流失面积 48540 公顷，其中治理开发经果林 6722.7 公顷，营造水保林 3704.07 公顷，种草 929.19 公顷，封禁治理 37166.84 公顷，改造基本农田 13.0 公顷，其他措施 4.2 公顷。完成土石方工程总量 294.8 万立方米，总库容 4085.55 万立方米，拦沙坝 430 座，塘坝 217 座，谷坊 57 座，河道整治 10.2 千米，工程总投资 9990.3 万元。通过近年来的水土保持综合治理，全县水土流失面积减少约 80 平方公里。

（四）改造低质低效林

寻乌县林业用地面积 196773 公顷，其中商品林 135642 公顷，生态公益林 61131 公顷，全县森林覆盖率 81.63%，森林总蓄积量 735 万立方米。寻乌县现有乔木林、疏林低质低效林面积 28.36 万亩，其中乔木林低质低效林 28.22 万亩、疏林低质低效林 0.14 万亩，总蓄积约 48.7 万立方米。重点改造对象是飞播马尾松低质低效林、崩岗等水土流失区域的低质低效林，以及没有适地适树形成的低质低效林。采取更替改造、补植改造、抚育改造、封育改造四种方式实施改造，计划 10 年时间内将完成 15 万亩低质低效林改造任务。2016～2017 年共完成低质低效林任务 1.49 万亩，其中，更新改造 3900 亩（市下达任务 1300 亩），补植补造 4000 亩，抚育改造 5000 亩，封育改造 2000 亩。

全县共建设示范基地 21 个。其中市级领导示范基地 2 个，结合县城规划区 2016～2017 年山体复绿工程，分别为长宁镇和园艺场更新面积 500 亩，文峰乡长举村更新面积 500 亩；县领导示范基地 3 个，分别为留车镇飞龙村更新面积 500 亩，长宁镇城北村更新面积 400 亩，三标乡富寨村（九曲湾退果还林工程）更新面积 500 亩；乡（镇）、县林业局领导示范基地 16 个，补植面积 4000 亩。寻乌县在赣州市下达 1.23 万亩的基础上，增加了 0.26 万亩，总改造任务达到了 1.49 万亩，完成总任务的 121%，成活率达 95% 以上，改造成效明显，特色亮点突出，被评为"赣州市 2016～2017 年度低质低效林改造工作先进县"。赣州市下达寻乌县 2017～2018 年度改造任务 3.55 万亩，其中山水林田湖低质低效林改造任务 2.85 万亩。按改造类型分更新改造 12800 亩，补植补造 3200 亩，抚育改造 6000 亩，封育改造 13500 亩。目前完成造林 1.63 万亩（更新改造 1.31 万亩，补植补造 0.32 万亩），占任务 1.6 万亩的 102%。

寻乌县以县城规划区山体复绿和九曲湾库区退果还林为重点，以全面落实低改用地为目标，积极探索有利于低质低效林改造之路。为了破解用地难题，寻乌县把县城规划区山体复绿工程列入低质低效林改造重点，用好用活林权制度改革政策，对县城规划区山体复绿涉及的个人和集体的山林，采取政府赎买的方式进行有偿征收，在 2017 年政府筹资 1.05 亿元征收县城山体复绿 3367.8 亩、九曲湾退果还林 1000 亩的基础上，2018 年寻乌县山体复绿又征收林地 2660 亩。对已征收的林地，寻乌县按照程序转变为国有权属，把不动产证办理到县林业局名下，这样既为低质低效林改造提供了用地，又增加了国有资产，实现了一举多得。通过政府赎买方式取得林地所有权，寻乌县在这方面开了先河，进行了大胆尝试，目前情况看，效果明显。资金方面，寻乌县整合使用林业、涉农、国家生态功能区转移支付等各类资金用于低质低效林改造。2016～2018 年，全县共整合资金 17600 万元，其中政府赎买土地投资 14000 万元，造林绿化投资 3600 万元。

寻乌县严把整地、苗木和造林质量关，实行"四层监督"：一是聘请有经验的专业监理公司监督；二是各乡（镇）指派专人全程跟踪；三是林业局班子成员和专业技术人员分标段全程进行现场技术指导和督促，严把施工质量和进度；四是基层场、站工作人员吃住在山，分段进行监督。同时林业局班子成员带队实行每周督查，对各乡（镇）实施进度、质量进行检查通报，确保低质低效林改造的进度和工程的质量。坚持"不栽无主树，不造无主林"原则，落实管护主体，实行公司化运作，着力做好后续管护工作，确保改一片、成一片、绿一片。320 万元管护资金全部列入财政预算，县城规划区、九曲湾库区实施低改的山地每年安排资金 65 万元，采取政府购买服务的方式进行管护，实现了造林地和林木的长效管护。通过实施低质低效林改造，提高森林抚育水平，增加森林单位面积产量和效益，改善生态环境，实现生态效应和社会效应的"双赢"。全县森林覆盖率达81.5%，其中东江源头东江源山的森林覆盖率达 95%。寻乌环境质量总体趋好，空气环境质量达到国家二级标准以上。九曲湾水库上游及沿河两边的林相和水土保持情况明显好转，饮用水源水质得到改善，长期稳定在 II 类。调动了贫困户发展林业生产的积极性和主动性，提高了林产品经济效益，拓宽了贫困群众的增收渠道，为如期实现脱贫"摘帽"、同步小康目标奠定了坚实的基础。

（五）实施生态公益林项目

寻乌县现有区划生态公益林总面积共 91.2615 万亩，其中，2001 年区划国家级公益林 45.2615 万亩；2006 年区划国家级公益林 33 万亩；2006 年区划省级公益林 13 万亩，分布在罗珊乡等 14 个乡镇的 98 个村和寻乌县生态公益林场一个国有林场。

为规范寻乌县生态公益林补偿资金管理，提高资金的使用效益，每年按照上级下拨生态公益林补偿资金情况，与财政局联合下发《关于做好年度中央和省财政生态公益林补偿资金发放工作的通知》。对补偿对象标准、资金拨付和管理、资金的使用和检查、合同的签订和管理等作出了明确的规定。对于不同形式的补偿对象，其补偿资金纳入地方财政"一卡通"账户管理，实行一户一折一卡。按标准统一发放，使林农的生态公益林补偿资金及时足额领取得到保障，注重管护队伍建设和责任的落实，对全县重点林区配备了专职护林员和兼职护林员；目前配备专职护林员 81 名，兼职护林员 172 名，建档立卡贫困人口生态护林员 500 名，定期或不定期检查督促各乡镇护林员工作，发现问题，限期整改，确保了全县森林资源安全。

三、生态哲学视域下寻乌县山水林田湖草项目的启示

2018 年中央一号文件《中共中央国务院关于实施乡村振兴战略的意见》指出，统筹

山水林田湖草系统治理，把山水林田湖草作为一个生命共同体，进行统一保护、统一修复，实施重要生态系统保护和修复工程。在中央一号文件精神的指导下，寻乌县通过山水林田湖草生态保护修复试点工程积极改造稀土废弃矿山，建立东江源全流域"河长制"，开展水土保持综合治理，改造低质低效林，实施生态公益林项目，努力打造山水林田湖草生命共同体，严守生态保护红线，以绿色发展引领乡村振兴，打造人与自然和谐共生发展新格局。

（一）山水林田湖草是一个生命共同体

美国 19 世纪超验主义、浪漫主义生态思想家亨利·大卫·梭罗以整体和谐的生态观将自然界称为"爱的共同体"，梭罗在《瓦尔登湖》中批判了人类中心主义掠夺、破坏自然的行为，反对人类以自然的征服者自居。梭罗认为人是地球生物圈的成员之一，人和其他存在物一样都是自然的组成部分，人类没有超越其他事物的特权。利奥波德进一步把人、动物、植物、水和空气等自然界一切存在物纳入"土地共同体"中，认为人与土地共同体的其他成员处于同等地位。他的大地伦理"共同体"理论强调保持生物群落的完整、稳定和美丽的重要性，确立了人类对共同体及其成员的义务。泰勒从生物中心主义讨论了人类与其他生物在共同体中的行为准则、道德权利和义务；罗尔斯顿从价值的角度探讨大自然的十四种价值（生命支撑价值、经济价值、消遣价值、科学价值、审美价值、基因多样化价值、历史价值、文化象征价值、塑造性格价值、多样性与同一性价值、稳定性与自发性价值、辩证的价值、生命价值和宗教价值）、内在价值、工具价值和系统价值；克利考特从生态伦理主义探究"环境伦理"，在整合环境科学、环保技术、人权和人类福利基础上建构后现代科学的世界观。

恩格斯在《自然辩证法》中明确指出，"我们连同我们的肉、血和头脑都是属于自然界和存在于自然界之中的。"这表明"人是自然界生命共同体的一部分"。马克思主义哲学的核心内容"辩证法"的规律也是从自然界的历史和人类社会的历史中抽象出来的。值得说明的是，马克思主义生态哲学是以实践为基础的主体生态观，是对西方生态哲学形而上学的根本超越。马克思主义认为人与自然的关系是主体与客体的关系，对人与环境的关系的理解不仅是人与自然的关系，还深入人与人的关系、人与社会的关系、社会与自然的关系。马克思深刻地指出"在人类历史中即在人类社会的形成过程中生成的自然界，是人的现实的自然界；因此，通过工业——尽管以异化的形式——形成的自然界，是真正的、人本学的自然界。"马克思主义把自然科学与人文哲学社会科学研究紧密联系起来，还把原始的自然界、人类社会形成中生成的自然界、工业形成的自然界紧密联系起来，批判了资本主义生产和消费方式带来的生态问题，破除了那种要求人类放弃工业文明、回归原始自然的不切实际想法。

更重要的是，一百多年前马克思、恩格斯提出"两个和解"的重要命题，以"人类与自然的和解"化解社会发展进程中的生态环境问题；以"人类本身的和解"解决人与人之间的社会关系问题，始终指向一条通往高度文明的生态社会之路。人类既是属于山水林田湖草生命共同体的一部分，也要发挥主观能动性解决山水林田湖草的生态危机，维护生命共同体的生态安全。面对环境污染问题，江西省赣州市寻乌县各级党委和政府高度重视，正视问题、着力解决问题。寻乌县深刻理解"生命共同体"的丰富内涵，全面开展山水林田湖草生态保护修复工程试点示范，在生态文明建设上迈出了坚实步伐，精心绘制一幅"山更青、水更净、林更绿"的寻乌生态文明建设画卷。

（二）坚持尊重自然规律

认识和正确运用自然规律恩格斯说过，"我们对自然界的整个统治，是在于我们比其他一切动物强，能够认识和正确运用自然规律。事实上，我们一天天地学会更正确地理解自然规律，学会认识我们对自然界习常过程的干预所造成的较近或者较远的后果。"寻乌县山水林田湖草项目集中体现了尊重自然、顺应自然的特点，在地形整治、道路修建、截水拦沙、植被恢复等措施实施中，充分考虑项目区的山形地貌，避免大规模的搬山运动。对植被破坏严重的地表土壤采取整地、回填客土、下基肥的措施进行改良，讲究科学，避免人工过度干预，保持项目区域生态系统的基本稳定。坚持保护为主、治理优先、随形就势、因地制宜的原则，通过植被恢复等适度人工干预措施，营造自然生态恢复条件，使项目区的自然生态系统功能得到逐步自我修复。注重运用生态手段，创新治理技术模式，更多地选择使用生态技术路线，切实减轻项目实施过程中对环境带来的二次破坏，以较小的生态环境代价，实现理想的治理效益。例如，注重采用高压旋喷桩、绿滨垫干砌石谷坊、生态袋谷坊、建设梯级人工湿地、植树种草等生物技术治理措施进行综合治理。

（三）坚持用整体思维开展综合治理生态系统是一个不可分割的整体

利奥波德借用生态学的"生态金字塔"和"食物链"知识解释大地各种物种之间的联系。罗尔斯顿提出"系统价值"的概念，把生态系统的整体利益当作高利益和终极目的，并划分了基本的价值判断标准：一是"不破坏生态系统的稳定"；二是"维持动态平衡、保护物种多样性"。纳斯的深层生态学是一种整体生态的世界观。在此基础之上，卡普拉的"范式转换"是从笛卡尔—牛顿机械论、还原论的旧范式转为系统和生态的新范式。这种生态学的全局世界观把世界看作一个整体，而不是相互分离的局部的简单集合。

寻乌县打破条块分割，开展综合治理，改变过去治山、治水、整地、造林各自为政的混乱局面，立足生态系统整体保护、系统修复和综合治理，坚持以生物措施为主、工程措施与生物措施相结合的方式，同时开展对山上山下、地上地下以及流域上下游的综合治理、整体保护和系统修复，特别是作为东江源头县率先在赣州市建立了全流域"河长制"并取得了明显成效，逐步按照生态整体主义观构建山水林田湖草完整、平衡、协调、稳定、美丽的空间格局。

（四）坚持长远的生态利益高于短期的经济利益

"单一地建立在个人经济利益上的资源保护系统是不可能稳固的"。利奥波德特别指出土地群落里缺乏经济价值的成分如沼泽、泥塘、沙漠等是生态系统健康运转的必要条件。为了解决多层次的共同体成员首要责任冲突问题，克利考特提出"两条二阶原则"（Two Second Order Principles，SOPs），第一条原则要求行为者优先考虑对更为亲密的共同体成员的责任和义务；第二条原则要求行为者优先考虑较大利益；当两条二阶原则产生冲突时，行为者依次采用两条原则，第二条原则加强或者撤销第一条原则。以寻乌东江源流域治理为例，第一条原则优先考虑稀土等工业发展和本地经济利益，第二条原则优先考虑东江源流域特别是香港地区居民的饮水安全。如果当地工业发展与东江源流域饮水安全产生矛盾，则优先考虑第二条原则，保护东江源流域水质安全。为此寻乌县坚决执行稀土整治，稀土企业全面停产使寻乌县每年财政减收 1 亿元以上。

2015 年 1 月，习近平在云南考察中指出，"在生态环境保护上一定要算大账、算长远账、算整体账"。2016 年 3 月 10 日，习近平参加十二届全国人大四次会议青海代表团审议时指出："在生态环境保护建设上，一定要树立大局观、长远观、整体观。"废弃矿山因过度开发不仅失去了所有的经济价值，还给当地生态系统的健康运转埋下深重的危机。寻乌县以东江源流域生态环境保护为全局，从造福子孙后代的长远目标出发，投入大量人力、物力、财力，充分利用生态技术手段和方法，重新赋予废弃矿山新的生命，着力解决矿山环境污染、水土流失、小流域生态功能恢复等相互关联的基本生态问题。

（五）坚持绿色发展，寻找解决污染问题的根本之策

2018 年 5 月，习近平在全国生态环境保护大会上的讲话指出："绿色发展是构建高质量现代化经济体系的必然要求，是解决污染问题的根本之策。"寻乌县抓住项目治理契机，提升发挥经济效益。在综合治理上始终坚持把生态效益和经济效益相结合，寻求市场化的道路提升效益，让参与各方共享生态治理成果，给当地群众带来看得见的经济实惠。

寻乌县以柯树塘废弃稀土矿区为核心区，辐射上甲村及周边区域，连接青龙岩旅游景区，充分发挥当地山水地貌资源优势，配合环境整治和新农村建设，融合现代农业、旅游等业态要素，着力提升综合治理效益，因地制宜，努力打造旅游、休闲目的地，将昔日的"废弃矿山"变成今日"绿水青山"和"金山银山"，建设成环境资源与生态景观相协调的系统工程，提升和发挥山水林田湖工程的效益。

1. "废矿荒漠区"变"绿色工业园区"

2012 年开始，寻乌正式启动石排废弃稀土矿矿山地质环境治理示范工程项目，并获中央专项资金 3.55 亿元。通过开展土地平整和改造，增加工业用地 7000 亩，石排工业园区已吸引洛锡实业、埃尔集团、莫可铸造等 30 余家通用设备企业落户，总投资近 130 亿元，为社会提供了 4000 个以上的就业岗位，矿区附近乃至县城居民实现家门口就业，实

现变"矿区"为"园区";通过引进光伏企业,在石排村荒漠区引进诺通光伏电站,装机容量10兆瓦、年发电量0.1007亿千瓦时;在上甲村荒漠区引进爱康光伏电站,装机容量25兆瓦、年发电量0.2868亿千瓦时,实现变"荒漠"为"财富"。"废弃矿山、低质低效林"变"金山银山"山水林田湖草项目通过政府奖补、银行信贷、合作社和龙头企业等带动等措施,帮助当地贫困户发展特色产业,因地制宜种植油茶、竹柏等经济作物,综合开发治理矿区周边土地2824亩,发展油茶种植1236亩,实现变"沙"为"油"。

2. 提升综合治理效益,实现"废弃矿山"变"金山银山"

低质低效林改造中把低改与生态、低改与林下经济、低改与脱贫攻坚、低改与森林防火相结合,做到既有生态效益,又有经济效益。实行前三年政府投资管护,后期增加群众收入。例如,在废弃果园中立地条件良好,选择种植龙脑樟、甜柿等树种,订单包收,达到"不砍树、能致富"的效果。低质低效林改造与精准扶贫相结合,不断强化利益联结,对贫困户的低质低效林优先进行改造,优先吸纳贫困户从事整地、造林、抚育、护林等劳务,增加贫困群众的收入。

3. 旅游扶贫

2017年开建青龙岩景区旅游度假区(总投资15亿元)、东江源温泉养生小镇(总投资9亿元)。寻乌县沿寻乌河从桠髻钵山到斗晏水库,推进青龙岩温泉、石崆寨漂流、斗晏湖水上观光等旅游项目建设,水上旅游精品线路已基本成形。此外,黄蜡石市场建设、革命烈士纪念馆红色旅游基础设施等已纳入现代服务业攻坚项目。

寻乌县积极落实旅游扶贫专项实施方案,以村为单位制订了4个旅游重点村《旅游扶贫专项实施方案》;完善旅游扶贫示范点的打造,进一步完善了"1+3+N"扶贫模式和管理制度,即以寻乌县平安农业科技开发有限公司为核心,成立了雁洋人民农业旅游专业合作社、雁洋村庄园专业合作社、雁洋景区种植专业合作社三个合作社,通过入股、就业、资产租赁、农产品销售等形式吸纳贫困户参与石崆寨旅游景区开发和建设。目前,全县共有7个旅游景点、农家乐等参与到脱贫攻坚,通过入股、就业、资产租赁等方式吸纳贫困户96户。

4. 东江源田园综合体

寻乌县现代农业攻坚重点项目东江源田园综合体位于寻乌县南桥镇,规划面积4万亩,共涉及10个行政村,按照"一线两翼七区"进行规划设计。项目分三期建设,总投资30亿元,2019年底全面建成。一期工程于2017年3月开工建设,面积约1.5万亩,投资10.2亿元。综合体按照"产业兴旺、生态宜居、乡风文明、治理有效、生活富裕"的乡村振兴要求,全力打造乡村振兴试验示范区,重点推进现代农业示范区、产业转型示范区、产业扶贫示范区、文化扶贫示范区、田园新貌示范区、休闲农业示范区、产业配套服务示范区七大功能示范区建设,是集现代农业、休闲旅游、田园社区于一体的东江流域及南方丘陵地区有代表性的田园综合体。田园综合体的核心为蔬菜主题文化园,占地200亩,引进山东寿光以诚农业投资兴建,总投资3.8亿元。主要建设内容为"十馆一长廊三中心"，即五福文化主题馆、景观蔬菜馆、立体蔬菜馆、绿色沙洲馆、蔬菜育苗馆、鱼菜共生馆、科普教育馆、蔬菜采摘馆、现代种植技术馆、生态餐厅和蔬菜文化长廊以及研发、冷链、培训中心。通过文化与生产、生产与观光、产业与扶贫相结合，实现现代农业、文化休闲、旅游观光、精准扶贫的融合发展。建成后预计年接待游客将会超过60万人次。同时，通过提供种苗、技术、指导、收购、品牌五大服务，联结县乡村大棚蔬菜三级示范基地1万亩，联结贫困户3200多户，示范引领作用明显。

（六）坚持自然与文化的和谐统一的多元价值向度

西方生态哲学思想中，无论是克利考特所坚持的"文化的自然化"（Naturalization of culture）观点，还是后现代主义环境哲学家所持守的"自然的文化熏陶"（Culturalization of nature）立场，或是罗尔斯顿对这两种观点的反对意见，本质上都是自然、文化的二元论。马克思认为人类运用自我意识把外在自然界"人化"，并立足实践明确"人创造环境、环境也创造人"的环境与人的生存发展辩证关系。罗尔斯顿提出大自然承载的14种价值中，我们不仅要通过治山理水重筑生态环境，重赋生命支撑价值、经济价值、基因多样化价值、多样性与同一性价值、稳定性与自发性价值、辩证的价值、生命价值，更应关注自然的消遣价值、科学价值、审美价值、历史价值、文化象征价值、塑造性格价值。我们尤其应该关注从利奥波德到克利考特以来的"土地美学"思想中自然的审美价值。

寻乌县山水林田湖草项目通过基础设施建设完善交通环路、自行车赛道、登山步道，通过举办矿山公里自行车赛、山地越野自行车赛、山地健步走等体育和消遣活动塑造性格价值，在自然之美中治愈心灵、愉悦心灵，生态绿色的生活方式有助于人类的精神健康，在人类心灵中构建更加敏锐的自然美感知能力。山水林田湖草项目以构建橙乡文化、客家文化、矿山文化、时尚文化为核心，实现自然地域与当地的文化精神水乳交融，以自然衬托人的归属感和身份理解，通过原乡式生活培育人们热爱家乡的情怀。项目建有矿山遗址公园局部保留矿山遗迹，帮助人们了解人类在大自然中的地位，认识生态系统的进化和丰富的变迁历史。

参考文献

［1］马克思，恩格斯．马克思恩格斯选集（第4卷）［M］．北京：人民出版社，1995.

［2］刘福森．新生态哲学论纲［J］．江海学刊，2009（6）：12.

［3］佟立．当代西方生态哲学思潮［M］．天津：天津人民出版社，2017.

［4］［美］奥尔多·利奥波德．沙乡年鉴［M］．侯文惠译．长春：吉林人民出版社，2014.

［5］Peter Singer. Animal Liberation：The Definitive Classic of the Animal Movement，Harper Perennial Modern Classics［R］. 40th Anniversary Eedition，2015.

［6］ Tom Regan. Animal Rights，Human Wrongs：An Introduction to Moral Philosophy ［J］. Nanoethics，2003，29（1）：271－277.

［7］ Baird Callicott. In Defense of the Land Ethic—Essays in Environmental Philosophy ［M］. State University of New York Press，1989.

［8］ Ouderkirk，Wayne and Jim Hill. Land，Value，Community：Callicott and Environmental Philosophy ［M］. State University of New York Press，2002.

［9］ 雷毅. 深层生态学思想研究 ［M］. 北京：清华大学出版社，2001.

［10］［美］保罗·泰勒. 尊重自然：一种环境伦理学理论 ［M］. 雷毅译. 北京：首都师范大学出版社，2010.

［11］［美］霍尔姆斯·罗尔斯顿. 哲学走向荒野 ［M］. 叶平，刘耳译. 长春：吉林人民出版社，2000.

［12］ 陈墀成，蔡虎堂. 马克思恩格斯生态哲学思想及其当代价值 ［M］. 北京：中国社会科学出版社，2014.

［13］ 谢磊，周晓阳. 论马克思生态哲学 ［J］. 湖南社会科学，2010（4）：32.

［14］ 佟立. 当代西方生态哲学思潮 ［M］. 天津：天津人民出版社，2017.

［15］ 马克思，恩格斯. 马克思恩格斯选集（第 3 卷）［M］. 北京：人民出版社，2012.

［16］［美］霍尔姆斯·罗尔斯顿. 环境伦理学——大自然的价值以及人对大自然的义务 ［M］. 杨通进译. 北京：中国社会科学出版社，2000.

［17］［美］弗·卡普拉. 转折点：科学·社会·兴起中的新文化 ［M］. 冯禹，向世陵，黎云编译. 北京：中国人民大学出版社，1989.

［18］ Aldo Leopold. A Sand County Almanac and Sketches Here and There ［M］. Qxford Unversity Press，1968.

进一步推进小池镇开放开发的思考

杨值珍　易　君[*]

摘　要：自 2012 年上升为省级战略以来，小池镇开放开发取得了显著成绩，区镇合一的体制高效运行，主要经济指标增速高于全省，深化改革走在前列，但产业、资金和人气等方面存在一些困难，需要省市县区四级党委政府综合施力。根据小池改革发展阶段出台支持政策，明确深化改革方向，优化产业发展布局，以旅游、教育、卫生为着力点，推动重点项目落户小池，通过自强推进区域合作，推动小池高质量发展。

关键词：开放发展；质量提升；小池镇

小池镇位于大别山南麓、鄂赣皖三省交界处，版图面积为 153.8 平方公里，辖 57 个村（居）委会，总人口达 12 万，是黄冈市黄梅县重要的乡镇之一，也是长江中游城市群区域连接的重要节点和湖北长江经济带重点开发的沿江城镇。作为重要的口子镇，小池镇开放开发得到省市县三级高度重视。2012 年，湖北省省委、省政府将小池镇开放开发上升为省级战略。6 年来，在湖北省市县三级党委政府强力推动下，小池镇开放开发进展明显。然而，面对经济发展的新形势和高质量发展的新要求，加快推进小池全面开放开发遇到了"瓶颈"和制约，需要湖北省委、省政府的强力推动，以早日实现小池镇开放开发的战略目标，把小池镇建设成湖北长经济带开放开发的"桥头堡"、长江中游城市集群建设的示范区、沿江城镇体制机制创新的试验区、湖北跨越式发展的"经济特区"和长江经济带特色鲜明的滨江明星城镇。

---

　*　作者简介：杨值珍，湖北省社会科学院政法研究所副研究员。易君，湖北省社会科学院政法研究所助理研究员。

一、小池镇开放开发取得明显进展

作为湖北省唯一由市县承担的省级全面深化改革示范区建设项目，小池镇开放开发在湖北省委、省政府顶层设计、高位推动下快速推进，不仅促进了当地经济社会优质高效发展，而且积累了一些可复制的成功经验。

（一）管理效率显著提高

2012 年 9 月，湖北省政府批准小池镇加挂"湖北小池滨江新区管理委员会"的牌子，赋予其县级管理权限，行政级别高配。作为副县级行政管理机构，新区管委会与镇政府合署办公，实行"一套班子，两块牌子"，探索形成了区镇合一的管理体制，不仅克服了管委会行政权力相对不足的缺陷，而且避免了管委会与镇政府互相牵制、推诿角力的窘境，避免了"两张皮"现象，极大地提高了行政效率。在此模式下，小池镇大刀阔斧深化改革，创新体制机制。在湖北省率先成立了乡镇级行政审批局、综合执法局和市场监管局，推进"一枚印章管审批、一个部门管市场、一支队伍管执法"的管理模式；在湖北省乡镇中率先推行乡镇公务员聘任制，实行村主副职干部脱产上岗、定编干部报酬统筹发放；在湖北省建制镇中率先开展城市管理相对集中行政处罚权试点，推进综合执法，各项改革走在湖北省建制镇前面。

（二）发展环境明显优化

在管委会的强力推进下，滨江新区 48 平方公里框架已现雏形，建成区面积由 5 平方公里增加到 25 平方公里，近百公里"五纵五横"路网和 5000 吨级码头、110 千伏输变电站已经建成，跨省公交稳定运行；出台招商引资奖励扶持、纳税大户人才公寓奖励等优惠政策，打造小池镇产业发展基金、企业发展第三方中介机构服务中心和湖北省唯一乡镇土地收储中心等平台，建立安商服务"1＋2"、跨江合作"2＋2＋2"联席会议等机制；县级 120 项行政审批权下放小池镇，行政审批 90% 的业务能够在小池镇完成，市场准入类审批由 30 个工作日缩短为 1 个工作日，项目建设类审批由 330 个工作日缩短为 60 个工作日；投资 2 亿多元拆除区域内全部化工厂，实施"雷霆行动"拆除沿江码头 10 座、关停环保不达标小微企业 14 家、拆除珍珠养殖场 800 亩；着力推动产业园区发展，每年投入 270 亿元拆迁 2600 多户，征地 17000 亩，有效地破解了园区和城镇建设用地难，中部商贸物流园和临港产业园已具规模，戏曲文化小镇和文体产业园稳步推进，极大地夯实了高质量发展的基础。

（三）外部影响稳步提升

随着发展条件的改善，小池镇对外来资金的吸引力逐步增强。2012~2017年，签约项目由3个增加到23个，协议投资金额由6.7亿元增加到40.09亿元。湖北省联合发展投资集团有限公司、湖北省交通投资集团有限公司、湖北省长投城镇化投资有限公司、湖北省高新产业投资集团有限公司等国有投资平台及湖北省粮油集团、福建大世界、天津红日集团、武汉丰泰集团等国有和民营资本均已入驻小池镇，湖北理工学院在小池镇设立的滨江学院已经招生办学，中南医院也筹划在小池镇设立分院。湖北科普达实业有限公司与烽火、长飞等大型企业建立了战略合作伙伴关系，产品热销国内110家大中型光电缆厂，市场占有率超过8%，科普达系列光缆护套料成为国家驰名商标。中部商贸物流产业园的蔬菜采购覆盖湖北省（19个）、江西省（10个）、安徽省（7个）、浙江省（1个）、福建省（1个）、江苏省（1个）6个省39个县市，九江蔬菜市场70%的蔬菜由小池镇供应，小池镇成了九江市名副其实的"菜篮子"。外地到小池镇来购房居住的人也在逐渐增多，小池镇新建3000多套商品房，70%以上被周边乡镇甚至县市的居民购买。小池镇开放开发也引起了相关地市党委、政府的关注。

（四）居民生活迅速改善

滨江新区坚持"城市标准、小池特色"，高品位规划、高水平推进，在着力招商引资发展工业和商贸物流业的同时，大力发展设施农业、休闲旅游业，推动城乡协调发展，镇村居民普遍分享开放开发红利，收入大幅增加，生活水平极大提高。2012~2017年，小池镇农民的收入由7708元增加到16297元，增加了111.4%。在由镇变城的飞速发展中，2600户被征地农民全部上楼并买了养老保险，由镇政府与村集体分别按60%和40%的比例分担一次性补偿费。"厕所革命"有序开展，城乡环境极大改善，居民生活更加安全卫生。随着跨江合作的推进，两地跨省医保结算成功推进，养老医疗社保基金和住房公积金互认转移全面推进，跨省公交高效运行，九江二桥收费年卡制积极推动，极大地方便了居民出行和生活。

二、小池镇开放开发遇到的难题

小池镇开放开发取得了显著成绩，但离湖北省委、省政府的要求还有一定距离。从近期目标看，2015年，地区生产总值、农民居民收入、城区建成区面积等都超过了目标值，但固定资产总投资、财政收入、城区人口等没有完成预期目标。然而，随着国内外经济形势的变化和小池镇开放开发的深入推进，小池镇要实现高质量发展目前也面临一些困境和难题，主要表现在缺产业、缺资金、缺人气、缺政策四个方面。小池镇开放开发近期和中期目标实现情况如表 1 所示。

表 1　小池镇开放开发近期和中期目标实现情况

相关目标项	近期值	2015 年实现值	中期值	2017 年实际值
地区生产总值（亿元）	65	70	130	86
固定资产投资（亿元）	100	81		82.9
财政收入（亿元）	2.5	2.2		6.4
城区建成区面积（平方公里）	15		20	25
城区人口（万人）	10		20	11
农民居民人均可支配收入（万元）	1.1	1.3	2.2	1.6

（一）缺产业

依托优惠的招商引资政策，小池镇近年工业发展比较迅速。2017 年，工业总产值达到 27.5 亿元，占地区生产总值的 32%，分别比 2012 年增长了 21.5 亿元和 20.5 个百分点。从总体产业情况来看，小池镇目前已经形成生物医药和新材料新质能为主的高新科技产业、以机械制造和智能装备为主的临港先进制造业、以港口物流和仓储配送为主的港口物流业三大产业集群。但是，这些产业的规模都有限。2017 年，小池镇规模以上（以下简称规上）工业和限额以上（以下简称限上）商贸业仅 25 家，销售产值过亿元的有 7家，最多的为湖北五瑞生物工程有限公司（8.2 亿元）；上缴税收过千万元的仅 1 家，为湖北科普达实业有限公司（2641 万元）。中部物流园推动了蔬菜种植发展，板桥畈村开展了湖北省农业厅的设施蔬菜项目，以种植蔬菜为主，每亩收入 3 万元，但总体上"规模小、太单一"，目前全镇蔬菜种植面积仅 5 万多亩。

从产业结构来看，在上述 25 家规上企业和限上企业中，制造业企业有 11 家，销售值为 174709.9 万元，占 57.7%；生物医药生产和销售 3 家，销售产值为 114487.3 万元，占 37.8%；商贸物流 5 家，销售值为 8651 万元，占 2.9%；自来水生产供应 1 家，销售值为 3677.4 万元，占 1.2%；住宿和餐饮服务 5 家，销售产值为 1324.5 万元，占 0.4%。《湖北小池滨江新区开放开发总体规划》提出的农副产品加工和文化旅游发展不足。

实际上，从工业化来看，作为中部地区一个偏远乡镇，在大力践行新发展理念的形势下，小池镇并不具备多大优势，仅仅依靠自身努力不容易吸引大项目，很难发挥"率先承接长三角等沿海地区产业转移"的功能。由于缺乏产业互补性，九江市虽与小池镇隔江相望、两桥相连，但难以对小池镇形成辐射作用，反而产生了吸附作用，沿海地区产业即使想向中部转移，也会优先选择九江市而不是小池镇。不仅如此，九江市自身发展也很不足，小池镇为对接九江市发展而准备的一块飞地经济产业区，至今仍然是一块"灰地"。对九江市而言，小池镇目前的价值主要在蔬菜和劳务供应两方面，此外就是小池市人到九江市购物、医疗等方面的消费，产业合作动力非常有限。

（二）缺资金

小池镇大手笔规划、高标准建设，短短 6 年就实现了由小变大、由镇变城、由弱变强的变化。但这个变化是建立在巨大的投入之上的。"滨江新区由 5 平方公里发展到 22 平方公里，每年投入 270 亿元。"从 2012 年到 2017 年末，小池镇投资完成总额累计 691 亿元。巨大的投入虽然有外来资金，但主要负担仍落在小池镇身上。作为沿江城镇体制机制创新的示范区和湖北省跨越式发展的"经济特区"，小池镇拥有相对独立的财权、事权、人权、规划权，地方财政收入全部由黄梅县返回了，还成立了小池滨江新区城市投资发展有限公司，采取多种市场化运作方式融资 47 亿元，通过土地收储、拍卖等方式融资 16 亿元。但是，这仍然不能满足巨大的投入需求。

巨大的投入给小池镇的经济面貌带来了巨大变化，但并未给其财政收入带来太大的变化。名义上看，从 2012～2017 年，小池镇的财政收入从 8432 万元增加到了 64210 万元，增加了 661.5%，增幅远远大于投资完成总额。但实际上，企业上缴的税收基本上以各种奖励方式返还了企业。小池镇成立了产业发展基金，每年为企业减免各类税费 1300 多万元。

企业也普遍面临资金短缺的问题。由于大多数属于小型企业，从商业银行获得贷款的可能性不大。即使能够获得贷款，因为贷款额度的限制，数额也都比较小。作为大别山革命老区，小池镇的企业本可享受大别山产业扶持资金的优惠资助，贷款额度为 5000 万元，期限为 1 年。但是，为防控金融风险，大别山产业扶持资金也收紧了，从而使那些依赖该产业资金的企业出现了流通资金不足的现象。科普达公司负责人表示，"最大的问题是缺资金。流通资金没有了，不敢接订单，生产能力不行，信用等级也下降了。"

（三）缺人气

小池镇城区的迅速扩大，基础设施和居住环境的改善优化，并没有推动人口的快速聚集，外地到小池镇来学习、工作、生活的人不是很多，来定居的人更少。目前，城区人口仅十几万，离 2020 年达到 20 万的中期目标有很大的距离。不仅如此，由于大多数市民是随着城市范围快速扩大而产生的，实际上只是一个身份的转换。从生活来源、生活习惯等方面来衡量，城区市民会更少。当地居民表示，"村民还没有完全转化为市民，湖北省要有政策扶持，让这些人真正成为市民。"

城市人口的规模是城市化的重要表征。小池镇要真正实现城市化，人口快速集聚是有相当难度的。从人口基数来看，小池镇总共才有 57 个行政村，达 13 万人口，即使全部转化为市民也离中期目标的要求有很大的距离。黄梅县又是一个劳务输出型县，留在本地的人较少，实现 20 万城区人口的目标相对困难，只能通过产业发展留住本地人口、吸引外来人口。事实上，小池镇也正在大力进行这方面的尝试，但效果不是很明显。小池镇投入2.6亿元建设的湖北理工学院滨江学院，占地面积达210亩，建筑面积达6.2万平方米，仅有400名学生就读。黄梅县和九江市实现医保跨省结算，方便了当地居民就医看病，但从吸引人气来看，对小池的积极作用不大。

（四）缺政策

推进小池镇开放开发最重要的政策文件目前有两个：《湖北省人民政府关于加快推进黄梅小池开放开发的意见》（鄂政发〔2012〕69号）和《中共湖北省委湖北省人民政府关于创新体制机制加快小池发展的意见》（鄂发〔2016〕15号），为小池镇开放开发起了顶层设计和政策引导作用。但在实践中，还存在制度和政策不足的现象。由于小池镇在全面深化改革方面先行了一步，所以相关配套政策没有跟上，导致一些改革举措难以真正落到实处。作为管理体制改革的成果，行政审批局、综合行政执法局和市场监管局均存在上级主管部门缺位、法律授权不足等问题，影响了其正常运转。

在国家政策收紧后，缺乏相关的替代政策来继续推动小池镇开放开发。"四化同步"政策收紧后，用地指标紧张，土地供给难以支持发展需要，矛盾凸显。目前，征地17000亩，但用地指标仅13000亩，尚存在4000亩的缺口，没有相应的土地政策来解决这个问题。受国家宏观经济政策的影响，小池镇过去的融资渠道受阻，无法筹集资金推进发展；大别山产业扶持资金的调整，使小微企业缺乏新的贷款渠道，导致资金短缺。

随着经济发达镇扩权改革在全省推开，小池镇似乎也迎来了新的政策机遇，但实际上这些政策与小池镇改革发展不对路。经过6年改革试验，小池镇的改革已经超前一步，经济发达镇的改革举措，小池镇都已经完成了，将小池镇纳入新一轮改革就会导致小池镇改革的倒退。小池镇改革发展走到今天，已经形成了自己的特色和个性，更加需要的是与其改革发展阶段适销对路的个性政策，而不是全省"一刀切"的共性政策。

三、进一步推进小池镇开放开发的想法

作为省级战略，小池镇开放开发已经经历了七年，取得了明显成绩，也暴露出一些新问题，遇到了一些新困难，需要省市县区四级党委政府继续综合发力。特别是湖北省委省政府要从政策层面继续关注、继续给力，从而推动小池镇高质量发展，确保如期实现关于小池镇开放开发的战略目标。

（一）在综合评估基础上出台具体扶持政策

经过6年改革发展，小池镇已经迈过了近期目标实现期，正在为实现中期目标而努力。那么，这几年小池镇到底发展得怎么样了，改革到了什么阶段什么程度，存在什么问题，遇到了什么困难，需要采取什么措施推动继续深化改革发展，湖北省委、省政府应该有一个综合评估、通盘考虑，在此基础上出台适销对路的支持政策。建议委托湖北省内高等院校、科研机构等第三方评估机构，对小池镇开放开发的进展进行综合评估，全面把握小池镇开放开发需要解决的问题，为湖北省委、省政府进一步出台相关扶持政策提供依据。

（二）依托自身优势调整产业发展方向和重点

从初步调研的情况来看，小池镇发展工业的优势不是很明显，企业数量不少但规模不大，仅临港产业园就集聚了企业 55 家，基本上都是小微企业，对经济发展推动作用有限。事实上，农业是小池镇发展的传统基础，具有一定的条件和优势，加之中部物流园的带动，有利条件更加凸显，前景更加看好。同时，黄梅县传统文化资源丰富，在中国佛教发展史上具有非常重要的地位，禅宗四祖、五祖的祖庭都在黄梅县，六祖与黄梅县有割不断的关系，小池县妙乐寺被誉为南国第一寺，与庐山铁佛寺关系密切，方丈同为妙乐大师。黄梅戏起源于黄梅县，是中国五大戏曲剧种之一，在海内外都有较大的影响力。综合这些情况，笔者认为小池镇可以考虑依托传统文化优势优先发展旅游、教育等服务业，结合旅游业和物流业大力发展观光农业、休闲农业、体验农业和设施农业，立足科技创新全力培育两到三家龙头企业。

（三）立足自身发展推进跨江合作

产业差异、优势互补是经济合作的基础。面对九江市，小池镇目前在产业、资源等方面没有明显优势，特别是在九江县撤县设区之后，小池镇所谓的土地优势也消失了，因而跨江合作动力不足、意愿不强，要推进跨江合作，就必须发展自身优势，增强实力，形成互补。一是大力发展设施农业、绿色农业，拓展现代农业规模，提高农业品质。建议拓展小池滨江新区区划范围，将龙感湖农场和滨江新区合并成立新的湖北小池滨江开发区，打造中部地区瓜果蔬菜、畜禽水产生产基地。二是大力发展文化旅游，打造佛教旅游经典品牌，推进与九江市开展旅游合作；发展休闲农业、观光农业、体验农业，吸引九江市市民。三是积极推进中南医院小池分院建设项目，提升医疗服务能力水平，打造辐射九江市、安庆市、黄冈市等地的区域医疗服务中心。鉴于此项目的复杂性，建议由湖北省政府相关部门协助推进此项目，争取项目早日落地。四是扩大滨江学院办学规模，发展高等教育。建议由湖北省政府相关部门协调推动湖北理工学院安排 2~3 个学院到此办学，以此为基础寻求与九江学院、九江职业技术学院等开展教育合作，并考虑论证筹建小池镇黄梅戏曲职业技术学院。

（四）根据改革发展实际打造政策高地

通过 6 年只争朝夕地开放开发，小池镇经济社会迅速发展，主要经济指标增速高于湖北省、领先黄冈市，成为"四化同步"的"排头兵"，改革发展在很大程度上已经走在湖北省前列。必须根据小池镇改革发展的阶段性和现实性要求，出台相关支持政策和措施，推动小池镇高质量发展。一是加快湖北省行政体制改革进程，明确行政审批局、综合行政执法局和市场监管局的行政主体地位，开通网上行政审批端口，根据"能放即放"的原则最广领域、最大限度下放行政审批事项，根据"人随事走，编随人走"的原则从相关县级部门调配具备资质的人员充实综合行政执法局队伍。二是将小池镇从湖北省新一轮经济发达镇扩权改革中独立出来，根据小池镇实际单列改革事项，真正全面深化改革。三是出台激励政策，组织湖北省内商业银行、金融机构到小池镇考察对接，支持滨江新区借助省内外融资平台筹资，鼓励金融机构向小池镇政府和湖北科普达、五瑞生物等科技创新型企业贷款，缓解资金紧张的压力。

乡村振兴视域下的川陕革命老区农村土地制度

李 维*

摘 要：社会主义进入新时代后将乡村振兴作为"三农"工作的战略重心，其意义之一就是要实现精准扶贫，川陕革命老区大部分属于集中连片贫困区，区域性贫困问题突出，扶贫任务艰巨。因此，找准关键切入点是实施乡村振兴战略、实现川陕革命老区脱贫致富、走向共同富裕的关键。川陕革命老区农村土地制度改革与创新对于农村生产力的发展具有反作用力，可以有力地促进川陕革命老区农民财产性收入的提高。党的十八届三中全会明确了农村土地改革的总部署，为农村土地制度改革提供了顶层设计。川陕革命老区农村土地改革的关键在于对农村土地"三权分置"的改革，其目的是实现农村土地的市场化，明确土地产权，使土地经营者有"恒产"也有"恒心"。

关键词：乡村振兴；川陕革命老区；土地制度

2018 年中央一号文件确定了乡村振兴的战略部署，川陕革命老区所涵盖的地区范围大多都是"农业大市"，且处于贫困集中区域。"三农"问题在川陕革命老区大范围地呈现，从农村土地着手，可以从根本上实现川陕革命老区的振兴发展。川陕革命老区农村土地改革应该坚持在农村集体土地制度不变的前提下，尽快明晰农村各种土地类型的产权。产权不明晰是造成现阶段土地空置化、土地利用率不高等问题的重要原因。

一、乡村振兴战略在川陕革命老区的实施

川陕革命老区是中国共产党领导的红四方面军在川陕边界建立的革命根据地，是土地革命战争时期第二大苏区。中华人民共和国成立以来，老区面貌发生了巨大的变化，但是

---

* 作者简介：李维，四川文理学院川陕革命老区振兴研究院。

由于历史、自然、地理等多方面因素影响，经济社会发展依然面临多方困境。川陕革命老区范围包括 68 个县（市、区），总面积达 15.7 万平方公里，截至规划统计的 2015 年末，户籍人口达 3636 万人，地区生产总值达 8344 亿元，地方财政一般预算收入达 463.5 亿元。

川陕革命老区虽然具有区位独特、资源丰富、生态良好等区域优势，但是同时也具有很多问题，比如基础设施建设滞后、自我发展能力弱、公共服务水平低、脱贫攻坚任务艰巨、生态环境保护压力大。中共中央、国务院高度关注该地区的发展情况，中华人民共和国国家发展和改革委员会（以下简称国家发改委）于 2016 年发布了《川陕老区振兴发展规划》，为了解决老区农村在发展中的不平衡、不充分的问题，川陕老区的脱贫攻坚任务任重而道远。

党的十九大报告中依然将"三农"问题作为工作的重心，同时将"乡村振兴战略"列为建成小康社会的七大战略之一。农村的土地制度作为农村发展的基础和核心，其优化与否是破解"三农"问题的关键，同时也是实施乡村振兴战略问题的关键，也是下一步全面深化农村改革的重点。

川陕革命老区农业资源丰富，有利于农业资源的开发和特色产业的发展。为了加快推进农业结构调整，优化农产品区域布局，建设优质粮油和特色农林产品种植加工基地，积极发展具有地方特色的生态畜牧业、水产养殖业和特种养殖业。建设特色经济林基地，大力发展木本油料、林下经济。加强农业科技服务及成果转化，发展立体农业、设施农业、休闲观光农业。在优势农业资源发展基础之上，改革农村土地产权制度，促进农村土地流转，为特色农林产业的发展奠定基础。

二、川陕革命老区农村土地制度改革的意义

（一）为加快推进农业结构调整及农产品区域布局的优化奠基

从马克思主义历史唯物观来看，制度作为一种生产关系反作用于生产力。当然，作为制度的一种，农村土地制度可以提高人们从事农业生产的创造性和积极性。改革开放之后所实行的家庭联产承包责任制虽大力提升了农民的生产积极性，但是在大规模的工业化、城市化进程中，原有的土地制度中部分制度已经不能更好地提高农村生产。"一方面，农村土地产权权能缺失，农民收入和农业经济可持续增长乏力，'增产不增收'和'种粮不挣钱'现象普遍；另一方面，农村土地产权制度激励功能不足，农民从事农业生产的积极性不高，农业市场化改革非常缓慢，因此，农业生产力难以完全释放。"

（二）增加川陕革命老区农民收入，实现脱贫致富

乡村振兴的重要目的就是增加农民的财产性收入，川陕革命老区大部分地区属于集中连片特困地区，贫困面广，贫困程度深，区域性贫困问题突出。截至 2015 年年底，有建档立卡贫困人口 323.4 万人，占区域内农村总人口的 12.6%。更有 106.3 万贫困群众生活在"一方水土养不起一方人"的深山老林区，甚至需要实施易地扶贫搬迁。生活在老区的农民收入普遍不高，大量的农村剩余劳动力已经不再从事农业生产，土地作为农民最重要的要素，需要盘活相关要素，使土地产生最大的效用。

（三）明确土地产权，清晰承包者和经营者的权利和义务

推动农村土地的利用，需要对土地的产权予以明晰。因为经营者对土地投入包括各种设备、肥料，及其他的土地上投入，这些相关的投入具有投入大、周期长的特点，因此对相关产权的明确可以在土地流转合同中予以约定，进一步明确双方的权利和义务，对稳定投资者的投资信心有重要作用。

通过明确农村土地产权，除了能规范土地流转、增加农民收入，还能保障农民公平分享土地增值收益、依法获得集体资产股份分红收益，从而持续增加农民的财产性收入。特别是土地确权后，更加便于委托流转、股份合作流转、整村整组连片集中流转，发展更高层次的农业规模经营，从而促进农村土地资本化，补齐农村产权的"交易短板"。

就现今川陕革命老区农村地区来讲，通过明确农村土地产权，一方面，能重整农村土地权力分配，吸引外出的务工者回乡进行农业生产，增加创新创业的动力；另一方面，能明确承包者与经营者围绕土地而产生的权利义务关系，解决经营者对土地长期稳定投入的后顾之忧，也能提高承包者财产收入。

三、川陕革命老区农村土地改革的内容

（一）川陕革命老区农村基本情况

2016 年国家发改委出台了《川陕革命老区振兴发展规划》，2017 年四川省公布了《四川省川陕革命老区振兴发展规划实施方案》，全方位、多角度地对川陕革命老区实施产业振兴的计划，其中，对农业来讲，转变农业用地的方式，实施多种经营模式，大力开发经济作物的种植，发展农业园区，集生态、种植、旅游于一体的农作物园区。川陕革命老区生态相对脆弱，山区较多，可利用的土地反而较少，因此要提高老区的土地利用率。

川陕革命老区农村遍布范围广，帮扶贫困要重点针对的地区正是广大的农村，为了帮

助老区人民脱贫致富，提高该地区农民的财产性收入，转变当地农民的生产方式，明确和清晰土地产权，使投资者和经营者有"恒产"也有"恒心"，将精力投入农业生产当中来。例如，达州市作为川陕革命老区的一部分是农业大市，农业人口众多，其土地主要作为粮食生产区，相比于东部发达地区，土地用于建设的效益相对较低，因此可以作为粮食主产区。

（二）"三权分置"的改革和试点

2013年7月，习近平总书记在湖北考察时对当地农村的形势指出，要好好地研究土地所有权、承包权、经营权三者之间的关系，这是"三权分置"的理论雏形，2013年年底，中共中央农村工作会议明确将农村土地承包经营权分为承包权和经营权，实现承包权和经营权分置并行。中共中央、国务院多次发布文件确定了"三权分置"的模型，其目的就是解决传统的土地制度重效率、轻公平的弊病，促进农村土地积极入市。

家庭联产承包责任制所确立的"两权分离"随着农村改革的推进，其弊端日益显现，就川陕革命老区农村来讲，农业人口众多，扶贫压力巨大，改革其土地制度可以改良生产关系，进而提高生产率。

一直沿用至今的"两权分离"制度所显现的弊端主要有以下三点：首先，"两权分离"的制度设计重点在于土地承包经营权，对于土地的其他权利则利用较少。农村建设用地使用权、地役权、宅基地使用权、自留地使用权等权利也应该得到充分的发挥和重视，如果没有对相关权利的开发，土地之上的利益空间将会被压缩，不利于提高农民的财产性收入。

其次，对于产权的模糊性可能会影响经营者对土地的利用和其在土地上的投入。"两权分离"的土地制度更加注重的是土地的利用而非所有，而明确土地的归属与充分利用土地并不矛盾，二者可以相互促进。相反，忽视"物的归属"会弱化所有权人的利用方式，减少集体土地的经营模式，使充分利用物的可能性降低。土地的经营者需要有"恒产"也有"恒心"，土地的投入是一个长期的过程，土地利益的回收也需要一个周期，因此如果明确产权，明确土地的归属对于土地经营者来说是一件促进其有"恒产"也有"恒心"的事。

最后，在一些乡村振兴做得好的地区，土地制度都会有所创新，比如江西省黄溪村就是如此，通过"确权确股不确地"的模式促进农业发展，当然这些尝试都是个别的，其是否符合现今的土地法律框架有待考察，但不可否认的是，土地制度的创新，在以前所沿用的家庭联产承包责任制所确立的"两权分离"之上所进行的一系列改革和创新是有所必要的。特别是对于川陕革命老区的农村，土地作为农民唯一的生产资料，其重要性和敏感性很高，因此在创新的过程中也要坚持集体所有制不变的前提和基础。

基于以上原因，现阶段所推行的"三权分置"的改革和试点，土地的所有权、承包权以及经营权三权的分离在法理上虽然有探讨的余地，但实践中在各个地区试点的推动逐步成为主要的发展趋势，因为各个地区存在差距，实践不同，因此对于所有权、承包权、经营权的权能关系和实现形式也有可能不一样。在东部发达地区，土地利用收益高，非农非粮的土地收益也较高，为了实现土地的最大化利用，在保证国务院耕地红线的基础之上，土地更多地被用于非农非粮用地，而相对于西部欠发达地区，特别是川陕革命老区集中连片贫困区土地的利用基本上都是农业用地甚至是粮食用地。

党的十八届三中全会通过《中共中央关于全面深化改革若干重大问题的决定》提出要健全城乡发展一体化体制机制，在坚持和完善最严格的耕地保护制度前提下，赋予农民对承包地占有、使用、收益、流转及承包经营权抵押、担保权能，允许农民以承包经营权入股发展农业产业化经营。"在符合规划和管制用途的条件下，允许农村集体经营建设用地出让、租赁、入股，实行与国有土地同等入市、同权同价"，完善对被征地农民多元保障机制等政策不仅表现了党中央从土地角度切入对于解决农村问题的决心，也表明党中央在大政方针上鼓励和支持改进农村土地制度、统筹城乡发展。

中华人民共和国成立以来，土地制度经历了一系列的变革，从成立初期的土地私有到20世纪50年代的社会主义改造后，从互助组、初级社、高级社最后到农村土地集体所有制。1978年改革开放以来，"大包干"到沿用至今的"两权分离"，承包经营权由政策调整到法律调整、由债权性质到物权性质，以2007年《中华人民共和国物权法》的颁布为标志，确认了这个时期农村土地改革的成果。

（三）"三块地"改革和试点

所谓的"三块地"改革是对农地改革的三项试点工作的总结，主要包括农村经营性集体建设用地入市、宅基地改革、征地制度改革。2014年4月30日，国务院批准了国家发改委的《关于2014年深化经济体制改革重点任务的意见》，标志着农村有序推进"三块地"即建设用地入市、宅基地制度以及征地制度的建设。2014年12月31日，中共中央办公厅、国务院联合印发《关于土地征收、集体经营性改革试点工作的意见》，决定在全国范围内选取33个县市，截至2017年4月底，全国33个试点地区累计出台约500项制度措施，按新办法实施征地59宗，集体经营性建设用地入市278宗，2018年底作为该项改革的收官阶段，之后相关的制度要纳入《中华人民共和国土地管理法》之中，在试点期间，已经形成了总额为193亿元的交易，宅基地用于抵押，通过抵押发放贷款98亿元。对于这项改革的试点来说，作为贫困区的川陕革命老区也有值得借鉴的地方，在进行改革试点的33个县市当中包括安徽省金寨县、西藏自治区曲水县、甘肃省陇西县这三个国家级贫困县，在改革的过程中，这些相对落后的地区积极探索易地扶贫、水库移民搬迁、美丽乡村建设、抗灾减灾实施、生态涵养区保护等。在乡村振兴的大战略之下，川陕革命老区也有"一方水土养不起一方人"的地区，对其实施相关的宅基地改革试点，实现易地搬迁、完成脱贫攻坚任务具有重要意义。川陕革命老区河流众多，由于地势原因，河水较为湍急，水能资源丰富，为了发挥此优势，修建了大量的水利设施工程，这些水利工程既促进了当地资源的开放，同时也为宅基地改革提供基础。移民搬迁一方面可以实现易地搬迁，另一方面可以使搬迁的居民搬离深山，享受更好的生活条件，从而促进美丽乡村建设。

四、结　论

乡村振兴战略背景下的川陕革命老区的振兴发展任务以农村土地改革为切入点和落脚点，其目的在于增加农民的财产性收入，完成川陕革命老区脱贫攻坚的任务。其中土地改革的内容要以中共中央关于农村发展的相关部署作为顶层设计和制度框架，"三权分置"的土地改革制度是对传统的"二权分离"的完善和发展，农村土地征收、集体经营性建设用地入市、宅基地改革试点的阶段性目标已经达成，部分成果性经验也将被归纳和提炼，成为推行全国的制度。川陕革命老区结合自身的资源优势和地方的特殊情况，吸取试点地区的经验，推动土地确权及流转，完成易地搬迁，实现乡村振兴。

参考文献

[1] 杜伟，黄敏. 关于乡村振兴战略背景下农村土地制度改革的思考 [J]. 四川师范大学学报（社会科学版），2018，45（1）：12 – 16.

[2] 高飞. 农村土地"三权分置"的法理阐释与制度意蕴 [J]. 法学研究，2016（3）：3 – 19.

[3] 朱道林，王健，林瑞瑞. 中国农村土地制度改革探讨——中国土地政策与法律研究圆桌论坛（2014）观点综述 [J]. 中国土地科学，2014，28（9）：89 – 94.

红色旅游的社会建设功能及实现意义 *

徐仁立

摘　要： 在市场经济的冲击下，如何使淳朴的革命老区人民提高自觉性，是当今革命老区建设面临的一个重要社会问题。红色旅游具有社会建设功能，能够通过发展经济、创建社会和谐的人文环境和自然环境等途径，实现社会建设的目标。充分认识这一功能和意义，对推动革命老区社会建设和红色旅游发展，具有重要的现实意义。

关键词： 红色旅游；社会建设功能；意义

革命老区建设包括政治、经济、文化、社会、生态建设等方面。社会建设是"五位一体"的中国特色社会主义事业总体布局的重要组成部分，是全面协调可持续发展的内在要求。党中央十分重视社会建设，先后提出建设小康社会、学习型社会、创新型社会、新农村建设、美丽乡村建设、城镇化建设等决策。特别是构建社会主义和谐社会，是中国共产党在科学发展观指导下，从中国特色社会主义事业的总体布局和全面建设小康社会的全局出发而提出的重大战略任务。自从 2002 年 11 月党的十六大报告首次提出构建社会主义和谐社会以来，党中央非常重视，各级政府认真落实，取得了良好效果。而发展红色旅游正是构建社会主义和谐社会的重要手段。自 2004 年党中央提出发展红色旅游以来，红色旅游对促进革命老区社会建设发挥了不可替代的作用，充分认识这种作用对于继续推进红色旅游发展与当今革命老区社会建设，具有重要现实意义。

* 基金项目：国家社会科学基金课题："革命老区红色旅游创新发展研究"（15XGL013）。

作者简介：徐仁立，全国著名红色旅游研究专家。三级教授、硕士研究生导师，注册国际高级企划专家，全国红色旅游工作协调小组培训主讲专家，红色旅游专业委员会副主任，中国红色旅游研究院院长。

一、红色旅游的社会建设功能及其实现

（一）红色旅游社会建设功能

和谐是对立事物之间在一定的条件下的具体、动态、相对、辩证的统一，是不同事物之间相同相成、相辅相成、相反相成、互助合作、互利互惠、互促互补、共同发展的关系。这是辩证唯物主义和谐观的基本观点。促进社会和谐是中国特色社会主义的本质属性，是国家富强、民族振兴、人民幸福的重要保证，更是党不懈奋斗的目标。和谐社会是民主法治、公平正义、诚信友爱、充满活力、安定有序、人与自然和谐相处的社会，它是目前发展的一个目标、愿景，既是目标又是过程。到 2020 年，构建社会主义和谐社会的目标和主要任务是：社会主义民主法制更加完善，依法治国基本方略得到全面落实，人民的权益得到切实尊重和保障；城乡、区域发展差距扩大的趋势逐步扭转，合理有序的收入分配格局基本形成，家庭财产普遍增加，人民过上更加富足的生活；社会就业比较充分，覆盖城乡居民的社会保障体系基本建立；基本公共服务体系更加完备，政府管理和服务水平有较大提高；全民族的思想道德素质、科学文化素质和健康素质明显提高，良好道德风尚、和谐人际关系进一步形成；全社会创造活力显著增强，创新型国家基本建成；社会管理体系更加完善，社会秩序良好；资源利用效率显著提高，生态环境明显好转；实现全面建设惠及十几亿人口的更高水平的小康社会的目标，努力形成全体人民各尽其能、各得其所而又和谐相处的局面。我国建设和谐社会的举措目前主要有：扎实推进社会主义新农村建设，促进城乡协调发展；落实区域发展总体战略，促进区域协调发展；实施积极的就业政策，发展和谐劳动关系；坚持教育优先发展，促进教育公平；加强医疗卫生服务，提高人民健康水平；加快发展文化事业和文化产业，满足人民群众文化需求；加强环境治理保护，促进人与自然相和谐。这些举措和发展红色旅游在本质上是一致的。发展红色旅游对构建社会主义和谐社会的促进作用是多方面的，比如发展经济，提高就业率，收入增加，加快思想文化建设，使人与人、人与社会、人与自然关系更加和谐等。

（二）红色旅游社会建设功能的实现途径

1. 和谐社会建设的经济基础

通过发展红色旅游促进经济发展，尤其是能够促进偏远、落后的革命老区经济发展，这是构建和谐社会的经济基础。发展红色旅游能够促进当地旅游文化资源的开发与利用，能够促进旅游业的发展，并带动相关行业的发展。经济基础决定上层建筑。投资增多了，经济发展了，财政收入增加了，人民生活水平提高了，就为和谐社会建设奠定了坚实基础。

2. 和谐社会建设的思想基础和人文社会环境

通过发展红色旅游提高国民思想道德和科学文化素质，这是实现和谐社会的精神支柱。发展红色旅游，能够促进红色文化的传播，能够促进革命老区对外开放和经济、文化的交流，同时保护当地特色文化，进而提高当地居民的思想道德和科学文化素质，改善当地居民的精神风貌，促进革命老区形成人与人、人与社会和谐发展的人文社会环境，从而为和谐社会建设奠定思想基础。

3. 和谐社会建设的自然环境要求

通过发展红色旅游促进资源的合理开发和利用，这是实现人与自然和谐的环境要求。红色旅游资源是稀缺资源，红色旅游地的生态资源也是稀缺资源，保护好才能利用好。为此，要加大对红色旅游及其生态资源保护和环境整治力度，杜绝滥占乱建等破坏自然生态环境行为的发生。红色旅游产业化不能一哄而上，不能搞恶性开发，要注重环境保护，做到开发和保护相互协调，在保护的基础上开发。这不仅是红色旅游发展的重要保障，更是农村经济、文化可持续发展的重要保障。

4. 和谐社会建设的根本目标

通过发展红色旅游增加就业，提高收入，提升人民生活水平，这是建设和谐社会的根本目的。革命老区的经济发展水平还比较低，大多数人民群众的生活比较艰苦。让革命老区尽快发展起来，让革命老区人民尽快富裕起来，是党和政府的重大责任，是促进经济和社会、区域之间协调发展的重要措施。发展红色旅游，可以加快革命老区的基础设施建设，培育和发展特色产业，把资源优势转化为经济优势，大力发展地方经济，达到实现共同富裕的目标。

二、红色旅游社会建设功能实现的意义

（一）发展红色旅游是实现区域、城乡协调发展和社会公平的重要举措

发展红色旅游和革命老区振兴发展规划是继沿海地区对外开放战略、西部大开发战略、振兴东北等老工业基地战略和促进中部地区崛起战略之后，我国政府出台的又一项重大经济战略决策，是中国在 20 世纪后期先后实施的"四沿"（沿海、沿江、沿线、沿边）改革开放战略的延续和深化。虽然"四沿"的开放网络覆盖全国版图，但那些"四不沿"的革命老区相对受惠不多。也正是因为这种"四不沿"的区位特性，为中国革命提供了宝贵的发展空间和资源。今天，这种"四不沿"的区位特性，成为制约革命老区开放发展的硬件障碍。所以，红色旅游和革命老区振兴规划的出台，就像当年建立革命根据地一

样，又一次抓住中国社会发展中存在的一个重要薄弱环节，力争做出一篇大文章，填补中国经济社会发展中的盲点，将中国的改革开放进程再向纵深推进一步。改革开放以来，中国区域经济发展经历了由小区域到大区域再到小区域，由点到线，由线到面，再重新回到点的过程，形成点、线、面错综交织、同时推进的多元化区域经济格局。国家对革命老区和红色旅游区域、线路和景点的开发，正显示了这种向小区域和点回归的最新走向。多个层次、多种形式的改革开放政策使中国造就了中国经济发展的三个增长极，即珠江三角洲、长江三角洲和京津冀地区，以及两个快速增长半岛——辽东半岛和山东半岛。另外，通过实施"西部大开发""振兴东北老工业基地"和"促进中部地区崛起"的重大决策，使中国区域经济发展由沿海小区域独秀，走向东南沿海、大西北、东北和中部四大区域争奇斗艳。然而，由于前述综合原因，在这一进程中，昔日革命老区受惠十分有限，成为内陆地区开发振兴三大战略的盲点，造成内陆地区内部发展的不平衡，成为中国经济社会发展不平衡的又一深层表现。革命老区发展规划和红色旅游规划的实施，重点革命老区、红色旅游区域、红色旅游精品线路和经典景点的推出，是在中国区域经济格局三大内陆板块的盲点上开拓新的经济增长点，使这三大内陆板块内部的区域发展更加协调。这是一种新的小区域开发战略，标志着我国区域经济发展已经开始触及小区域内的深层结构失衡问题。实施这些规划，就是要把这些战略支点纳入区域经济大战略中，从革命老区资源优势出发制定的一项低成本、高效益的切实可行的开发战略。这是从面到点的回归，是我国区域经济发展战略日趋精致化的标志，最终形成点、线、面齐头并进，协调发展的态势。而振兴革命老区、发展红色旅游有助于实现区域、城乡协调发展，实现公平公正。具体表现在以下三个方面：

1. 发展红色旅游能够缩小革命老区与发达地区的经济差距，这是构建和谐社会的基础

缩小区域、城乡发展差距，促进革命老区经济发展是构建社会主义和谐社会的基础。红色旅游不再是以往单一的政治教育模式，它已成为发展老区经济、造福老区人民的重要产业。和谐社会的构建首要一条就是在经济上得到发展，物质上得到满足，这是社会和谐的基础和前提。由于革命老区大多地处偏远的地区，经济发展水平普遍不高，所以以帮助革命老区人民尽快脱贫致富，是各级党委和政府的重要任务。发展红色旅游可以将历史、文化和资源优势转化为经济优势，推动经济结构调整，培育特色产业，促进生态建设和环境保护，带动商贸服务、交通电信、城乡建设等相关行业的发展，扩大就业，增加收入，为革命老区经济社会发展注入新的生机和活力，是名副其实地能够带动老区人民脱贫致富的富民工程。同时，随着红色旅游的进一步开展，必然促进革命老区思想的进一步开放以及人才素质的进一步提高，从而对加快赶上经济发达地区、实现区域经济协调发展和共同富裕、提升国家综合国力，具有重要意义。

2. 发展红色旅游能够推动少数民族地区经济社会发展

我国有不少的红色旅游资源分布在少数民族地区，而少数民族地区大多地处偏远，经济发展水平相对不高。发展红色旅游也是优化少数民族地区区域经济布局，帮助民族地区尽快脱贫致富，加快少数民族地区经济社会发展的重要举措。少数民族地区自然风景优美，民族风情浓郁，通过开发红色旅游来培育地方旅游业新的增长点，有助于把少数民族地区的彩色旅游资源传播出来，从而拓展和丰富少数民族地区的旅游产品、优化旅游业结构和布局，壮大旅游业主导甚至支柱产业地位。同样通过基础设施建设，将相关资源优势转化为经济优势，推动经济结构调整，促进生态建设和环境保护，带动相关行业的发展，实现少数民族地区经济社会协调发展。如广西壮族自治区百色市推行以"邓小平足迹之旅"为主线的爱国主义教育旅游活动，当年该市旅游收入达近亿元；贵州省的红色旅游与自然山水游、少数民族风情游相伴而生，形成了全面发展的复合型旅游产业，每年吸引大量不同层次、不同民族和文化背景的中外游客，形成了良性互动的发展势头。2004 年，贵州省实现旅游总收入 167.5 亿元，相当于全省国内生产总值的 10.5%，其中红色旅游的贡献率在 1/3 以上。

3. 发展红色旅游也是一次社会利益再分配的过程，使整个社会进一步趋向公平、公正

红色旅游作为一项促进革命老区发展的社会工程，也是一次收入再分配的过程，有助于缩小人们的收入差距和地区发展差距。红色旅游是一个统筹协调发展的过程，红、绿、古并举，东部、中部、西部联动，统筹经济与社会共同发展；而且实施"红色旅游"工程，有助于革命老区与发达地区一样，形成目标统一、措施系统、操作规范和相对公平的扶持政策，从而增加人们之间的相互信任、相互理解，共同奋斗、共同进步。发展红色旅游也是社会福利的优化。根据新福利经济学的观点，如果既定资源配置经过调整能够使某些人的福利增加，而又不使其他人的福利减少，那么这种配置就是最优的。就红色旅游区而言，通过发展红色旅游业，可以增加红色旅游区人民的收入，提高当地人民的物质生活水平和生活质量，进而改善当地人们的福利水平，且不会损坏和降低其他地区人民的福利，使社会福利整体向最优状态趋近。

（二）发展红色旅游是全面推进老区新农村建设的助推器

社会主义新农村建设是缩小区域、城乡发展差距、实现社会和谐的重要手段。社会主义新农村建设是指在社会主义制度下，按照新时代的要求，对农村进行经济、政治、文化和社会等方面的建设，最终实现把农村建设成为经济繁荣、设施完善、环境优美、文明和谐的社会主义新农村的目标，这是我们党建设中国特色社会主义方略的重要组成部分。发展红色旅游有助于推进社会主义新农村建设。具体表现为以下四个方面：

1. 发展红色旅游能够促进农村经济发展

（1）发展红色旅游有助于为革命老区培植新产业。要实现农村经济发展，就要求农村各地根据自身条件和实际情况，培育具有发展前景的特色产业。红色旅游开发就是在红色旅游资源丰富的农村地区发展旅游业，将当地的资源优势变成经济效益，将旅游业建设

成为当地经济的亮点甚至是支柱产业。而培植新的产业，调整农业经济结构，转变生产方式和经济增长方式，促进农村经济发展，提高农民收入，是新农村建设的关键。

（2）发展红色旅游有助于基础设施和旅游接待配套设施建设。基础设施的完善是新农村建设的重要任务。红色旅游在乡村的开发不仅能争取政府在基础设施建设上的更多资金投入，更重要的是能吸引外商对项目进行投资，从根本上解决农村经济发展过程中资金短缺问题，激发农村的经济活力。

（3）发展红色旅游有助于新农村科学规划。旅游追求个性化、特色化、原生态文化基础、唯一性等，有助于形成旅游村庄的独特面貌和村容，是打破目前新农村建设中千村一面的最佳模式。同时在农村发展红色旅游，有利于加快建设资源节约型、环境友好型社会，有利于保护资源和环境，促进农村科学规划与基础设施建设，有助于实现"村容整洁"的建设目标。如井冈山以"和谐乡村"为主题，将红色旅游与新农村建设结合起来，开展村庄整治，开发"乡村体验游"，农村发展与旅游相结合，把旅游产业链向农村延伸发展。开发相关旅游商品，使其成为农村经济新的增长点。红米饭、南瓜汤等红色旅游食品受到游客的欢迎，竹凉席、根雕等红色旅游纪念品、工艺品的加工生产得到发展。同时，改变了农村环境，建设了一批环境整洁、生态良好、村风文明的特色旅游文化村、生态村和民俗村。

2. 发展红色旅游能够推进农村精神文明建设

（1）发展红色旅游能够提高农民思想道德水平。积极发展红色旅游，寓思想道德教育于参观游览之中，将革命历史、革命传统和革命精神通过农民身边的红色旅游产品传输给广大农民群众，对于建设和巩固社会主义思想文化阵地，大力发展先进文化，支持健康有益文化，努力改造落后文化，坚决抵制腐朽文化，提高农民的思想道德素质，促进农村的精神文明建设，具有重大而深远的意义。

（2）发展红色旅游能够促进农民综合素质提高。红色旅游产业实质是服务产业、文化产业。发展红色旅游需要一批高素质的农民，这样就会使政府增加对农民教育的重视，同时在市场的引导和现实的教育下，农民自身也会努力提高自己的知识、能力与素质，从而造就一批懂经营会管理的、适应现代化建设的新型农民。市场是一所最好的学校，能将农民培养成为文明礼貌的公民。发展农村旅游，由于大量的外来文化和先进思想带入农村，可以迅速提高农民的文化水平，使农民接受先进思想，转变思想观念，紧跟时代发展的步伐。

（3）发展红色旅游能够推动乡村文明建设。旅游对于环境、景观卫生及整洁的要求，将大大推动农村村容的改变、卫生条件的改善、环境治理以及村庄整体建设的发展。红色旅游的发展能够促进革命老区和外界的文化交流，引起革命老区人民思想观念的转变，能有效帮助老区人民改掉陈规陋习，提高文化修养，为老区经济的全面、健康发展创造良好的人文环境。

（4）发展红色旅游有利于老区特色文化的保护与传承。首先，发展红色旅游能够有效地保护和展示以红色文化为核心的老区特色文化。红色旅游的发展会使革命老区有意识地加强对文化资源的保护力度，较完整地保护革命老区的优秀传统和文化，从而使革命老区的文化在经济发展的同时还能得到有效的保护，成为永续利用的精神财富。其次，发展红色旅游能够推动革命老区特色文化的创新与发展。文化是随着时代的发展而发展，不同的时代某种文化的意义会有所不同。革命老区特色文化是在革命年代积淀形成的，在当今新时代仍具有特殊的意义。但革命老区文化也要与时俱进，需要创新，使之适应现代潮流与满足现代人的文化需求，以达到传统与现代相结合。对挖掘出来的文化进行规范与提升，极大地丰富与完善了革命老区特色文化。再次，宣传并弘扬革命老区特色文化。红色旅游文化的品牌营销，极大地宣传和推广了红色文化。旅游者对革命老区特色文化的憧憬、遐想等所导致的文化需求，吸引更多旅游者前往红色旅游景区以满足需求，加深对特色文化的理解；同时向家人、朋友、同事等口头宣传了革命老区文化，使他们朝着红色文化的精神境界迈进，使红色文化得以弘扬和传承。当然，也要注意功利主义、重金主义对红色文化、民俗文化环境的冲击、破坏，防止过度的商业开发引起的物价上涨，导致当地居民生活成本的提高。

3. 发展红色旅游能够拓宽农民就业途径，促进农村社会问题的破解

解决农村闲置人口的就业问题。现在很多欠发达地区包括革命老区中有很多农民都到经济发达地区工作，即劳务输出，这一现象在一定程度上能缓解农民就业的暂时压力，但从长远来看，这种劳务输出对当地的经济发展是不利的，最好的解决办法就是就近安排农村剩余劳动力。红色旅游是一个劳动密集型产业，所需就业人数相对其他产业要多，能够提供许多直接的就业机会；同时，发展红色旅游也会带动其他相关行业的发展，提供间接的就业机会。如促进金融业、运输业、餐饮服务业、农特产品生产、工艺美术品、纪念品制造等行业的发展，而这些行业的发展，拓宽了就业的渠道，极大地缓解了当地老区农民的就业压力。如井冈山红军医院旧址所在地小井村，过去村里年人均收入仅300元左右，如今39户人家，有的经营工艺纪念品，有的开餐馆，年人均纯收入在5000元以上。毛泽东旧居所在地的大井村，全村共45户人家，172人。优越的地理位置使他们享受到"红色旅游"带来的诸多好处。毛泽东旧居旺季时每日游客的到访量达2000人次左右，淡季每日也有500人次左右。二期规划提出，到2015年，红色旅游综合收入突破2000亿元，累计新增直接就业50万人、间接就业200万人。

4. 发展红色旅游有助于提升革命老区形象

发展红色旅游为革命老区宣传自身、提高形象创造了难得的契机。红色旅游对提升革命老区形象有重要作用，首先，红色旅游改变了许多人思想上存在的革命老区落后的观念。旅游是一种跨文化交流形式。革命老区地处偏远之地，传统的小农经济意识、安于现状、不思进取的思想观念深深地影响人们，再加上文化水平低，开发红色旅游资源不仅能吸引众多游客前来旅游，并以自身较为时尚的意识形态与生活方式影响革命老区的人们思想观念的转变，同时可以使人们改掉自身陈规陋习，提高文化修养，提高素质，从而使外

来者对革命老区产生美好的印象，并通过口碑效应，让更多的人对革命老区有更客观的认识，使革命老区不再是贫穷落后的代名词。其次，红色旅游向外人展示了一个更加开放的革命老区。由于地理、历史等原因，革命老区基本处于比较闭塞的状态，与外界的经济、社会联系很少。而红色旅游带来的是旅游客源地人员的位移，并由人的流动带来物流、资金流、信息流、文化流等。这样，革命老区不再只是神秘的革命老区，而是一个开放的革命老区，从而树立革命老区的新形象。如江西省作为红色旅游资源大省，通过大力发展红色旅游，使"红色摇篮，绿色家园"的旅游形象深入人心，并且这一品牌正以更高的旋律、更强的后劲唱响中华、走向世界。从而有效地宣传了江西省的历史文化、生态文化，也有效地宣传了江西省近年来发生的巨大变化，有助于提升江西省革命老区形象，树立江西省的新形象。

（三）红色旅游是和谐社会建设的"润滑剂"

红色文化是中华民族优秀文化传统的传承和升华，是中华民族宝贵的精神财富，同时也是社会主义先进文化的重要内容。红色旅游能够促进先进文化的传播，红色文化是构建和谐社会的精神支柱。

1. 红色旅游能够发挥维系和谐社会的纽带作用

红色旅游作为维系社会和谐的精神纽带，能够激励全体人民为共同理想、信念而团结奋斗。我国有 14 亿多人口，56 个民族，在深化改革、扩大开放中促进社会和谐发展，必须不断巩固马克思主义在意识形态领域的指导地位，巩固全党全国人民团结奋斗的共同思想基础。否则，就难以有效整合各种各样的利益诉求和价值观念，在全社会形成共同的意志，实现社会的稳定、有序、和谐。在主流意识形态不断发展的同时，社会生活多样、多元、多变的特征日益凸显，各种思想观念相互交织、相互影响、相互激荡。用什么样的形式去贯穿呢？虽然方式多种多样，但红色旅游文化作为构建和谐社会的精神纽带，起着不可或缺的、潜移默化的作用。红色旅游是传播红色文化、构建社会主义和谐社会的有效载体。党提出构建社会主义和谐社会，就是要在推进中国特色社会主义事业、实现"中国梦"的历史进程中实现社会和谐，在社会和谐中推进中国特色社会主义事业。红色旅游在休闲娱乐中传播红色文化，是创建社会和谐的重要条件。

2. 红色旅游能够发挥精神动力作用

社会主义和谐社会是充满创造活力的社会，是人的积极性、主动性、创造性得到充分发挥的社会。社会活力首先表现为一种积极进取精神状态，激发全社会的创造活力离不开民族精神和时代精神。实践告诉我们，越是深化改革，越是扩大开放，越需要弘扬伟大的民族精神和时代精神。这样，才能不断丰富人们的精神世界，增强人们的精神力量，为促进社会和谐发展提供不竭的精神动力。红色旅游使红色文化生生不息、薪火相传，从而成为鼓舞人们奋发进取的精神旗帜。中华民族在辉煌灿烂的历史进程中，培育和形成了以爱国主义为核心的团结统一、爱好和平、勤劳勇敢、自强不息的伟大民族精神。中国共产党带领人民在革命、建设和改革的过程中，不断丰富和升华这一民族精神。把弘扬民族精神贯穿于构建社会主义和谐社会的全过程，不断增强公民对国家的认同感、归属感，增强全国人民的爱国意识、团结意识和发展意识，增强全民族的自尊心、自信心和自豪感，这正是红色旅游与红色文化所要达到的目的。充分挖掘爱国主义教育资源，利用革命博物馆、纪念馆、陈列馆（室）、遗址等教育基地发展红色旅游，宣传中华民族的优秀历史文化，宣传中国共产党的光荣奋斗历史，宣传改革开放和现代化建设的辉煌成就，是引导和激励人们同心同德地创造幸福和谐的美好生活的需要。红色旅游和红色文化是激发社会创造活力的助推器。只有大力发展红色旅游，传播红色文化，建设社会主义先进文化，才能使全体人民始终保持昂扬向上的精神状态，使整个社会充满活力和创造力，进而战胜前进道路上的一切艰难险阻。

3. 红色旅游能够发挥培育文明道德作用

建设红色旅游文化既是培育文明社会风尚，发展社会主义先进文化的重要内容，也是构建社会主义和谐社会的必然要求。首先，红色旅游为青少年健康成长营造了良好的思想文化环境。构建社会主义和谐社会、培育合格主体，是一个不断积累、不断实践的过程。青少年是社会主义事业的建设者和接班人，是实现"中国梦"的接力人，红色旅游根据青少年成长的特点和规律，通过旅游形式传播红色文化，为青少年健康成长营造了良好的思想文化环境。其次，红色旅游有助于共建中华民族的精神家园。红色旅游与文化不仅能够作为建设和谐城市、和谐村镇、和谐社区、和谐单位的重要载体，不断深化和拓展精神文明建设的内涵，而且可以通过拓展领域、充实内容，深入开展创建文明城市、文明村镇、文明行业活动营造可持续发展的文化生态环境。渊源于中华民族优秀传统文化、植根于当代中国特色社会主义建设伟大实践的红色旅游文化，是激励各族人民建设和谐社会、实现民族复兴的"中国梦"的强大精神力量。继承与创新是红色旅游文化的精髓，从深厚的中国红色文化中汲取营养，丰富现代人们精神文化产品的内容、风格、样式和品种，红色旅游文化能够促进中国特色社会主义先进文化的繁荣发展。最后，红色旅游文化能够主导各种文化资源的整合、发展和创新。中国文化丰富多彩，地域性、民族性突出。既有优秀特色文化，也受到了落后文化影响。通过大力发展红色旅游，整合、发展和创新地域文化、民族文化，使之适应我国改革发展的客观要求，体现了广大人民群众的根本利益和共同愿望，从而把红色旅游文化与构建社会主义和谐社会、培育文明道德风尚、创造良好文化条件有机地结合起来。

4. 发展红色旅游提升了我国居民休闲娱乐方式的层次和品位

旅游作为一种满足人们精神文化需要的高层次消费活动，是人们在达到基本生存层次上升华出的高层次生活状态，是人们在自己物质家园中建立精神家园的心灵需求。而红色旅游作为一种新型的主题旅游形式必将吸引更多的人参与其中，远离封建迷信以及"黄、赌、毒"等落后甚至违法娱乐休闲方式，从而提升了我国居民的休闲娱乐方式层次和品位。据调查，改革开放以来，我国各种庙宇8.4万座，教徒3亿。红色旅游的开展使人们的生活内容变得丰富多彩，愉悦情怀，健康向上，从而使人们能够以更大的热情和精力投入工作和学习中去，为构建和谐社会添砖加瓦。

可见，发展红色旅游体现了社会主义物质文明建设和精神文明建设的有机结合，这也是构建社会主义和谐社会的精髓。在历史遗迹中感悟红色文化，在青山绿水中休闲娱乐，人们只有在物质和精神上得到有效满足，构建社会主义和谐社会才可能得到真正实现。

参考文献

［1］徐仁立．红色旅游发展概论［M］．北京：中国旅游出版社，2017．

［2］徐仁立．中国红色旅游研究［M］．北京：中国金融出版社，2010．

［3］徐仁立．旅游产业与文化产业融合发展的思考［J］．宏观经济管理，2012（1）：61－62．

闽西红色村落相关问题研究[*]

张雪英

摘　要：中国民主革命的胜利是由众多红色村落的"星星之火"变成"燎原"之势。闽西红色村落是原中央苏区的主体和核心区域之一；是土地革命的重要发源地；是毛泽东思想重要发祥地；是原中央苏区的经济中心；是中国共产党局部执政、民主建政的最早实践基地之一；是红旗不倒的堡垒；是军队政治工作的奠基地。在革命战争时期、建设时期和改革开放时期，闽西的红色村落都发挥着不可或缺的作用。对闽西红色村落的研究具有十分重要的学术价值，对传承革命红色文化与保护红色村落也具有很强的现实意义。

关键词：闽西；红色村落；作用

一、选题的缘起

农村包围城市、武装夺取政权是以毛泽东为代表的中国共产党人在中国革命实践中逐步摸索出来的革命发展道路理论。革命发展道路理论的胜利实现离不开作为历史主体的共产党人与人民群众，同时也离不开历史载体——革命根据地。而革命根据地由数量众多的村落构成，村落是乡民长期生活、聚居、繁衍的空间地域，是中国革命由"星星之火"变成"燎原"之势的原点。中国共产党人领导贫苦农民在根据地村落中点燃了武装起义的"星星之火"，继而发展成为"燎原"大火，最终夺取了中国革命的胜利。因此，研究革命村落的运行机制、社会变迁和文化基因，对拓展党史和毛泽东思想的历史内涵，具有

　＊　基金项目：2017 年国家社科基金一般项目（17BDJ066）。
　作者简介：张雪英，龙岩学院原中央苏区研究院执行院长、闽西红色文化研究中心主任、教授，龙岩市首批"四个一批人才"。

十分重要的学术价值，对传承革命红色文化与保护红色村落也具有很强的现实意义。

中华人民共和国成立后，在建设和改革开放的不同历史时期，红色村落的发展几经波折，有过辉煌也有过失落，但最终在为实现"两个一百年"奋斗目标和中华民族伟大复兴"中国梦"的进程中，其蕴含的先进红色文化的独特价值再次得到彰显。

二、研究的对象

本文所说的"红色村落"有特定的内涵，特指中国共产党领导人民在新民主主义革命时期进行革命斗争留下重要印记、在党的历史上发挥过重要作用且至今仍然发挥重要咨政育人功能的村庄，它已成为革命纪念地、革命史迹、革命精神等历史信息的重要载体，是红色文化孕育的摇篮，是中华民族文化遗产的重要组成部分。

本文以闽西原中央苏区红色村落为例展开研究。闽西是全国著名的革命老区，是原中央苏区的主体和核心区域之一；是土地革命的重要发源地；是毛泽东思想重要发祥地；是原中央苏区的经济中心；是中国共产党局部执政、民主建政的最早实践基地之一；是红旗不倒的堡垒；是军队政治工作的奠基地。2014年10月31日，习近平同志专程来到闽西上杭县古田出席全军政治工作会议时指出，闽西是原中央苏区所在地，对全国的解放、中华人民共和国的成立、党的建设、军队的建设做出了重要的不可替代的贡献。这些重要讲话赋予了闽西老区应有的内涵，凸显了闽西老区在中国革命和党史上的贡献和地位。

在庆祝建党95周年大会上，习近平总书记提到"不忘初心"，就是要告诫全党不能忘记党的理想、信念、宗旨，不能忘记共产党人自建党之初就树立的奋斗精神和对人民的赤子情怀。党的十九大报告的主题提出"不忘初心、牢记使命"。不忘初心，方得始终。中国共产党人要牢记为人民谋福利，为民族谋复兴。

三、红色村落的相关问题

（一）红色村落形成的历史背景

闽西位于福建省西部，按清末的行政区划，闽西包括汀州府所属8个县：长汀、上杭、武平、永定、连城、清流、宁化、归化（今明溪）和龙岩州所属3个县：龙岩、漳平、宁洋（今分属漳平、龙岩、永安）。北接赣南，南邻粤东，东依博平山脉，西傍武夷山南段。土地革命战争时期，包括漳州的平和、南靖和广东的大埔等县都属于闽西苏区的范围。

中华人民共和国成立后，闽西专指龙岩地区。1997 年 5 月，龙岩地区改为龙岩市，辖新罗、永定、上杭、武平、连城、长汀、漳平 7 个县（市、区），都是土地革命战争时期的原中央苏区县，是全国著名的革命老区。

闽西地势东高西低，北高南低。武夷山（南段）、玳瑁山、博平岭等山脉沿东北—西南走向，大体呈平行分布。闽西境内溪河较多，从水流归属情况看，分别属于汀江、九龙江北溪、闽江沙溪、梅江水系。

闽西自然条件良好，气候温和，雨量充足，土地肥沃，物产丰富。农林作物盛产水稻、番薯、油菜、大豆、花生、烟叶、毛竹、木材、药材、香菇、笋干、茶叶等，其中尤以竹、木著称。地下资源非常丰富，有煤、铁、钨、锰、铅、锌，以及石灰石、膨润土和高岭土等矿产。

由于闽西地处山区，交通不便，土特产的输出和工业用品的输入，全靠肩挑手提。因此农村自给自足的自然经济长期占主导地位。

闽西地理位置重要，具有可进可退可守的战略意义，同时它距福州等中心城市较远，是反动统治比较薄弱的地方。这些都为开展游击战争，实行工农武装割据，创建革命根据地提供了极为有利的客观条件。

1. 中华人民共和国成立前闽西的政治经济概况

在中华人民共和国成立之前，闽西人民和全国人民一样，长期遭受帝国主义、封建主义和官僚资本主义及国民党反动派的压迫和剥削。封建的生产关系严重地束缚着生产力的发展，闽西经济长期处于停滞的状态。

一方面，闽西地区的经济主体是小农经济，没有现代化的工业，只有分散的个体农业、手工业和中小商业。农业生产是落后的，粮食产量不高。另一方面，洋货充斥市场，人民所需的日用品，如布匹、煤油、西药等，绝大部分依赖外地输入。

1840 年的鸦片战争，西方列强用大炮轰开了中国的大门。资本主义侵略势力，同样渗透到偏僻的闽西山区。他们在闽西倾销商品、掠夺原料，导致了闽西烟、纸、布等手工业和农业的进一步破产。

与此同时，各部军阀为了争夺地盘，连年混战，给闽西人民带来无穷无尽的灾难。在 1922～1925 年，闽西大小军阀混战竟达 30 多次。战争对经济和文化的破坏，带给人民数不尽的痛苦。反动军阀横征暴敛，闽西社会长期处于一片混乱黑暗中。

地处偏僻的闽西山区，鸦片战争前夕，虽有一些新的经济因素的萌芽，但发展得非常缓慢。外国帝国主义入侵后，对闽西自给自足的封建经济基础起了一定的解体作用，但广大农村中，仍然是封建的生产关系占主导地位。广大农民深受封建地租、高利贷、田赋捐税的繁重剥削。

土地革命前闽西的土地问题集中表现为地权高度集中。土地占有情况，据闽西六县（龙岩、永定、上杭、连城、武平、长汀）调查，"田地平均 85% 在收租阶级手里，农民所有田地平均不过 15%。"

沉重的地租、高利贷剥削及繁重的苛捐杂税，使闽西百姓民不聊生。根据陈翰笙《中国农民负担之赋税》一文的附表，闽西汀州 1926 年秋其田赋已预征到 1931 年，预征了 5 年的田赋。

在帝国主义、封建主义的压榨下，闽西地区的社会经济日益衰败。自给自足的自然经济在外国资本主义的冲击下迅速破产，以致"农辍于耕，工失于肆，商罢于市，百业凋零，金融纷乱"，广大人民生活艰难竭蹶，日益贫穷，灾难深重。广大工农群众为求自身的解放而走向革命，在闽西近代历史上，反帝反封建的革命浪潮，一浪高过一浪。

2. 闽西人民的反帝反封建斗争

1853 年春，太平天国起义军席卷江南，定都南京时，也推动了闽西革命运动。太平军占领南京的消息传到闽西，龙岩会党首领蔡伦发联络永定坎市会首卢庆云、武平会首邱升等人，相继在龙岩、宁化、长汀、永定地建立"千刀会""花旗军"等组织，积极配合太平军活动，1855 年，永定农民陈天密率领 1000 名饥民在岐岭竖起了起义的大旗，开仓济贫，响应太平军。

1857 年 4 月、1864 年 9 月太平军两次进军闽西，点燃了反清斗争的熊熊烈火，对近代闽西人民的民主革命斗争的兴起，产生了深刻的影响。

闽西人民在革命斗争实践中逐渐认识到帝国主义和封建统治阶级是一丘之貉，要革命就要把反帝反封建的斗争结合起来。因而自发起来，反对外国教会的侵略势力，龙岩西山翁矮古率几百农民揭竿起义。

帝国主义、封建地主官僚和反动军阀对闽西人民政治上的残酷压迫和经济上的疯狂掠夺，留下了血泪斑斑的历史，这就是历史上闽西人民不断进行反抗斗争的根本原因。虽然这些斗争由于缺乏先进阶级的领导而归于失败，但它预示着天翻地覆的革命风暴即将来临。

3. 马克思主义的传入及闽西党组织的建立

1919 年 5 月 4 日爆发的伟大的反帝、反封建的爱国运动，很快波及闽西城乡。与此同时，闽西籍在北京、上海、广州、厦门、漳州等外地求学的青年知识分子，不断地将新文化、新思潮传入家乡。闽西的进步知识分子开始组织读书会，创办进步刊物，学习马克思主义，并且积极向广大群众宣传革命思想。

1921 年春，邓子恢从江西崇义回到家乡龙岩白土以后，与章独奇、林仙亭、陈明、张觉觉、曹菊如等一批进步青年组织了"奇山书社"，创办了《岩声》月刊。随后，《新龙岩季刊》《到民间去》《改进》《汀雷》《钟声》等进步刊物相继出版。

这些革命团体及其创办的刊物，造就了具有革命思想的一代先进分子，后来逐渐成为中国共产党的外围组织和宣传阵地，为建立闽西党组织奠定了思想基础和组织基础。

1926 年夏，闽西第一个中国共产党组织——中共永定支部在永定湖雷建立，随后，相继成立了中共永定金丰支部、上杭支部、龙岩小组、武平小组等党的组织。闽西地方党组织的建立，揭开了闽西人民革命斗争的新篇章。

（二）红色闽西的发展历程

1. 苏区时期（1927 年 8 月～1934 年 10 月）

1927 年大革命失败后，闽西地方组织根据中共"八七"会议精神，领导了震撼八闽的龙岩后田、平和、上杭蛟洋、永定等四大暴动，开始了土地革命的初步实践。

1929 年 3～5 月，毛泽东、朱德率领红四军两次进入闽西。"红旗跃过汀江，直下龙岩上杭。"红四军与闽西革命力量相结合，建立了纵横数百里的红色区域。1930 年 3 月，闽西苏维埃政府的成立，标志着闽西革命根据地的正式形成。1931 年秋，以闽西、赣南为中心的原中央苏区形成。

闽西地区崇山峻岭，丘陵起伏，交通不便，村庄分散，敌人统治力量相对薄弱，再加上有良好的群众基础和一定的物质基础，这种有利的地形条件，极有利于党和人民武装建立据点，开展游击战争。闽西党组织领导闽西人民革命后，就用武装斗争在永定溪南区、新罗东肖后田等地农村开辟革命根据地，后来在红四军的帮助下，建立起 10 多个县级红色政权，组成了闽西革命根据地，成为中央革命根据地的重要组成部分。闽西革命根据地对第二次国内革命战争，在人力、物力以及对敌作战方面都做出了重大的贡献。根据地人民深切地感受到，中国共产党、红军游击队是自己唯一的救星，他们信任党、信任党领导的红军游击队，只要党发出号召，千千万万的人民立即响应。党需要什么，群众就支援什么，尽己所能，要人有人，要粮有粮，几乎家家户户都把自己的子女兄弟送去参加红军、游击队。上杭才溪乡 15～55 岁的青壮年男子中，有 80% 以上参加红军或革命工作，即每 100 名青壮年中有 88 名当红军和参加革命工作，处处涌现出父母送子、妻送郎、兄弟相争参军、夫妻同当红军的动人事迹。苏区时期，闽西儿女参加红军的有 10 万人，在中央主力红军参加长征的 8.6 万人中，闽西籍战士就有近 3 万人。在整个苏区时期，闽西苏区积极开展"扩红"运动，在发展壮大红四军的同时，先后组建了红九军（后改为红十二军）、红二十军、红二十一军、新十二军、红十九军五个军的红军部队。

同时苏区大批青年男女踊跃参加地方武装，自觉保卫地方苏维埃政权，使红军后备队伍不断扩大。整个闽西 100 万名革命群众中除老少外，强壮的男女红军、赤卫队的后备军、少年先锋队，总数在 20 万名以上。因此，原中央苏区人民群众的踊跃参军参战有利于构建强大的中央红军，推动历次反"围剿"战争的伟大胜利和苏区政权的长期稳定存在。

为了保证战时后勤供应，各地还设立了运输委员会、战争动员委员会等组织，由群众组成各种战时服务队，主要包括：将劳动力组织成运输队、担架队、修路队、掩埋队等，为红军运输粮食弹药、抢救伤员、修筑工事、打扫战场。妇女也组织了慰劳队、救护队、洗衣队、缝衣队等，慰问部队，看护伤员，为红军煮饭、洗衣、缝补衣服；将少年儿童组织起来，为红军站岗放哨、传递消息、送茶送饭；等等。这些群众组织在保障苏区的军事后勤上起到了重要作用，以送军鞋为例，上杭才溪区 1933 年 8 个乡平均每月每乡可集中布鞋 500 双。

闽西苏区人民踊跃参加红军、支援红军，倾其所有支持革命，赢得了"第一模范区""红色小上海""红色粮仓"等美誉。红军的成长、壮大离不开闽西这块红色土地，离不开人民群众这座靠山，中央红军出发长征、顺利实现战略转移，也离不开闽西苏区人民提供的靠人力资源和物资保障。闽西革命根据地的建设，在积累斗争经验和扩大政治影响方面，发挥了重大的作用。

2. 后苏区时期（1934 年 10 月～1949 年 11 月）

1934 年 10 月，原中央苏区第五次反"围剿"战争失利，中央主力红军分别从长汀、宁化、瑞金、于都等地出发，开始了举世闻名的二万五千里长征。中央主力红军战略转移后，闽西苏区全境沦陷。

面对急剧变化的局势，从赣南原中央苏区突围回闽西的张鼎丞、邓子恢、谭震林等组成的闽西南军政委员会，领导红八团、红九团及各县地方武装，紧密地依靠人民群众，独立自主地开展机动灵活的游击战争。在原闽西苏区的基本区域龙岩、永定、上杭、连城、漳平、宁洋、平和、南靖、长汀、清流、宁化、归化（今明溪）及广东省的大埔、饶平等县的广大地区，进行了长达 3 年之久的游击战争，并建立了岩连宁、永和埔、岩南漳、杭永边、汀瑞边等游击根据地，掌握了数百个党的工作基础和群众基础都比较好、有可以自给的经济力量又有有利的地形等条件的村庄，如龙岩东肖后田村等，建立起秘密的党和政权组织，作为革命的坚实据点。进，可以出击消灭敌人；退，可以进行隐蔽、休整，以便积蓄和发展自己的力量，这对闽西党和红军游击队在敌人的包围中能够站稳脚跟，坚持胜利的游击战争起了很大的作用。

1938 年春，执行中共中央指示，闽西红军游击队 2800 余人整编为新四军第二支队，开赴苏皖抗日前线。新四军二支队北上抗日后，闽西地方党组织在方方、魏金水等的领导下，积极开展抗日救亡运动，并依靠革命根据地和根据地人民群众，坚持隐蔽精干、长期埋伏、积蓄力量、等待时机的方针，在极其困难的条件下保存与发展了党组织，保存大片老游击根据地和 20 余万亩的土地革命果实。

随着全国解放战争胜利形势的发展，这种分散的据点，又逐渐恢复起来，在闽西地区建立和恢复了永和埔、杭永岩、杭永边等根据地，并且逐步扩大，至解放前夕已经形成了大片的闽粤赣边区根据地，不仅恢复了原来闽西的老根据地，而且解放了广东的大埔、蕉岭、梅县、丰顺、潮安、饶平等县的广大地区。

闽西人民革命斗争历史说明，在农村建立革命根据地有极其重大的意义，它进一步证明了，在中国走农村包围城市，最后夺取城市的革命道路是完全正确的。一个村落点燃了武装起义的"星星之火"，受其影响，一个个村落随之掀起暴动，最终而成为"燎原"大火。正是由这样一个个革命村落的存在，中国革命之火经历过高潮和低潮，但始终保留了火种，确保了中国革命的最终胜利。

3. 中华人民共和国成立后及改革开放以来的闽西红色村落

闽西的红色村落在党的领导下，在中华人民共和国成立后特别是改革开放以来，在政治、经济、社会和文化建设各方面均取得了很大的成就，在这些红色村落中，不乏成功的，如上杭才溪镇下才村以建筑业闻名遐迩，村民生活已达到小康水平。但由于历史的、地理的因素的制约，时至今日，闽西大多数红色村落如新罗东肖镇后田村经济和社会发展水平远远落后于发达地区。发展过程中暴露出来的问题也十分突出。经济建设方面，经济总量小，结构不合理，发展后劲不足，地方财力薄弱；社会民生方面，人民生活水平较低，社会事业基础设施落后，公共服务均等化水平低；政治民主建设和文化建设也存在一定的问题。同时，发展水平落后和自然条件限制，一定程度上造成了红色村落群众思想保守、观念陈旧、安于现状，缺乏敢闯敢试的勇气和依靠自身加快发展的信心和毅力，"等、靠、要"思想依然存在，对"解放思想，先行先试"有愿望和要求，但提出的政策措施对解决发展问题针对性较强。

闽西的红色村落，在经济社会的发展与人民的生活改善方面，仍然面临着一次新的解放。这是一个重大的政治问题，也是一个事关全局的重大社会问题。

（三）红色村落的基本特征

闽西老区拥有很多经典的红色村落，都在党的历史上留下辉煌一页。如新罗区东肖镇后田村（闽西四大暴动之一的后田暴动，打响了福建土地革命的第一枪）；永定区的金砂镇上金村（闽西四大暴动之一的金砂暴动，创造了"抽多补少、抽肥补瘦"中国土地改革的典范）；上杭县才溪镇下才村（土地革命时期的"中央第一模范苏区"，毛泽东三次深入调查的地区）；连城县的新泉镇新泉村（红四军入闽后，古田会议召开前的一次重要活动——新泉整训）；武平县的民主乡高书村（红四军首次入闽之地）；漳平市的永福镇龙车村（漳平的第一个党支部、第一次革命暴动、第一个区苏维埃政府都诞生在这里，被人们誉为闽西红色革命的"小莫斯科"）；等等。

在我们抽样调查的几个经典闽西红色村落中，归纳其特征，主要有以下三方面。

1. 中国土地革命的旗帜

闽西原中央苏区是中国共产党人实行土地革命最早的发源地和实验区，也是近代以来中国多样性土地产权制度变革实验最丰富、最完整和最具代表性的地区。中国共产党在这里进行彻底的土地革命对中国的土地革命乃至中华人民共和国成立后的土地改革都产生了深远的影响。特别是在土地革命战争时期，在毛泽东的指导下，闽西苏区创造了以乡为单位，以原耕为基础，按人口平均分配土地，实行"抽多补少、抽肥补瘦"的分配原则，为中国土地革命，特别是原中央苏区的土地革命提供了理论指导和宝贵的经验。之后，闽西苏区人民为保卫土地革命胜利果实，开展了保田斗争，有效地维护了农民群众利益，成为"二十年红旗不倒"的重要标志之一，闽西当之无愧是全国土地革命的一面旗帜。

（1）打响福建土地革命第一枪——新罗区东肖镇后田村。中国革命问题集中为农民问题，而农民问题集中为土地问题。1928年3月4日新罗区东肖镇的后田村的后田暴动，打响了福建农民武装暴动的第一枪，是福建土地革命的策源地，也是福建省乃至全国土地革命成功的示范地。

1928年3月4日，在中共龙岩临时县委领导人邓子恢、郭滴人、罗怀盛的领导下，龙岩县白土区后田乡的农民群众举行武装暴动，郭滴人代表临时县委命令收缴全乡地主的全部田契、借约、枪支。田契、借约当场查明烧毁，并庄重宣布从此田租不必交，旧债不必还，田地由农民分配。几千年来受苦受难的贫苦农民扬眉吐气。第二天，后田支部宣布没收公偿田的粮谷，发动群众破仓分粮，将200多桶谷子分给无粮和少粮的群众。在后田暴动的带动下，邻近的郑邦、龙聚坊、邓厝、盂头等村也相继暴动。这次暴动，迅速展开了武装反抗闽西反动派的斗争。

后田暴动成为福建"土地革命之先声"。在它的影响下，1928年3月8日，在平和县委和朱积垒等领导下，举行平和长乐暴动；1928年6月25日，上杭县蛟洋农民自卫军近千人，在中共上杭县委书记郭柏屏和共产党员傅柏翠的指挥下，发动的蛟洋暴动；1928年6月29日和30日，中共永定县委书记罗秋天和张鼎丞、阮山、卢肇西、曾牧春等领导并发动了以湖雷、金丰、溪南为中心的永定暴动，攻占了永定县城，后田暴动的"星星之火"迅速形成"燎原之势"燃烧了整个闽西。

后田作为龙岩的重要革命中心之一，素有"小莫斯科"之誉。后田暴动以其英勇的奋斗历史，在福建乃至中国革命史上创造了五个第一：①打响福建武装斗争第一枪，是闽西乃至福建省人民武装斗争的开始；②建立了闽西第一支红色武装——游击队，以后田村为据点，依靠群众开展游击活动，这就使闽西革命改变了两年来的合法斗争局面，从此走上了武装斗争的新阶段，为以后实行工农武装割据，建立革命根据地开辟了道路；③建立的中共后田支部，是福建省最早建立的农村党支部之一；④培养了福建省第一个农民党员和第一个农村女党员；⑤坚持武装斗争，保卫土地革命胜利果实，是全国开展保田斗争持续时间最长的地区。后田暴动以其辉煌的功绩，成为土地革命之先声。

（2）首创分田经验——永定区金砂乡上金村。永定区金砂乡是著名的革命老区，是忠诚的共产主义战士、久经考验的无产阶级革命家、闽西革命根据地的主要创建者和领导者之一张鼎丞的故乡。金砂乡具有光荣的革命传统，是"二十年红旗不倒"之乡。1927年10月在这里成立中共永定县委所在地；这里是永定暴动的策源地；这里是福建第一支红军部队、第一个红色政权、中共闽西临时特委、闽西暴动委员会、闽西红军的诞生地；这里是首创"抽多补少、以乡为单位，按人口平均分配土地"的分田经验，并在福建省内率先进行土地革命的地方。

大革命失败后，金砂人们受封建地租和各种苛捐杂税剥削，到了无人不捐，无物不税，名目多如牛毛，国民党永定县政府规定喜事、丧事、杀猪、宰羊等都要征税，即"冠婚丧祭屠宰捐"。1928年1月，年关将至，张鼎丞发动群众向县政府要求豁免"冠婚丧祭屠宰捐"，在农历十二月二十九日（永定县城墟天）率领金砂各村上千群众进城游行示威、围住县衙门，斗争取得胜利。古木督（后称上金村）群众积极参加了这些活动。1928年3~5月，青黄不接，古木督率先开展"平仓借粮"和"分粮吃大户"斗争。范炳元按张鼎丞的指示，带领古木督农协会员成功开展了全县第一次"分粮吃大户""杀猪分粮"的斗争，随后金砂各地纷纷效仿，当时全乡开仓分粮500多担，使200多户农民分得了粮食。后来这一斗争波及全永定30多个乡村。

消灭封建剥削，实行土地革命，是广大农民的强烈愿望。永定溪南各级红色政权建立后，群众最迫切的要求是分田，特别是秋收季节将到，农民都希望尽快获得胜利果实。

张鼎丞、邓子恢本着满足贫苦农民的经济要求，以达到争取大多数群众支持和参加革命的目的，在充分调研的基础上创造性地提出，以乡为单位，在原耕基础上，抽多补少，按人口平均分配。在不到10天的时间就完成了土地分配。古木督群众每人分到3~4担谷田（约折合1亩），贫苦民众第一次真正翻身做了土地的主人，革命热情空前高涨。

在溪南土地革命中，张鼎丞、邓子恢等能够利用暴动之后农民高昂的斗争情绪和变革社会制度的决心，充分发动和依靠农民群众，制定符合当地农村实际的土地分配政策，最大限度地满足了农民的要求。他们能够取得这样一种对福建来说是史无前例在全国也是屈指可数的伟绩，其创新精神是值得称颂的。

后来的事实证明，溪南区土地斗争中首创的"抽多补少"的原则和其他分配土地的政策，为闽西进一步开展土地革命提供了宝贵的经验。在以后一段时间内，尤其是不久以后毛泽东、朱德率领红四军到达闽西展开更大规模的土地革命，闽西各县大体上参照了这些政策，并在实践中逐步加以完善，推进了闽西土地革命的发展。

在中共闽西第一次代表大会上，在毛泽东的指导下，对此土地分配原则做了科学的总结，制定一部比较完善的闽西土地法推广到全国各根据地，它对我党土地改革总路线的形成具有重大的意义。

2. 民主政权建设的旗帜——上杭县才溪镇下才村

闽西苏区各级苏维埃政府以人民群众的利益作为一切工作的出发点，在这块红土地上创造出的上杭县才溪这个"原中央苏区的模范区、模范乡"就是一个先进典型。才溪的民主建政经验主要体现在重视最基层的村政权的建设，注意选举工作的公开、公平、公正，切实解决民生问题三个方面，为全苏区民主建政树立了光辉典范，起到了榜样和导向作用。

此外，才溪在经济建设、扩大红军、拥军优属、生产支前、文化教育等方面都做出了优异的成绩，创造了许多农村革命根据地的建设经验，成为福建省第一模范区，原中央苏区模范乡、模范区。毛泽东在他的《才溪乡调查》中记录了当时成绩。在当时仅有1.6万人的小山乡，有3762人参加红军，占当时全乡总人口的20%和16~55周岁青壮年男子的80%。其中，1192人牺牲在疆场，才溪也因此被誉为"烈士之乡"。在1955年授衔时，由于才溪走出了9个军级干部、18个师级干部，于是又有了以"九军十八师"著称的"将军之乡"的美誉。

1933 年 6 月，福建省苏维埃政府授予才溪区"第一模范区"的光荣称号，奖给"我们是第一模范区"的石碑一块。7 月，福建省苏维埃政府为了表彰才溪人民的突出贡献，在才溪老墟上兴建"光荣亭"一座，福建省苏维埃政府奖的石碑竖立在亭的中间。

中央主力红军长征后，光荣亭也被敌人彻底毁坏，但是那块光荣的石碑，仍被才溪人民冒着生命危险保存起来。全国解放后，光荣亭得到重建。

3. 军队正规整训的旗帜——连城县新泉镇新泉村

在中央"九月来信"精神指引下，1929 年 11 月 28 日，红四军在汀州召开前敌委员会扩大会议，决定召开中共红四军第九次代表大会。

12 月 3 日，毛泽东、朱德、陈毅率领红四军离开汀州，来到连城新泉，进行著名的"新泉整训"。整训分为政治整训和军事整训，由毛泽东和陈毅主持政治整训，朱德负责军事整训。

在新泉期间，红四军前敌委员会机关设在望云草室。望云草室位于连城县新泉镇新泉村温泉路。毛泽东、陈毅在望云草室的正厅里，夜以继日地召开了一批批的红军指战员的各种类型的调查会、座谈会，并深入红四军的各个驻地找干部战士个别谈话，还步行到附近的农村调查，听取农民群众对子弟兵的意见和要求。会上，毛泽东亲自发问和记录，并同到会的同志展开讨论，非常仔细了解红军中存在的问题，耐心地启发干部们一起分析产生问题的原因，找到纠正的办法。经过 10 多天的集中整训，红四军指战员们从思想政治上明白了各种错误思想的来源和危害，并指出了纠正的办法。与此同时，朱德领导的军事训练，使部队士气昂扬，军威大震。

"新泉整训"是中共党史上的一次著名的整训，也是中共建军史上具有重大意义的一次民主整军运动，是中国工农红军第一次正规的政治、军事整训，它较为系统、全面地解决了红四军建设中所存在的问题。经过 10 多天的集中整训，红四军指战员的政治觉悟空前提高，精神面貌焕然一新，军队纪律更加严明，军事素质明显增强，为中共红四军第九次代表大会（即"古田会议"）的召开打下了重要的思想基础和组织基础。

四、启 示

（一）传承和弘扬红色文化，激发人民的爱国情怀

闽西的"红色村落"，不仅在新民主主义革命时期为实现国家统一与人民的解放发挥了积极作用，还在传承优秀民族传统文化、弘扬革命奋斗精神与爱国主义教育、发展红色旅游、带动区域经济发展等方面，具有不可替代的重要作用。对闽西原中央苏区红色村落变迁进行研究，挖掘其中优秀传统文化沉淀和红色文化基因，加强对红色村落的开发保护

和利用，有利于激发群众爱乡爱党情感，有利于夯实党的执政地位，有利于弘扬革命文化增强文化自信，有利于促进革命老区尽快脱贫致富推动经济社会发展，是一项极有价值的政治工程、文化工程、经济工程和民心工程。作为红色文化研究人员，应该积极作为，在挖掘和利用这些红色村落的先进文化，激发人们的爱国主义情怀和积极向上的进取心，推动红色村落在时代大潮中继续走在前列，在带动当地社会、经济、文化发展的乡村振兴过程中做出应有贡献。

（二）保护、开发和利用红色文化，塑造"一村一人一事一魂"品牌

闽西几个红色村落的变迁，包括在不同时期的历史变革，我们可以发现其中的历史规律，印证红色经典村落在中国革命史上的重要地位。在第一次国内革命战争失败后，毛泽东、周恩来、朱德等中国共产党领导人积极探索了一条以农村包围城市、武装夺取革命的革命道路，从此开始了以村为基点，点燃了星星之火。中国共产党领导人从村落调查为起点、点燃革命星火、发动武装暴动，以村为点，点点汇聚革命洪流，从此，这些村落点为中国革命的胜利发挥了重要的作用，如上杭的才溪下才村、新罗的东肖后田村、永定的金砂上金村等。而且在土地革命时期建立起来的省、地、县党组织和第一个党支部、建立起来的军队、土地革命的胜利成果都保留下来，成为"二十年红旗不倒"的堡垒，这些村落现在继续并且将持续发挥对人们特别是对青少年的爱国主义教育的作用。在中国共产党成立100年及中华人民共和国成立100年"两个一百年"之时，如何去挖掘和利用这些先进的文化，如何让红色经典村落尽快脱贫，塑造"一村一人一事一魂"品牌，重视村落的保护、开发和利用。在资源开发的同时，激发人们的爱国主义情怀和积极向上的进取心，对社会、经济、文化做出应有的贡献。

红色文化资源与川陕革命老区振兴

朱 华 李 焱[*]

摘 要： 近年来，党中央和习近平总书记高度重视革命老区的脱贫工作。作为国家级贫困县集中区——川陕革命老区的脱贫工作引起了中央的高度重视。《川陕革命老区振兴发展规划》（以下简称《规划》）的出台，标志着川陕革命老区发展进入了新的历史时期。《规划》明确了要将川陕革命老区打造成"红色文化传承区"的战略定位。川陕革命老区的红色文化资源价值巨大，且具有独特性、多样性和分散性的特点。因此，要合理开发川陕革命老区的红色文化资源，实现川陕革命老区的振兴，必须要把握川陕革命老区红色文化资源的独特性，开发川陕革命老区红色文化资源的经济价值，加大川陕革命老区红色文化资源整合与协同开发力度。

关键词： 红色文化；川陕革命老区；红色旅游

近年来，党中央和习近平总书记高度重视革命老区的脱贫工作。在 2015 年春节期间，习近平总书记在陕甘宁革命老区脱贫致富座谈会上指出，革命老区是党和人民军队的根，我们永远不能忘记自己是从哪里走来的，永远都要从革命的历史中汲取智慧和力量。革命老区和革命老区人民为我们党领导的中国革命做出了重大牺牲和贡献，我们要永远珍惜、永远铭记。我们要实现第一个百年奋斗目标，全面建成小康社会，没有革命老区的全面小康，没有革命老区贫困人口脱贫致富，那是不完整的。然而，由于自然条件和历史因素，川陕革命老区的基础设施建设薄弱，社会事业发展滞后，是国家级贫困县集中区，也是国家连片扶贫开发攻坚区。

为了指导贫困地区打赢脱贫攻坚战，中共中央政治局审议并通过的《关于打赢脱贫攻坚战的决定》指出，"出台加大脱贫攻坚力度支持革命老区开发建设指导意见，加快实施重点贫困革命老区振兴发展规划。""支持贫困地区挖掘保护和开发利用红色、民族、

---

　　* 作者简介：朱华，西华师范大学历史文化学院教授，主要从事中国近现代史和中共党史研究。李焱，西华师范大学历史文化学院硕士研究生。

民间文化资源。"而作为区域内的特色文化支撑——川陕革命老区红色文化是特定区域、特定历史时期形成的一种优质的不可再生的文化资源形态。川陕革命老区的红色文化资源如何才能合理利用，释放出其应有的经济社会价值，并且成为带动区域经济社会发展的新引擎？这事关数百万革命老区人民的如期脱贫，事关川陕革命老区的振兴，事关建成全面小康社会的成败。

一、川陕革命老区的红色文化资源

（一）红色文化的内涵

红色文化是人民群众在中国共产党领导下进行中国革命和建设过程中缔造的革命文化，它见证了中国共产党的发展史，是指导中国革命和建设取得成功的重要法宝。有学者认为，在中国共产党领导全国各族人民革命斗争和建设实践的过程中形成的红色文化涵盖了物质文化、制度文化和精神文化。物质文化指的是革命战争遗址、纪念地、标志物等实物；制度文化指的是新民主主义革命时期形成的革命理论、纲领、路线、方针、政策等革命文献作品；精神文化指的是新民主主义革命时期形成的革命历史、革命事迹、革命精神、革命道德传统等。也有学者认为，红色文化是中国共产党在领导中国革命和建设过程中形成的优秀文化，主要变现为物态文化、制度文化、行为文化、心态文化等心态。其中，就行为文化而言，红色文化主要表现为建党纪念日、建军节等红色节日及红色民风、民俗。就心态文化而言，红色文化塑造的社会心理、思维方式、价值情感、道德情操、审美情趣等。学术界虽然对红色文化的内容和层次有不同的看法，但是普遍认同红色文化包括物质成果和精神成果这两个基本方面。

（二）川陕革命老区的红色文化资源

1932 年 12 月，张国焘、徐向前等率领中国工农红军第四方面军主力，战略转移到四川陕西交接地带，创建了川陕革命老区。红四方面军由最初的 1 万多人扩大到 5 个军，8 万余人，成为第二次国内革命战争时期共产党领导的主要武装力量之一，川陕革命老区也成为第二次国内革命战争时期共产党领导创建的强有力的根据地之一，曾被毛泽东同志称为"中华苏维埃共和国的第二疆域"。可见，川陕革命老区对当时中国革命发展、红军长征胜利及中国新民主主义革命的最后胜利都发挥了重要的作用。

尽管川陕革命老区的存续仅有两年多的时间，但是在此期间所产生的物态性红色文化主要包括：革命历史遗迹（会址、战场、渡口、根据地、交通线等）、建筑体（医院、学校、兵工厂、被服厂、桥梁、舞台等）、实物（含枪支弹药、货币、红军石刻、生产生活用品、医疗用品、通信工具、交通工具等）等遗存，和非物态性的红色文化资源主要包括：红色歌谣、政策制度、法规文件、书籍报刊、影像资料，革命戏剧，传奇故事、人物列传、当事人回忆录、会议类文字等。由此看出，川陕革命老区的历史地位，以及围绕革命老区所产生的红色文化资源具有重要的价值。

二、川陕革命老区红色文化资源特点

凭借着灿烂辉煌革命历史，川陕革命老区拥有富集的红色文化资源。这些红色文化资源价值巨大，种类丰富。而要将其合理开发，实现社会效益与经济效益"双赢"，则首先要把握其以下三个特点。

（一）独特性

石刻标语和烈士陵园是川陕革命老区物态性红色文化独特性的主要体现。"川陕苏区首府"通江县保存的红军石刻标语数量多，规模大，内容丰富，保存完整，为根据地各县（市）之冠。其中，"赤化全川"是省级重点文物保护单位，被国家文化部门列入全国风景名胜之一，并载入《中国名胜词典》。位于通江县的川陕革命根据地红军烈士陵园安葬了2.5万多名红军烈士，是全国安葬红军烈士最多、规模最大的红军烈士陵园，同时也是国家AAAA级旅游景区、全国烈士纪念性建筑物重点文物保护单位、全国爱国主义教育基地。

川陕革命老区非物态性红色文化的独特性主要表现为红军精神。1934年11月，红四方面军在通江县召开了由800余名代表参加的党政工作会议，并在这次大会上制定了"智勇坚定，排难创新，团结奋斗，不胜不休"的十六字军训。这十六字军训便是红军精神和红军文化的精髓。

（二）多样性

川陕革命老区红色文化资源的多样性体现在物态性红色文化和非物态性红色文化上。其物态红色文化主要有陈列馆、纪念馆和烈士陵园几类。陈列馆包括：万源保卫战战史陈列馆、通川区红军文化陈列室、镇巴县红色标语镇巴陈列馆、汉台博物馆革命历史陈列馆等。纪念馆包括：宣汉王维舟纪念馆、通江县红四方面军总指挥部旧址纪念馆、南江县巴山游击队纪念馆、南郑县川陕革命根据地南郑纪念馆、宁强县革命纪念馆等。烈士陵园包括：通江县川陕革命根据地红军烈士陵园、洋县华阳红军烈士陵园等。除此之外，还有正在建设的川陕第一个红军文化展示与传承基地——广元川陕苏区文化园。

其非物态性红色文化主要有红色书籍、影视作品和文艺节目几类。红色书籍包括

《川陕革命根据地历史文献资料集成》《红色天骄》《红军故事》《红色歌谣》《通江一百位红军人物》《川陕忠魂》《琴韵千秋》等。影视作品包括《使命》《巴山忠魂》等。文艺节目包括《十把扇儿》《车车灯》《红军阿哥你慢慢走》等。

（三）分散性

川陕革命老区红色文化资源的分散性与红四方面军在川陕革命老区的革命实践有关。在短短两年内，红四方面军建立了范围包括 23 个县政权，面积达 4.2 万平方千米，约 600 万人口的红色区域。在该红色区域内，分散着众多革命遗址、遗迹。以巴中为例，这一地级市有 5 个"全国红色旅游经典景区"，散落着 900 余处革命文物保护单位。

从行政区域来看，川陕革命老区分属四川、陕西、重庆两省一市十个地级市。主要分布在今天的达县、万源、宣汉、渠县、旺苍、城口、通江、南江、镇巴、西乡、南郑、洋县等县区。这些县区虽然在地域上毗邻，但大多为边远山区腹地，分散性的特征极为明显。

三、川陕革命老区红色文化资源开发的对策

《川陕革命老区振兴发展规划》（以下简称《规划》）正式下发，标志着川陕革命老区的振兴发展进入了一个新的历史机遇。该《规划》确立了川陕革命老区五大战略定位，其中，"红色文化传承区"的战略定位将红色文化资源开发与川陕革命老区振兴紧密联系起来。红色文化资源的合理开发是实现川陕革命老区振兴的重要途径；而川陕革命老区的振兴不能没有红色文化的传承与开发。这里，本文提出了以下三个方面的对策和措施。

（一）把握川陕革命老区红色文化资源的独特性

与延安、井冈山、大别山等革命老区相比，川陕革命老区独特性在于以红军精神为核心的红色文化。然而，由于历史原因，川陕革命老区的受关注度、社会知名度相对较低，其红色文化的历史地位、历史价值、社会经济价值没有得到足够的重视。要改变这一现状，必须要加强川陕革命老区红色文化的研究，一方面要注重红军文化的研究，特别是红军精神的研究。与赣南的苏区精神相比，川陕革命老区的红军精神研究尚处在起步阶段。今后的研究可用更加宽广的研究视角，更加综合的研究方法，从历史背景和地域文化的视角来深入研究川陕革命老区的红军精神。另一方面要继续重视对川陕革命老区有关史料的挖掘和整理工作，将川陕革命老区的红色文化研究推向纵深。有关川陕革命根据地的学术研究虽然取得了一定成果，但有待于深化。今后可以通过定期举办全国性甚至国际性的学术论坛、学术研讨会，对川陕红色文化的历史背景、川陕红色文化的功能定位与现实意义

等内容进行深入研究，以提升其红色文化的学术地位。同时，要以重大纪念活动为契机，做好宣传工作，提升川陕革命老区红色文化的影响力和知名度。

（二）开发川陕革命老区红色文化的经济价值

川陕革命老区红色文化资源具有多样性，但其物态性红色文化的开发均以陈列、展示为主，以社会公益性为主，很少能创造经济价值，更难以成为带动该地区经济社会发展的引擎。要改变这一现状，则必须做到以下三点：

第一，实行"旅游＋互联网"模式，促进川陕革命老区红色旅游产业升级。实行"旅游＋互联网"模式不仅可以拉近川陕革命老区与游客之间的距离，增强川陕革命老区与游客之间的互动，而且有利于建设智慧景区，为川陕革命老区旅游产业提供大数据服务。

第二，树立和践行红色"旅游＋绿色生态"理念，将川陕革命老区变为"金山银山"。利用川陕革命老区乡村独特的自然环境、田园风光、民俗风情、农耕文化、乡村院落等资源，为游客提供观光、休闲、度假、体验、娱乐、美食等活动，从而形成了独有的乡村旅游品牌，真正地将"青山绿水"变成"金山银山"。

第三，利用川陕革命老区红色文化为主题，加强影视、文学艺术创作，将川陕革命老区建设成为红色影视、红色文艺的创作基地。通过艺术创作和现代化的科技手段，增强红色文艺作品的吸引力和感染力，从而创造出经济价值，带动该地区经济社会的转型升级。

（三）加大川陕革命老区红色文化资源整合与协同开发力度

川陕革命老区红色文化资源的分散性分布，导致这些不同的行政利益主体在开发本区域内的红色文化资源中缺乏大局观念和整体观念，往往各自为政，重复开发，使川陕革命老区红色文化资源难以发挥最大价值。

这一问题自然引起了中央的高度重视。2016年6月29日，李克强同志在研究部署促进川陕革命老区振兴发展的国务院常务会议上强调，川陕革命老区虽然分属三个省市，但彼此之间联系度相对较高，要打破行政分裂，建设统一市场，营造公平竞争的环境，增强地区发展的内生动力。川陕革命老区的各级政府要遵循市场规律，合理配置要素资源，通过深化改革加强区域合作，打造一支"联合舰队"，吸引东部绿色产业有序转移。

要使川陕革命老区红色文化资源发挥最大价值，川陕渝两省一市的有关市、县（区）一方面必须打破行政区域的藩篱，组建跨省区的红色文化资源开发领导机构，进行统筹规划和开发，提高该地区红色文化资源的品牌竞争力；另一方面必须树立大文化观念，跳出单一发展红色文化的观念，将红色文化与原生态的自然风光和地域特色的民俗文化整合，进行综合开发。

打赢脱贫攻坚战，实现川陕革命老区的振兴，是党和政府的责任，也是革命老区人民的强烈愿望。而川陕革命老区红色文化资源的价值与开发潜力巨大，对革命老区的振兴起着不可忽略的作用。为此，我们要充分认识到川陕革命老区红色文化资源的战略地位，把握其独特的资源属性和特征，整合资源，协同开发，释放其应有的经济社会价值，把川陕革命老区建设成为国家级"红色文化传承区"。

参考文献

［1］向全国人民致以新春祝福　祝祖国繁荣昌盛人民幸福安康［N］．人民日报，2015 - 02 - 07.

［2］中国政府网．中共中央国务院关于打赢脱贫攻坚战的决定［EB/OL］．［2015 - 12 - 07］．http：//www. gov. cn/xinwen/2015 - 12/07/content_ 5020963. htm，2019 - 07 - 25.

［3］刘琨．中西语境下红色文化内涵的研究［J］．理论界，2013（7）：65 - 67.

［4］辛锐．浅析红色文化的内涵及开发［J］．人民论坛，2013（11）：206 - 207.

［5］韩延明．红色文化与社会主义核心价值体系建设研究［M］．北京：人民出版社，2013. 转引自邓显超，邓海霞．十年来国内红色文化概念研究述评［J］．井冈山大学学报（社会科学版），2016，37（1）：29 - 39.

［6］蔡云辉．川陕革命老区红色文化资源开发［J］．陕西理工大学学报（社会科学版），2017（2）：31 - 36.

瑞金市红色文化资源的遗产价值研究

黄细嘉　马彩云[*]

黄细嘉　马彩云[*]

摘　要：红色文化资源是红色文化的载体，也是红色文化的表现形式。瑞金市红色文化资源是中国共产党在瑞金领导人民进行革命斗争中逐渐形成的，具有分布广泛却又相对集中、种类多样、内容独特、内涵深刻的特征。瑞金红色文化资源有重要的历史见证价值、文化传承价值、思想教育价值和经济发展价值。对比世界文化遗产和国家非物质文化遗产的概念和标准，瑞金红色文化资源既是一处文化遗产资源，也是一处非物质文化遗产资源。因此，必须通过实施尊重历史、加强保护，整合资源、实现共赢，凸显特色、打造品牌，扩大影响、促进发展等措施，对其进行科学合理的保护和利用。

关键词：红色文化资源；瑞金；遗产价值；保护和利用

一、引　言

2003 年，理论和学术界提出了红色文化和红色文化资源概念。红色文化资源是红色文化的外在表现形式和物质载体，红色文化是红色文化资源的精神内核。曾长秋（2017）认为，作为红色文化的载体，红色文化资源有广义和狭义之分，广义的红色文化资源是指世界社会主义运动史上发生的重大事件或由著名人物留存下来的遗址、文献、文物等物质和非物质成果；狭义的红色文化资源是指中国共产党从成立至今所参与和领导的中国革命和建设事业的过程中，留存下来的物质或非物质遗产及其衍生资源。

自 2004 年，中共中央办公厅、国务院办公厅联合下发《2001—2010 年全国红色旅游

---

　　* 作者简介：黄细嘉，南昌大学旅游学院教授，博士生导师，主要从事旅游规划与管理研究。马彩云，南昌大学旅游学院人文地理学硕士研究生，主要从事旅游规划与管理研究。

发展规划纲要》后，中国各地掀起了开发红色旅游的热潮，对红色文化资源的研究也相应地成为学界的一个研究热点。截至 2018 年 7 月 31 日，在中国知网上以"红色文化资源"为主题进行检索，共找到 2592 条结果；再以"红色文化资源价值"进行主题检索，共找到 22 条结果，而关于红色文化资源的遗产价值的文献记录阙如。由此可见，学界对于红色文化资源的关注点多在如何开发利用上，而较少关注红色文化资源的遗产价值。

在对红色文化资源的价值研究方面，古松龄（2017）从传承价值、历史价值、政治价值、经济价值、教育价值、文化价值、艺术价值和生态价值八个方面加以论述；张泰城、刘浩林（2011）认为，红色文化资源具有资政、兴党、育人的重大价值；张吉雄（2010）从德育角度阐述红色文化资源的育人价值，并指出大力挖掘红色文化资源的内涵对丰富社会主义核心价值体系意义重大；刘琨（2012）指出红色文化资源蕴含着巨大的经济价值，应予以充分利用，为社会主义市场经济建设提供动力和精神支持；万生更（2010）就陕西红色文化资源为个例，提出陕西红色文化资源具有历史见证价值、经济开发价值、精神教育价值。很显然，一个不容回避的问题是，红色文化资源遗产价值研究没有得到应有的关注。为促进红色文化资源的保护和开发利用，提升其价值，普及其功能，激活其品牌，对红色文化资源的遗产价值研究势在必行。

作为享誉中外的"红色故都"、中央红军长征出发地的瑞金，在中国革命历史上曾经写下了光辉灿烂的一页，有着不可磨灭的影响和历史地位。它是中国第一个全国性红色政权——中华苏维埃共和国临时中央政府的诞生地，是第二次国内革命战争时期中央革命根据地的中心，是驰名中外的红军二万五千里长征的出发地之一。瑞金的革命历史决定了其拥有十分丰富的红色文化资源，同时也拥有一笔得天独厚的文化遗产。

二、瑞金红色文化资源的形成及其内涵

瑞金红色文化资源是中国共产党在瑞金领导人民进行革命斗争的过程中形成的，有着深刻的历史背景和丰富的思想内涵。

（一）瑞金红色文化资源的形成过程

1927 年 8 月 25 日，中国共产党领导的南昌起义部队进入瑞金，留下战斗的遗迹；1929 年 2 月，红四军主力从井冈山转战赣南进入瑞金，在瑞金大柏地发生了著名的"大柏地战斗"，取得了红四军下山以来第一个胜仗，此役被陈毅誉为是"红军成立以来最有荣誉之战争"。1930 年 4 月，瑞金党组织先后领导了农民武装暴动；6 月上旬，成立了瑞金县革命委员会；6 月中旬，成立了中共瑞金县委。1931 年 8 月，邓小平到达瑞金，就任瑞金县委第三任书记，纠正了肃反扩大化错误，稳定了瑞金政局，为中华苏维埃第一次全国代表大会在瑞金顺利召开奠定了坚实的基础。1931 年秋，随着原中央苏区连续三次反"围剿"战争的胜利，以瑞金为中心的中央革命根据地正式形成，成为当时全国最大的革命根据地。9 月 28 日，毛泽东、朱德等率中共苏区中央局和红一方面军总部从兴国迁驻瑞金叶坪，瑞金从此成为中共苏区中央局的驻地。在中共苏区中央局的领导下，1931 年 11 月 7 日，"中华苏维埃第一次全国代表大会"在瑞金叶坪召开。会议通过了《中华苏维埃共和国宪法大纲》等法律法规，选举毛泽东、项英、张国焘、周恩来、朱德等 63 人为中央执行委员会委员，成立了中华苏维埃共和国临时中央政府。1931 年 11 月 25 日，中华苏维埃共和国中央革命军事委员会在瑞金成立，为全国红军最高领导和指挥机关。

1933 年 1 月，中共中央由上海迁入瑞金，与在瑞金的中共苏区中央局合并，组成新的中共中央局。同时，共青团中央、中华全国总工会等群团组织的中央机关也迁入瑞金。瑞金成为中国共产党和全国苏维埃的政治、经济、文化中心。1934 年 1 月 15 日至 18 日，中共六届五中全会在瑞金召开，正式成立中共中央政治局，并首次设立了中共中央书记处。1934 年 1 月 21 日至 2 月 1 日，中华苏维埃第二次全国代表大会在瑞金沙洲坝中央政府大礼堂召开，增设了国民经济部、粮食部，通过了《关于国徽国旗及军旗的决定》，中华苏维埃共和国政权建设日臻完善。至鼎盛时期，中华苏维埃共和国先后辖全国十三块大的苏区，面积约 40 万平方千米，人口约 3000 万。仅原中央苏区就下辖 5 个省，60 个行政县，人口 453 万。

1934 年 10 月，原中央苏区第五次反"围剿"失败后，中央主力红军被迫离开瑞金，进行长征；10 月 10 日，党中央机关率中央主力红军开始长征。中央军委机关编为军委纵队，中央党、政、群团等机关编为中央纵队，从瑞金出发开始长征。为保卫原中央苏区并继续领导苏区军民开展革命斗争，长征前夕，中共中央分局、中央政府办事处和中央军区在瑞金云石山成立，项英为中央分局书记兼中央军区司令员，陈毅为中央政府办事处主任，开始领导原中央苏区三年游击战争。

在瑞金这块红色的土地上，留下了众多的会议旧址、名人故居、红色建筑、红色文物、战争遗迹等，这些历史遗存组成了类型多样的瑞金红色文化资源。

（二）瑞金红色文化资源的内涵

瑞金革命历史遗存丰富，红色文化特色突出，是苏区精神的主要发源地。瑞金红色文化资源是指革命战争年代在瑞金形成的实物、遗物、遗址、遗迹等以及中华人民共和国成立后为再现革命传统和文化，弘扬红色文化而收集、加工和创造出来的文化资源。据不完全统计，瑞金市内现有 180 多处革命遗址，可以说红色文化资源非常丰富。

2011 年 11 月 4 日，习近平同志在纪念中央革命根据地创建暨中华苏维埃共和国成立 80 周年座谈会上发表重要讲话时，将苏区精神的主要内涵概括为"坚定信念、求真务实、一心为民、清正廉洁、艰苦奋斗、争创一流、无私奉献"。凌步机（2006）认为，该内涵深化和发展了井冈山精神，成为长征精神、延安精神的先河和源头。而苏区干部所践行的

"调查研究、实事求是；艰苦奋斗，廉洁奉公；关心群众，执政为民；模范带头，争创一流"的好作风，是中国共产党光荣革命传统和优良作风的重要组成部分①。瑞金作为红色故都，其红色文化资源的内涵主要就体现在以苏区精神为灵魂的瑞金红色文化上。

三、瑞金红色文化资源的类型与特征

（一）瑞金红色文化资源的类型

瑞金红色文化资源数量众多、类型多样、品质优良，见证了中国革命的历史进程。借鉴并参照国家旅游资源分类法（2003），瑞金红色文化资源可以分为遗址遗迹、建筑与设施和人文活动三大类。

1. 遗址遗迹

瑞金地处赣闽边界，地势险要，历来是兵家必争之地。中国共产党领导人民以瑞金为中心与国民党反动派展开了艰苦卓绝的战斗，成立了中华苏维埃共和国，开展了政治、经济、文化建设和军事斗争，留下了大量的遗址遗迹。这些遗址遗迹的类型主要包括革命旧址、战斗遗址以及重大历史事件发生地。具体可以分为叶坪革命旧址群、沙洲坝革命旧址群、云石山革命旧址群、洋溪革命旧址群、大柏地战斗遗址、壬田遗址等。每个旧址群里都含有数量众多的会址、旧居、遗址、遗迹等。

瑞金叶坪乡叶坪村是中华苏维埃共和国临时中央政府的诞生地，叶坪革命旧址群是全国保存最为完好的革命旧址群之一。拥有革命旧址和纪念建筑物22处，其中全国重点文物保护单位16处。旧址内有"一苏大"旧址、中共苏区中央局旧址等。

沙洲坝是中央机关从1933年4月至1934年7月的驻地，沙洲坝革命旧址群包括中央执行委员会旧址、中央人民委员会旧址、红井、中央政府大礼堂旧址、乌石垅中央革命军事委员会旧址、中央工农检察人民委员部旧址、中华苏维埃共和国最高法院旧址等十七处旧址。

云石山革命旧址群有中华苏维埃共和国中央工农民主政府、中共中央委员会、中共中央政治局旧址等。

2. 建筑与设施

目前瑞金境内的红色建筑与设施，主要包括革命战争时期修建的大礼堂和纪念建筑以及解放后建设的展示馆、陈列室、博物馆、历史纪念馆、纪念碑、烈士雕像等，主要分布在叶坪老村、叶坪村、沙洲坝以及武阳镇、泽覃乡等区域。瑞金红色资源之建筑与设施一

① 摘录自兴国县苏区干部好作风陈列馆"序言"。

览如表1所示。

表1 瑞金红色文化资源之建筑与设施一览

所属区域	红色文化资源名称	所属年代
瑞金市区	中央革命根据地历史博物馆（原瑞金革命纪念馆、中央革命根据地纪念馆）	1958～2007
	瑞金革命烈士纪念馆	1955
	红军检阅台	1931
	红军烈士纪念亭	1933
	红军烈士纪念塔	1934
	博生堡	1934
	公略亭	1934
	碑廊	1997
叶坪村	列宁台	
	科普史料陈列室	
	公安保卫史料陈列室	
	新闻出版史陈列室	
沙洲坝	红井（修复并立碑刻字）	1933～1950
	中华苏维埃共和国临时中央政府大礼堂	1933
	长征第一桥——武阳桥（重修）	1934～1988
泽覃乡	毛泽覃烈士陵园	2009
	毛泽覃烈士纪念碑	1955

3. 人文活动

毛泽东、周恩来、张闻天、朱德、邓小平等中国共产党早期的大部分领导人和军事将领，都在瑞金得到了锤炼、成长。中华人民共和国十位开国元帅中的九位，十位大将中的七位，以及1966年以前授衔的中国人民解放军将帅中的35位上将、114位中将和440位少将，当年都在瑞金战斗、工作、生活过。

毛泽东同志在1933年经过大柏地时留下了光辉辞章《菩萨蛮·大柏地》。1933年9月，毛泽东带领临时中央政府工作人员挖井解决沙洲坝人民群众饮水难的问题，解放后为此井取名"红井"。苏区时期留下的各种报纸、标语、文献等更是丰富多彩。中华人民共和国成立以来，很多红色影视作品在瑞金取景拍摄，譬如《铁血坚持》《长征》《红孩子》《党的女儿》《红色摇篮》等，红色歌谣有《十送红军》等。近年来，据刘美春等（2016）统计，瑞金市精心创作编排了《中央苏区群众路线故事广播剧》、音乐报告剧《八子参军》、赣南山歌剧《杜鹃花开》、红色情景报告剧《红姑》等20余部红色文艺作品，极大地丰富了瑞金的红色文化资源内容。

（二）瑞金红色文化资源的特征

瑞金红色文化资源具有深厚的革命文化底蕴，其数量大、内涵深、品质优、价值高，在全国实属罕见。

1. 分布的相对集中性

瑞金作为土地革命时期中央革命根据地的中心，是一块当之无愧的红色文化资源富集区。虽然其红色文化资源广泛分布在瑞金市的叶坪乡、沙洲坝镇、武阳镇、大柏地乡、云石乡、泽覃乡等处，但又以叶坪革命旧址群、沙洲坝革命旧址群、云石山革命旧址群里面的红色文化资源相对较多。据统计，叶坪革命旧址群内共有旧址、旧居、建筑、文物等38处；沙洲坝革命旧址群有36处；云石山革命旧址群有19处，仅此三处就占据了瑞金革命旧址、旧居、遗址、遗迹的大部分。由此可见，瑞金红色文化资源的分布具有相对集中性。

2. 种类的丰富多样性

瑞金作为红色的故都，原中央苏区的中心，这里留下了无数红军将士英勇作战的热血故事和光辉事迹。他们停留过、居住过、战斗过的地方至今仍然可以寻找到历史的痕迹。经过岁月洗礼保存下来的大量的重要会议旧址、大型战役指挥部旧址、革命机关旧址、名人故居、著名战斗遗址等，历经风雨，屹立不倒，向世人诉说着革命先辈的丰功伟绩。同时，瑞金的红色文化资源还包括土地革命时期创作的文艺作品，留存下来的史料、文物、报纸、标语等。据统计，在瑞金的180多处旧居旧址和纪念建筑物中全国重点文物保护单位有33处，省级文物保护单位4处，县（市）级文物保护单位10处；馆藏珍贵文物有一万余件，质地有银、玉、铜、锡、铁、陶、瓷、石、布、木、纸等，并以纸质为主，有公文布告、报刊书籍、货币票证、弹药武器等多个种类。足见瑞金红色文化资源种类之多、数量之丰。

3. 内容的鲜明独特性

瑞金红色文化资源底蕴深厚，且具有鲜明特色。其特色主要体现在以下"十特"上：一是中国共产党第一个全国性的红色政权——中华苏维埃共和国在这里诞生；二是由人民当家做主的第一次全国苏维埃代表大会在这召开；三是中国人民和世界人民对毛泽东的尊称——"毛主席"从这里开始叫响；四是中国革命史上第一部治国的根本大法《中华苏维埃共和国宪法大纲》在这里颁布；五是中华苏维埃共和国的"九部一局"，即九个人民委员部（军事、外交、财政、劳动、土地、教育、内务、司法、工农检察）和一个国家政治保卫局在这里创设；六是人民代表大会制度的雏形从这里发源；七是五次反"围剿"在这里展开；八是八一建军节在这里诞生；九是红军二万五千里长征从这里起步；十是党的七大概括的中国共产党区别于其他政党的"三大作风"在这里发源。

4. 内涵的厚实深刻性

瑞金是办区精神、苏区干部好作风的发源地，更为毛泽东思想的形成和发展奠定了基础。瑞金红色文化资源作为中国工农红军在瑞金进行革命战争的载体，为我们了解革命传统、弘扬革命精神提供了佐证。瑞金的每一处革命战役遗迹、每一处革命旧址旧居、每一件革命文物、每一处革命纪念设施都体现了中国共产党不怕牺牲、艰苦奋斗、勤俭节约、爱民爱党的优良作风，更体现了党和人民为民族独立和人民解放而奋斗的坚定信念和崇高理想。认识和了解瑞金红色文化资源，对于党的作风建设、社会主义核心价值观的丰富都有着重要作用。

四、瑞金红色文化资源的多维遗产价值分析

兰久富（1999）认为，价值是实物的一种有用属性。不言而喻，瑞金红色文化资源具有多维价值，直接起到传承优秀传统文化，提高文化软实力，促进社会经济发展，引导人们形成积极向上的思想观念等重要作用。

（一）瑞金红色文化资源的价值维度

（1）历史见证价值。中国共产党领导中国人民进行革命的战争史和建设的奋斗史，都可以在瑞金红色文化资源中得到体现。自南昌起义后，在瑞金发生的壬田战役、大柏地战役、第四次反"围剿"战役以及建立中华苏维埃临时中央政府的斗争，颁布的宪法、法令，修建的便民设施（如"红井"等），以及两次"苏大"的召开，红军开始长征，都见证了中国革命的历史进程。英勇的瑞金人民为中国革命的支持和做出的巨大贡献，当年仅24万人口的瑞金有11万人参军参战，5万多人为革命捐躯，其中1.08万人牺牲在红军长征途中，瑞金有名有姓的烈士有17166名。为支持苏区建设和支援红军战略转移，从1932～1934年，瑞金人民认购了68万元的公债，借出25万担谷子，其中41.5万元公债和捐集的所有粮食，无私奉献给了苏维埃政府；长征时存在苏维埃国家银行2600万银圆的存款，也一并被用于支持革命。这些都印证了"红都"瑞金在中国革命史上发挥的重要作用和拥有的崇高地位。

历史不会说谎。历史展现了中国共产党为人民服务的宗旨，体现了原中央苏区优良的工作作风，更见证了瑞金人民为了支持革命做出的巨大牺牲。

（2）文化传承价值。诞生在革命年代的红色文化资源，是革命精神和红色文化的载体，传承着中华民族的精神，丰富了中华民族优秀文化内容。叶坪革命旧址群、沙洲坝革命旧址群、云石山革命旧址群等都蕴含着一段段可歌可泣的故事，传递着中国共产党和革命群众"自强不息，艰苦奋斗"革命精神，而这种精神时刻激励着中华民族不断前进。

中国共产党之所以能够在大革命失败后的短短几年里创建一支相当规模的人民军队和一系列革命根据地，并推动根据地建设取得重要成就，最根本的原因就是以毛泽东同志为

代表的革命根据地的创建者，把马克思主义基本原理同中国具体实际相结合，反对本本主义、教条主义，注重调查研究，根据中国实际创造性地运用马克思主义，使革命根据地的文化具有了科学性，进一步丰富了根据地文化。此外，中国共产党和中国人民在瑞金革命斗争的实践中形成的苏区精神、苏区干部良好作风，以及革命群众大无畏的无私奉献精神，都是中华民族宝贵的文化遗产和精神财富。瑞金红色文化，承袭了中华民族优秀的传统文化，同时传递着中华民族的先进文化，激励着后人。

（3）思想教育价值。现代网络社会，由于意识形态的分野、主流价值观的差异、文化多元化的趋势，一些人忘记了革命先辈们艰苦的创业史，开始贪图享乐，由此负面情绪、消极文化等社会弊病时有发生。因此，必须重拾优秀、先进、自强不息的红色文化，使之成为人们精神的食粮、思想的宝藏。黄细嘉（2008）认为，瑞金红色文化资源是思想教育的最佳载体，弘扬其理想信念和思想道德、爱国主义和集体主义、艰苦奋斗和开拓创新、群众路线和民主观念等教育价值，可以发挥传播知识、激发力量、唤醒良知等教育功能，中央革命根据地历史博物馆、瑞金革命烈士博物馆、红军检阅台和瑞金革命遗址等都可以作为新时代的爱国主义教育基地，发挥其引领作用，教育市场经济条件下的人们，莫忘历史，爱国爱党爱民。

（4）经济发展价值。瑞金红色文化资源是一种特色旅游吸引物，具有重要的旅游开发价值。作为瑞金红色文化资源的革命遗址遗迹丰富、种类多样且分布相对集中、品质优良、地位突出，极具旅游开发价值。瑞金的红色旅游资源和其绿色（武夷源、罗汉岩）、古色（九堡）、土色（客家风土人情）旅游资源相结合，共同促进了瑞金旅游业的发展，进而推动相关产业的发展，有效推动了瑞金革命老区的经济发展。瑞金红色文化资源的经济发展价值还体现在红色文创产业上。此外，红色影视剧、红色文化表演、红色工艺品、红色节庆活动等的开发和发展，都能够为瑞金带来良好的经济效益。

（二）瑞金红色文化资源的遗产价值分析

瑞金红色文化资源作为我国红色文化资源中的典型，是历经革命洗礼留下来的历史遗存，见证了我国的土地革命，见证了苏区精神的诞生，见证了中华苏维埃临时中央政府的成立，凸显了瑞金在中国革命中的不可替代和无可复加的历史地位。瑞金红色文化资源的外延可以界定为：以瑞金为中心的革命斗争赖以发生的自然和人文环境；瑞金革命斗争中留下的旧址、旧居以及革命遗址和遗迹；瑞金革命斗争中留下的文物遗存；为纪念瑞金革命斗争和革命烈士而建立的革命建筑设施。《保护世界文化和自然遗产公约》规定文化遗产即物质（有形）文化遗产，包括近代现代重要史迹及代表性建筑等不可移动文物，历史上各时代的重要实物、艺术品、文献、手稿、图书资料等可移动文物等。对比以上概念和标准，可以断定瑞金红色文化资源是属于文化遗产的资源。此外，瑞金红色文化资源中的苏区精神、革命作风、红色风尚等无形红色文化遗产资源，同样是重要的非物质文化遗产。

根据《国家级非物质文化遗产代表作申报评定暂行办法》第六条规定，国家级非物质文化遗产代表作的申报项目，是具有杰出价值的民间传统文化表现形式或文化空间；或在非物质文化遗产中具有典型意义；或在历史、艺术、民族学、民俗学、社会学、人类学、语言学及文学等方面具有重要价值。以这样的标准来衡量，瑞金红色文化资源是一种重要的国家非物质文化遗产。第一，瑞金红色文化资源所在区域是一片片英魂永存的红色热土，是一处处难得的土地革命时期红色文化凝聚地，是一方具有杰出价值的文化空间。第二，瑞金红色文化资源由于其特殊性而区别于其他传统非物质文化遗产，它蕴含着中国共产党以及革命群众坚定的理想信念，敢于战斗、勇于牺牲的革命精神；蕴含着党的作风建设；蕴含着民族独立、自新、自强的民族精神，是典型的非物质文化遗产资源。第三，瑞金红色文化资源见证了瑞金的历史，见证了中国革命史，是学者们挖掘革命历史，探索革命路线，探讨红色精神的载体，从历史学来看具有重要价值。

由此可见，瑞金红色文化资源既是一处重要的文化遗产资源，也是一处非物质文化遗产资源，必须对其进行科学合理的保护和利用。

五、瑞金红色文化资源的保护与利用

（一）尊重历史，加强保护

瑞金红色文化资源是中华民族宝贵的物质遗产和精神财富，更是一种特色鲜明的红色旅游资源，它是我国红色旅游开发中非常有潜力和影响力的资源之一，它不仅具有历史见证价值、文化传承价值、思想教育价值，也具有由旅游开发价值主导的经济价值。从历史见证价值来说，它是历史的载体，历史的记忆；从文化传承价值来说，它是中华民族优秀文化的组成部分；从思想教育价值来说，它是进行革命传统教育、爱国主义教育、集体主义教育的有效载体；从旅游开发价值来说，它是一种充满神圣感、神秘性、神奇型的旅游吸引物，推动着人们从事"重走长征路"的寻根之旅，激荡着中华儿女内心对原中央苏区、红色故都、英雄先烈的敬仰之情。

瑞金红色文化资源具有内涵独特性、物质不可再生性，因此必须建立科学合理的保护体系，加强对革命遗址、建筑、文献、文物等红色文化资源的保护。同时参照世界文化遗产地的保护策略，对瑞金红色文化遗产严格保持"历史上的真实"和"演化中的真实"，尊重历史，最大限度地保持原貌。盘清资源家底，摸清资源状况，推进瑞金红色文化资源网络数据库建设和遗址遗迹保护工程，将资源本体和周边环境共同纳入保护体系。除此之外，还要加强对历史文献、红色歌谣等非物质性的红色文化资源的保护。

（二）整合资源，实现共赢

瑞金红色文化资源作为我国苏区特殊历史时期的红色文化资源的典型代表，具有不可替代的地位和优越性。瑞金这块孕育了中华苏维埃共和国临时中央政府的土地，拥有众多的会议旧址、战争遗迹、名人故居、红色建筑、临时中央政府部委遗址，涌现了毛泽东、刘少奇、周恩来、朱德、任弼时、陈云、董必武、林伯渠、张闻天、邓小平、彭德怀、胡耀邦等无产阶级革命家，是共和国的摇篮、伟人的故里。对瑞金红色文化资源的保护，并不是让其孤立起来，而是要将整个赣南、闽西等整个原中央苏区的红色文化资源进行有效整合，以"红色故都"瑞金为重点，以中华苏维埃共和国（原中央苏区）红色文化资源为主题，统筹兼顾各方（各市县），实现点线面相结合，使原中央苏区的红色文化资源能够发挥整体优势，各个市县有力互助，最终形成原中央苏区红色文化资源保护与原中央苏区红色旅游开发体系，促进我国整个红色文化产业和红色旅游业的发展。

（三）凸显特色，打造品牌

红色故都瑞金拥有众多的"第一"，比如说中国历史上第一个全国性的工农民主政权——中华苏维埃共和国等。因此，一要在瑞金红色文化资源进行开发时，注重特色主题的挖掘，树立全局观念，围绕中华苏维埃共和国社会生活，开发红色文创产品以及红色旅游产品；二要充分发挥瑞金"爱国主义、革命传统"两大教育基地作用，开展各种红色教育培训活动，提升瑞金红色旅游整体形象，打造瑞金红色旅游品牌。

（四）扩大影响，促进发展

瑞金红色文化资源虽然具有重要的价值，但其影响力相对于延安、井冈山等地却相对较小，因此必须深度挖缺其内涵，并进行科学解读和适度策划，切实加强宣传力度，使其得到更多的关注和重视，同时创新瑞金红色文化资源的开发模式，使其真正走向社会、进入旅游市场。首先，要采用行之有效的宣传推广方式，多维度利用主流媒体、自媒体、网络宣传媒介、红色文化网站等，使瑞金红色文化资源得到良好的营销和推广。其次，要加强与瑞金红色文化资源相关的文化产业的建设与发展，开发红色文化相关产品，挖掘红色历史素材，讲述红色故事，创作出更多让人民群众（旅游者）喜闻乐见的文创产品、文艺作品和文演节目。最后，要合理运用国家有关促进红色文化发展和支持赣南等原中央苏区振兴的政策，以红色文化为主题，带动红色主题餐饮业、旅游业、服务业的发展，从另一个角度使瑞金红色文资源的价值渗入人民生活的方方面面。总之，要通过多维方式，扩大影响力，提高关注度，以促进瑞金红色文化资源健康可持续发展。

参考文献

［1］曾长秋. 论红色文化资源的价值提升与功能拓展［J］. 湖湘论坛，2017，3

（1）：14－20.

［2］谷松岭. 论红色文化资源的价值［J］. 红色文化资源研究，2017，3（1）：14－20.

［3］张泰城，刘浩林. 红色资源的时代价值论析［J］. 求实，2011（5）：90－92.

［4］张吉雄. 论红色文化资源在社会主义核心价值体系教育中的运用［J］. 南昌航空大学学报（社会科学版），2010，12（4）：13－16，91.

［5］刘琨. 红色文化的经济价值宏伟品牌效应研究［J］. 人民论坛，2012（5）：78－79.

［6］万生更. 陕西红色文化资源价值探析［J］. 理论导刊，2010（4）：79－81.

［7］凌步机. 论苏区精神［J］. 中国井冈山干部学院学报，2006（2）：86－92.

［8］刘美春，姜建明. 瑞金打造红色教育主阵地［N］. 江西日报，2016－04－25（B04）.

［9］梦菲，袁佩红. 盘点毛泽东生命里不寻常的"9 月 9 日"［J］. 党史文汇，2013（9）：48－56.

［10］兰久富. 社会转型时期的价值观念［M］. 北京：北京师范大学出版社，1999.

［11］黄细嘉. 井冈山精神的物质载体及其教育价值与功能［J］. 江西社会科学，2008（6）：153－158.

革命遗迹是振兴老区脱贫奔康的力量源泉

魏金华*

摘　要： 广东原中央苏区是土地革命战争时期开创较早、范围较大、坚持时间较长的一块革命根据地。区域内革命遗迹遍布，众多的革命遗迹是帮助老区挖掘精准项目，把红色资源转变为经济资源，从而推动贫困老区脱贫奔康，成为新的国民经济增长点的重要抓手。广东有丰富独特的革命遗迹，发展红色旅游和红色文化创新产业将大有可为，为实现2020年广东全区域脱贫，是一个泽被后世的战略工程。

关键词： 原中央苏区（粤东）；革命遗迹；经济资源；脱贫奔康

历经近百年历史的洗礼和考验，红色文化越来越被证明具有典型的中国风格和鲜明的中国特色，具有权威性、代表性和时代性。红色文化最主要的物质载体和语境表达是革命遗迹、革命文物，以及对它的挖掘宣传和由此衍生的产品和形成的产业发展，已成为新时代越来越受大众关注的话题，是我国全面建成小康社会，最终实现中华民族伟大复兴的重要支持力量。

一、遍布粤东的原中央苏区革命遗迹和旧址

广东现有11个原中央苏区县（市、区），与原中央苏区核心区域有着唇齿相依的关系，它的存在不仅促进了广东革命的发展，也对原中央苏区的巩固和发展起到了不可磨灭的作用，广东苏区因此成为支撑原中央苏区的重要战略基地，为原中央苏区的巩固和发展做出了重要贡献。

---

* 作者简介：魏金华，中国优秀红色收藏品收藏家、广东省档案局民间档案征集鉴定专家、广东省人民政府地方志办公室专家库专家、梅州市老区建设促进会监事长、梅州市客侨博物馆馆长。

目前广东省应充分利用国家对原中央苏区政策的扶持，借鉴赣、闽经验是当今脱贫攻坚的重要抓手，深入学习贯彻习近平总书记对广东提出的"四个坚持、三个支撑、两个走在前列"重要批示精神，准确把握原中央苏区资金扶持政策，以创新驱动原中央苏区特殊发展模式，打赢 2020 年脱贫攻坚战，让边远贫困老区与全国同步实现建成小康社会的目标。

原中央苏区又称中央革命根据地，是土地革命战争时期毛泽东、朱德等中国共产党人领导的红军在江西省南部、福建省西部和广东省东部创建、发展起来的革命根据地。它是当时中国革命根据地的核心区域，是中国共产党领导中国革命战争的指挥中心。

1927 年中国共产党确定了土地革命和武装反抗国民党反动统治的总方针，在全国先后开辟了大小十几个革命根据地。原中央苏区的创建和中华苏维埃共和国的成立，是中国共产党在革命根据地建立国家一级政权的探索与尝试。在土地革命战争时期，广东人民在中国共产党的领导下，经过艰苦卓绝的斗争，在粤东北区域创建了梅埔丰、五兴龙、蕉平寻、饶和埔诏等革命根据地。

地处粤东北的梅州市是广东唯一原中央苏区"一片红"的地级市，分布在粤东周边区域，梅州不同时期曾分别属于原粤赣省、赣南省、福建省、江西省区域。据不完全统计，在土地革命战争时期，仅梅州地区为革命就牺牲了 4500 多名英雄儿女，留下了众多的革命遗迹和名人故居旧址，先辈的奉献和牺牲铸就了粤东北实属原中央苏区范围的历史事实和崇高荣誉。

1927 年第一次国内革命战争失败后，粤东人民在中国共产党领导下，为反对国民党反动派背叛革命，进行了艰苦卓绝的斗争，建立了以八乡山、九龙嶂、铜鼓嶂、九里岽、北山嶂、南沣山等为中心的东江革命根据地，1930 年先后成立了"梅埔丰""五兴龙""蕉平寻""饶和埔诏"等苏区区域与赣闽原中央苏区连成一片，在闽粤赣边省委领导下，配合原中央苏区反对国民党反革命的五次"围剿"立下了丰功伟绩。

在这场烽火岁月的战斗中，粤东区域留下了遍布各地的墓、碑、亭，堂、园、馆和残踪淡迹的革命战争遗址有数百处，构成了一幅光荣的历史画卷，写就了世代吟诵的红色史诗。其中主要有：

（1）"八乡山革命根据地"集群遗迹：八乡山是著名的红色革命老区，早在 1925 年农民运动就已经在五华、丰顺县如火如荼，1927 年古大存带领革命同志辗转八乡山点燃"炭寮星火"。1929 年八乡山成立东江红军总指挥部，1929 年 12 月中共东江特委机关、军委、后方医院、军校、兵工厂等迁设八乡山。1930 年 5 月中共东江特委工农兵第一次代表大会在八乡山滩良村召开。同时成立了中国工农红军第十一军，这是广东省唯一入编中国工农红军编制的部队，指挥整个东江区域的游击战争，建立了较为稳固的八乡山革命根据地。

（2）"九龙嶂革命根据地"集群遗迹：地处粤东莲花山脉的九龙嶂区域，踞梅县、丰顺、大埔、五华四县。南昌起义后广东工农革命军东路第 10 团在九龙嶂嶂顶的大坪里建立，粤东工农武装斗争第一面红旗在此升起，1930 年由古大存任军长的红 11 军在八乡山建立后，转战九龙嶂区域，在九龙嶂创建了又一块粤东北的革命根据地。

（3）"中央红色交通线"——大埔青溪交通站沿线遗址群：是一条从上海经中国香港、汕头、大埔、永定到达瑞金原中央苏区核心大本营的水陆衔接秘密通道。大埔境内的青溪和茶阳设有中、小接待站点近十处，此通道先后安全护送中央领导、进步人士近 300 人，重要文件一大批，物资 300 吨，黄金 100 多斤。

（4）大埔"三河坝战役"旧址：南昌起义后朱德率领 3000 余将士转战至此，与数倍敌人进行了史上著名的"三河坝战役"，鏖战后红军遗部挥师井冈山。

（5）"南洋山"革命根据地集群遗迹：地处粤东五华南片的南洋山区域，是粤东早期著名农运领袖古大存的故乡，在新民主主义革命时期，五华全县有 1333 名优秀儿女为革命献出了生命，其中南洋山下的革命烈士就有 309 位，牺牲人数为全县各镇之最。南洋山方圆数公里内留存有：古大存故居，优行乡农民协会旧址（德公祠），中共五华县委诞生旧址（庵子塘），农民自卫军训练基地（梅冈寺），席草湖战役、塘湖战役、深湖战役旧址，古宜权烈士纪念亭等革命旧址。

（6）1929～1930 年毛泽东、朱德为打破国民党反动派对井冈山的封剿和扩大原中央苏区的考虑，决定由朱德、朱云卿、陈毅带领红四军挥师转战赣南、闽西、粤东，其中抵达平远境内有 3 次，当时红四军的战斗足迹还遍及梅县、蕉岭、丰顺等县，攻克梅城和一批乡镇，有力地促进了梅州土地革命战争轰轰烈烈开展。

（7）"中共南方工作委员会机关旧址"：1937 年抗日战争爆发，中共南方工作委员会先后在大埔县西河、大麻、高陂、枫朗和百侯等镇共十多处开展工作。以方方为书记的中共南方工作委员会按中央指示，领导当时的江西、粤北、粤南 3 个省委和广西工委以及湘南、闽西、闽南、潮梅、琼崖 5 个特委和闽粤边委开展抗日救亡斗争，特别为东江和琼崖等地的抗日斗争做出了重大贡献。

（8）梅县"闽粤赣边区党委旧址"群址：解放战争"闽粤赣边区党委""粤东地委""梅县中心县委""梅兴丰华县委"等均以九龙嶂为根据地。

梅州境内流传着许多革命历史传说和故事，也留下了众多与红色革命相关的革命遗迹、人物故居遗址。我们从以上各县（市区）主要革命遗迹、遗址可见，梅州作为广东红色资源最为丰富的地区之一，具有巨大的开发潜力。

二、让红色资源转化为经济资源的措施

习近平总书记指出，核心价值观是文化软实力的灵魂、文化软实力建设的重点。革命遗迹承载的红色文化内涵正是社会主义核心价值观的重要源头和现实传承。革命文物的传承弘扬对于提高公民道德水平，激发爱国情怀，树立正确人生观、价值观和世界观，都具有重要意义，从而成为推动社会主义精神文明建设，全面建设小康社会，最终实现中华民族伟大复兴的重要支持力量。保护是前提，利用是保护的归宿，让革命遗迹发挥它难能可贵的价值，我们应该做到以下三个方面。

第一，抓住苏区振兴发展的历史机遇，吃透原中央苏区特殊区域政策资金扶持的精神，在总体战略定位中提出红色文化传承创新的具体内容，规划、整合好红色资源，建立梅州原中央苏区重大项目审批绿色通道，促成梅州市发改委组织专项机构，编制立项并加快项目审批速度，优先争取列入省级重大项目调度会议。目前梅州重点应做到以下五个方面：

（1）确认、修复、扩大以梅县、丰顺、五华、大埔为中心的八乡山革命根据地集群遗迹和九龙嶂革命遗址集群区域内的项目。"八乡山革命根据地"和"九龙嶂革命根据地"区域在革命战争年代谱写了可歌可泣、惊天动地的革命史诗，留下了众多珍贵的红色文物遗迹，近年来各级政府和当地群众十分重视这些革命遗址的保护和修复，但由于历史的原因，其保护工作和修复工作停滞不前。

（2）面对这些现况我们都应有深感沉重的历史责任感，不能让红色遗迹和宝贵的精神财富，遗憾地湮没在我们这一代人手里。我们呼吁市委、市政府和各级行政职能部门，应加大革命遗址保护和利用的力度，把握全国在2020年前脱贫奔小康的重大决策，不但梅州原中央苏区要全区域确保脱贫致富，更要推动一批重大的红色文化发展创新项目，以提升地域内苏区精神和红色文化影响力，把梅州地区有代表性的革命旧址集聚区域建设成全国爱国主义教育和革命传统教育基地。

（3）梅州城区立项建设市级"中央苏区（粤东）历史博物馆"，以实现闽、粤、赣原中央苏区范围内三省均有"中央苏区历史博物馆"的愿望，形成闽、粤、赣原中央苏区"金三角"红色旅游圈，助推三省红色旅游联动产业的发展。建议此馆选址在"剑英公园"内，与现有的"梅州革命历史纪念馆"合并建成一个形象高大、立面恢宏的世代建筑，成为梅州城区标志性的景点之一。

（4）规划整合好红色文物资源，以现有"梅州市革命历史纪念馆"和梅州市客侨博物馆"中央苏区（梅州）文物史料展厅"的红色文物、史料为切入点，确保"中央苏区（粤东）历史博物馆"基本的建馆文物条件。建设"中央苏区（粤东）历史博物馆"项目，是通过苏区红色文物的挖掘、保护、研究、展示、宣传达到弘扬红色文化的目的，化解一些人的精神追求缺失。我国改革开放40多年，经济快速发展，人们的物质生活得到极大改善。但与此同时，一些人也陷入了信仰空虚、价值错位、诚信危机、道德滑坡的泥潭，出现了精神上的疲乏。

现实生活中人们面临的各种精神困境，其实都是先进文化作用弱化的直接反映。苏区精神洋溢着凛然正气和昂扬激情，蕴含着中国人民的政治理想、思想观念、爱国情怀和道德诉求，体现着勇于奉献、敢于牺牲、百折不挠的崇高品质，"苏区精神"不仅凝聚着珍贵的历史记忆，并且已经积淀为民族宝贵的精神财富。

（5）历史证明，加强文化素质教育和信念理想教育是提高所在地民众整体文明素质的重要手段，也是展现当地民风形象，丰富群众生活，体现客家民风淳朴、勤劳勇敢、热情好客的文化"名片"。这个项目尤为急迫，这是梅州原中央苏区特殊区域振兴发展的"重头戏"。让革命遗迹、红色遗存、文物史料重现红色魅力，梅州红色旅游品牌因此得到进一步凸显，成为国内红色旅游经典线路的目的地之一。

第二，所有革命遗址都应得到相关部门的支持，梅州市财政、梅县财政应逐年加大力度，并增加财政预算维护革命旧址。同时招揽一批专业人才，从广度、深度宣传梅州的革命历史，向全国推介梅州的"红色名片"。从而切实地让"世界客都"的红色苏区走向全国，乃至全球。如何把红色资源的利用价值发挥到最大，梅州可借鉴江西赣州和福建龙岩的经验。

（1）革命老区多地处偏僻山区，经济欠发达，人民生活水平普遍不高，红色旅游景点的开发可以衍生景区餐饮、住宿、纪念品制作与销售等相关产业，在促进当地经济发展的同时，提高当地民众的生活水平。

（2）将红色旅游景点建设成为新的爱国主义教育基地，在发挥旅游功能的同时突出政治教育功能，为全市中小学生开展爱国主义教育活动提供更多、更好的平台。

（3）以文化、教育部门为主，积极推荐具有代表性的红色旅游景点参与如"文物保护单位""爱国主义教育基地"等荣誉称号的申报活动，提高景点的知名度，扩大革命老区红色旅游产业的影响力。

第三，红色文化具有良好的知名度和品牌效应，在发展红色旅游产业，出版红色文化书籍、音像影像制品，创作红色文化演艺节目，促进民间红色收藏文化产业等方面，红色资源都是取之不尽的宝贵财富。梅州可以倚仗独特的红色资源优势，着力做好以下工作。

（1）各级政府要高度重视红色资源的开发工作，加大宣传力度，提高当地民众的保护意识。

（2）积极争取国家优先在原中央苏区布局重大交通、水利等基础设施项目政策，增加资金投入，确保每一处红色遗址通道路，对现有的革命遗址、旧址等进行修缮、维护，并加强对红色文物的收集和整理，充实红色旅游景点的历史内涵，提高文化档次。

（3）在政府出台相关优惠政策的基础上，多渠道争取社会资金，鼓励社会企业、集团参与红色产业的建设，积极开发红色旅游景区和线路，扩大红色旅游产业的规模，提升景点可持续发展的后劲，增强影响力。

（4）梅州近年来的民间红色收藏一枝独秀，积极支持和鼓励官方收藏与民间收藏的联动合作，联手打造一批红色旅游景点的吸引力和爱国主义教育的实物证据。

三、借力国策让红色资源转化为经济资源

对红色遗迹开发和利用，我们必须站在开发创新及发展生产力的高度来审视红色文化的软实力。中央和广东省政府对原中央苏区有明显的支持导向和优惠政策，梅州要面向贫困老区寻找项目，并做出具体方案立项，借鉴《国务院关于支持赣南等原中央苏区振兴发展的若干意见》和赣南原中央苏区发展政策"百问百答"的经验，让梅州在2020年以前全面脱贫奔小康，实现更加全面的发展。我们在具体实施中要做到以下四个方面：

第一，明确宗旨、科学规划、突出重点、积极宣传。据调查，目前梅州市有250多处红色遗址、战争旧迹需挖掘保护，在市县镇分级负责保护维修的同时，一定要突出重点全局考虑。具体做到以下四个方面：

（1）以土地革命战争原中央苏区范围至抗日战争根据地范围为主体挖掘、保护、修复、利用。

（2）加大力度深入田野调研、普查登记、编写调研报告举办研讨会、论证会通过各种媒体进行宣传和推介。

（3）把调研成果用以"三个教育基地"建设和发挥效能，有利于红色旅游开发及创新红色文化产业的落实。

（4）根据国家文化建设的实际需要，重点落实梅州市级"中央苏区（粤东）历史博物馆"项目的编制、立项和项目筹备小组的筹建成立。

第二，统筹梅州市域重要红色资源群落的规划。如举国知名的大埔红色交通线站点旧址群落、粤东和闽粤赣革命斗争指挥中心的九龙嶂含八乡山马图的旧址群落、抗战时期负责南方数省党内思想政治工作及指挥抗日的中共南方工委旧址群落等。还有尚未重点保护开发的重要人物故居或纪念馆，如中国工农红军总参谋长朱云卿烈士故居（梅江区）；粤东早期著名农运领袖、红11军军长古大存故居（五华）；原福建省委书记罗明故居（大埔）；中华人民共和国开国中将肖向荣故居（梅县）、曾国华故居（五华）、刘逸几故居（兴宁）等。

第三，争取对接政策立项，取得中央和广东省政府的资金支持，并根据梅州市以前行之有效的经验，发动社会人士、华侨、企业界、革命后裔、公益基金会等的捐资支持。发挥政府空置适用的公有土地、房产，用作建馆、设馆、设室。对重要人物馆的设置，尽可能设在名人故居或其所属的县域区内，发挥其效能，助推当地旅游开发，甚至城区扩容提质。

第四，树立新常态下的新理念，既要发挥碑、居、馆、园革命纪念场所"三基地教育"作用，尤其要弘扬苏区精神，振奋向上，勇于作为，服务大局，更要采取综合运用

开发之计，紧密结合红色旅游和红色文化与产业的开发。这类红色产业开发也是很有深度与广度的开发，同样是经济效益显著产业，如文创产品、红色书刊、红色影视、戏剧、歌曲，各项红色旅游纪念商品和各类红色标志彰显品等。

梅州建设全国文化城市的号角已经吹响，文化产业发展正当其时，乘着我国"2020年全国脱贫奔康"的春风，把红色资源的挖掘、开发和利用工作乘势而上，促进梅州中心城区扩容提质，把梅州市打造成粤闽赣区域性红色旅游的中心城市、广东省绿色崛起先行市和红色文化旅游特色区、生态文明先行示范区，实现梅州文化产业跨越式发展。

四、结 语

历史是过去的现实，现实是未来的历史。红色遗迹的保护就是为了留下历史，留住记忆，但再好的记忆也抵不过现实的存在，最好的存在就是活化利用与科学弘扬。习近平总书记提出，要让文物说话、把历史智慧告诉人们，激发我们的民族自豪感和自信心，要让收藏在博物馆里的文物、陈列在广阔大地上的遗产、书写在古籍里的文字都活起来，让中华文明同世界各国人民创造的丰富多彩的文明一道，为人类提供正确的精神指引和强大的精神动力。

党中央国务院带领全国人民不忘初心，全国实施精准扶贫和脱贫攻坚工作正在深入展开，作为经济欠发达的梅州革命老区，要在2020年同全国其他贫困地区一起"摘帽"，更应把红色遗迹的挖掘利用结合起来，科学确定赣闽粤原中央苏区的发展战略定位，走出一条欠发达地区实现跨越式发展的新路子。

努力实现2020年梅州人均主要经济指标接近全国平均水平，基础设施体系趋于完善，特色优势产业集群进一步壮大，现代产业体系基本建立，中心城市集聚能力不断提升，新型城镇化进程明显加快，人民生活水平不断提高，努力实现城乡基本公共服务均等化，与全国同步实现全面建成小康社会目标，使广大人民早日过上富裕幸福的生活。

新时代传习所：推动精神文化
扶贫工作的有益探索

——江西省寻乌县的调查思考[*]

骆江玲

摘　要： 满足广大群众日益增长的多层次和多方面的精神文化需求，保障其文化权益，培育其内生动力，对于促进精神文明建设、推动经济社会的发展以及全面打好精准脱贫攻坚战有着重大的意义。如何进一步加强和推动精神文化的扶贫工作，是各级政府关注并需要切实解决的重要问题。本文以江西省寻乌县创建的"新时代传习所"为例，围绕"新时代传习所＋精神扶贫"创新举措，通过具体的案例进一步展示寻乌县"新时代传习所"的主要模式特色和成效，探索了一条具有寻乌县特色的推动精神文化扶贫工作的新路径，成为推动精神文化扶贫工作的地方样本。

关键词： 新时代传习所；精神文化扶贫；有益探索

众所周知，打好脱贫攻坚战，关键在人，在于人的观念、能力和干劲。满足广大群众日益增长的多层次和多方面的精神文化需求，保障其文化权益，培育其内生动力，对于促进精神文明建设、推动经济社会的发展以及全面打好精准脱贫攻坚战有着重大的意义。当前精神文化建设不尽如人意，人们的思想认识和行动出现偏差，尽管各地在文化建设方面出台了很多措施，投入了大量的人力、物力和财力，然而收效甚微。目前在全面建成小康社会的征途当中，如何进一步加强和推动精神文化的扶贫工作，是各级政府关注并需要切实解决的重要问题。

党的十九大报告指出，坚持中国特色社会主义文化，必须要继续文化创新。为了进一步深入地宣传党的十九大精神和习近平新时代中国特色社会主义思想，2018 年以来，全国各地"新时代传习所"采取各种各样的形式来传达理论和政策。作为原苏区的寻乌县

　＊　基金项目："社会发展与治理"研究中心江西省 2011 协同中心研究成果。

　作者简介：骆江玲，江西师范大学马克思主义学院、苏区振兴研究院副教授，管理学博士，研究方向为农村发展管理、思想政治教育。

为了贯彻落实习近平总书记关于"扶贫先扶志，扶贫必扶智，治贫先治愚"的重要指示精神，也为了进一步贯彻落实习近平总书记在中央宣传部呈报的《弘扬脱贫攻坚精神，推动农村物质文明和精神文明协调发展——寻乌扶贫调研报告》的重要批示精神，寻乌县委办公室以中宣部对口支援为契机，注重发挥精神文化的引领推动作用，大力实施精神文化精准扶贫，于2018年1月19日结合寻乌县的实际在全县创建了"新时代传习所"，作为整个江西省的第一家，它探索了一条具有寻乌县特色的推动精神文化扶贫工作的新路径，为全县脱贫攻坚工作注入了强大的精神力量。

一、寻乌县创建"新时代传习所"的概况

寻乌县位于江西省东南部，居于赣、闽、粤三省交界处。全县的国土面积为2351平方千米，辖15个乡镇，173个行政村，9个社区，11个居委会，一共184个村，总人口为33万。村党支部共有173个，农村党员有5722名，占全县党员总数的54%。寻乌县县情共有六个特点：一是年轻的县；二是革命老区县；三是客家聚居地；四是东江源头县；五是资源富集区；六是对接闽粤的"桥头堡"。

"新时代传习所"是江西省寻乌县紧紧围绕习近平总书记关于"全党来一个大学习"的号召，充分利用本县的公共场所和文化设施，建立的一个"接地气、聚人气以及覆盖县乡村三级"的学习平台，目的是推动全县来一个大学习，推动党的十九大精神、习近平新时代中国特色社会主义思想和各项政策、法律、科技和文化等全方面进机关、进农村、进社区、进校园、进企业以及进网络，进一步引导全县的党员干部群众把思想和行动都统一到中央和省市县的决策部署上来，凝聚起新时代寻乌振兴发展的磅礴力量，奋力迈出"活力、富裕、生态、平安"的寻乌县建设新步伐。

"新时代传习所"是指具有新的内涵和功能，意味着基层干部群众在中国特色社会主义新时代有了稳定的学习活动场所和阵地。党的十九大报告之后，"新时代传习所"如雨后春笋般在全国各地迅速落地，主要是传理论、传政策、传法律、传科技以及传文化等多样化的传播方式让百姓学习有阵地、活动有场所。

寻乌县创建的"新时代传习所"主要是依据"四个强化"原则，即"强化政治引领、强化领导带头、强化系统思维、强化需求导向"；建设建好六个方面的内容，即机关"新时代传习所"，主要由县委宣传部牵头；农村"新时代传习所"，主要由县委农工部牵头；社区"新时代传习所"，主要由长宁镇、澄江镇和桂竹帽镇牵头；企业"新时代传习所"，主要由县工信局和县工业园区管委会牵头；校园"新时代传习所"，主要由县教育局牵头；全媒体"新时代传习所"，主要由县委宣传部牵头。以上六个方面除了由相应牵头部门负责外，其他责任单位也有明确的归属，除此之外，还组建了宣讲专家库和传习队

伍等。

二、巧做文章："新时代传习所＋精神扶贫"

据调研所知，寻乌县开展的"新时代传习所"建设对于寻乌县而言有着特殊的意义，在江西省委宣传部的有力指导下，它按照"建好、用好、管好"的理念，创新举措，积极打造"新时代传习所"，进一步巩固了思想阵地，坚定了干群的脱贫信心，促进了乡风民风的好转，也激发了贫困群众的内生动力，为全县脱贫攻坚的工作注入了强大的精神力量。

（一）实行"6＋1"模式搭精神扶贫之"台"

1. 整合资源建六类"固定"传习所

寻乌县整合现有的宣传平台，如机关会议室、农村综合文化服务中心、农村祠堂、学校礼堂、企业讲堂和媒体网络等，按照"五个一"标准，如建设一个阵地、明确一个机构、组建一支队伍、设计一份菜单以及制定一套机制等，建立了机关、农村、学校、企业、社区和网络六类传习所共436个，实现了县、乡、村三级传习所建设全覆盖，使精神扶贫每个角落都不落下。另外，寻乌县在中央、省、市各级宣传部门的大力支持下，目前已建成村综合文化服务中心共128个，正在建的有41个，县委领导把这些公共文化服务的平台全部打造成全县广大农村新时代传习所的主阵地。当前，传习所已开展"集中式"的传习活动共5300多次，共有16万人受益。

2. 因类施教建一批"流动传习所"

寻乌县根据群众"点菜"式的传习需求，采用"一对一"和"一对多"的交流方式，与基层干部交流学习的感悟，与务工人员交流就业的心得，与贫困群众交流脱贫的计划，让基层宣讲接地气，保证哪里有需要，哪里就有传习所。目前，传习所开展"流动式"的传习活动共5200多次，共有3.5万人受益，最大化地满足了群众实际的需要。

（二）采取"五大形式"拓精神扶贫之"路"

1. 开设传习大讲堂

寻乌县组织传习员定期深入到机关、农村、学校、企业、社区等地，通过设立讲堂来开展集中传习。根据不同的传习对象和不同的群众需求，及时地更新所宣讲的内容和调整所宣讲的重点，并在现场为群众答疑解惑。营造一种集中学和定期学的浓厚氛围，以便激发广大群众的学习热情。

2. 搭建传习大舞台

把党的十九大精神、脱贫攻坚政策以及乡风文明等通过改编成为"山歌""汉剧"等，将客家的传统文化融进去，利用村级综合文化服务中心的场所，通过送戏下乡、"百姓大舞台"、乡村歌会等群众喜欢的方式来开展传习活动，让枯燥的理论宣讲和脱贫的内容转变成"唱起来""跳起来"和"活起来"，让广大的干部群众都能够听得懂、能领会以及可落实。

3. 举办网络大诵读

寻乌县充分利用好网络媒体的平台开辟了一系列专栏，如寻乌手机报、"寻乌宣传"微信公众号和寻乌电视台等媒体，把脱贫誓言、脱贫故事以及红色故事等内容录制成音频并进行播放，让干部群众收听收看"传文习典"成为寻乌县人的新潮流。目前，寻乌县已刊播"传文习典"诵读53期，此活动深受群众的欢迎。

4. 组织百姓大宣讲

寻乌县让机关的党员、农村的老党员、脱贫光荣户、文明示范户等都成为传习员，通过用身边的人来讲身边的事，以身边的事来教育身边的人，用老百姓自己的语言，如"大白话""客家话"等，来讲解党的政策好，让理论宣讲更加接地气和聚人气，相互学习脱贫的经验。

5. 开展"一对一"小传习

寻乌县根据实际的需求开展"一对一"活动，比如组织帮扶干部与贫困户一对一地宣讲扶贫政策、农技人员与农户一对一地讲授种养技术、司法干部与上访户一对一地宣讲法律知识、征地干部与征拆户一对一地宣讲征拆政策等，把群众最需要的政策、法规和技术等送上门。

（三）建立"四大机制"固精神扶贫之"基"

1. 建立工作调度的机制

寻乌县成立了"新时代传习所"工作领导小组，并在县委宣传部设立办公室。领导小组与脱贫攻坚工作相结合，每周召开一次调度会，定期对全县传习所的工作进行督导，编印工作简报，挖掘总结经验做法。同时，还印发了《寻乌县创建"新时代传习所"实施方案》等一系列文件，明确了各个传习所的建设内容和活动菜单等，要求各个传习所必须要依据政策有"规定动作"，也可以自己创新有"自选动作"，这些都有效地保障了各个传习所工作的扎实推进，强化了组织保障。

2. 建立资源整合的机制

寻乌县根据传习的内容和形式，根据脱贫攻坚工作的需要，深入全县广泛开展传习的活动，组建了党员干部传习队、脱贫攻坚传习队、巾帼传习队、农技传习队和志愿者传习队等15支传习队伍，打造了一批多元化的本土传习队伍，他们成为传播脱贫攻坚政策和传授知识技术的"扬声器"和"小喇叭"，强化了人力保障。

3. 建立培训奖励机制

寻乌县通过"请进来"和"走出去"的方式，目前已经开展了县级传习员集中培训4次，全面提高了各级传习员的传习能力。同时，还建立了县、乡、村三级传习员的档案，里面详细记录了传习员的基本情况、能力特长以及参加传习场次等内容，并开展创评"星级传习员"的活动，而这些档案里的内容作为创评活动的重要依据，并对传习员按照不同的标准，每场次的传习都分别给予适当的资金补助，以此激励各级传习员的工作热情，强化了制度保障。

4. 建立资金投入机制

寻乌县财政安排资金 100 万元，同时，整合各个乡镇和各个单位党建经费的 30%，用于开展传习所的建设和传习活动。据初步统计，目前寻乌县已投入资金 500 多万元，确保了各级传习所的有序运转，为脱贫攻坚工作注入力量，强化了经费保障。

三、主要模式特色及成效

"新时代传习所"创建以来突出地发挥了三个方面的作用：一是巩固了思想阵地。寻乌县把学习贯彻习近平新时代中国特色社会主义思想贯穿到传习的全过程中，让全县干部群众进一步地武装了思想、坚定了信念和铭记了党恩，如寻乌县人民法院"新时代传习所"。二是培育了文明乡风。寻乌县通过乡风文明传习队的言传身教，推动了移风易俗工作的开展，促进了乡风民风的好转，如 N 镇 N 龙村"新时代传习所"、N 镇 G 村"新时代传习所"。三是助力了脱贫攻坚。寻乌县通过传习农技知识和传习致富的本领，提升了贫困群众的自我发展能力，增强了群众脱贫的信心，也激发了群众的内生动力，脱贫战线涌现了一批脱贫致富的先进典型，如 N 镇 P 村"新时代传习所"。下面主要以具体案例的形式来叙述寻乌县"新时代传习所"的模式特色和作用。

（一）流程规范化和内容多样化

寻乌县人民法院内设机构 11 个、派驻法庭 4 个，工作人员 80 多名。2017 年，寻乌县人民法院新收各类案件共 2769 件，结案 3126 件，结案率达到 93.09%。2011 年 12 月，中央文明委授予寻乌县人民法院"全国文明单位"的称号，并保留至今。寻乌县人民法院"新时代传习所"的特色在于流程规范化和内容多样化，形成了具有机关特色的学习平台和学习品牌。

案例 1：寻乌县人民法院"新时代传习所"

一是传习的流程规范化。寻乌县人民法院根据传习所创建的工作要求，围绕"五个"标准，规范了传习流程，即唱一首爱国歌曲、诵一段"平语近人"、讲一个人物故事、授一课政治理论以及谈一番学习体会。

二是传习的内容多样化。为进一步提升广大干警的综合素质，寻乌县人民法院主要围绕四个方面的重点内容开展传习活动。①传习政治理论，提升思想素质。比如，政工科一位"90后"L姑娘，原来不太注重政治理论学习，对习近平新时代中国特色社会主义思想认识也不到位，自从2018年法院开展传习活动以后，她的思想发生了比较大的转变，积极向党组织提交了入党申请书，而且主动请缨担任了传习活动的主持人。②传习典型事迹，提升道德素质。③传习专业知识，提升业务素质。④传习扶贫政策，提升脱贫攻坚素质。比如，通过在机关传习所传习扶贫政策，担任扶贫工作队长的X同志经常组织帮扶干部，深入挂点村与党支部联合开展传习活动，帮助帮扶干部出点子、教方法、谈体会、讲政策，如今，很多帮扶干部都已成为脱贫攻坚的工作能手。而且法院挂点的好几个村在脱贫攻坚中的多项工作都走在全县的前列。

资料来源：中共寻乌县委组织部2018年的内部资料，有改动。

（二）传习阵地多元化

N村是中央宣传部精准扶贫的挂点示范村，也是"十三五"扶贫重点村。全村共有10个村民小组，601户共2272人，其中，建档立卡贫困户93户共368人。在2017年，N村荣获"第五届全国文明村镇""江西省最具乡愁村庄"等称号。N村新时代传习所的特色是传习阵地多元化。

案例2：N镇N龙村"新时代传习所"

阵地一：利用村综合文化服务中心举办文艺传习。N村将客家的优秀传统文化融入传习活动全过程，把党的政策和法规改编成各类文艺节目，通过文艺演出、乡村夜话以及乡村歌会等群众喜欢的方式，在村综合文化服务中心的舞台、广场和文化活动室等场所开展传习活动，通过文艺的方式，把以往的"推送"宣讲转变为"娱乐"传播，真正让乡村文化阵地越来越"有戏可唱、戏里有戏"。

阵地二：利用固定场所进行集中传习。一是在N村建立了固定的新时代传习所。从农村老党员、退休干部以及优秀乡贤中推选出政治过硬、素质优良、热心服务、知晓政策的党员建立党员干部传习队，精心选定传习的内容，用一个个鲜活的事例创造性地开展革命传统教育、理想信念教育和党的宗旨教育，让广大党员群众深切感受到中华人民共和国发展至今的伟大历史成就，要铭记党恩和永远跟党走。二是在N村村史馆传习点进行德育传习。村史馆里布展区主要包括五个部分，即基本村情、N村名人、生产生活、民俗风情、旅游发展等，里面浓缩了N村的过去和现在。N村新时代传习所依托村史馆的文化资源引导全村群众把传承至今的优秀"家风"和"家训"整理上墙，作为一项营造良好家风、村风和民风的重要内容来教育子孙后代，形成人人崇尚文明、人人创建文明以及人人享受文明的良好氛围，传播了良好的社会正能量。

阵地三：进村入户进行"一对一"小传习。寻乌县根据N村的实际情况，组织帮扶干部与贫困户一对一地宣讲扶贫政策，把群众最需要的政策、法规和技术送上门。比如，N村×村民，家里共有6口人，其中4个孩子都在上学，生活负担很重。"一对一"传习帮扶干部了解到这种情况后专程来到×家，面对面地传习教育、就业和安居等方面的扶贫政策。×村民高兴地说："这样一对一的传习活动非常好，政策送上门感觉非常详细，让我更加清楚地了解了国家对我们贫困户的关爱，也更加坚定了我辛勤劳作以及脱贫致富的决心和信心。"

资料来源：中共寻乌县委组织部2018年的内部资料，有改动。

（三）传习对象参与面广和积极性高

N镇G村，有9个村民小组340户共1538人，贫困户74户共306人。是"十三五"的贫困村，在2016年G村荣获"全省生态文明村镇"的称号，2017年荣获"全国文明村镇"的称号。该村文化氛围比较浓厚，传习所充分结合了广大群众爱好文艺、爱好书法和喜欢读书等不同的兴趣特点，分类开展传习活动，该活动推动了移风易俗，促进了乡风文明，该传习所最大的特色就是传习对象参与面广以及积极性高。

案例3：N镇G村"新时代传习所"

一是开展文艺传习活动。组织G村的广大文艺爱好者，把家风家训和村规民约改编成顺口溜、三句半以及小品等不同类型的文艺节目形式，如《婆婆也是妈》等，通过自创、自编、自排和自演，让广大群众在娱乐活动中接受优秀传统文化的熏陶和教育。二是开展书法传习活动。组织G村的广大书法爱好者撰写书法作品，主要内容如习语、遵德守礼、移风易俗等，通过练书法和晒作品来陶冶自身的情操，改变过去的陈规陋习，进一步地提升文明素养。三是开展读书传习活动。G村在农家书屋买了一批书籍，如中华孝道、农村道德教育以及种养致富技术等方面，组织读书爱好者开展一些传习活动，重点是以孝老爱亲和农业技术等方面。四是开展评议传习活动。G村通过组织开展"脱贫光荣户""文明示范户""六星文明家庭""身边好人"等评议活动，传习群众身边的这些典型事迹，以身边事教育身边人、以身边事鼓舞身边人。

这些传习活动接地气、纳人气和正风气，群众积极参与、乐于接受以及寓教于乐，该活动在潜移默化中推动了家风、村风和民风的转变。比如，该村的文艺爱好者W，她的80多岁的公公原来一直居住在危旧土坯房中，自从她参加文艺传习活动以后，深深感受到自己没有孝敬心，于2018年3月将公公接到自己的新房一起居住了。

资料来源：中共寻乌县委组织部2018年的内部资料，有改动。

（四）传习形式多样化

N镇P村充分利用闲置的祠堂，将"新时代传习所"设立在大屋下云魁公祠"大夫第"，此建筑建于清乾隆中期（1736～1795年），占地面积共5450平方米，建筑面积大约4350平方米，是寻乌县保存得较好和最大的公祠之一。2015年10月被寻乌县人民政府公布为县级文物保护单位。这个传习所的特色在于传习的形式多样化，突出开展了"扶智"的传习活动，成为引领群众脱贫致富的新阵地，也是助力脱贫攻坚的典型案例。

案例 4：N 镇 P 村"新时代传习所"

一是组织农技人员开展授课式的传习活动。寻乌县针对该村甜柿和百香果等新产业，根据不同的时节，组织农业技术人员在传习所开展集中授课，主要传习农业新知识和新技术，以提高科学种养的水平，达到增加农业的生产效益。2018 年以来，已开展传习授课活动 10 多场，共有 500 多名群众参与。二是利用茶余饭后开展交流式的传习活动。寻乌县将传习所建在大夫第，主要是因为群众在茶余饭后喜欢在此开展休闲聊天，是聚人气的传统阵地。同时将传习所办成开放式的学习阵地，买了一批关于农业新知识和新技术的书籍和资料，便于群众在这里休闲的时候可以随手看和开展交流学习，为群众提供了一个释疑解惑的新平台。三是组织致富能手开展现场式的传习活动。将 P 村里的 12 位致富能手吸纳进传习员队伍，组织他们经常深入田间地头，手把手地传习他们的致富技能和致富本领，让更多的群众通过传习活动成为发展产业的行家里手。

比如，P 村 C 村民种植的脐橙遭遇"黄龙病"毁灭以后，试种了 5 亩百香果，但是一直因为不懂技术使效益一直不好。在 2018 年村里建设传习所之后，C 村民通过参加不同形式的传习活动，掌握了科学的种植管理技术，目前，他种植的百香果非常好，每亩收入可达到 3 万元以上。总之，通过传习所的建设推动了 P 村的产业转型，目前全村已种植甜柿 450 亩、百香果 250 亩。

资料来源：中共寻乌县委组织部 2018 年的内部资料，有改动。

四、总结与思考

2018 年 8 月 21～22 日在北京召开了全国宣传思想工作的会议。习近平总书记强调，要完成新形势下宣传思想工作的使命任务，必须以新时代中国特色社会主义思想和党的十九大精神为指导，增强"四个意识"、坚定"四个自信"，自觉地承担起举旗帜、聚民心、育新人、兴文化、展形象的使命任务，坚持正确的政治方向，推动宣传思想工作不断地强起来，促进全体人民在理想信念、价值理念和道德观念上紧紧地团结在一起，为服务党和国家事业全局做出更大的贡献[1]。而寻乌县作为江西省首家创建的"新时代传习所"就是这样一种在新形势下宣传思想工作使命任务的实践。

我们知道，"新时代传习所"是宣传、学习、宣讲习近平新时代中国特色社会主义思想的重要阵地，一定要紧紧依托"新时代传习所"，力求学懂弄通做实，把党的十九大精

---

[1] 习近平出席全国宣传思想工作会议并发表重要讲话［N］. 新华视点，2018　08　22.

神讲清楚和讲明白，让群众听得懂、能领会、可落实。同时，"新时代传习所"也是学习研究贯彻落实党的十九大精神的重要载体，是进一步加强基层党建和密切党群干群关系的重要渠道，是打通理论宣传和政策教育"最后一公里"的重要举措，因此，各级领导都要高度重视，严格按照建设的标准去查漏补缺，发挥"新时代传习所"最大化的作用，做到传理论、传政策、传法律、传科技、传文化、传技能，有固定场所、有专人管理、有活动内容、有鲜明主题、有制度机制，带动干部群众积极参与到"新时代传习所"这所大学校来。基于此，本文建议从以下四个方面进行完善。

（一）完善工作机制

"新时代传习所"是党的十九大精神之后所产生的一种新型的学习平台，各级领导都要高度重视，并根据所存在的问题不断地完善工作机制。如"新时代传习所"主管岗位职责、讲师职责、讲师选聘制度、讲师考核制度（比如针对讲师的德、能、勤、绩方面进行考核），具体考核的内容包括传习的工作量、传习的效果（可以通过学习评议、同行评议、主管评议）、实践能力、科学研究和论文发表情况、工作态度等、讲师的奖惩及淘汰制度、新时代传习所备课制度（积极推广多媒体传习）、上课制度、新时代传习所人员守则、人员考勤制度以及"新时代传习所"的学习制度等方面都要进一步地完善。同时要协调好、规范好县级各部门之间以及县、乡、村三级之间的具体职责，要确保"新时代传习所"有效地运转，形成一种常态化和制度化的机制，并在此基础上，更加注重赋予其新的服务内涵和功能。

（二）扩展传习队伍

习近平总书记在全国宣传思想工作会议上提到"三个'新'、四个'力'"的观点和要求，即宣传思想干部要不断掌握新知识、熟悉新领域、开拓新视野，增强自身的本领能力，加强调查研究，不断增强脚力、眼力、脑力和笔力，努力打造一支政治过硬、本领高强、求实创新、能打胜仗的宣传思想工作队伍[①]。因此，建议加大加强传习队伍的学习，自觉讲品位、讲格调、讲责任，自觉遵守国家法律法规，坚决抵制低俗庸俗媚俗，用健康向上的文艺作品和做人处世陶冶情操、引领风尚[②]。除此之外，传习队伍成员的来源应该多样化，省直、市其他有关部门、社会团体、基层单位组成的宣传队、文艺演出队、志愿者服务队等都可以加入进来，鼓励他们奔赴各基层的传习所，积极开展各种各样的活动，让群众切身感受到传习所带来的实惠。这样既有基层干部、致富能手，又有专业人士等，这支传习队伍就可以充分满足村民们对传习活动的多样需求。

---

①② 做好宣传思想工作，习近平提出最新要求［N］. 人民日报，2018－08－23.

（三）丰富传习内容

一是要继续探索更具特色的传习方式。除了原有的一些传习内容之外，作为原苏区的寻乌县应该结合自身的特色，要依托本地特色文化资源，传承发扬红色文化也是重要的责任和使命，着重探索传习红色文化的形式与内容，将红色文化与其他传习内容有机地结合起来，进一步打造更具特色的传习方式内容。比如毛泽东同志当年在寻乌县调查时写下了著名的《寻乌调查》和《反对本本主义》，都可以融合进去，既丰富了传习的内容，同时也进一步宣传了"大兴调查研究之风"的号召。二是继续开展多样化的传习活动。根据群众的需求，邀请上级部门到镇村开展送思想、送文化以及送技能下乡等活动。同时，继续整合寻乌县的资源，开展更加丰富的传习活动，进一步提升乡风文明的水平，为群众的生产生活提供切实的帮助。三是镇村两级可以互动，打造一支"带不走"的志愿者队伍。在镇级层面，可以组建以"学院讲师、机关干部、优秀乡贤"为主体的志愿者服务队，定期开展现场授课、文艺表演和送知识技能下村等志愿服务。在村级层面，建议在村里成立由村书记、村主任、党员、村精英能人组成的"一个大家庭"，以"多对一"的形式结对帮扶村里的贫困家庭以及留守老人、留守妇女和留守儿童，通过提供资金帮扶和劳力帮助等志愿服务，营造全村一家亲的和谐氛围。除此之外，也可以在各地增设临时学习点，打造流动的学习带，进一步培养群众阅读的兴趣爱好。

（四）提升传习成效

以贯彻落实党中央的政策会议精神，认真按照习近平总书记关于扶贫与扶志、扶贫与扶智相结合的要求，发挥好新时代传习所在培育新型农民、决胜脱贫攻坚以及实现乡村振兴等方面的积极作用，使传习所成为汇聚民意民智和凝聚民心民力的主阵地和主渠道，充分发挥贫困群众脱贫致富的主体作用，激发他们的积极性和主动性，培育他们的内生动力，激励和引导他们自力更生，努力改变命运，助推寻乌县高质量的脱贫和高质量的发展。同时要注重媒体融合，充分利用报刊、广播、电视、网络、新媒体等各种传播的手段，大力宣传寻乌县"新时代传习所"的经验。另外，还要挖掘一批先进的典型，发挥以点带面、示范引领的作用，带动寻乌县"新时代传习所"的创建工作全面展开和营造氛围，把寻乌县"新时代传习所"办出成效和打造品牌。

我们相信，"新时代传习所"一定能体现时代的价值和实践的价值，必将发挥更大、更强的作用，激励广大的干部群众用双手和智慧去创造更加美好的生活，朝着决胜全面建成小康社会，实现中华民族伟大复兴的"中国梦"，建设幸福美好寻乌县的宏伟目标迈进！

百色右江革命老区脱贫攻坚对策研究

周明钧[*]

革命老区是中国革命的丰碑，是各族人民向往的圣地。左右江革命老区是中国共产党在土地革命战争时期最早创建的革命根据地之一。长期以来，左右江革命老区人民为中国革命胜利、民族解放、边疆巩固、发展稳定做出了巨大牺牲和重要贡献。党的十九大报告明确提出，到 2020 年现行标准下贫困人口实现脱贫、贫困县全部"摘帽"、解决区域性贫困的目标要求。当前，左右江革命老区扶贫开发、脱贫攻坚已经到了啃"硬骨头"、攻"硬堡垒"的关键性阶段，必须采取更加特殊的政策和更加有力的措施，坚决打赢左右江革命老区新一轮扶贫开发、脱贫攻坚战。

一、百色右江革命老区的历史与现状

百色位于广西西北部，右江流域贯穿全市。1929 年 12 月 11 日，邓小平、张云逸等老一辈无产阶级革命家在百色领导和发动了著名的"百色起义"，建立了中国工农红军第七军，成立了右江苏维埃政府，创建了右江革命根据地。右江革命老区是左右江革命老区的核心，百色是右江革命老区的策源地，5000 多名红军将士和无数革命先烈用鲜血染红了这片土地。目前，百色辖 12 个县（市、区）135 个乡（镇、街道办），总面积 3.63 万平方千米，总人口 398 万人，其中，全市有革命老区乡镇 126 个，占全市乡镇的 93%；有老区村 1542 个，占全市行政村的 87%。

2015 年 2 月，国务院批复实施的《左右江革命老区振兴规划》指出，要以百色为代表的左右江革命老区为核心。百色是左右江革命老区的核心区域，是右江革命老区的标志性代表区域，又是集革命老区、少数民族地区、边境地区、大石山区、贫困地区、水库移

---

* 作者简介：周明钧，广西社会科学院农村发展研究所，副研究员，广西大学经济系政治经济学专业。

民区"六位一体"的特殊区域。由于受自然历史社会等多方面因素影响，百色右江革命老区在新时期建设发展中仍然存在许多特殊困难，特别是在新一轮扶贫开发、脱贫攻坚中仍然遇到许多问题和困难。目前，百色是全国 18 个集中连片的贫困地区之一，是全国、广西壮族自治区（以下简称广西）特殊典型的深度贫困地区，是全国、广西扶贫开发、脱贫攻坚的核心区和主战场之一，在全国具有独特的特殊性、典型性，扶贫开发、脱贫攻坚任务十分艰巨。

二、百色右江革命老区脱贫攻坚的基础条件

（一）区位优势突出

百色地处滇、桂、黔三省（区）以及中国与越南两国的结合部，是大西南地区出海出边的便捷通道，是连接中国与东南亚国家联盟（以下简称东盟）的前沿阵地，被国家交通运输部确定的 179 个国家公路运输枢纽城市之一。全市有 9 个县（市、区）通达高速公路，高速公路总里程达 598 千米。右江"黄金水道"航运可通行 1000 吨级船舶，可直达粤港澳地区，正在加快建设航运与铁路、公路联通工程，完善沿江综合交通运输体系。全市有国家对外开放陆路一类口岸 2 个、二类口岸 1 个和边境贸易互市点 7 个。由铁路、公路、航空、水运、对外开放口岸构成的百色西南地区出海出边的立体交通枢纽初步形成，百色将成为中国与东盟双向开放的前沿地带，是面向东盟的连接"一带一路"的节点城市之一。

（二）自然资源丰富

百色是资源富集区，是国家十大有色金属矿区之一，铝土矿储量占全国的 1/4。百色水能资源丰富，全市境内可开发利用水电资源 600 万千瓦以上，是国家"西电东送"重要基地。百色是珠江上游重要生态安全屏障区之一，是广西重点林区和生态保护重点地区，森林资源丰富，森林覆盖率达 67.6%，森林面积居广西首位。

百色的右江河谷亚热带气候条件典型且独特，与海南岛、西双版纳并称为中国三大亚热带季风气候区，被誉为"天然温室"。百色芒果、百色甘蔗、百色番茄、百色红茶、靖西大香糯、凌云牛心李、西林麻鸭、靖西大麻鸭、隆林黄牛、西林水牛、隆林山羊、隆林猪得到中华人民共和国原农业部"农产品地理标志登记认证"；百色芒果、德保脐橙、乐业猕猴桃、凌云白毫茶、田林八渡笋、西林砂糖橘、田东香芒、乐业铁皮石斛、西林姜晶、西林麻鸭 10 个产品获得中华人民共和国原国家质量监督检验检疫总局"地理标志产品保护认证"；百色芒果、田阳香芒、凌云白毫茶 3 个产品获得中华人民共和国原国家工

商行政管理总局"商标地理标志证明商标"。

（三）旅游资源独特

以百色起义纪念公园等为代表的红色基因旅游资源，以乐业大石围天坑、靖西通灵大峡谷、田林老山原始森林等为代表的绿色生态旅游资源，以壮族"三月三"、"黑衣壮"、壮锦、瑶绣、苗族"跳坡节"、彝族"火把节"等为代表的多彩民族风情旅游资源，以凌云县"中国长寿之乡"等为代表的少数民族康养和自然风光休闲旅游资源，丰富独特、含金量高、国内一流、世界少有。百色是全国 12 个重点红色传承旅游景区之一，拥有世界地质公园 1 个，国家 AAAA 级旅游风景区 6 个，全国农业生态旅游示范区 3 个。

（四）扶持政策叠加

百色是右江革命老区的标志性代表区域，长期受到国家的高度关注，党和国家领导人多次到百色视察指导，给予多方面、多层面的政策扶持。目前，百色既享受革命老区、沿边开放综合试验区、少数民族自治区等扶持政策，又享受西部大开发、兴边富民行动计划、滇桂黔集中连片区扶贫开发等优惠政策，成为全国、广西建设发展的政策"洼地"。

（五）经济发展迅猛

近年来，百色右江革命老区充分发挥区位、资源、政策等优势，全面实施开放带动战略、项目带动战略和工业立市战略，坚持扶贫开发、交通发展、产业发展、城镇化"四个优先"，工业化、城镇化、农业产业化进程不断加快，特别是国家批复《左右江革命老区振兴规划》后，百色发展上升为国家战略，迎来了新一轮开放发展的新高潮。2016 年，百色市生产总达 1114.31 亿元，增长 8.8%，固定资产投资 1061.4 亿元，增长 3.9%；财政收入达 123.22 亿元，增长 7.6%；社会消费品零售总额达 246.84 亿元，增长 11.6%；外贸进出口总额达 138 亿元，增长 36.4%；银行业金融机构各项存贷款总额达 1928.1 亿元，增长 16%；城镇居民人均可支配收入达 26919 元，增长 7.5%；农村居民人均可支配收入达 9348 元，增长 10.6%。

三、百色右江革命老区深度贫困的现状及主要特征

（一）深度贫困规模大范围广

2013 年，百色有国家重点扶贫县 10 个，自治区重点扶贫县 2 个。据统计，到 2016 年底，百色市仍有贫困户 130573 户，贫困人口达 51.4 万，贫困发生率为 15.04%。而深度

贫困主要集中在德保、靖西、那坡、凌云、乐业、隆林6个县（市），共有贫困人口340391人，占全市贫困人口总数的66%，6个县（市）贫困发生率均高于20%，贫困发生率最高的那坡县达22.90%，高于百色市贫困发生率7个百分点，高于广西贫困发生率15个百分点；每年因灾、因病、因学、因人情借贷等返贫现象时有发生。

（二）贫困程度深、脱贫难度大

贫困群众家庭收入结构来源单一，收入主要依赖粗放的种养业，田地以"望天田"为主，靠天吃饭的局面还未彻底改变；农林产品附加值不高，没有形成产业链条，很难形成规模化生产，加上贫困山区新的农民合作经济组织发育迟缓，造成贫困村土地流转价格低，贫困户获得的收益较少。据统计，2016年，百色市人均纯收入2000元以下的贫困户为34176户，占26.2%；人均纯收入500元以下的贫困户为3911户，占3%。而深度贫困较为集中的德保、靖西、那坡、凌云、乐业、隆林6个县（市），还有81.4%的贫困群众年人均收入在2000元以下。在田东县思林镇龙帮村、凌云县伶站瑶族乡浩坤村等地，仍有贫困户居住在简易草木房中，部分甚至人畜混居，全家财产合计不足100元。

（三）深度贫困连片突出，问题成因复杂交织

百色深度贫困地区主要集中在大石山区、民族地区、边境地区和水库移民区，主要分布在德保、靖西、那坡、凌云、乐业、隆林6个县（市）。在贫困村当中，最具代表性的有田东县思林镇龙帮村、田阳县百育镇大列村、凌云县伶站瑶族乡浩坤村、隆林各族自治县克长乡联合村、靖西市安宁乡弄乃村、那坡县平孟镇西马村等，这些深度贫困村基本呈现连片贫困恶化状况。地处中越边境0~20千米范围内的靖西市、那坡县及德保县的贫困村屯以及凌云县伶站瑶族乡浩坤村、隆林各族自治县德峨乡一带的特困少数民族村落，深度贫困问题非常突出。据统计，边境0~20千米范围内的靖西市、那坡县及德保县贫困户有18118户72328人，该区域农民人均纯收入2000元以下的达12400户；未通屯级道路的自然屯有107个，达319.61千米；饮水困难7275户，33355人，基本上处于整体深度贫困状况。

（四）贫困村村级集体经济软弱无力，组织带动能力乏力

由于受资源环境、发展条件、体制变更等因素的制约，百色深度贫困村村级集体经济发展空间小，绝大多数村集体没有经济收入。在全市754个贫困村中，有331个属于"空壳村"，即村集体经济年收入为0元，占43.9%；村集体经济年收入2万元（含2万）以下的有313个，占41.5%；年收入2万~5万元的有50个，占6.6%；年收入5万元（含5万）以上的有60个，占8.0%。而且收入来源单一，大部分村主要是依靠现有资产租赁，或政府财政扶持资金入股分红获得，真正依靠集体经济实体收入的很少；发展极不平衡，全市村集体经济年收入低于2万元的贫困村达85%，地处大石山区，位置偏远、交

通不便、资源缺乏的贫困村，村集体经济几乎为零，表现为"三无"状态，即无资产、无资源、无资金。

四、百色右江革命老区深度贫困的成因分析

（一）劳动力文化程度偏低，自我脱贫意识不强

百色属于典型的欠发展、后发达、少数民族地区，交通不畅，信息闭塞，劳动者接受文化教育学习机会较少，文盲率较高，谋生能力较低，不愿外出务工，也不愿易地扶贫搬迁；根据建档立卡资料统计，在识别的贫困人口中，深度贫困地区贫困人口中初中以下文化程度占贫困人口的92.46%。劳动者接受现代信息和科技知识较困难，接受先进生产生活方式落差较大，文化较落后，观念较保守，打工无路，致富无门，自立、自强、自我脱贫意识和勤劳致富观念淡薄，很多贫困群众没有树立脱贫观念，部分群众缺乏脱贫信心和勇气，习惯于享受国家民政的扶持扶助，"等、靠、要"依赖思想较为突出，自我脱贫的内生动力较弱，部分贫困群众仍存在为了大办红白喜事、互相攀比借贷导致欠债返贫等现象，脱贫压力更大。

（二）贫困劳动力外出务工较多，"三留守"问题比较突出

由于生产生活环境恶劣，贫困农村人口普遍向外流动，贫困劳动力普遍外出务工，有的村屯可用劳动力几乎都走完，留下的都是留守老人、妇女和儿童"三留守"人员。这些"三留守"家庭本来就属于贫困户，家中只剩下孤寡老人、妇女、小孩，相依为命，只能简单维持生活，无能力摆脱贫困面貌。由于"三留守"人员普遍缺乏文化技术，缺乏劳动力，缺乏资金，"三留守"加上"三缺乏"，造成贫困农村的田地没人耕种、公共事业没人管理、产业发展没法推动，"有地无力""有人无钱"，脱贫无门路、无条件、无能力，脱贫更加困难，贫困程度加深。

（三）基础设施建设较落后，社会事业发展较滞后

百色作为右江革命老区，远离城市，偏僻闭塞，投入不足，基础薄弱，以水电路为主的农村基础设施建设起步晚、成本高、难度大、效益差，全市农村公路里程、技术等级、农村路网通达通畅水平等指标在全国、广西仍处于脆弱落后状态。目前全市20户以上自然屯有近8000千米尚未通路，需要建设硬化道路达2万多千米。还有近5万户农村危房，有1000多个自然屯需要解决通电或农网改造。还有部分贫困人口生活饮用水以家庭水柜为主，主要靠集雨水柜解决饮水问题，集中供水率普遍较低。

（四）生态环境较脆弱，生产环境较恶劣

百色岩溶土地和石漠化分布较广，全市石漠化土地为1293.7万亩，占岩溶地形的66.2%，其中，重度石漠化44.5万公顷，占石漠化土地的81.7%，位列广西第一。这些区域自然条件较恶劣，生态退化较严重，抵御自然灾害能力较弱，土地稀缺贫瘠，水土流失较严重，旱涝灾害频繁发生，人地矛盾较突出，耕种收益较低下。全市绝大多数深度贫困村和贫困人口都分布在岩溶和石漠化地区，缺乏生产生活基本条件保障，产业发展难、增收脱贫难，面临生态环境退化与生活贫困化的双重困境。

（五）部分扶贫政策执行不到位，效果不明显

深度贫困地区地处偏僻、交通不便，随着精准扶贫精准脱贫的深入，有关扶贫政策、惠民政策落实不到位、执行不紧凑，造成部分扶贫、惠民政策实施效果不理想。百色边境地区要求执行"三到位"（人到位、证到位、货到位）的边贸政策，但由于边境商务、海关、检验检疫、武警和扶贫等部门尚未形成融通机制，执行合力不强，而且执行耗时过长，交易成本太高，边民收益较低，也不利于身体病残的贫困边民参与享受边贸扶贫政策，致使边境贫困边民参与边贸脱贫积极性不高。广西8个边境县贫困群众参加小额边民互市贸易仅1.11万人，占贫困人口总数的2.8%，边贸扶贫的功效和作用没有得到充分发挥。

五、促进百色右江革命老区脱贫攻坚的对策建议

（一）组织实施脱贫攻坚大会战

百色右江革命老区作为一个特殊的深度贫困地区，原有基础薄弱落后，目前贫困面较大、贫困深度较重，与全面建成小康社会差距较大。因此，必须从百色右江革命老区脱贫攻坚、全面建成小康社会的实际出发，对特殊区域采取特殊措施攻坚，围绕习近平总书记对解决深度贫困问题的八点要求，营造社会舆论氛围，制定鼓励支持政策，广泛引导社会力量参与，科学制定"百色右江革命老区脱贫攻坚行动计划"，组织实施一场脱贫攻坚大会战，以大会战的形式攻坚克难、脱贫致富；选择特殊连片深度贫困村、屯、片，集中人力财力物力，掀起多片区多场点的脱贫攻坚建设小战役，重点推进以水、电、路、网、房等为中心的基础设施建设，配套实施文化教育卫生等公共服务设施建设，挖掘当地特色资源发展优势产业，带动村容村貌改造和"美丽乡村"建设，进一步夯实脱贫致富的基础。

（二）重点实施生态化扶贫

百色右江革命老区深度贫困的原因之一就是生态环境退化、生产条件恶化，加大了扶

贫开发、脱贫攻坚的成本和难度。因此，围绕深度贫困乡村特点，重点加强退耕还林、封山育林、植树造林，25 度以上坡地全部退耕还林，林地管护新增人员全部聘用当地贫困劳动力，统筹推进实施退耕还林、石漠化综合治理、营造林补贴、生态公益林补偿、天然林保护等生态扶贫项目建设；科学营造水土保持林和水源涵养林，继续推广任豆树、吊丝竹、山葡萄、猫豆、金银花等石山植被品种交叉混合种植，提高植被覆盖率，增强土壤肥力，重点推广应用新型农村生态能源——沼气池建设，大力推广发展"养殖—沼气—种植""三位一体"生态循环农业；坚持"生态产业化，产业生态化"发展模式，大力发展特色经济林和林下经济，鼓励支持贫困群众在林下及闲置坡地发展特色种植、养殖、旅游等副余业，不断改善乡村生态环境，拓宽增收脱贫渠道。

（三）继续实施易地搬迁扶贫

对于"一方水土养不活一方人"的特殊区域，坚持规划先行，尊重群众意愿，鼓励采取集中安置、就近安置和自由组合、分散插花安置相结合的易地小规模搬迁安置，科学规划在水、电、路条件较好和产业园区、贸易市场、旅游景区附近的村屯或圩镇对口建设"易地搬迁扶贫安置小区"。通过精准搬迁对象、新区安置配套、旧房拆除复垦、生态修复整治、产业就业保障和安置社区治理等环节，有序引导贫困农民"下山、进城、入厂、驻市场"，既离土又离乡，易地创业脱贫，变农民身份成为产业工人或城市居民身份，实施"无土易地安置扶贫"，确保"搬得出、住得下、有发展、可持续"。

参照国家解决西藏自治区（以下简称西藏）、新疆维吾尔自治区（以下简称新疆）扶贫安置所举办"西藏班""新疆班"的做法，由政府主导将深度贫困农民及孩子列入扶贫安置对象，定点定向全程跟踪教育培训，从入学到毕业就业全程免费跟踪，学成后由政府统一安排分配，实现易地脱贫致富。

（四）引导实施转移就业脱贫

建立健全鼓励奖励机制，通过培训补助补贴、提高就业岗位、建档跟踪就业等形式，引导深度贫困地区劳动力通过专业技能培训，提高转移就业、增收脱贫能力，凡发放培训补助补贴优先保障深度贫困对象，力争每一贫困户都有 1 个以上劳动力通过技能培训实现转移就业脱贫。探索深度贫困家庭异地（借地）互助扶贫开发经营，鼓励引导深度贫困乡村与生产经营环境较好的异地乡村互结对子，到资源条件比较优越的地方以承包、租赁、联营、务工投劳入股等形式，双方自由组合帮扶，离乡不离土，利益分成共享，因地制宜在异地发展当地特色的种养业、旅游业及其他第三产业，增加收入，摆脱贫困，实现异地脱贫致富。

（五）大力实施产业化扶贫

针对深度贫困乡村的资源环境特点，因地制宜推动实施特色经济林（油茶、核桃、八角）、良种用材林、特色种养业等扶贫产业项目，以"扶贫龙头企业+农民合作组织+产业化基地+农户"的产业化扶贫模式，确保每一贫困户都参与增收项目、分享增收利益。制定优惠倾斜政策，鼓励引导扶贫龙头企业、合作组织带动贫困农户参与当地资源型的产业开发，立足当地资源优势，大力发展特色种养、旅游、光伏、物流、边贸、服务等综合型产业，通过综合开发拉长扶贫产业链，带动贫困农户就近就地就业，增收脱贫。

建立激励引导机制，把深度贫困地区的年度产业发展项目、基础设施项目、社会事业项目、生态能源建设项目等重叠实施、集中推进，鼓励深度贫困地区以优势资源为载体，走出山村寨门、跨区域整合资源，实现资源与市场对接，与中心城区共建资源型的特色产业园区，发展"飞地经济"，构建异地产业扶贫新基地。

（六）统筹实施社会保障扶贫

深度贫困地区长期丧失、缺乏劳动能力的贫困人口，有的甚至生活不能自理，还要支付大量的医疗费用和护理费用，加重了脱贫攻坚的负担和难度。因此，必须重新甄别识别贫困地区社会保障救济对象，将深度贫困农村中属于救济、"五保"、残疾、孤寡、久病不起、丧失缺乏劳动能力等优抚救济安置对象列为特殊贫困群体，重新单列造册，统一纳入当地"低保、五保"的建档立卡范围，享受"低保"救助兜底政策，逐步提高救济标准，建立起社会救济、养老保险、优抚安置、社会福利和社会互助等社会保障体系，保障其"贫而不困，贫有所助，应保尽保，兜底统保"。尝试发放深度贫困农村高龄老年人生活补贴和困难家庭老年人养老服务补贴；将贫困农村残疾人全部纳入社会保障体系，建立贫困农村残疾人康复救助制度、贫困残疾人生活补贴和重度残疾人护理补贴制度；重点加强对贫困农村孤寡老人、儿童、妇女、重度病人、残疾人等特殊困难群体的扶助救助，通过实施社会保障救济，确保特殊困难群体摆脱贫困。

参考文献

［1］百色概况［N］．深圳新闻网，2017－06－09．

［2］中国百色市政府网站，参见 http：//www. baise. gov2010。

［3］古俊彦．百色深度贫困地区脱贫攻坚探讨［N］．右江日报，2017－09－05．

［4］百度百科．左右江革命老区振兴规划［EB/OL］．https：//baidu. com/item/%E5％B7％A6％E5％8F％B3％E6％B1％9F％E9％9D％A9％E5％91％BD％E8％80％81％E5％8C％BAZ％E6％8C％AF％E5％85％B4％E8％A7％84％E5％88％92/16974451？fr＝aladdin，2016－09－10．

［5］周明钧．广西石漠化治理与扶贫开发对策研究［J］．经济与社会发展，2018，51（1）：15－19．

构建贫困地区扶贫金融工作思路框架研究

——以赣州为视角

杨剑光[*]

摘　要： 本文以改善和完善现有扶贫金融工作为出发点，对目前扶贫金融执行情况和存在问题进行阐述，结合赣州自身和全国其他地区的成功案例和经验启示，从路径选择、平台搭建、风险补偿机制、各方主体职责等入手，设计出更为科学完善的扶贫金融工作思路框架，并提出相关可行性建议。

关键词： 贫困地区；扶贫金融；思路框架

改革开放以来，中国经济取得举世瞩目的成就，但城乡二元结构发展背景下的农村经济发展长期处于落后态势，绝大多数的贫困人口集中在农村，扶贫工作的成效直接决定了全面建设小康社会的目标实现。金融作为现代经济社会的核心，对于改进农村经济发展，提高贫困农民生活水平起着越来越重要的作用。近年来，随着中央对农村支持力度的加强，扶贫金融工作开始初显成效，越来越多的农民懂得了运用金融知识来提高自身的收入，金融渗透农村的力度显著提高。但由于当前扶贫金融制度设计还不完善，工作手段和措施还不清晰，造成制度在运行中存在较多的问题，随着江西省瑞金市等先行先试的农村金融改革工作的成功推进，当前扶贫金融制度有了更多的工作新思路，但相关工作亟待融合并推广，以加快推动金融支持农村经济发展取得更大的成绩。

---

* 作者简介：杨剑光，中国人民银行瑞金市支行副行长。

一、当前贫困地区扶贫金融开展情况

（一）金融机构职能履行情况

近年来，各地金融机构根据国家扶贫政策要求，较好地执行监管部门的政策要求，对贫困地区不断加大投入。一是重点支持基础设施建设、培育与扶持农业产业化生产龙头企业、支持特点农业生产等，改变贫困人口的生存与生产环境。二是支持培育资源型工业化项目，形成产业集群，拉动贫困地区经济的发展，逐步实现城镇化。三是加大对贫困地区综合发展的信贷投入，开展贫困地区教育培训，提高农村金融整体水平。截至 2016 年 12 月末，支农再贷款余额为 0.94 亿元，扶贫再贷款余额为 4.61 亿元。2016 年赣州市银行业金融机构扶贫贷款余额为 118.06 亿元，比 2016 年初新增 58.7 亿元，增长 98.87%，增量和增速在江西地区均排名第一，扶贫金融工作成效显著。

（二）政府推动工作情况

扶贫工作是一项牵涉面广、协调工作量大的复杂工程，在当前的体制下，唯有政府才能更好地主导并推动扶贫工作顺利开展。政府通过财政部门和扶贫办等部门对扶贫工作开展进行统筹规划，以财政资金扶持、争取扶贫项目等方式，与金融携手合作，共同做好扶贫工作。一是各地方政府把工作重点放在争取项目和资金方面，为贫困农村的发展带来可持续性。二是政府在综合治理自然生态环境中实现对农村的改造，间接推动扶贫金融工作的开展。如赣州市政府在实施好赣州市国家水土保持重点建设工程的同时，引导金融机构开展对农村的信贷支持。三是协调各个职能部门通力合作，有效调动各方力量，采取不局限于农户或项目的多方面投入帮扶措施，加强对"造血型"扶贫工作的建设，为扶贫金融初步创造了良好的合作环境。截至 2016 年 12 月末，赣州市扶贫贷款余额为 118.06 亿元（含已脱贫人口贷款），增长 98.87%，金融扶贫贷款增速高于全省增速达 84.34 个百分点，增量和增速在江西全区均排前列。

二、存在问题

（一）相关政策本身不足

一是部分扶持政策仅是过渡性或临时性，缺乏根本性的制度改善功能，无法满足长期弱质的贫困农村市场。二是部分扶持政策激励和保障性不足。由于没有建立与扶贫信贷风险相适应的风险分担和补偿机制，客观上增加了银行的信贷风险，导致扶贫贷款可能出现高风险、高损失等问题。同时缺乏绩效与资金挂钩的激励机制。扶贫资金的配置没有与项目实施效果相联系，忽视了项目的实施效果和贷款的回收率，影响扶贫信贷的持续发展。三是部分扶持政策可操作性不强。部分政策条件过高，直接影响金融机构的积极性。贫困户资质差与银行贷款门槛高的矛盾突出，导致银行惜贷严重，而贫困户贷款意愿不强。扶贫贴息到户贷款申办手续烦琐，致使银行机构办理业务的积极性不强，贫困户申办热情不高，难以形成推动业务发展的合力。

（二）部分配套措施和项目运作不强

一是部分政府部门未能科学、有效地参与扶贫金融工作。如扶贫到户贷款业务涉及面广、工作量大，贷款管理成本高，扶贫部门与金融机构在合作上出现扶贫到户贷款发放程序倒置，导致扶贫到户贴息贷款利好政策得不到有效实施。贫困地区产业结构主要以农业和资源性产业为主，部分地方政府、金融机构遴选符合信贷支持条件的农业企业还存在较大的难度，导致信贷投放与扶贫产业部门推动引导相脱节，甚至还存在已发放的贷款不能及时引导至扶贫产业上的现象。二是前提条件未到位，信贷支持无法执行。三是受财政资金或项目自筹资金不到位，致使银行无法给予信贷支持。部分项目建设手续不全等原因，导致无法达到放贷条件。四是项目产销不佳，降低金融支持力度。由于信息不对称和缺乏市场分析等因素，造成投产后项目产销不佳，降低了还款意愿，削弱了金融支持力度。

（三）部分农村金融无法满足需求

一是承办机构少，扶持规模和能力有限。当前贴息贷款总量不大、贷款额度小，不能满足广大贫困群众发展生产的实际需要，影响了贫困农户脱贫致富进程。二是贷款承办机构少，扶贫资金供给不足。农业银行与农村商业银行仍是扶贫贴息贷款的主要发放机构。缺乏适宜贫困户的特殊借贷制度，贫困户因无资产可抵押，又因贫困无人愿意为其提供担保，很难获得贷款。三是金融产品单一，无法满足扶贫需求。目前农村金融机构仅开办单一的存贷款业务，无法满足贫困地区的现实条件，也难以满足农户日益多样化的需求。四是利率作用发挥不明显。由于农村金融环境欠佳，经济金融市场未能达到自我调节和优化的良性状态，造成利率作用无法有效发挥，居于垄断地位的农村金融机构成为价格的主宰者，除针对固定贫困户的扶贫贷款外，正常的商业贷款上浮利率贷款占比较大。五是定价机制不科学。由于农业不可预测的因素影响大、农户的信用意识低、产业发展前景不明等因素，金融机构的信贷产品普遍按照高风险、低收益的定价模式管理，造成定价普遍偏高。

三、构建贫困地区扶贫金融工作思路框架

（一）完善路径选择，构建多层次扶贫工作模式延伸与应用开发式金融理念，构建多层面和全方位的扶贫信贷机制

一是创建"信用村"，即通过创建"信用村""信用镇"和"信用县"等方式，推行普惠制金融，有效改善中等以下农户信贷环境，为后续工作奠定基础。二是搭建"两个平台"，减少信息收集和甄别成本，激活农村生产要素流通，突破扶贫金融工作"瓶颈"。三是重点三大风险控制机制，大力降低经营风险，推动扶贫金融可持续发展。

（1）创建"信用村"，全面改善农村金融环境。一是设立"农金村办"等具有牵头和协调各部门作用的主管部门，强力推动各方力量参与扶贫金融工作。二是通过信用系统建设等措施，不断改善农村金融服务环境。三是以点带面，以"信用村"带动"信用镇"，从而达成"信用县"的目标，全面打好扶贫攻坚第一战。

（2）搭建两大平台，有效突破扶贫"瓶颈"。一是搭建农村信用信息体系平台。加快扶贫工作进度，在于解决农户"贷款难"问题。通过建立农村信用信息体系平台，实现农户信用信息采集和评级功能，为金融机构支持扶贫金融工作铺平道路。二是搭建农村产权交易体系平台。解决贫困农民贷款难关键在于解决"担保难"问题。通过建立产权交易中心、促进农村资产有序流动，解决信息不对称和产权交易流通等难题，有效实现风险缓冲。

（3）重点建设三大风险控制机制

1）风险缓冲机制（农户—金融中介机构）。一是搭建农民合作经济组织。农民合作经济组织具有生产经营的同质性，各成员之间相互了解和熟悉，对各成员进行信用等级评定，并具有较高统一目标的利益共同体，以其作为农户和金融机构的中介机构，有效降低信息不对称困境，减少零散式的业务操作，大幅节约金融机构经营成本，实现风险缓冲功能。二是搭建农民担保合作社。农民自愿入股经营的方式建立，以贷款农户的房子、土地、森林等经评估作价在合作社做反担保，有效提高金融机构放贷安全性，缓解金融机构"畏难"情结，加快推动扶贫工作新局面。

2）风险补偿机制。一是建立各方共同参与的风险基金。建立政府主导的扶贫基金，

将分散在政府各部门的支农财政资金融合成统一的农业补偿基金，对扶贫贷款进行贴息，对金融支农创新予以奖励，对相关的损失予以补偿。各金融机构共同参与补偿机制，由人民银行牵头，建立由各相关银行参与的风险补偿基金，实现共投共保，共同分担风险，有效降低金融机构"惜贷""惧贷"现象，提高金融机构的积极性。发动民间资金力量，通过建立激励机制发动民间资本加入扶贫金融基金活动当中，以项目是否成活为依据给予民间投资人适当的利润回报或以基金补偿金融机构的损失。二是建立各层次的担保机构。由政府组建政策性农村信用担保机构，借鉴世界其他国家经验，由政府出资组建，对农户融资项目提供担保和再担保服务，增强农户信贷积极性。成立以龙头企业为信贷担保公司，以"龙头企业＋基地＋农户"为主体模式，实现风险共担、利益共享的目标。建立联合担保体，将政府、企业、农户等多种主体联合，形成实力雄厚的担保组织。三是建立广覆盖的农业保险。开展"小农户＋小贷款＋小保险"，实现"政银保"合作有效降低了银行业金融机构发放农户小额贷款的风险，实现涉农保险的宽领域、多层次、广覆盖、可持续。以农业保险为风险补偿关键，逐步形成"金融服务室＋信用评级＋农村产权＋信贷＋保险＋支付工具"的复合型农村金融服务模式，把金融服务向更为贫困的村庄一线延伸。

3）风险分散机制。一是再担保机制。分别在风险基金、担保机构和农业保险等对农村金融投入进行风险补偿的组织中建立互相再担保、再融资的更高层次的补偿机制，特别是以政府为主要发起主体的风险补偿组织，应率先实现对其他商业性主体发起的风险补偿组织的再担保，形成一个更互助、更深层、更有效的风险控制体系，有力保障各风险补偿组织的稳步健康发展。二是再保险机制。建立以政府为最后保险人的多样化再保险组织，为高亏损的贫困农业和农业保险提供更安全的保障，实现风险有效分散。

4）综合各层面的扶贫资源，打造扶贫金融新模式。借鉴瑞金市多年农村金融改革经验，以两大平台为中心，拓宽抵押担保物范畴，增加贫困村信贷投放，提升特色产业竞争力，培育适合贫困村特点的信贷产品，加大财政支持力度，有效提高贫困农户收入，实现扶贫攻坚新突破。即打造"特色产业＋财政支持＋信用评级＋信贷＋担保＋合作社"的金融扶贫模式，综合各层面扶贫优势力量，集中推动金融扶贫工作进入新空间，进一步充实和丰富扶贫金融制度内容。

（二）逐步调整利率形成机制，实现有效市场竞争态势

（1）第一步：基于具有风险缓冲和补偿的机制。在扶贫金融工作初期，市场竞争不充分，信贷风险较大，只能依靠多方参与的具有风险缓冲和补偿的机制来调整利率形成，降低金融机构的风险，平衡双方的高度不平等状态。如农民担保合作社在成立前，农户贷款利息普遍上浮70%，之后利率普遍只上浮20%，贷款风险的下降带来利率的下降，利于扶贫金融的扩大和覆盖。

（2）第二步：基于竞争充分的农村金融市场。在农村金融市场逐步改善，金融机构逐渐增多的形势下，竞争较为充分的农村金融市场自然带来接近城市利率市场的态势，金融机构除传统的存贷款业务外，更会依据不同农户的差异化需求，开展银行卡、支付结算、代理保险等多种金融服务，从而形成接近市场化下的利率机制。

（三）政银企等主体深入转变，主动参与建设扶贫金融新框架

（1）政府职能和指导方式的转变。一是增强服务参谋作用，完善农村金融法律环境，推进扶贫金融建设，积极完善各项政策和制度，提高政策的可执行性。二是强化指导监督作用，确保各项扶贫金融政策落实到位，全力推动扶贫金融工作。三是推动金融改革，将金融改革的红利带入农村地区，实现脱贫攻坚。四是积极推动新型农村金融机构，推动金融机构将农村地区纳入业务市场范围，提升扶贫金融工作深度和广度。

（2）银行、保险等金融机构经营观念和工作方式的转变。一是加大产品开发力度，为贫困农户量身设计适合的产品，放宽对抵押担保的要求，通过农户相互担保的方式有效降低风险。二是做好盈亏分析研究，加强项目可行性分析，最大限度地做好风险评估工作。三是加强贷款管理，创新金融服务方式，有计划、有重点地培育区域性主导产业，促进农业产业化基本框架形成。四是建立经济信息情报网，主动预测市场变化情况，加强调查研究，将单纯的资金服务转向综合性服务，实行差别利率，有效增加农业产业化的信贷投入。

（3）企业和农户等资金需求者的主动性和参与度的提高。一是坚持完善自身，提高金融知识素养，增强信用意识。二是加强政策学习，熟知政策条件要求，洞悉市场行情，提高现代市场经济的能力建设。三是主动参与制度的建设，发挥政策参与者和受益者的权力，出谋划策，积极反馈，争取更大的自身权益。四是加强贷款使用管理，加强自我管理和经营能力，切实提高自身盈利能力，务必将资金用到实处，提高项目的成功率。

四、相关建议

（一）加强引导和督促，提高扶贫开发工作力度

一是引导资金扶持农业产业化经营的项目与企业。继续扩大支持基础设施建设、培育与扶持农业产业化生产龙头企业、支持特色农业生产等，大力改善贫困人口的生存与生产环境。二是继续引导资金扶持、培育资源型工业化项目，加大治理贫困地区的石漠化等影响扶贫工作的核心问题，改善地区生态环境，为贫困地区经济发展提供持久发展力，逐步在山区实现城镇化。三是通过财政资金与信贷资金的有效配合，进一步提高扶贫金融力度。四是支持以市场为导向、有效益、能转移农村劳动力、实现农民增收的扶贫开发

项目。

（二）完善扶贫金融相关政策，为扶贫金融打开新空间

一是加强土地制度改革，丰富和完善土地经营权、林权等方面的抵押融资政策。二是大力完善农村抵押担保制度安排。首先，在实物担保抵押方面要扩大农村抵押物来源，切实解决农村抵押物来源难问题。其次，提高农户间、农户与企业间的诚信度，增大农户申请并获得信贷支持的概率。三是建立正向激励机制和负向激励机制。以县市为单位，对新一年度扶贫资金的计划分配应当与已经实施的项目效果相挂钩，原项目实施好、效果明显的，应当多分配新的扶贫资金；反之则削减其下一年度的资金额度，提高扶贫资金综合效果。同时对扶贫信贷应当实行与其他贷款有别的差别呆账准备率，按照比一般性贷款高一档的准备率提取呆账准备，充实扶贫贷款的风险损失准备。

（三）完善金融准入市场，丰富扶贫产品种类，增强扶贫金融工作主动性

一是增加机构数量，构建金融扶贫服务体系，增强竞争系数。继续完善市场准入制度，加大鼓励和引导民间资本进入金融服务领域，允许民间资本兴办金融机构，做好金融领域供给侧改革。二是农村信用社等传统金融机构要继续发挥"主力军"作用，村镇银行、农村资金互助社和小额贷款公司等农村小型金融组织要因地制宜推动金融产品和服务方式创新，适应贫困地区和贫困群体对金融的多样化需求。三是引入市场竞争机构，由扶贫部门推荐项目，以招标竞争方式选择金融机构，以推动扶贫信贷资金的顺利开展。四是丰富产品种类，扩大担保范围，探索发展新型金融工具。结合农业资金需求的季节性特点，建立和完善农业订单贷款管理制度；加强与保险公司的合作，鼓励支持有资质的农业生产企业通过投资"信贷＋保险"等产品，有效防范和分散信贷风险。积极研发农户小额信用贷款和农户联保贷款，创新涉农贷款担保方式，依托农村产权交易平台，扩大有效担保品范围，稳步推进农村融资性担保体系的建立和发展。

（四）建立适应农村扶贫金融服务创新的农村金融机构治理结构和管理机制

一是围绕新形势下扶贫工作发展需要，各金融机构应进一步调整完善内部管理制度，改革创新，不断提高扶贫金融工作水平。二是加强专业人才队伍建设，培养兼具熟悉现代金融和农场经济的复合型人才，提高扶贫金融工作执行力。三是建立起完善的贷款评估机制，增强独立审贷的能力，提高扶贫贷款使用综合效益。四是制定依附于政策目标的经营策略。加强激励引导，发掘农村市场潜质客户，稳步推进普惠金融服务水平的提高。

参考文献

[1] 农行湖北分行三农信贷管理部课题组．关于农民专业合作社担保农户贷款的调

研报告 [J]. 湖北农村金融研究, 2011 (10): 46 – 48.

[2] 程瑶瑶, 孔祥智. 一号文件与农民组织化——新世纪以来农民合作社发展的过程、问题与走向 [J]. 农村金融研究, 2013 (6): 4 – 10.

[3] 彭江波. 以互助联保为基础构建中小企业信用担保体系 [J]. 金融研究, 2008 (2): 75 – 82.

[4] 冯春艳, 吕德宏. 农民专业合作社参与农户贷款担保的优势、运作模式及政策研究 [J]. 南方金融, 2013 (9): 52 – 55.

[5] 朱宏春. 改进农村金融服务的对策分析 [J]. 南方金融, 2013 (2): 58 – 61.

[6] 马乃毅, 徐敏. 发展中国家农村金融支持农业经济的经验与启示 [J]. 世界农业, 2012 (5): 16 – 18.

[7] 王凯明. 创新农户贷款担保机制: 六盘水案例 [J]. 区域金融研究, 2011 (1): 65 – 69.

[8] 许峻桦. 金融需求视角下的农村金融服务研究 [J]. 区域金融研究, 2011 (7): 69 – 72.

[9] 刘平等. 新形势下金融支持扶贫开发模式研究——昭平茶产业案例 [J]. 区域金融研究, 2013 (12): 48 – 52.

[10] 潘书兰. 农村地区普惠金融可持续发展问题探讨 [J]. 区域金融研究, 2014 (11): 32 – 35.

[11] 潘燕鹏. 中国农村金融风险问题研究 [J]. 区域金融研究, 2016 (5): 84 – 90.

[12] 王海全, 覃安柳. 集中连片特困区金融扶贫成效、存在问题及政策建议——以广西滇黔桂石漠化区为例 [J]. 区域金融研究, 2015 (12): 17 – 22.

[13] 刘明志. 金融帮扶贫困县发展新思路 [J]. 中国金融, 2013 (9): 81 – 82.

[14] 姚道艳. 农村住宅抵押法律问题研究 [J]. 南方金融, 2013 (3): 93 – 95.

精神扶贫在革命老区的实践与探索

——以江西省寻乌县"新时代传习所＋精神扶贫"为例

魏日盛[*]

摘　要：根据我国长期的精准扶贫实践经验，仅仅依靠物质和经济是无法实现扶贫脱贫的，还需要在精神领域加以帮扶。江西省寻乌县依托"新时代传习所"这一平台传习扶贫政策、致富技术和脱贫精神，助力脱贫攻坚取得显著实效。在精神扶贫中，还需要"技志"结合、"形行"结合、"疏导"结合，才能实现"要我脱贫"到"我要脱贫""我能脱贫"的转变。

关键词：精神扶贫；新时代传习所；脱贫攻坚

一、引　言

党的十八大以来，随着精准扶贫、精准脱贫政策的全面实施，我国交出了令中国振奋、令世界惊叹的扶贫成绩单，脱贫攻坚战取得决定性进展，6000 多万贫困人口稳定脱贫，贫困发生率从 10.2% 下降到 4% 以下[①]。"让贫困人口和贫困地区同全国一道进入全面小康社会"是党和政府对人民的庄严承诺，确保到 2020 年我国现行标准下农村贫困人口实现脱贫，贫困县全部"摘帽"，解决区域性整体贫困，脱贫攻坚已然上升到治国理政新高度，对于全面建成小康社会和实现中华民族伟大复兴具有重要的战略意义。

"反贫困是古今中外治国理政的一件大事。"从扶贫开发的演进来看，我国一直沿袭政府主导扶贫开发的方针政策，即政府主导扶贫资金资源在贫困地区的分配，利用强大的外力帮扶帮助贫困地区建立产业发展基础，从而实现社会经济的可持续发展。在精准扶贫

---

* 作者简介：魏日盛，江西师范大学马克思主义政治学专业博士研究生，主要研究乡村政治及基层治理。

① 习近平．决胜全面建成小康社会　夺取新时代中国特色社会主义伟大胜利［R］．2017－10－27．

政策中，产业扶贫是根本之策，是通过改善贫困地区和贫困人口的生存条件和生活水平来实现扶贫脱贫的目的，也是政府主导式扶贫投入资源最多、收获成效最大的扶贫措施。通过产业发展和精准扶贫的深度融合，能够有效解决贫困所带来的生存和发展等问题①，这种具备"开放式＋造血式"帮扶模式对于改进欠发达地区的"久扶不脱贫"困境有明显的效果②。但是，我国目前剩余贫困人口达 3000 多万，深度地区和贫困人口是贫困的贫中之贫、困中之困，也是减贫的难中之难、坚中之坚。通过强大的外力支持能够取得扶贫成效，但是从长远来看，产业扶贫对贫困户的生活水准提升和精神依赖改善并没有显著效果③。具体表现为：一是扶贫资源的使用与贫困人口的实际需求相脱离而出现的扶贫资源瞄准偏离④；二是扶贫资源向经济基础好、容易出政绩的村倾斜和"扶富不扶贫"的精英俘获现象⑤；三是产业扶贫中的主体间地位不平等及互动不足而侵犯贫困户的利益⑥；四是政策因素、经济因素、技术因素、社会因素和自然因素的变动而影响产业扶贫的绩效⑦。这些原因归根结底是精神的贫困限制了贫困户的内生力和"造血"功能，以经济帮扶为主的产业帮扶在无力调动贫困户的积极性和主动性的情况下并不能建立长效脱贫的机制，精神扶贫更是目前脱贫攻坚战亟待解决的首要问题。

按照"扶贫与扶志、扶贫与扶智"相结合的要求，进一步贯彻落实《寻乌扶贫调研报告》重要批示精神，自 2018 年 1 月江西省寻乌县提出了"建设一批传承历史传统、体现时代风貌的新时代'传习所'"的目标，按照"五传五有"⑧的标准设置，建立覆盖县乡村三级的"新时代传习所"，为脱贫攻坚注入强大的力量。

二、精神贫困与精神扶贫

"精准扶贫"在 2013 年提出至今就一直被认为是经济帮扶、物质帮扶方面，而精神扶贫一直都是被学界和各部门所忽略的一个重大问题。全面小康社会不仅仅是生活条件和

---

① 唐守祥，韩智伟．产业扶贫是实现精准扶贫之主策［J］．理论观察，2017（1）：18 – 23.

② 梁晨．产业扶贫项目的运作机制与地方政府的角色［J］．北京工业大学学报（社会科学版），2015（5）：7 – 15.

③ 王立剑，叶小刚等．精准识别下产业扶贫效果评估［J］．中国人口·资源与环境，2018（1）：113 – 123.

④ 李小云等．论我国的扶贫治理：基于扶贫资源瞄准和传递分析［J］．吉林大学社会科学学报，2015（4）：90 – 98.

⑤ 左停，杨雨鑫．精准扶贫：技术靶向、理论解析和现实挑战［J］．贵州社会科学，2015（8）：156 – 162.

⑥ 胡振光，向德平．参与式治理视角下产业扶贫的发展瓶颈及完善路径［J］．学习与实践，2014（4）：99 – 107.

⑦ 张磊等．农业产业发展扶贫的效益及影响因素分析——以我国彩票公益金整村推进项目为例［J］．改革与战略，2016（2）：60 – 63.

⑧ 五传五有．"五传"即传理论、传政策、传法律、传科技、传文化；"五有"即有固定场所、有专人管理、有活动内容、有鲜明主题、有制度机制。

物质水平上的小康，更重要的贫困人口思想和贫困地区文化也能实现"小康"。

（一）精神贫困的实质与表现

贫困，是"指个人或家庭依靠劳动所得和其他合法收入不能维持其基本的生存需求"①，在阿玛蒂亚·森看来是一种生物学意义上的"贫困"。今天我们所谓的"贫困"，既有物质的缺乏，也有精神的困扰。长期以来的被动式扶贫模式，不仅使扶贫对象丧失了自我觉醒与发展功能，而且还使其深陷精神困扰中。② 尽管国家投入的扶贫资源越来越多，政策红利越来越明显，但是由于精神和文化的贫困导致扶贫脱贫政策并不能取得预期中的长效脱贫效果，脱贫者自我发展能力和承担风险的能力依然很弱③，甚至出现"越扶越贫"的现象。而在我国的扶贫脱贫中，除了极少部门没有劳动能力或者轻微劳动能力者外，大部分帮扶对象都是具备劳动能力和发展动力的，但是长期以来的精神贫困使这部分群体的脱贫成为当前最难攻克的问题。

贫穷莫过于心穷。由于贫困群体长期处于社会的边缘，生活条件艰苦，社会存在感微弱，精神贫困和精神缺失严重。首先，贫困群体是消极的。贫困与民众坚守宿命论观念，对改善生活条件表现出麻木和冷漠。④ 他们听天由命、安于现状，传统保守意识深厚，害怕承担风险挑战，一直挣扎于贫困的边缘却无心改变。其次，贫困群体是依赖的。由于缺乏内生力和"造血"功能，外力的帮扶是其脱贫的基础，一旦失去了这个基础，就会出现返贫情况，所以"坐等扶贫""越扶越贫"成为扶贫脱贫的"瓶颈"。最后，贫困的羞耻感淡化。很多贫困户把精准扶贫当作是送钱给物，把扶贫资金看作是不要白不要的"纯收益"，争当贫困户、互相比穷的风气严重，扶贫脱贫俨然成为"养懒汉"的"温床"。正是这种贫困文化和贫困心理，导致出现了国家大量扶贫资源闲置和大量贫困户苦苦挣扎的矛盾，成为当前精准扶贫必先解决的问题。

（二）精神扶贫是反贫困的重要基础

我国历来重视精神扶贫，把激发贫困地区和贫困人口的内生力和"造血"功能视为扶贫开发的根本之策。在中华人民共和国成立之初，毛泽东就要求走群众路线并实现贫困人口的大联合，"全国大多数农民，为了摆脱贫困，改善生活，为了抵御灾荒，只有联合起来，向社会主义大道前进，才能达到目的"⑤。邓小平看到了科学技术对扶贫的重要推动作用，主张扶贫要先扶智，"农民把科技人员看成是帮助自己摆脱贫困的亲兄弟，称他

① 张新文. 发展型社会政策与我国农村扶贫 [M]. 桂林：广西师范大学出版社，2011.
② 程肇基. 精神扶贫：一个亟待关注的精准扶贫新领域 [J]. 江西社会科学，2016（11）：210－216.
③ 杨园园，刘彦随等. 基于典型调查的精准扶贫政策创新及建议 [J]. 中国社会科学院刊，2016（3）：337－345.
④ 张世定. 文化扶贫：贫困文化视阈下扶贫开发的新审思 [J]. 胜利油田党校学报，2016（1）：31－36.
⑤ 毛泽东文集（第6卷）[M]. 北京：人民出版社，1999：429.

们是'财神爷'"①。江泽民强调开发性扶贫方针的同时，主张充分调动人民的积极性和主动性，"通过扶贫开发，我们积累了使贫困地区群众摆脱贫困的重要经验。主要是：……自强不息和艰苦创业"②。胡锦涛主张扶贫开发要充分发挥人的作用，认为要激发人的创造力、促进人的全面发展是社会充满活力的重要前提。习近平在总结中国特色减贫道路的同时，提出了一系列"意识脱贫""思路脱贫""扶贫先扶智"的精神扶贫理论。

围绕一系列精神扶贫的思想理论，在具体的实践中更要正确处理几对关系。一是扶贫与扶智的关系。通过教育帮扶和自我学习，大力提升贫困地区和贫困人口的思想水平和教育水平，从根本上拔穷根、治穷病，从而阻断贫困的代际更替。二是扶贫与扶技的关系。通过涉农部门和致富带头人的引导，在"一村一品""一镇一特"的政策支持下将贫困群体纳入产业发展体系，保证他们脱贫有路、致富有望。三是扶贫与扶志的关系。通过加强思想引导和正面宣传，真正破除"等、靠、要"的思想，提升贫困户脱贫致富的信心。

三、寻乌县"新时代传习所＋精神扶贫"的实践探索

（一）主要做法

1. 搭建精神扶贫传习平台

整合资源建六类"固定"传习所。整合机关会议室、农村综合文化服务中心、农村祠堂、学校礼堂、企业讲堂、媒体网络现有宣传平台，建立了机关、农村、学校、企业、社区、网络六类传习所共 436 个，实现了县、乡、村三级传习所建设全覆盖，使精神扶贫不落每个角落。各地、各单位、各部门至少要设置一个固定场所作为集中传习的阵地，固定场所要统一悬挂县委宣传部制作的"新时代传习所"标识牌，张贴由县党委宣传部统一提供的"习语"等宣传图文，配备一套能够播放的音视频和课件资料的多媒体设备。例如，南桥镇高排村充分利用闲置祠堂，将"新时代传习所"设立在大屋下云魁公祠大夫第作为传习场所，南龙村将张天塘谢氏竹唐公祠这一村史馆作为传习所日常传习办公的阵地。目前已建成村综合文化服务中心 128 个、在建 41 个，公共服务平台打造成广大农村新时代传习所的主阵地可以实现全覆盖。

因地制宜建设一批"流动"传习所。坚持哪里有需要，哪里就有传习所的思路，根据群众"点单"式的传习需求，用"一对一""一对多"交流等方式，与基层干部交流学习感悟、所思所想，与务工人员交流就业心得、所见所闻，与贫困群众交流脱贫计划、

---

① 邓小平文选（第 3 卷）［M］．北京：人民出版社，1993：107．
② 江泽民文选（第 3 卷）［M］．北京：人民出版社，2006：248．

致富心得，让基层宣讲沾泥土、接地气。寻乌县委农工部、组织部、宣传部、党校等部门除了在本单位建立固定传习所外，还根据单位职能组建了宣传党的十九大精神、习近平新时代中国特色社会主义思想、精准扶贫、美丽乡村建设、法律知识、农技知识等内容的流动传习所，制定相应的流动宣传计划，定期深入农村地区进行宣讲。同时根据实际情况和需要，传习所成员组织帮扶干部与贫困户一对一宣传政策，把群众最需要的政策、法规、技术送上门。例如，南龙村的贫困户谢××家庭负担很重，贫困的自卑心理和能力有限的无奈让他苦恼万分，为此"一对一"传习帮扶干部专程来到谢××家里，面对面传习教育、就业、安居等方面的扶贫政策，坚定了他辛勤劳作、脱贫致富的决心和信心。目前，开展"流动"式传习活动 5200 次，受益人数达 3.5 万余人次，最大化满足群众实际需要。

2. 打造精神扶贫传习队伍

第一，组建多元化、多功能队伍。根据传习内容和传习形式，因地制宜、因人而异，组织全县各行各业的行家里手，组建了党员干部传习队、脱贫攻坚传习队、巾帼传习队、农技传习队、专家传习队、志愿者传习队等 15 支传习队伍，深入全县广泛传习活动，打造了一批多元化、"带不走"的本土传习队伍。由县移民和扶贫办组建的脱贫攻坚传习队，组织了全县各机构事业单位和乡镇所有帮扶干部、各村帮扶工作队（包括"第一书记"、驻村工作队长和队员、村扶贫专干）以及"脱贫示范户"等，结合当前脱贫攻坚工作，深入各乡村开展脱贫攻坚政策宣讲、脱贫攻坚人物事迹宣讲等"一对一""一对多""多对多"传习活动。由寻乌县农业和粮食局组建的农技传习队，组织了全县农技专家、种养大户、农业企业等开展农业产业扶贫、补贴政策宣讲，教授种养技术知识等各类传习活动。由县委党校组建的专家传习队，组织党校老师、专家学者等在全县开展习近平新时代中国特色社会主义思想和党的十九大精神及各类政策宣讲。这些传习队伍成为传播党的路线方针政策、传授知识技术的"扬声器"和"小喇叭"。

第二，加强对传习队伍的创建和管理。各传习所要明确负责人和成员，由主要负责人担任本单位"新时代传习所"所长，安排专人负责传习活动，定期研究传习事宜。寻乌县委成立创建"新时代传习所"工作领导小组，由寻乌县委书记任组长，县委副书记、县政府县长担任副组长，下设办公室，办公室设在寻乌县委宣传部，由寻乌县委常委、宣传部长担任办公室主任，负责全县创建工作。各乡（镇）、各部门、各单位主要负责人担任本地创建"新时代研习所"工作领导小组组长，制定具体工作方案，统筹协调落实本地新时代传习所的建设运行事宜。为了增加传习活动和内容的质量，要求各单位要推荐有宣讲工作经验的行家里手作为传习员，组建好本地本系统传习队伍 50 人以上，并择优选择 10 名为核心传习员，并且定期对传习员进行集中培训。同时，要求各责任单位制定和完善传习员考核制度，结合工作实际，合理安排好工作时间和任务，组织传习队伍深入全县开展各类传习活动，并做好传习活动资料图片的收集和整理，及时将开展活动的资料、信息、总结等报至寻乌县委宣传部。

3. 丰富精神扶贫传习内容

开设传习大讲堂。组织传习员定期深入帮扶单位、村、组等地，通过设立讲堂开展集中学习。根据不同的传习对象，不同的群众需求，及时更新宣讲内容、调整宣讲重点，现场为群众答疑解惑。南桥镇高排村针对该村甜柿、百香果等新产业，根据不同时节，组织农业技术人员，在传习所开展集中授课，传习农业新知识、新技术，提高科学种养水平，增加农业生产效益，目前开展传习授课活动 10 余场，参与群众达到 500 多人次。搭建传习大舞台。将客家传统和客家文化融入传习的全过程，把党的十九大精神、脱贫攻坚政策、法律法规、乡风文明改编成"山歌""汉剧"等，利用村级综合文化服务中心等场所，通过送戏下乡、"百姓大舞台"、乡村歌会等群众喜闻乐见的形式开展传习，让脱贫内容"唱起来""跳起来""活起来"，广大干部群众听得懂、能领会、可落实。南桥镇古坑村组织广大文艺爱好者将脱贫政策、乡风文明、村规民约等内容改编成顺口溜、三句半、小品等，如《婆婆也是妈》《有钱没钱都是妈》等不同类型的文艺节目，通过自创、自编、自排、自演，让广大群众在娱乐活动中接受优秀传统文化的熏陶和教育。举办网络大诵读。充分利用好网络媒体平台，整合县内多种媒体资源在寻乌手机报、"寻乌宣传"微信公众号、寻乌电视台等媒体开辟专栏，把脱贫誓言、脱贫故事等内容录制成音频并进行播放。例如，在第 26 期中由寻乌县委宣传部的陈琪朗读教育扶贫政策，在第 68 期由车田中心小学的刘田朗读了 2018 年贫困户产业发展奖补新标准。通过网络传播传习内容，形成了全媒体多角度的宣传宣讲格局。

组织百姓大宣讲。让农村老党员、脱贫光荣户、文明示范户、身边好人、"土秀才"等成为传习员，通过用身边人讲身边事，以身边事育身边人，用老百姓自己的"大白话""客家话"，讲解党的政策利好，互学脱贫经验，让理论宣讲更接地气、更聚人气。南桥镇高排村将村里的 12 位致富能手吸纳进传习员队伍，定期或不定期地组织他们深入田间地头，手把手传习他们的致富技能、致富本领，让更多的群众通过传习活动成为发展产业的行家里手。

开展"一对一"小传习。根据实际需求，组织帮扶干部与贫困户一对一宣讲扶贫政策、农技人员与农户一对一讲授种养技术、征地干部与拆迁户一对一宣讲征拆政策，把群众最需要的政策、法规和技术送上门。南桥镇高排村村民陈佛海通过农技人员一对一上门讲授百香果种植技术，破解了产业转型的发展"瓶颈"，已种植 5 亩百香果，预计今年每亩收入可达 3 万元以上。夯实精神扶贫传习保障建立工作调度机制，强化组织保障。成立了"新时代传习所"工作领导小组，由党政主要领导人担任工作组组长，将"新时代传习所"助推精神扶贫纳入脱贫攻坚工作中，形成了寻乌县委统一领导、相关部门分工负责、社会团体积极参与的管理体制和工作体制，形成工作合力。同时要求领导小组每周召开一次调度会，定期对全县传习所工作进行督导，编印工作简报，挖掘总结各传习所工作经验做法，并把传习所建设运行情况纳入各单位党建考核内容，对建设推进不力、运行效果不明显的单位和负责人要严肃问责。建立培训奖励机制，强化制度保障。通过"请进来"和"走出去"的方式，已开展县级传习员集中培训4次，全面提高了各级传习员的传习能力。同时，建立了县、乡、村三级传习员档案，详细记录传习员的基本情况、能力特长、参加传习场次等方面的基本情况，作为年终开展创评"星级传习员"的重要依据，并按不同标准对传习员的每场次传习分别给予适当的资金补助，以此激励各级传习员的工作热情。建立资金投入机制，强化经费保障。寻乌县财政预算安排资金100万元，同时整合各乡镇、各单位党建经费的30%，用于传习所活动开展、队伍建设、场所维护、资料管理、效果评估等制度。据初步统计，目前已投入资金500万元，确保了各级传习所的有序运转。

（二）成效价值

1. 助力了脱贫攻坚

寻乌县通过"新时代传习所"传习农技知识、致富本领。提升贫困群众的自我发展能力，增强脱贫信心，激发内生动力，脱贫战线涌现了一批脱贫致富的先进典型。作为最大政治任务和最大的民生工程，传习所承担着脱贫攻坚传播精准扶贫政策、推广致富信息技术的重要角色，成为连接国家扶贫政策资源和贫困户实际需求的有效桥梁，在脱贫攻坚中成效卓著。全县贫困人口由2014年的69387人减少至目前的11079人，贫困发生率从25.46%下降至4%，贫困村由82个减少至5个，连续四年脱贫攻坚工作成效考核综合评价被评为"好"等次。新时代传习在县、乡、村三级全覆盖，按照贫困户的实际需求实行"一对一""一对多"的"菜单式"宣讲，通过将脱贫政策、致富本领传习给贫困户，利用扶贫工作者、脱贫光荣户、农技传习队、专家志愿者以及优秀企业家等参与宣讲，及时了解贫困户的致贫原因、发展意愿、帮扶动态等信息，并有针对性地提供相应的帮助，真正帮助贫困户解决扶贫脱贫的困难和障碍。同时，通过传习所这一重要平台，有效整合了政府、企业、社会的帮扶力量和资源，从而构建政府主导、市场调节、公众参与的大扶贫开发格局。

2. 培育了乡风文明

通过乡风文明传习队、乡贤传习队、巾帼传习队、普法传习队的言传身教，推动了移风易俗工作的开展，促进了乡风民风的好转。着力治理乱埋乱葬专项行动，使火化率达到100%；着力治理赌博犯罪之风，查处农村"黄赌毒"案件175起、处罚人次632人；在县内各媒体开辟"孝老爱亲"光荣榜、"老人住老房"监督哨，持续深入报道了30多例典型案例，累计完成整治1691户。通过传习队的线上线下传习活动，帮助农村破除陈规陋习和不良风气，形成了尊老爱幼、整洁卫生、安定有序、文明健康的乡风民风。同时，针对少部分贫困户存在的"等、靠、要"的消极懒汉心理，传习所安排部门光荣脱贫户进行上门一对一宣讲，传授自身的脱贫经验和致富感受，大力宣传贫困群众主动发展产业、积极主动脱贫的正面典型，让贫困人员从思想上产生积极转变，淡化贫困意识，从内心产生脱贫动力，建立积极脱贫的意志和精神状态，真正明白"不怕不精，就怕不勤"

的道理。通过"扶贫先扶志、治贫先治愚"，真正实现物质扶贫和精神扶贫"两手抓、两手都要硬"，让国家扶贫政策能够落地生根、取得成效，彻底拔穷根、治穷病，激发贫困户的内生动力和致富意愿，从而真正摆脱贫困。

3. 密切了干群联系

寻乌县依托村级综合文化服务中心、祠堂和村委会等场所建立行政村全覆盖的"新时代传习所"，要求由各乡（镇）、各部门、各单位主要负责人担任"新时代传习所"所长，要求各级领导干部组成宣讲队伍，制定具体工作方案，层层落实责任，并作为一项党政的重要工程来主抓主建。在村级传习所主要以村"第一书记"、村"两委"干部、帮扶干部为主体传习队伍，通过传习大讲堂、大舞台、大宣讲和小传习等多种形式，通过深入贫困群众了解其生活现状、思想情况以及脱贫动态等，及时转达国家扶贫方针政策、宣传脱贫致富经验、提供种养技术等传习活动，进一步加强了与贫困群众的接触和交流，转变了领导方式和工作方式，提高了办事效率，工作重心转移到了服务村民、发展经济、扶贫脱贫上，增强了群众对干部的认可和肯定。同时，贫困农户可以通过传习所获取相关的扶贫信息、政策、技术支持，能够直接"一对一""一对多"与领导干部、农技人员、企业家等直接对话，从而找到适合自身脱贫致富的路子，通过自身努力和外力帮扶实现脱贫致富的目标，避免了"干部帮扶无路""贫困户致富无门"的矛盾。总之，通过"新时代传习所"这一重要的平台，用通俗易懂的语言和喜闻乐见的传习活动形式，让贫困群众能听得懂、能领会、可落实，进一步密切了干群联系，增强了基层党组织在脱贫攻坚战中的凝聚力、向心力和号召力，夯实党在农村基层地区的执政根基，巩固党在广大农村地区的执政地位。

（三）不足之处

1. 传习队伍素质有待加强

根据相关文件要求，在村级农村传习队伍主要以"第一书记"、村"两委"干部、帮扶干部等为主体，实质上脱贫攻坚队伍和传习队伍完全就是"一套人马"，由于贫困农村地区村"两委"干部年龄老化、思想素质落后、致富带动能力弱、在群众中的威望不高，使以他们为核心的传习队伍既无力给贫困户带来思想上的巨大转变，也无助于解决贫困户脱贫致富的实际需求，甚至把传习活动简单混淆于脱贫攻坚政治任务，把"一对一""一对多"上门传习当作提前给贫困户应付脱贫督察做准备。同时，由"第一书记"、驻村工作队的外来帮扶干部组成的传习队伍，一方面无法争取足够的财政资源和致富项目来实现帮扶的目的而无法获得贫困群众的支持，另一方面"被下派""被驻村"的心理落差和艰苦的生活条件使他们面对传习任务和脱贫攻坚消极应付。

2. 传习内容与需求相去甚远

根据规定，农村"新时代传习所"的传习内容主要以党的十九大精神、社会主义核心价值观、精准扶贫、集体经济发展、乡风文明行动、美丽乡村建设、医疗健康和农技知识为主，把传习所打造成为政策宣传、农民培训的阵地。但是在当前农村电视网络普及的情况下，农民对国家政策方针了解甚多，甚至处于边缘的贫困户在对口帮扶干部的多次引导下也对扶贫政策了如指掌，把宏观的国家政策当作传习的主要内容显然跟贫困户的实际需求不匹配。同时，由于在传习活动中依然是传习干部安排传习活动、农民群众被动接受传习的工作方式，缺乏对贫困户所要所需所想所急等方面的传习，没有调动贫困户主动参与的积极性，更多的是抱着看热闹的心态参与，使传习活动失去了应有的实际价值。

3. 传习督察考核体系不健全

为了压实工作责任，要求由乡（镇）、各部门、各单位主要负责人担任"新时代传习所"工作领导小组组长，把传习活动当作是党政主要工作促抓促建，同时强化监督考核，把传习所建设运行情况纳入各单位党建考核的内容。但是由于缺乏明确的责任细化，又没有足够的人力对传习所运行的状况进行跟踪了解，对其考核的指标只停留在传习所开展活动的纸面介绍、图片宣传等表面内容，并没有对传习效果、群众评价纳入考核的重要部分。同时，为了鼓励表彰先进分子制定了"星级传习员"制度，但是在"星级传习员"的奖励设置、晋升考核、工作业绩等方面并未做出明确的规定，大大影响了相关传习人员参与传习活动、提升传习效果的热情和信心。

四、结　论

通过以"新时代传习所"为平台，将扶智、扶技、扶智与扶贫相结合，大力根除贫困文化和贫困心理，培育了自我尊重、自我发展、自我实现的文化价值观念，助力了脱贫攻坚，精神扶贫成效显著。

精准扶贫的核心就是不断提高人民整体素质，提高他们的脱困意识，建立长效机制，从根本上实现脱贫。[①] 而精神扶贫作为精准扶贫的首要前提，仅仅通过一个阵地、一个机构、一支队伍、一份菜单和一套机制的精神扶贫平台建设是远远不够的。首先，"技志"相结合，通过让贫困群体掌握发展致富技术，提升他们的发展能力和信心，实现"要我致富"向"我要致富"的转变。其次，"形行"相结合，把精神扶贫的活动形式、活动内容内化为精准扶贫的行动，真正提升贫困户的积极性、主动性和创造性。最后，"管疏"相结合，通过加强对贫困地区和贫困人群的文化管理和建设，疏导贫困心理、贫困认知、贫困宿命等错误倾向，实现精神和文化的自立自强。

---

① 尚雪英. 精准扶贫的精神实质：以人民为中心［J］. 兰州学刊，2018（4）：202－208.

参考文献

［1］中共中央宣传部．习近平总书记系列重要讲话读本［M］．北京：学习出版社，人民出版社，2016．

［2］程肇基．精神扶贫：一个亟待关注的精准扶贫新领域［J］．江西社会科学，2016（11）：210－216．

［3］左停，杨雨鑫等．精准扶贫：技术靶向、理论解析和现实挑战［J］．贵州社会科学，2015（8）：156－162．

［4］赵秀华．论"精神扶贫"的知行渊源及本质内涵——以"宁德模式"为例［J］．福建行政学院学报，2016（6）：72－80．

［5］赵书栋，李炳全．精神扶贫：精准扶贫的内生动力［J］．延安大学学报（社会科学版），2018（1）：90－94．

［6］尚雪英．精神扶贫的精神实质：以人民为中心［J］．兰州学刊，2018（4）：202－208．

中国共产党扶贫工作的历史 经验和现实启示

韩　芹　崔馨月[*]

摘　要：作为发展中国家，贫困问题一直是中国面临的重大课题之一。在中国共产党的领导下，过去的三十多年间，我国的扶贫工作取得了举世瞩目的成就，积累了丰富的扶贫经验。基于中国贫困问题多样化的特征，中国的扶贫制度和政策也因时而变。因此，为进一步加快脱贫攻坚步伐，我们应该总结经验，得出启示，推陈出新，为加快脱贫攻坚，实现全面小康，实现中华民族伟大复兴奠定基础。

关键词：中国共产党扶贫工作；历史经验；启示

自中华人民共和国成立以来，中国共产党和政府就致力于脱困扶贫事业，成立扶贫机构，制定扶贫小组，出台扶贫政策，投入扶贫基金，使中国贫困面貌有了很大的改变，取得了不菲的成绩。但是由于中国人口基数大、国土广袤而环境各异等各种自然因素和社会因素，中国的贫困现状依然十分严峻，是中国进入全面小康社会的最大障碍。在新形势下，我们应该总结扶贫经验，加快扶贫工作，推进全面小康社会的到来。

一、中国共产党扶贫工作的历史经验

（一）以党和政府为主导，调动社会参与

坚持党和政府的主导作用是扶贫事业得以发展的重要经验之一。中国共产党是中国的执政党，其宗旨是全心全意人民服务；政府是中国的执行机关，依法对国家政治、经济和

＊ 作者简介：韩芹，西华师范大学图书馆员，主要从事中国近现代史和图书情报学研究。崔馨月，西华师范大学历史文化学院硕士研究生。

社会公共事务进行管理并承担相应责任。同时，积极调动社会参与扶贫也是有效解决扶贫问题的重要经验。中国人口多，社会贫富差距大，积极调动社会各界参与扶贫，既是社会主义制度本质的体现，也有利于促进社会和谐发展。

1. 设立扶贫机构

在邓小平消除两极分化、达到共同富裕构想的指导下，1986 年 5 月 16 日，国务院贫困地区经济开发领导小组在北京正式成立（1993 年 12 月 28 日更名为国务院扶贫开发领导小组）。这是中国政府首次设立专门独立的扶贫开发机构，既表明党中央对贫困地区民众的关心，也表明中国政府对改变贫困地区落后面貌的重视。同时，全国从省、自治区、直辖市、地（市）到县级政府都相继成立扶贫小组，负责相关扶贫开发工作。国务院扶贫开发领导小组之下设立国务院扶贫开发领导小组办公室，负责领导小组日常工作。其主要任务是：①拟定扶贫开发的法律法规、方针政策和规划；②审定中央扶贫资金分配计划；③组织调查研究和工作考核；④协调解决扶贫开发工作中的重要问题；⑤调查、指导全国的扶贫工作；⑥做好扶贫开发重大战略政策措施的顶层设计。

2. 制定扶贫政策

1984 年 9 月 30 日《关于帮助贫困地区尽快改变面貌的通知》正式出台，这是中共中央、国务院第一次就贫困问题向全党和全国人民发出正式文件。1994 年中国政府发布《国家八七扶贫攻坚计划》，是中国政府第一次正式发布的有明确的目标、对象、措施、期限的扶贫纲领性计划，标志着中国扶贫事业进入新的发展阶段。1996 年政府提出《1996～2000 年全国科技扶贫规划纲要》，加强对科技扶贫的政策指导；同时，政府还安排了专门的科技扶贫基金，永固科技的引进、试用和推广。2001 年中央政府颁布了《中国农村扶贫和开发纲要（2001～2010 年）》，重新调整扶贫工作重点县，进一步将中央扶贫重点放在西部集中连片地区，贫困县依然保留，贫困村成为扶贫的瞄准对象。同时，扶贫资金的投放将覆盖到非贫困县中的贫困村。2011 年 12 月国务院颁布《中国农村扶贫开发纲要（2011～2020 年）》，针对 14 个集中连片特困地区进行重点扶贫，这是进入 21 世纪初期中国实施区域性扶贫开发政策演进。2013 年 12 月，中共中央办公厅、国务院办公厅印发了《关于创新机制扎实推进农村扶贫开发工作的意见》，强调要建立精准扶贫工作机制，识别贫困人口，做到"扶真贫"。2015 年 11 月 23 日，中共中央政治局召开会议审议通过了《关于打赢脱贫攻坚战的决定》，强调把精准扶贫、精准脱贫作为基本方略，坚决打赢脱贫攻坚战。2016 年 11 月国务院颁发《"十三五"脱贫攻坚规划》，按照精准扶贫精准脱贫的基本要求，从八个方面细化了相关路径和措施。

3. 带动社会各界参与扶贫工作

中国政府以开放的态度吸收和借鉴世界各国及国际组织的反贫困经验，广泛利用国外政府和非政府组织、国际多边组织的援助，在扶贫开发领域积极开展与国际社会的交流与合作。政府、国家中央机关、企事业单位、人民团体等不断参加到扶贫的工程中，规模不断扩大。到 2000 年底，定点帮扶的部门和单位达到 138 个，共派出 3000 多名干部到贫困县挂职扶贫，直接投入资金 44 亿元，帮助贫困地区引进国内外各种资金 105 亿元。

扶贫小组也广泛发动社会各界参与扶贫事业，对"希望工程""光彩事业""幸福工程""春百计划""贫困农户自立工程"等各种扶贫帮困活动予以积极支持；重视特殊贫困群体的扶贫开发，对残疾人设立"康复扶贫"专项资金等。这些措施在很大程度上既减少了政府开支，又推动了扶贫工作的发展，加强了人民的紧密感和幸福感。

（二）重视农村、贫困地区扶贫工作

中国国民经济发展不平衡，社会贫富差距严重，贫困地区发展严重滞后。比如中国中部和西部地区，由于社会、经济、地理、历史、自然等因素的制约，其发展水平远远落后于沿海发达地区，其经济水平也低于全国平均水平。因此，国家加强对这些贫困地区的政策扶持和资金投入，加快其脱贫步伐。

1. 实行土地制度改革

中国是一个农业大国，农村人口数量占全国总人口数量的多半，而我国贫困人口中大部分是农村人口。因此，中国扶贫的重点对象是农民，土地是农民脱贫致富的根基，土地制度的改革是农民脱贫的前提。

中华人民共和国成立以后实行土地改革，将地主阶级手里的土地无偿分给农民所有，极大地促进了农村生产力的发展。1956 年开始农业合作化，建立土地公有制度。刘少奇曾经指出："必须废除地主阶级封建剥削的土地所有制，实行农民的土地所有制，借以解放农村生产力，发展农业生产，为新中国的工业化开辟道路。只有农业生产能够大大发展，新中国的工业化能够实现……农民的穷困问题才能最后解决。"1950 年，《中华人民共和国土地改革法》正式颁布，标志着中国土地制度进入一个新阶段。随着土地改革任务的逐步实现，粮食、棉花、油料等主要农产品的产量开始逐年增加，1951 年比 1950 年分别增长 8.7%、48.8%、22.4%，1952 年又比 1951 年分别增长 14.1%、26.5%、12.5%。1978 年实行家庭联产承包责任制，极大地调动了农民的生产积极性，增加了国家的粮食产量，也解决了农民的温饱问题。2015 年 3 月，启动农村土地征收、集体经营性建设用地入市、宅基地制度改革试点，截至 2018 年 6 月我国农村土地制度改革完成阶段性目标任务，有力推动了乡村振兴和脱贫攻坚。2016 年 10 月，中共中央办公厅、国务院办公厅出台意见，在农村推行土地"三权分置"做法，为发展现代农业、实现城乡协调发展、全面建成小康社会提供了理论支持。

2. 加大对农村、贫困地区的资金投放

国务院在 1980 年专门设立"支援经济不发达地区发展资金"，专门支持老革命根据地、少数民族地区、边远地区、贫困地区（以下简称"老少边穷"地区）发展农业、乡镇企业和文化医疗卫生事业。1982 年，政府决定实施"三西"农业建设计划，由中央财政专项拨款 20 亿元（每年 2 亿元），重点支持"三西"地区改善农业基础设施条件，推广农业科学技术，稳定解决贫困农户经济来源，稳定解决多数贫困农户的温饱问题。"三

"西"农业建设计划的实施，开启了中国区域扶贫的先河。1978~1985年，农民人均纯收入增长了2.6倍；没有解决温饱的贫困人口从2.5亿人减少到1.25亿人，占农村人口的比例下降到14.8%；贫困人口平均每年减少1786万人。1996年中央财政部进一步对各省、自治区、直辖市提出最低配套资金比例（30%~50%）以保证地方配套的扶贫资金用在国家重点贫困县。2000年中央各项扶贫专项资金达到248亿元，比1980年增长了30多倍。

3. 提高农村、贫困地区教育水平

人才是实现国家发展的重要力量，教育水平和文化素质的提高有利于促进这些地区的经济发展和整体文化水平的提高。但是在我国贫困地区，由于地理位置、经济发展水平、交通运输等制约，所以存在教师数量少、教学设施落后、教育发展水平落后等问题，从而使这些地区的人无法适应新社会的发展要求，反过来制约了经济的发展。因此，提高贫困地区人口的受教育水平是促进这些发展的一个重要措施。

中华人民共和国成立前，我国的文盲率约为80%；中华人民共和国成立后，我国大力实行扫盲运动，不断提高民众的受教育水平。1986年，我国制定和实施了《中华人民共和国义务教育法》，在全国推行九年义务教育，同时大力发展高中教育、高等教育和职业技术教育，截至2011年我国的文盲率降低到4.08%；1995年以来，国家教委和财政部联合组织实施了"国家贫困地区义务教育工程"，投入资金超过100亿元，帮助贫困地区普及九年义务教育。2013年教育部、发展改革委、财政部、扶贫办、人力资源社会保障部、公安部、农业部联合制定《关于实施教育扶贫工程的意见》，其主要目的是发展集中连片特殊困难地区的教育，培养社会发展所需人才，促进经济发展。

（三）发展的扶贫理念

从新中国成立到现在，中国共产党对中国扶贫问题始终用发展的眼光看待，依据中国在不同时期的贫困问题及特点，及不同时期的基本国情和综合能力，因时制宜地提出适合当前社会环境和局势的扶贫理念，推动扶贫工作的进一步发展。

1. 由"片"到"点"

新中国成立后，党和政府就开始探讨如何脱贫、发展经济的问题。但是真正意义上的扶贫是在改革开放以后才提出来的。经济上的开放和农业上的家庭联产承包责任制，促进了经济的快速发展，但是农村发展不平衡问题也开始日益凸显。特别是老、少、边、穷的农村地区经济发展水平远远落后于沿海地区农村的经济发展水平，因此，为了更好地解决发展不平衡问题，这一时期的扶贫重点是划定的贫困地区。2001年中央政府颁布了《中国农村扶贫和开发纲要（2001~2010年）》，重新调整扶贫工作重点县，进一步将中央扶贫重点放在西部集中连片地区，贫困县依然保留，贫困村成为扶贫的瞄准对象。2013年，习近平总书记首次提出"精准扶贫"，之后又提出了"五个坚持""六个精准"，注重抓六个精准，即扶持对象精准、项目安排精准、资金使用精准、措施到户精准、因村派人精准、脱贫成效的精准扶贫经验和指导方针，扶贫对象精准到村、户，实现了从整体区域的扶贫到个体扶贫的转变。

2. 主导、引导双管齐下

中国的扶贫理念从开始就是坚持以国家为主导，继而调动人民的自主性，引导其自力更生，发展经济，脱贫致富。改革开放前，我国生产力水平普遍比较落后，人民自身没有能力去发展生产。于是这一时期主要是以国家扶持为主导。农村土地改革、农业技术的实施推广，以及农村基础教育、医疗卫生等一系列政策措施，构成了中华人民共和国成立初期以"输血"为特征的救济式扶贫，在提高农村人均收入和福利水平、减缓农村贫困等方面取得了一定的成效。除此之外，还设立专项基金、实行"三西"建设、"以工代赈灾"等措施支持和促进落后地区经济社会发展以及基础设施建设，并取得良好成效。进入 21 世纪以后，特别是随着改革开放政策的实行，我国的经济得到了飞速发展，国民生产力明显提升。这一时期政府在出台扶贫政策中提出要尊重人民的主体地位和首创精神，激发其内在动力，提倡在政府的扶持下依靠自己的努力实现脱贫致富。国家实行扶贫贷款，援助没有经济能力的贫困人民发展经济；产业扶贫也是在国家主导下，引导人民去发展经济；推动产业扶贫的发展，包括旅游业、养殖业、种植业、工业等多种类型，国家投入资金，带动人民自己发展经济；在满足贫困地区基本生活所需以后，推动教育、医疗等基础设施的发展，引进科学先进技术，进一步提高贫困地区人民的文化素质和生产技术，促发内在的能力和动力，促使其依靠自身努力实现脱贫。

二、启　示

（一）扶贫的关键：以国情为基础

贫困与扶贫开发问题是世界性的重大理论课题和实践课题，不同国家和地区以及同一国家的不同区域，其贫困问题的根源和解决方式都不一样。中国的贫困问题由来已久，而且随着时代发展，各种新的问题纷纷涌现，因此解决中国贫困问题的关键是从中国的国情出发，依据中国现阶段具体的贫困问题，制定适宜的政策和文件，解决贫困问题。

第一，我们应该认识到各地发展不平衡的现状，当地政府在扶贫政策问题上要注意在党和政府的政策领导和指引下，因地制宜制定适合当地发展的相关政策和方针。第二，通过对经济的扶贫，反射到其他方面的贫困现象。当前中国贫富差距越来越大，引起教育、职业等社会资源严重失衡，从而造成知识贫困，而知识贫困又导致了经济贫困，形成恶性循环。所以，扶贫不仅是指贫困人口的经济收入增加，还应该注意到由经济贫困引发的其他贫困。第三，生态式扶贫，在发展经济的同时，爱护和保护我们的绿水青山，推动经济、政治、社会、文化、生态协调永续发展。以前，为了带动当地经济的发展，违背自然规则，伐木开荒，填湖屯田，建设工厂，对生态环境造成了恶劣的伤害，由此形成严重的生态问题，对经济的可持续发展造成了很大的障碍。当前党和政府在推动扶贫事业发展时，应该注意到生态与经济发展的相互关系，走上人与自然和谐发展、互利共赢的道路。

（二）扶贫的重点：以创新为方法

创新是一个民族进步的灵魂。这里的创新不仅是指科学技术的创新，更是指理论、政策和思想的创新。贫困问题不是短时间内就能解决的，这是一场持久的战役，在这个过程中可能会出现各种难易程度不一的问题或者困境，旧的扶贫理论、思想甚至政策也许都不能有效地或者彻底地解决这些阻碍。因此，解决贫困问题的重点在于我们需要在总结以往经验的同时进行反思，用新的角度思考问题，得出新的适用的理论和思想，从而推动制度或者政策的革新。

第一，创新的制定适宜的扶贫政策和制度，不盲目跟风。中国国土面积大，各地自然条件和社会条件不能一概而论，有些地方适合走农业式扶贫道路，有些地方适合走商业式发展道路，当地政府应该在大的政策制度范围内走一条创新的适合本地发展的扶贫道路。第二，创新扶贫机制和机构。贫困地区分大小，贫困县也分大小，政府在设置扶贫小组和机构时，要考虑当地的实际，包括政府人员的配备情况、贫困人口、经济发展水平等因素，制定适宜人数的扶贫队伍和机构，不要造成人多不办事、机构重叠的现象；对小组人员成员的设置，也尽量配备专业人才，特别是对当地有所了解和研究的人员，要形成官员管理、人才治理的双向道路。

（三）扶贫的根本：以人民为出发点

习近平指出："人民是历史的创造者，群众是真正的英雄。人民群众是我们力量的源泉。"因此，贫困的根本是人民，只有人民富裕了，国家才会发展，我国扶贫事业才能得到真正的解决。在新时代下，党和政府更应该从人民的利益出发，为人民谋福利，切实从人民的角度考虑，真正地帮助人民脱贫致富，实现共同富裕。

第一，考虑人民的意愿，听从人民的建议。扶贫的目的是帮助人民脱贫致富，因此，在制定扶贫政策时，要充分考虑当地百姓的实际情况，考虑到政策的可实施性，不能一味地追求结果，忽略人民的实际情况。第二，以人民为主体，政府辅助。所谓授人以鱼，不如授人以渔，在帮助人民脱贫的同时，政府可以为当地引进科技手段和相关技术性人员，真正让他们自己学到一些技术，而不是单纯依靠政府救济和扶贫。第三，提高人民的自信心，从内而外的脱贫。习近平提道："弱鸟可望先飞，至贫可能先富，但能否实现'先飞''先富'，首先要看我们头脑里有无这种意识……如果扶贫不扶志，扶贫的目的就难以达到，即使一度脱贫，也可能会再度返贫。"当地政府要适当鼓励人民，使其树立起脱贫致富的自信心，充满干劲，从内心真正相信自己、依靠自己，改变贫困落后的面貌，实现真正的富裕。

三、结语

习近平总书记强调："打好脱贫攻坚战是党的十九大提出的三大攻坚战之一，对如期全面建成小康社会、实现我们党第一个百年奋斗目标具有十分重要的意义。"当前，我国的扶贫问题得到了极大解决，但是贫困人口还有 3000 多万人，扶贫事业依然困难重重。因此，必须坚持党和政府的领导，贯彻和执行中央决策，总结过去 60 多年的扶贫经验，从中得到启示，从而更快更好地实现脱贫攻坚，实现共同富裕。

参考文献

[1] http：//www. capd. gov. cn/col/col1387/index. html.

[2] 莫光辉. 精准扶贫：中国扶贫开发模式的内生变革与治理突破 [J]. 中国特色社会主义研究，2016（2）.

[3] 杜旸. 全球治理中的中国进程：以中国减贫治理为例 [J]. 国际政治研究，2011（1）.

[4] 国务院扶贫开发领导小组办公室编. 中国农村扶贫开发概要 [M]. 北京：中国财政经济出版社，2003.

[5] 刘少奇. 关于土地改革问题的报告 [R]. 1950 - 06 - 14.

[6] 国家统计局国民经济综合司编. 新中国五十五年统计资料汇编 [R]. 北京：中国统计出版社，2005.

[7] 李奇峰. 中国扶贫 [M]. 北京：中央文献出版社，2006.

[8] 王国良主编. 中国扶贫政策：趋势与挑战 [M]. 北京：社会科学文献出版社，2005.

[9] 凌文豪，刘欣. 中国特色扶贫开发的理念、实践及其世界意义 [J]. 社会主义研究，2016（4）.

[10] 习近平谈治国理政 [M]. 北京：外交出版社，2014.

[11] 习近平. 摆脱贫困 [M]. 福州：福建人民出版社，2016.

[12] http：//www. capd. gov. cn/art/2018/6/29/art_ 82_ 86246. htm.

乡村振兴视野下赣南苏区电商扶贫问题研究

——以寻乌县为例

沈 娟[*]

摘 要：农村电子商务是转变农业发展方式的重要手段，是精准扶贫的重要载体，是促进农村经济发展以及实现乡村振兴战略的重要推动力。本文利用田野调查法，以寻乌县为例，对赣南苏区电商扶贫问题进行研究，发现其电商扶贫工作还存在政府扶持力度后劲不足、基础设施建设有待完善、农村电商专业人才匮乏、经营秩序有待规范、品牌建设力度欠缺等问题。本文认为，解决这些问题的办法主要有五点：第一，完善电商扶贫政策，加大扶持力度；第二，加强和完善电商扶贫所需基础设施建设；第三，以人才培训为抓手，加强电商人才储备；第四，狠抓品控溯源体系建设，增强品质保障；第五，推进电商品牌建设，积极培育龙头企业。

关键词：乡村振兴；赣南苏区；电商扶贫

一、引 言

2017 年，党的十九大提出实施乡村振兴战略，要求农业农村优先发展，按照产业兴旺、生态宜居、乡风文明、治理有效、生活富裕的总要求，建立健全城乡融合发展体制机制和政策体系，加快推进农业农村现代化。2018 年中央一号文件对乡村振兴战略的实施做出了全面部署，提出了乡村振兴的目标任务、基本原则、工作重点、保障措施等。

摆脱贫困是实现乡村振兴的重要前提。近年来，在"互联网＋"以及电商扶贫政策的支持下，我国农村电商逐渐发展起来，成为新的农村经济增长点。农村电商不仅带动农

---

* 作者简介：沈娟，江西师范大学马克思主义学院苏区振兴研究院，马克思主义与当代中国经济社会发展方向硕士研究生。

民脱贫致富，也带动大量青年返乡创业，对农业农村发展产生了重要影响，正在成为农村现代化进程中的重要推动力，能够有效实现乡村振兴。

赣南苏区贫困人口多、贫困程度深、扶贫难度大。在电商扶贫政策以及乡村振兴战略的支持下，赣南苏区把握机遇，经济发展和反贫困事业取得很大的成效，但其贫困县脱贫"摘帽"任务仍然很艰巨。因此，如何进一步发挥农村电商在乡村振兴战略实施中的重要作用，同时也按照乡村振兴的要求进一步加快农村电商的发展，是值得思考的重要课题。鉴于此，本文以赣南苏区县之一的寻乌县为例，对其电商扶贫问题进行研究，从而促进乡村振兴战略的实施。

本文的理论和实践意义主要体现在以下两个方面：第一，随着电子商务越来越深入地进入农村市场，我国的扶贫政策和机制也需要不断完善。实践证明，把电子商务扶贫纳入现有的扶贫体系，让贫困地区和贫困主体真正融入市场经济中，能够拓宽贫困农户的增收渠道，进而推动贫困地区的产业升级换代。本文在现有条件下，收集和梳理较为完整的资料，并归纳出乡村振兴战略和产业集群等相关理论，为本研究奠定基础，同时也丰富了传统扶贫理论。第二，寻乌县是国家级贫困县，由于受区位交通、自然历史等方面的因素制约，县域经济总量偏小、基础设施落后、产业发展相对滞后，一直处于"欠发达、后发展"的状态。近年来，寻乌县利用电子商务这一有效途径，取得了显著的成效。本文从寻乌县农村电商的发展现状入手，归纳总结其取得的成效，并分析其还存在的问题，探讨"寻乌模式"的可复制性，意图为农村电商扶贫在赣南苏区的发展提供参考，进一步推动农村扶贫工作的顺利开展。

二、文献回顾与理论基础

（一）农村电商与电商扶贫

关于农村电商的研究主要包括农村电商的内涵及其作用、农村电商发展模式和发展农村电商的措施三个方面。

首先，从农村电商的内涵及其作用来看，刘可（2008）将农村电子商务看作是将农村贸易与网络结合，减少贸易中间环节，实现农产品交易的时效性，提高农村经济运行效率的一种贸易模式。邱淑英等（2012）认为，电商能够缩短生产和消费的距离，并降低交易成本及减少库存。魏延安（2018）认为，农村电商对农业农村发展起到了创新推动作用。

其次，关于农村电商发展模式，国内学者根据实际总结出发展较好的县域涉农电商模式有：沙集模式（汪向东，2010）、兰田模式（杨经学，2013）、遂昌模式（刘虎，

2013）、武功模式（魏延安，2014）、沭阳模式（秘正龙，2016）。由此可以看出，农村电商并不是以一种或几种固定的模式发展，而是在市场经济条件下通过电商企业或个人在大市场环境下探索孕育出的。

最后，关于发展农村电商的措施，汪向东（2011）认为，要找出农村电商的成功典型，发挥致富带头人效应，从大力宣传等方面去努力。程丽丽（2013）认为，应该从建立完善的农产品物流配送体系、加强农户电商培训等方面促进电商发展。

关于电商扶贫的研究，汪向东教授（2011）以沙集电子商务为例，分析了沙集网络营销行业中存在的问题，提出衡量我国农村电子商务成败的根本标准，并且认为沙集模式给互联网时代我国农村减贫扶贫工作带来了新的思路，第一次将电子商务和扶贫建立联系，"电子商务＋扶贫"这种新模式开始引起研究者与扶贫工作者的关注。汪向东、张才明（2011）认为，沙集农户运用电商创业致富，不仅能在经济上脱贫，也不容易返贫，更能提升自身能力。尽管当前政策与技术都支持电商扶贫，这样的做法确实能给贫困地区发展经济带来平台优势，促使农民积极通过发展电子商务达到脱贫的目的。但电子商务扶贫工作的开展在现实工作中会遇到问题。卢迎春、王文艳等学者认为除了贫困农户自身存在认识不足、文化水平低的问题之外，政府扶贫资金投放不到位、政策引导不明晰导致电子商务相关法律安全体系不健全，相关设施不配套。孙昕、起建凌、谢圆元（2015）通过对目前电商扶贫工作进行总结及分析，提出我国电商扶贫的发展工作需通过国家政府技术以及资金上的持续支持来日益完善，帮助贫困地区走上通过电商平台脱贫致富的道路。

综上所述，国内外关于农村电子商务与电商扶贫之间相比，电子商务的研究已经形成了较为系统的研究体系，各个阶段都有学者进行研究。对于电商扶贫方面的研究近年来逐渐增加，但没有形成系统完整的体系，对乡村振兴战略下农村电商扶贫问题研究比较少。而在乡村振兴战略背景下，对农村电商扶贫问题的研究，具有重要意义。因此，本文在乡村振兴视野下对赣南苏区电商扶贫进行研究是可行的。通过对赣南苏区县之一的寻乌县电商扶贫的发展现状与实际效果进行分析，总结出可以在赣南苏区推广的电商扶贫形式，与贫困地区农业生产相结合，缓解贫困地区农业发展资金供给与需求之间的矛盾，为农业增效、农民增收，为脱贫致富的目标提供参考与帮助。

（二）乡村振兴战略

乡村振兴战略是习近平于2017年10月18日在党的十九大报告中提出的战略。农业、农村、农民问题是关系国计民生的根本性问题，必须始终把解决好"三农"问题作为全党工作的重中之重，实施乡村振兴战略。乡村振兴战略主要内容是重塑城乡关系，走城乡融合发展之路；巩固完善农村基本经营制度，走共同富裕之路；深化农业供给侧结构性改革，走质量兴农之路；坚持人与自然和谐共生，走乡村绿色发展之路；传承发展提升农耕文明，走乡村文化兴盛之路；创新乡村治理体系，走乡村善治之路；打好精准脱贫攻坚战，走中国特色减贫之路。乡村振兴战略目标是，到2020年，乡村振兴取得重要进展，制度框架和政策体系基本形成。到 2035 年，乡村振兴取得决定性进展，农业农村现代化基本实现。到 2050 年，乡村全面振兴，农业强、农村美、农民富全面实现。乡村振兴战略的总体要求是坚持"三农"优先发展，按照实现"产业兴旺、生态宜居、乡风文明、治理有效、生活富裕"，推动城乡一体、融合发展，推进农业农村现代化。

农村电商扶贫作为乡村振兴战略的重要手段和抓手，不仅带动农民增收致富，也带动了大量青年返乡创业，促进了农村社会的发展，它对农业农村发展产生了重要影响，正在成为农村现代化进程中的重要推动力，有利于实现乡村振兴。

（三）产业集群理论

产业集群理论是 20 世纪 20 年代出现的一种西方经济理论。产业集群理论是在 20 世纪 90 年代由美国哈佛商学院的竞争战略和国际竞争领域研究权威学者迈克尔·波特创立的。其含义是：在一个特定区域的一个特别领域，集聚着一组相互关联的公司、供应商、关联产业和专门化的制度和协会，通过这种区域集聚形成有效的市场竞争，构建出专业化生产要素优化集聚"洼地"，使企业共享区域公共设施、市场环境和外部经济，降低信息交流和物流成本，形成区域集聚效应、规模效应、外部效应和区域竞争力。产业集群理论指出了电商扶贫工作的阶段性目标。随着电商扶贫工作的深入开展，电商产业化是其发展的必经阶段，也是扶贫工作落到实处、扶贫效果得到强化的重要阶段。

三、研究设计

（一）研究方法

（1）文献研究法。在本文的研究中，通过图书馆、互联网资源等渠道检索、查阅、整理有关文献资料，并对其进行分析研究，结合本文研究选题进行归纳提炼形成基本概念及理论。

（2）田野调查法。通过对江西省寻乌县电商扶贫工作的深度访谈研究，以及实地走访企业、下乡进行访谈的方式直接获取第一手资料，为本研究奠定基础。

（3）案例分析法。本文以寻乌县为案例，通过对其电商扶贫问题的分析，为赣南苏区乃至全国其他各贫困县农村电商扶贫模式提供实践参考。

（二）资料来源与收集过程

本文采用一手资料和二手资料相结合的方式进行数据收集。一手资料来自对寻乌县商务局工作人员、电商产业园负责人以及贫困农户的深度访谈，访谈内容包括在电商兴起之前农产品销售现状、政府采取了哪些措施支持电商发展、电商发展过程中出现或面临什么问题等。一手资料的收集分为三个阶段：第一阶段主要针对寻乌县商务局工作人员进行访谈，主要了解电商发展过程中遇到的问题政府是如何解决的，针对访谈者的陈述采用追问方式进行深入挖掘，问题设计如"解决该问题，您认为最大的'瓶颈'在哪里？"第二阶段主要针对电商产业园负责人展开访谈，主要目的是了解电商发展过程中遇到了哪些问题，希望得到政府哪些方面的支持。第三阶段是对电商农户进行访谈，了解电商发展现状以及对其生活产生的影响。二手资料的收集主要包括公开资料、新闻报道等，通过县政府网站、搜索引擎等搜索工具进行公开搜索。

四、寻乌电商扶贫工作及成效

寻乌县自开展电商工作以来，把电商作为实施精准扶贫、促进贫困群众增收致富的新手段、新模式。通过近几年来的发展，寻乌县共有电商企业 526 家，其中市级电子商务示范基地 1 家，市级电子商务示范企业 5 家；电商交易总额超过 9 亿元，建成并投入运营的县级运营中心 3 个，乡（镇）分运营中心 12 个，村级电商服务站 163 个，其中 65 个建设在贫困村，贫困村电商服务站点覆盖率达 100%；电商免费培训累计 8954 人次，其中贫困户 1907 人，线上培训 35952 人次；电商带动就业创业人数累计 11698 人，其中贫困户 1651 人。网销脐橙交易量累计约 9000 多万斤，订单量累计约 450 万单，交易金额累计约 54000 万元。

（一）制定优化扶持政策，营造了电商扶贫氛围

电子商务作为新兴产业发展迅猛，寻乌县积极制定扶持政策，促使电商扶贫发挥最大效益。第一，结合本县的实际情况制定了寻乌县电子商务 5 年发展规划规，对电商扶贫各个方面、各个层次做出明确的规划；第二，专门成立了由县政府、县长为组长的寻乌县电子商务发展工作领导小组，领导小组定期组织、协调和调度全县电商扶贫工作；第三，将电子商务与实施扶贫开发有机结合起来，制定了寻乌县电子商务扶贫专项实施方案，方案中为贫困户全方位提供了多渠道的脱贫支持；第四，加大了电子扶贫的扶持力度，出台寻乌县电子商务进农村专项资金使用管理办法，从资金层面保障各项工作有效落地实施。出资 162.5 万元在全县 65 个贫困村建设电商脱贫服务站点，截至 2017 年发放各类电商奖励达 40 余万元，电商带动就业创业人数 11698 人，其中贫困户 3651 人。

（二）构建县乡村三级体系，强化了电商扶贫基础支撑

以寻乌县公共服务中点作为大网点，全县 15 个乡镇 173 个行政村的服务站点作为地

网，遍布各个站点的物流线路为链条，电商产业园作为核心枢纽，形成一张覆盖全县的扶贫电商天地网。一是建设站点，示范带动脱贫致富。目前，建成并投入运营有3个县级电商服务中心、12个乡镇电商服务站、163个电商服务点。同时，按照"一个中心三大体系"，即以农村电商服务站为中心，配合服务体系、培训体系、孵化体系，每个乡镇打造一个以上的电商脱贫示范点，如解决贫困户就业的古坑村金利芳跨境电商、收购贫困户产品进行跨省线上线下销售的南龙村赵小花夫妻档、收购研发销售生姜产品的长布村微商达人刘冬娣等。二是结对帮扶，百站带千户脱贫致富。以全县173个行政村的农村电商服务站点为纽带，每个站点结对帮扶10户以上的贫困户，帮助贫困户销售农特产品，通过电商手段拓宽农产品销售渠道并免费为贫困户提供各类便民服务。三是整合资源，多平台多渠道带动脱贫致富。整合全县物流快递企业，以邮政、赶街、广成商贸"三驾马车"作为引擎实现县乡村三级无缝对接，畅通农村物流双向流通渠道。整合全县电商企业进驻园区，按照国家级电商产业园建设占地60亩、建筑面积4万多平方米的电商产业园，在产业园开辟扶贫展示厅和扶贫商超，同时进驻产业园贫困户可以享受三年免租金、免费电商培训、电商孵化等政策。

（三）优化人才培训计划，提高了电商扶贫水平

电商从"造血"扶贫角度出发，开设了初中高级等各类电商培训班。一是线上线下双线培训。采取"贫困户点菜，政府埋单的形式"为全县15个乡镇173个行政村的贫困户提供免费电商培训，同时开通网上和微信平台提供免费的公开网络培训视频。截至2018年6月，线下培训8954人次，其中培训贫困户1907人，线上培训35952人次。二是创业就业双创培训。以公开招标的方式选取合适培训机构，出资10万元为期3个月培训贫困户125人，以学员学习和就业作为考核按进度发放资金，保证每个学员能够通过电商实现创业就业直接帮助贫困户脱贫。三是普及与专业双向培训。开展"送培训下基层"活动，整合师资力量将培训重心下移基层，直接下派专家讲师到乡镇和行政村进行普及性电商培训，为了满足不同的学员需求还开设专题培训班。电商培训也带动了一批贫困户实现脱贫致富，如朱柏梅通过电商培训成为一名电商服务站站长，还成立了自己的橙天下果品有限公司进驻产业园通过电商平台、微商平台销售自己及周边农特产品致富。

（四）打造寻乌公共区域品牌，增强了电商扶贫力量

为了提升贫困户农特产品价值、增加销售渠道、提高贫困户收入，政府出资建设以建立生产者与消费者之间信任桥梁为目的的全县统一的"一个公共区域公共品牌，两大追溯平台，三大监管体系"的寻乌县农特产品品控及溯源系统，电商协会负责平台运作，企业参与项目共建。利用平台"生产有记录、信息可查询、流向可跟踪、质量可追溯、责任可追究、产品可召回"的功能把贫困户产品信息直接收录进系统并为贫困产品定制专用溯源标签。发动寻乌电商界力量积极参与到电商扶贫中来，开展专题电商扶贫线上渠

道销售活动，由政府指定扶贫企业从贫困户手中收集脐橙、百香果、蜂蜜、灵芝、薯类、笋干等采用"统一采购、统一宣传、统一包装、统一配送、统一价格"的模式对扶贫网货进行打造，电商企业或个人负责销售推广，已有 500 多个微信、30 多家电商企业参与到活动中，销售农特产品 6 万件以上。

五、寻乌县电商扶贫存在的困难和问题

通过调研发现，电商对收入的改善和促进以及电商发展对基础设施的推动方面都显示出寻乌县在电商扶贫工作中取得的重要成就，得到了寻乌县贫困群体的广泛认同，但仍有诸多问题制约其发展，主要体现在以下几点：

（一）政府扶持力度后劲不足

据调查，寻乌县地方政府出现扶持力度后劲不足的现象。一是政策支持后劲不足。寻乌县政府在电商扶贫工作过程中，出台了很多推动电商扶贫的文件政策和实施方案，但对不同贫困状况没有建立有针对性的政策措施，也没有相应的标准化服务体系，这导致一些已经颁布的政策无法有效落实，给电商扶贫工作带来不利因素，也对国家精准扶贫攻坚工作产生了负面影响。同时，相关部门协调沟通不到位，使电商扶贫政策没有得到完全落实。如电商信贷通的金融扶持政策由于财政部门、金融等相关部门没有沟通协调好，没有兑现。电商扶贫文件涉及的奖励由于不符合中央专款使用方向需地方资金支付，但现有剩余资金比较紧张造成部分奖励项目无法兑现，这些都给电商扶贫效果造成了实际影响。二是后续发展推进资金不足。寻乌县 2015 年被列为国家商务部第二批电子商务进农村示范县，中央财政下达了 1850 万元专项资金支持，经过三年工作推进已经为电子商务进农村打下了良好的基础，但专项资金也基本使用完，电商的后续发展，特别是电商扶贫方面急需新的资金注入才能更好地推动电商工作进一步开展。

（二）基础设施建设有待改善

近几年，寻乌县贫困地区开展的电商扶贫工作对基础建设的推动方面取得了很大的成效，但与电商发展的要求还有一定的距离。首先，作为电商开展基础的网络建设稍显落后，贫困群体因为网络资费的原因较少选择使用手机。有线网络的建设又因为农村人口居住分散、用户较少等原因使成本居高不下，无法有效普及，造成网络速度慢、资费高的客观事实。贫困群体手中缺乏作为互联网客户端的电脑等设备，已有的设备性能也普遍落后，这进一步对网络速度产生影响。

其次，物流体系不完善。寻乌县虽然是江西省唯一的赣、闽、粤三省交界县份，地理位置比较优越，但目前其境内没有铁路，只有 1 条 206 国道和 2 条高速公路作为对外交通的主干道，县乡村道路状况依然相对较差，特别是作为电商扶贫项目基础的物流系统所要求的"最后一公里"的道路状况更差，从而造成寻乌县物流成本的上升和物流周期的延长。因此，基础设施建设滞后，是制约寻乌县电商扶贫项目发展的一个重要原因。

（三）农村电商专业人才匮乏

发展农村电子商务需要专业人员来进行农产品网络推广、电商平台运行管理，以及物流配送、售后服务等，并不是人们普遍观念里的在网上买卖东西那么简单。而且，一个优秀的农村电商专业人才不仅需要有专业电商知识，更需要具有农林等知识背景，了解农村、农产品，这就对农村电商人才提出了更高要求。目前，虽然寻乌县电商发展取得阶段性成果，但由于受区域性条件、思想观念等多方面因素影响，寻乌县从事电子商务行业的专业人才缺乏，特别是从事电商平台技术应用、电商企业经营管理和电商市场营销策划等专业人才极为欠缺。同时，寻乌县在电商方面建立的人才引进机制和培训培养机制不健全，人才引进和队伍建设严重滞后，在培训电商人才时针对性和可操作性不强，培训指导力度不深，覆盖面不全，有些培训流于形式，没有起到应有的作用。农村电商专业人才缺乏，培训机制不健全，制约着寻乌县农村电子商务的发展。

（四）经营秩序有待规范

乡村振兴战略下的农村电商扶贫，抓手就是推进电商与"三农"相结合，把电商与农产品市场相结合，达到优势互补的效果，但在这个过程中存在各种问题。首先，品控溯源农产品质量标准缺失，制定、落地难度比较大，导致产品质量参差不齐。寻乌县虽然高度重视农产品标准化建设，积极促进农产品品控溯源体系建设，但本县电商特点是企业规模小、分散经营、家庭作坊式的小微电商为主，质量管理体系建设难度大。而且一些电商企业对于农产品的品控溯源不够重视，这加大了寻乌县全面推动农产品品控溯源体系建设的难度。其次，缺乏诚信经营。随着从事电商人员和企业增多，市场竞争压力变大，存在相互压价、以次充好等现象，缺乏诚信经营，出现恶性竞争。这些行为严重影响了当地产品的特色形象，使贫困户的产品在同行业市场上缺失了竞争力。这样不但影响了当地农户的收益，而且损害了当地产品的品牌价值，还容易导致"恶性循环"，对贫困户的稳定脱贫造成不利影响。

（五）品牌建设力度欠缺

电商销售的关键在于产品的质量、品牌和规模。目前，寻乌县在农产品品牌培育上力度欠缺，农产品开发和品牌宣传力度不够，导致品牌影响力有限，市场效益不大。寻乌县电商特点是企业规模小、分散经营、产品单一、家庭作坊式的小微电商为主，缺少县域龙头电商企业，对寻乌县电商的示范带动效应不够明显，虽然企业按要求、按标准使用

"品质寻乌"公共品牌，但难以发挥公共品牌对企业商标品牌的集聚功能。另外，寻乌县网上销售的产品比较少，主要是以蜜桔和脐橙为主，特色产品比较单一，季节性强，由于鲜果受季节性、不稳定性和保鲜技术等条件限制，质量参差不齐，缺乏统一的质量检测认证，影响了品牌的形象。一些电商企业品牌意识比较薄弱，对于自身品牌的建设和投入不够充分，加之不少农产品同质化严重，市场竞争力较弱，导致知名品牌不多，拳头产品较少，农村电商网点买多卖少，"贸易逆差"现象比较普遍。

六、促进寻乌县电商扶贫的建议

在了解到寻乌县电商扶贫现状，分析其电商扶贫工作还存在的问题之后，本文提出相应的促进电商扶贫的对策建议。

（一）完善电商扶贫政策，加大扶持力度

寻乌县电商扶贫项目的长足发展，必须建立在深入贯彻落实中央、江西省关于促进电子商务快速发展的意见要求的基础上，进一步完善出台促进电子商务扶贫的相关政策，狠抓落实，加大对电商的扶持力度。第一，加大政策支持，出台专门文件，对电商扶贫企业在用地、用水、用电等方面给予优惠，在人才引进、融资贷款、证照办理等方面提供支持；对从事电商扶贫的建档立卡贫困户成员，提供免费培训、贴息贷款、结对帮扶等更多优惠政策，帮助贫困群众借助电商脱贫致富。第二，加大资金支持，政府需要加强对电商产业发展的资金投入，加大政策倾斜力度。如设立电商扶贫专项基金，对全县电商扶贫企业、建档立卡贫困群众等给予贴息扶持，将寻乌打造成电商扶贫"洼地"。同时，积极引入金融扶贫。政府应鼓励县域各商业银行在贫困村设立金融服务代办点，为电商扶贫提供高效便捷的金融支撑。

（二）加强和完善电商扶贫所需基础设施建设

电商扶贫的开展，对寻乌县电商开展所需的基础建设提出了更高的要求，主要包括两个方面的内容：第一，加强网络基础建设。网络是电子商务的基础，而农村网络建设更关系到电商扶贫工作的开展。寻乌县未来的网络应该是全县无线网络全覆盖。现阶段，应以村级电子商务服务点的有线网络为支点，逐步扩大无线 WiFi 的覆盖面积。而对于贫困群体的网络接入费用，应视其电子商务的开展情况进行延期收费或适当减免，成为其参加电子商务的奖励手段之一，以增加贫困群体对电子商务的参与热情。第二，加强物流体系建设。贫困地区物流体系的建立主要需考虑农村电商"最后一公里"的实际运输需求以及贫困群体自身运输条件的欠缺。要按照市场引导，企业参与，政府扶持的发展思路，根据

实际情况，由当地企业在完善自身物流需求的基础上，与农村电商用户建立有效的连接，解决贫困地区、贫困群体对于物流行业的需求。需要特别注意的是，贫困地区电商产品中有很大比例的农产品，这些农产品都有一定的保鲜要求以及季节性特点，所以，在物流体系的建立过程中，一定要考虑加入冷链系统和大范围的协调配送制度，以确保农产品运输过程中的质量和运输设备的有效利用。

（三）以人才培训为抓手，加强电商人才储备

针对电商专业人才缺乏的情况，寻乌县应该结合省、市电商人才培训工作目标任务，把建档立卡贫困户作为培训的重点对象，按照不同层次需求制定培训计划，通过公开招投标方式选取优质培训机构，直接下派专业讲师到寻乌县15个乡镇开展贫困户电商专题培训，免费帮助贫困户掌握基础电商知识，乃至手把手教会贫困户开办自己的网店，掌握电脑操作技术和专业化运作手段并提供后续服务，改变传统的农特产品营销模式，帮助贫困户增收实现脱贫致富。同时，对培训对象中一些文化素质水平相对高的农户进行重点培训，充分调动他们的积极性，发挥他们在电商方面的才能，把他们培养成农村电子商务发展的先锋。同时，要创新电商人才引进机制。政府应积极推动地方农村电子商务与区域高校合作，为高校大学生在校实践和自主创业提供平台。对于返乡创业的青年，自愿加入的，政府应给予政策资金方面的大力支持，并加强对其进行农村电子商务的相关培训，提高其在电商方面的知识技能。

（四）狠抓品控溯源体系建设，增强品质保障

一是积极构建来源可查、去向可道、责任可究的全领系可通两体系农特产品品控溯源体系建设，推行溯源抓合格证—抓信用—抓品牌的"三级论"，对农特产品品控追溯到贫困户个人，推动寻乌县贫困户的优质农特产品优价上行、优势上行、安全上行，保证贫困户的农特产品从田园到餐桌整个流程可控。二是加大宣传力度，充分发挥品控溯源平台的功能作用，结合年内两次的扶贫网货、上线推介主题活动开展溯源网货农特产品推介，增加企业收入发挥示范带动作用，主动维护好"品质寻乌"公共区域品牌。三是协调相关部门尽快制订优惠扶持政策，出台寻乌县农产品品控溯源实施方案和监管措施，树立质量品控溯源示范标杆企业，带动寻乌农产品提质提量高标准化，打造公众信任的寻乌品牌，让寻乌的农产品走向全国、走向世界。

（五）推进电商品牌建设，积极培育龙头企业

首先，要精心培育品牌，打造特色产品。加强"品质寻乌"品牌创建力度，做好"品质寻乌"的质量加工与产品包装，提升产品附加值，打响市场知名度，提高产品竞争力。寻乌县要立足县情，发挥其资源优势，打造出当地特色产品，可以请农产品专家进行种植指导，推进当地的农产品标准化生产，促进提高农产品竞争力和品牌形象。其次，要

树立品牌标杆，积极培育龙头企业，做好示范作用。在现有的示范企业中选取优秀企业打造标杆示范，同时形成可复制模式进行推广。设立严格的使用管理和奖励制度，优秀企业可给予资金、免费标码、免费送检等奖励。然后是做好品牌宣传推广，提升"品质寻乌"公共区域品牌价值。与农粮局、果业局、旅游局等部门对接资源共享，把合作企业产品通过展会、寄卖等方式扩大产品销售渠道。举办线下线上产品推介会，扩大产品销量。利用中宣部挂点寻乌的契机，录制寻乌品牌建设特辑或在相关主流媒体进行品牌推广和宣传，提高品牌知名度。

参考文献

[1] 程竹. 云南省农村电子商务扶贫的问题及对策研究［D］. 云南农业大学，2016.

[2] 程丽丽. 基于区域特色的农村电子商务体系构建——以台州为例［J］. 农村经济与科学，2013（1）：35－37.

[3] 贺亚丽. 陇南市金融支持电商扶贫的调查与思考［J］. 经营管理者，2016（34）：321.

[4] 李丹青. "互联网＋"战略下的电商扶贫：瓶颈、优势、导向——基于农村电商扶贫的现实考察［J］. 当代经济，2016（12）：27－28.

[5] 李婷. 打通农村电商"进路"与"出路"［J］. 农民科技培训，2015（12）：33.

[6] 林广毅. 农村电商扶贫的作用机理及脱贫促进机制研究［D］. 中国社会科学院，2016.

[7] 刘可心. 互联网背景下农产品电商的发展研究［D］. 青岛农业大学，2016.

[8] 刘平. 农村电商发展对乡村振兴助力作用的探析——以皖北 Z 村电商为例［J］. 农村经济与科技，2018（13）：151－152.

[9] 刘禹. 浅谈如何加强农村电商扶贫工作［J］. 农民致富之友，2016（22）：36－37.

[10] 欧阳勇章. 农村电子商务发展的政策支持研究［J］. 现代商业，2016（1）：52－53.

[11] 邱淑英，纪晓萃. 基于农村经济发展新思路中电子商务的应用研究［J］. 企业导报，2012（4）：155－156.

[12] 孙昕，起建凌，谢圆元. 电子商务扶贫问题及对策研究［J］. 农业网络信息，2015（12）：27－31.

[13] 滕玲. 杭州市首个精准扶贫电商产业发展试点项目初显成效［J］. 杭州（周刊），2016（20）：61.

[14] 滕稳稳. 贵州农特产品网络营销发展对策研究［J］. 中国集体经济，2016

（33）：78 – 79.

［15］王艳．西安市农村电商精准扶贫创新体系构建分析［J］．乡村科技，2017（22）：32 – 33.

［16］汪向东，高红冰．电商消贫［M］．北京：商务印书馆，2016.

［17］汪向东．衡量我国农村电子商务成败的根本标准［J］．中国信息界，2011（3）：5 – 7.

［18］汪向东，张才明．互联网时代我国农村减贫扶贫新思路："沙集模式"的启示［J］．信息化建设，2011（2）：6 – 9.

［19］魏延安．农村电商——互联网 + 三农案例与模式［M］．北京：电子工业出版社，2016.

［20］魏延安．积极探索中的电商扶贫［J］．新农业，2016（24）：15.

［21］魏延安．农村电商助推乡村振兴探析［J］．农业消费展望，2018（7）：94 – 96.

［22］吴海燕．民族地区经济发展中电子商务模式研究［D］．中央民族大学，2016.

［23］肖频．农村电子商务发展与新一代农民就业问题研究［J］．湖北经济学院学报（人文社会科学版），2017（9）：21 – 23.

［24］叶秀敏，汪向东．农村电子商务的"沙集模式"［M］．北京：中国社会科学出版社，2016.

［25］易义斌，苏宏振，汪燕．农村电子商务扶贫模式初探——基于揭阳市军埔村电商扶贫的调查［J］．中国商论，2015（21）：73 – 75.

［26］詹琳琳，安彦彦，姜艳文．"互联网 +"视域下海南省产业精准扶贫创新思考［J］．现代交际，2017（1）：68 – 70.

［27］张岩，王小志．农村贫困地区实施电商扶贫的模式及对策研究［J］．农业经济，2016（10）：58 – 59.

［28］中共中央国务院关于实施乡村振兴战略的意见［Z］．2018 – 02 – 04.

［29］朱家瑞，起建凌．农村电商扶贫模式构建研究［J］．农业网络信息，2015（1）：22 – 27.

习近平总书记"乡村振兴战略"思想的现实指导意义

黄惠运[*]

摘　要：习近平总书记在系列重要讲话和党的十九大报告中深刻阐述了实施"乡村振兴战略"的决策部署，具有重要的理论创新价值和现实指导意义，即解决"三农"问题的根本保证在于加强党的领导和全面深化改革；加快推进农业农村现代化进程，建设富裕美丽乡村；通过精准扶贫、精准脱贫实现乡村振兴战略；等等。习近平的"乡村振兴战略"思想与"三农"问题改革发展、美丽乡村建设和精准扶贫、精准脱贫等紧密联系在一起，相辅相成，构成完整的体系，需要全面贯彻落实。

关键词："乡村振兴战略"；现实意义

习近平总书记在系列重要讲话和党的十九大报告中不仅明确阐述在建党一百周年时我国全面建成小康社会，在中华人民共和国成立一百周年时我国建成富强民主文明和谐美丽的社会主义现代化强国，而且深刻阐述了实施"乡村振兴战略"的重要决策思想。他强调指出，农业、农村、农民问题是关系国计民生的根本性问题，必须始终把解决好"三农"问题作为全党工作重中之重。要坚持农业农村优先发展，按照产业兴旺、生态宜居、乡风文明、治理有效、生活富裕的总要求，建立健全城乡融合发展体制机制和政策体系，加快推进农业农村现代化。巩固和完善农村基本经营制度，深化农村土地制度改革，完善承包地"三权"分置制度。保持土地承包关系稳定并长久不变，第二轮土地承包到期后再延长 30 年。深化农村集体产权制度改革，保障农民财产权益，壮大集体经济。确保国家粮食安全，把中国人的饭碗牢牢端在自己手中。构建现代农业产业体系、生产体系、经营体系，完善农业支持保护制度，发展多种形式适度规模经营，培育新型农业经营主体，健全农业社会化服务体系，实现小农户和现代农业发展有机衔接。促进农村第一、第二、第三产业融合发展，支持和鼓励农民就业创业，拓宽增收渠道。加强农村基层基础工作，

---

　*　作者简介：黄惠运，历史学博士。现为井冈山大学人文学院教授、井冈山大学井冈山研究中心研究员、庐陵文化研究中心研究员，南昌大学兼职硕导，龙岩学院原中央苏区研究院特聘研究员。主要从事历史教学与研究工作。

健全自治、法治、德治相结合的乡村治理体系。培养造就一支懂农业、爱农村、爱农民的"三农"工作队伍。习近平强调要把实施乡村振兴战略摆在优先位置，让乡村振兴成为全党全社会的共同行动。习近平的"乡村振兴战略"思想与"三农"问题改革发展、美丽乡村建设和精准扶贫、精准脱贫等紧密联系在一起，相辅相成，构成完整的体系，具有重要的时代价值和指导意义，需要全面贯彻落实。

一、解决"三农"问题的根本保证在于加强党的领导和全面深化改革

党的十八大以来，习近平总书记关于农业和粮食工作、扶贫开发、高质量脱贫、城乡发展一体化等发表了一系列重要讲话，他说："解决好'三农'问题，根本在于深化改革，走中国特色现代化农业道路……要给农业插上科技的翅膀。""全面建成小康社会，最艰巨最繁重的任务在农村、特别是在贫困地区……各级党委和政府要增强做好扶贫开发工作的责任感和使命感，做到有计划、有资金、有目标、有措施、有检查，大家一起来努力，让乡亲们都能快点脱贫致富奔小康。"他强调："消除贫困、改善民生、实现共同富裕，是社会主义的本质要求。对困难群众，我们要格外关注、格外关爱、格外关心，千方百计帮助他们排忧解难，把群众的安危冷暖时刻放在心上，把党和政府的温暖送到千家万户。""新农村建设一定要走符合农村实际的路子，遵循乡村自身发展规律，充分体现农村特点，注意乡土味道，保留乡村风貌，留得住青山绿水，记得住乡愁。"要推动互联网、大数据、人工智能在农村经济社会中的运用，促进创新，加快农业农村经济发展质量变革、效率变革、动力变革。要加大新型职业农民培养力度，大力培育新型农业经营主体，加快建设知识型、技能型、创新型新农民队伍，推动创业。2013年12月23日，习近平总书记在讲话中指出："世界上真正强大的国家、没有软肋的国家，都有能力解决自己的吃饭问题。粮食问题不能只从经济上看，必须从政治上看，保障国家粮食安全是实现经济发展、社会稳定、国家安全的重要基础。只要粮食不出大问题，中国的事就稳得住。"2015年7月16~18日，习近平总书记在吉林考察时讲话指出，任何时候都不能忽视农业、忘记农民、淡漠农村。中央农村工作会议强调，"十三五"时期，必须坚持把解决好"三农"问题作为全党工作重中之重，牢固树立和切实贯彻创新、协调、绿色、开放、共享的发展理念，加大强农惠农富农力度，深入推进农村各项改革，破解"三农"难题、增强创新动力、厚植发展优势，积极推进农业现代化，扎实做好脱贫开发工作，提高社会主义新农村建设水平，让农业农村成为可以大有作为的广阔天地。2016年12月19~20日，中央农村工作会议把农业供给侧结构性改革作为农业农村工作的主线，培育农业农村发展新动能，提高农业综合效益和竞争力。2017年2月5日，中共中央、国务

院关于深入推进农业供给侧结构性改革加快培育农业农村发展新动能的若干意见提出，优化产品产业结构，着力推进农业提质增效；推行绿色生产方式，增强农业可持续发展能力；壮大新产业新业态，拓展农业产业链价值链；强化科技创新驱动，引领现代农业加快发展；补齐农业农村"短板"，夯实农村共享发展基础；加大农村改革力度，激活农业农村内生发展动力。要在确保国家粮食安全的基础上，紧紧围绕市场需求变化，以增加农民收入、保障有效供给为主要目标，以提高农业供给质量为主攻方向，以体制改革和机制创新为根本途径，优化农业产业体系、生产体系、经营体系，提高土地产出率、资源利用率、劳动生产率，促进农业农村发展由过度依赖资源消耗、主要满足量的需求，向追求绿色生态可持续、更加注重满足质的需求转变。要确保粮食生产能力不降低、农民增收势头不逆转、农村稳定不出问题。

党管农村工作是我们的传统。各级领导干部都要重视"三农"工作，要熟悉农业、了解农业，要懂农作物的种类和品质、节气、农业科技等方面的基本知识，多到农村去走一走、多到农民家里去看一看，真正了解农民诉求和期盼，真心实意帮助农民解决生产生活中的实际问题。党的领导是中国革命胜利的政治保障，也是中国特色社会主义的本质特征。在"三农"改革工作中要强化基层党支部建设，进一步加强党的领导。众所周知，井冈山农民最早喊出"中国共产党万岁！"的口号。1928 年 6 月 15 日，湖南省委巡视员杜修经奉命巡视井冈山革命根据地宁冈等地后，在《给湖南省委的报告——红军情形、湘赣边界特委情形、湘南情形》一文中说："土地分了，即有农民自然的呼声，如：'这样要共产党真万岁就好！'"由此可知，最早喊出"共产党万岁！"的口号就是井冈山革命根据地的农民。1927 年 9 月，毛泽东作为中共中央特派员回到湖南改组湖南省委，领导湘东赣西农民起义，史称湘赣边秋收起义。毛泽东率领秋收起义部队上井冈山后，开展"打土豪分田地"的斗争。至 1928 年 7 月，井冈山革命根据地的分田基本结束，农民终于获得了梦寐以求的土地，获得土地的农民从心底感激党和苏维埃政府，喊出"中国共产党万岁！"的口号，是完全可以理解的。据史学工作者在井冈山革命根据地区域访问老年农民得知，1928 年冬天，乡苏维埃政府文书邱启山说："过去称皇帝老子万岁，毛委员救了我们穷苦人，他是共产党人，我们穷苦人就称共产党万岁吧！"大家都不约而同地振臂高呼："共产党万岁！"这是有口述史料记载的。从井冈山革命根据地发展到原中央苏区这块全国最大的革命根据地，在瑞金成立了中华苏维埃共和国临时中央政府这个全国统一的红色政权，党和苏维埃政府真心实意地为人民群众谋利益，获得了广大人民群众的拥护和支持。苏区兴国县长冈乡的群众说："共产党真正好，什么事情都替我们想到了。"井冈山农民最早喊出的"共产党万岁！"口号，在原中央苏区得到了延续，共产党、苏维埃政府和红军部队为人民谋利益的崇高形象得到苏区人民的拥护和铭记。2018 年 2 月 11 日，中华民族传统佳节春节来临之际，习近平总书记到四川凉山彝族自治州昭觉县看望慰问各族人民群众，了解彝区脱贫攻坚进展情况，在讲话中再次重申：让人民群众脱贫致富是共产党人始终不渝的奋斗目标。"共产党给老百姓的承诺，一定要兑现！"习近平总书记强调，打赢脱贫攻坚战，特别要建强基层党支部。村第一书记和驻村工作队要真抓实干，不图虚名，不搞形式，扎扎实实把脱贫攻坚战推向前进。在新的时代条件下，"三农"工作仍然要加强党的思想、政治、组织、作风和纪律建设，广大党员干部要做农民致富的贴心人、农业生产的带头人、农村建设的领路人，切实发挥基层党支部的战斗堡垒作用和共产党员的先锋模范作用，建立血肉般的党群关系，为全面坚持小康社会和实现中华民族伟大复兴"中国梦"提供坚强的政治和组织保证。

二、加快推进农业农村现代化进程，建设富裕美丽乡村

2013年，习近平总书记在中央农村工作会议上的讲话指出，要加快推进农业现代化，以保障国家粮食安全和促进农民增收为核心，立足我国基本国情农情，遵循现代化规律，依靠科技支撑和创新驱动，提高土地产出率、资源利用率、劳动生产率，努力走出一条生产技术先进、经营规模适度、市场竞争力强、生态环境可持续的中国特色新型农业现代化道路。习近平总书记大力提倡尊崇劳动，通过诚实劳动创建富裕农村。习近平指出："劳动是财富的源泉，也是幸福的源泉。人世间的美好梦想，只有通过诚实劳动才能实现；发展中的各种难题，只有通过诚实劳动才能破解；生命里的一切辉煌，只有通过诚实劳动才能铸就。必须牢固树立劳动最光荣、劳动最崇高、劳动最伟大、劳动最美丽的观念，崇尚劳动，造福劳动者，让全体人民进一步焕发劳动热情、释放创造潜能，通过劳动创造更加美好的生活。全社会都要贯彻尊重劳动、尊重知识、尊重人才、尊重创造的重大方针，维护和发展劳动者的利益，保障劳动者的权利。要坚持社会公平正义，努力让劳动者实现体面劳动、全面发展。"

习近平总书记强调"中国要强，农业必须强；中国要美，农村必须美；中国要富，农民必须富。""重农固本，是安民之基。""让农业变成有希望的产业"，农业供给侧结构性改革的目标指向最终必须落到发展农业、造福农村、富裕农民上。"让广大农民都过上幸福美满的好日子，一个都不能少，一户都不能落。"加快培育农业农村发展新动能，开创农业现代化新局面，继续在强农、富农、惠农的道路上阔步前行。要实施藏粮于地、藏粮于技战略，实行轮作休耕制度，保护利用耕地，依靠科技增加粮食产量。坚持农业农村优先发展政策，建立健全城乡融合发展体制机制和政策体系。要巩固和完善农村基本经营制度，确保农民增收增益。深化农村集体产权制度改革，保障农民财产权益，壮大集体经济，确保国家粮食安全。当前，在工业化、城镇化建设热潮中，广大青年农民理应远离故土，积极走向城市，适时转变身份，尽快从农民工转变为城市居民或回家创业，为城市建设、社会主义新农村建设、"精准扶贫"和对外贸易等做出更大的贡献。留守家乡的农民也要遵纪守法、科学种田，为农业生产和乡村治理做出应有的贡献。要以保障和改善农村

民生为优先方向，树立系统治理、依法治理、综合治理、源头治理理念，确保广大农民安居乐业、农村社会安定有序。农村是我国传统文明的发源地，乡土文化的根不能断，农村不能成为荒芜的农村、留守的农村、记忆中的故园。要重视农村"三留守"问题，搞好农村民生保障和改善工作，健全农村留守儿童、留守妇女、留守老年人关爱服务体系，坚持不懈推进扶贫开发，实行精准扶贫。要重视空心村问题，推进农村人居环境整治，继续推进社会主义新农村建设，为农民建设幸福家园和美丽乡村。要重视化解农村社会矛盾，确保农村社会稳定有序，及时反映和协调农民各方面利益诉求，处理好政府和群众利益关系，从源头上预防减少社会矛盾。要重视农村基层党组织建设，加快完善乡村治理机制，扩大农村党组织和党的工作覆盖面，加大培养青年党员力度，提高基层党组织为群众服务意识，夯实党在农村的执政基础。完善农村基层干部选拔任用制度，扩大农村基层民主、保证农民直接行使民主权利。要鼓励探索，重视推广各地好经验好做法，努力让农业成为有奔头的产业、农民成为有吸引力的职业、农村成为安居乐业的美丽家园。在社会主义新农村建设中要保护生态环境，建设美丽家园。要把生态环境保护放在更加突出位置，像保护眼睛一样保护生态环境，像对待生命一样对待生态环境，在生态环境保护上一定要算大账、算长远账、算整体账、算综合账，不能因小失大、顾此失彼、寅吃卯粮、急功近利。

加强现代农业技术创新，运用科学技术创新驱动农业经济。习近平强调："在前进道路上，我们一定要坚持以科学发展为主题、以加快转变经济发展方式为主线，切实把推动发展的立足点转到提高质量和效益上来，促进工业化、信息化、城镇化、农业现代化同步发展……""我们要推动新型工业化、信息化、城镇化、农业现代化同步发展，必须及早转入创新驱动发展轨道，把科技创新潜力更好释放出来，充分发挥科技进步和创新的作用。"例如，江西省高度重视发展生态绿色高效安全的现代农业技术，以提高农业供给质量；大力推广粮食丰产、经济作物良种培育、高标准农田建设、绿色植保、科学施肥、林业资源高效培育等技术，深入开展节水农业、循环农业、智慧农业、农林产品精深加工、生态储运、农用物资、农村与农业信息化等技术研发；开发标准化、规模化的现代养殖技术，促进农业提质增效和可持续发展；推广农业面源污染和重金属污染防治的低成本技术和模式，加强禽畜养殖废弃物处理与利用新技术、新工艺研发，发展全产业链食品安全保障、质量安全控制以及安全溯源技术，建设食品安全技术体系。推动农业向第一、第二、第三产业融合，实现向全链条增值和品牌化发展转型。

推广杂交水稻技术，让盐碱地变耕地，让中国水稻生产技术领跑全世界粮食生产行业。2018年4月12日，习近平来到国家南繁科研育种基地，走进屡创世界水稻单产最高纪录的"超优千号"超级水稻展示田，察看水稻长势。他强调，"十几亿人口要吃饭"是我国最大的国情。良种在促进粮食增产方面具有十分关键的作用。要下决心把我国种业搞上去，抓紧培育具有自主知识产权的优良品种，从源头保障国家粮食安全。国家南繁科研育种基地是国家宝贵的农业科研平台，一定要建成集科研、生产、销售、科技交流、成果转化为一体的服务全国的"南繁硅谷"。中国著名科学家、中国工程院院士袁隆平应邀走进《舍得智慧讲堂》，谈及习近平总书记强调的粮食安全问题，他表示原来解决粮食问题只有一条路，就是提高粮食单位面积产量。如今在研究海水稻之后，就发现了另一条路——扩大耕地面积。研究盐碱地改良的意义，就在于为农业用地做"加法"。

三、实现乡村振兴战略的重要目标是精准扶贫和精准脱贫

要通过精准扶贫和精准脱贫以实现乡村振兴战略目标。2013 年 11 月 3～5 日，习近平在湖南考察时强调："扶贫开发要同做好农业农村农民工作结合起来，同发展基本公共服务结合起来，同保护生态环境结合起来，向增强农业综合生产能力和整体素质要效益。"习近平到湘西州花垣县排碧乡十八洞村苗族贫困村民施齐文家中看望，坐下来同一家人算收支账，询问有什么困难、有什么打算，察看了他家的谷仓、床铺、灶房、猪圈，勉励一家人增强信心，在党和政府关心下用勤劳和智慧创造美好生活。

2013 年 12 月 10～13 日，习近平总书记在中央经济工作会议上发表重要讲话，提出了粮食经济工作的主要任务。强调要切实保障国家粮食安全，必须实施以我为主、立足国内、确保产能、适度进口、科技支撑的国家粮食安全战略。要依靠自己保口粮，集中国内资源保重点，做到谷物基本自给、口粮绝对安全。坚持数量质量并重，更加注重农产品质量和食品安全，注重生产源头治理和产销全程监管。注重永续发展，转变农业发展方式，发展节水农业、循环农业。抓好粮食安全保障能力建设，加强农业基础设施建设，加快农业科技进步。

习近平指出，小康不小康，关键看老乡。一定要看到，农业还是"四化同步"的短腿，农村还是全面建成小康社会的"短板"。我们必须坚持把解决好"三农"问题作为全党工作重中之重，坚持工业反哺农业、城市支持农村和多予少取放活方针，不断加大强农惠农富农政策力度，始终把"三农"工作牢牢抓住、紧紧抓好。粮食问题不能只从经济上看，必须从政治上看，保障国家粮食安全是实现经济发展、社会稳定、国家安全的重要基础。只要粮食不出大问题，中国的事就稳得住。要进一步明确粮食安全的工作重点，合理配置资源，集中力量首先把最基本最重要的保住，确保谷物基本自给、口粮绝对安全。耕地红线要严防死守，18 亿亩耕地红线仍然必须坚守，同时现有耕地面积必须保持基本稳定。高度重视节约粮食，节约粮食要从娃娃抓起，从餐桌抓起，让节约粮食在全社会蔚然成风。

习近平指出，要坚持精准扶贫、精准脱贫，重在提高脱贫攻坚成效。关键是要找准路子、构建好的体制机制，在精准施策上出实招、在精准推进上下实功、在精准落地上见实效。要解决好"扶持谁"的问题，确保把真正的贫困人口弄清楚，把贫困人口、贫困程度、致贫原因等搞清楚，以便做到因户施策、因人施策。要解决好"谁来扶"的问题，

加快形成中央统筹、省（自治区、直辖市）负总责、市（地）县抓落实的扶贫开发工作机制，做到分工明确、责任清晰、任务到人、考核到位。习近平指出，精准扶贫是为了精准脱贫。要设定时间表，实现有序退出，既要防止拖延病，又要防止急躁症。要留出缓冲期，在一定时间内实行摘帽不摘政策。要实行严格评估，按照摘帽标准验收。要实行逐户销号，做到脱贫到人，脱没脱贫要同群众一起算账，要群众认账。习近平强调，脱贫致富终究要靠贫困群众用自己的辛勤劳动来实现。没有比人更高的山，没有比脚更长的路。要重视发挥广大基层干部群众的首创精神，让他们的心热起来、行动起来，靠辛勤劳动改变贫困落后面貌。要动员全社会力量广泛参与扶贫事业。

习近平强调，重农固本，是安民之基。要坚持精准扶贫、精准脱贫。要打牢精准扶贫基础，通过建档立卡，摸清贫困人口底数，做实做细，实现动态调整。要提高扶贫措施有效性，核心是因地制宜、因人因户因村施策，突出产业扶贫，提高组织化程度，培育带动贫困人口脱贫的经济实体。要组织好易地扶贫搬迁，坚持群众自愿原则，合理控制建设规模和成本，发展后续产业，确保搬得出、稳得住、逐步能致富。要加大扶贫劳务协作，提高培训针对性和劳务输出组织化程度，促进转移就业，鼓励就地就近就业。要落实教育扶贫和健康扶贫政策，突出解决贫困家庭大病、慢性病和学生上学等问题。要加大政策落实力度，加大财政、土地等政策支持力度，加强交通扶贫、水利扶贫、金融扶贫、教育扶贫、健康扶贫等扶贫行动，扶贫小额信贷、扶贫再贷款等政策要突出精准。要创建高质量脱贫模式，打赢"精准脱贫"攻坚战。通过科技扶贫、教育扶贫、医疗扶贫等方式，"确保到2020年我国现行标准下农村贫困人口实现脱贫，贫困县全部摘帽，解决区域性整体贫困，做到脱真贫、真脱贫。"

习近平总书记指出：人民对美好生活的向往就是我们的奋斗目标，要坚决阻止贫困现象代际传递，决不能让老区群众在全面建成小康社会进程中掉队。"在扶贫的路上，不能落下一个贫困家庭，丢下一个贫困群众……实实在在帮群众解难题、为群众增福祉、让群众享公平。"习近平强调，脱贫致富终究要靠贫困群众用自己的辛勤劳动来实现。没有比人更高的山，没有比脚更长的路。要重视发挥广大基层干部群众的首创精神，让他们的心热起来、行动起来，靠辛勤劳动改变贫困落后面貌。要动员全社会力量广泛参与扶贫事业。2016年春节期间，习近平总书记来到井冈山市茅坪乡贫困村——神山村，了解村级组织建设和精准扶贫情况。他一边看规划、看簿册、看记录，一边详细询问，希望村党支部团结带领乡亲们把村里的事办好，早日脱贫致富。当前，我们要以习近平新时代中国特色社会主义思想为指导，广泛发动群众，组织动员社会力量参与扶贫，凝聚"精准扶贫"强大物质力量。

在新的历史条件下，我们要以习近平新时代中国特色社会主义思想为指导，协调推进"四个全面"战略布局，贯彻落实五大发展理念，以"精准扶贫、不落一人"为总体要求，精心组织实施产业扶贫，促进扶持政策落实到户，全面贯彻落实党的全心全意为人民服务的宗旨。探索建立产业发展带动机制，推行"公司＋合作社（基地）＋贫困户"等模式，让贫困户从产业发展中获得更多利益。大力实施搬迁移民扶贫，加紧移民新村或新农村建设。吉安市吉州区贫困村庄整治建设点基本达到"生态美、村容美、庭院美、生活美、乡风美"的要求，村庄面貌焕然一新。扎实推进教育扶贫，优先支持建设贫困村义务教育学校，同步实现标准化和现代远程教育，让贫困村群众子女就近享受公平优质教育资源。加大贫困生资助力度，积极推动社会力量开展"一对一"帮扶贫困学生，减少因学返贫现象。积极开展就业扶贫，实施"订单"培训，对参加转移就业技能培训的扶贫对象给予培训补助，对贫困户家庭未能升学的初高中毕业生参加职业教育实行免费学习。大力实施社会保障扶贫，引导行业扶贫，推进科技扶贫等。精准扶贫，脱贫攻坚，革命老区是重点，教育扶贫是根本，形成合力是关键。要充分发挥高校智库作用，为老区脱贫致富提供先进的理论引领和科技支撑，助推老区创新发展、转型发展和特色发展。使贫困人口早日实现"一有两不愁四保障"：有收入来源；不愁吃、不愁穿；义务教育、住房、基本医疗、养老有保障。新时代的"三农"工作有必要学习弘扬苏区时期党的群众路线的优良作风，把群众生活问题提到政府议事日程上，将发展农业和改善群众生活摆在农村建设的第一位置，大力解决当今偏远贫困地区农村的空巢老人、留守儿童、封建迷信、赌博成风、慵懒成性、环境污染、山路崎岖、卫生条件差、上学难、看病难等问题，全面实施乡村振兴战略，建设美丽乡村，坚决消除返贫现象。近年来，江西省井冈山市认真贯彻习近平总书记视察井冈山重要讲话中提出"井冈山要在脱贫攻坚中作示范、带好头"的指示精神，通过划定三种类型，让每一个贫困户"准识别"；创新五种模式，让每一个贫困户"真脱贫"；完善五项机制，确保全市脱贫攻坚"能落实"，用改革思维和创新办法扎实推进精准脱贫，成效显著。2017 年 2 月，井冈山正式通过国家扶贫办委托第三方开展的退出专项评估，在全国率先实现国贫县"摘帽"。井冈山精准脱贫工作法入选 2017 年度中国改革年度十大案例。

习近平新时代中国特色社会主义思想及其"乡村振兴战略"思想，为新的时代条件下我国的"三农"工作改革发展、城乡发展一体化、粮食安全、精准扶贫、精准脱贫、藏粮于地和藏粮于技、美丽乡村建设、农业供给侧结构性改革等指明了正确方向，具有重要的现实指导意义。

参考文献

［1］习近平. 认真贯彻党的十八届三中全会精神，汇聚起全面深化改革的强大正能量［N］. 人民日报，2013 - 11 - 29.

［2］习近平. 把群众安危冷暖时刻放在心上，把党和政府温暖送到千家万户［N］. 人民日报，2012 - 12 - 31.

［3］习近平. 坚决打好扶贫开发攻坚战，加快民族地区经济社会发展［N］. 人民日报，2015 - 01 - 22.

［4］中央农村工作会议在京召开 习近平对做好"三农"工作作出重要指示［N］.

人民日报，2015 - 12 - 28.

　　[5] 习近平在中央农村工作会议上发表重要讲话［N］. 人民日报，2013 - 12 - 25.

　　[6] 井冈山革命博物馆等. 中国共产党历史资料丛书·井冈山革命根据地上册［M］. 北京：中共党史资料出版社，1987.

　　[7] 毛泽东. 关心群众生活，注意工作方法［A］. //中共中央文献研究室. 毛泽东选集第 1 卷［M］. 北京：人民出版社，1991.

　　[8] 李晗. 乡村振兴战略靠谁? 习近平谆谆教诲的那些村党支部书记［EB/OL］. 中国青年网，2018 - 06 - 22.

　　[9] 习近平. 人民创造历史 劳动开创未来［N］. 人民日报，2013 - 4 - 29.

　　[10] 习近平. 全面贯彻落实党的十八大精神要突出抓好六个方面工作［J］. 求是，2013（1）.

　　[11] 习近平. 敏锐把握世界科技创新发展趋势 切实把创新驱动发展战略实施好［N］. 人民日报，2013 - 10 - 02.

　　[12] 江西省创新驱动发展纲要［N］. 江西日报，2017 - 10 - 17.

　　[13] 习近平. 深化改革开放推进创新驱动 实现全年经济社会发展目标［N］. 人民日报，2013 - 10 - 06.

　　[14] 习近平. 脱贫攻坚战冲锋号已经吹响 全党全国咬定目标苦干实干［N］. 人民日报，2015 - 11 - 30.

　　[15] 习近平. 更好推进精准扶贫精准脱贫 确保如期实现脱贫攻坚目标［N］. 人民日报，2017 - 02 - 23.

　　[16] 习近平. 春节前夕赴江西看望慰问广大干部群众［N］. 人民日报，2016 - 02 - 04.

江西实施乡村振兴战略的重点
难点与对策研究*

尤　琳　魏日盛

摘　要：现阶段，江西省乡村发展不平衡不充分问题较为突出，农业质量发展不足、实用型人才短缺、土地要素功能尚未充分发挥、资金投入不足、城乡差距依然突出等问题制约着乡村振兴战略的推进。因此，应当重点抓牢抓好"人下乡、地流通、钱进村、产业旺、城乡融"等关键环节，创新乡村人才培育引进使用机制，建立健全土地要素城乡平等交换机制，加快形成多元投入格局，加快建构现代农业产业体系、生产体系、经营体系，建立健全城乡融合体制机制。

关键词：乡村振兴战略；农业供给侧结构性改革；城乡融合

实施乡村振兴战略是党的十九大做出的重大决策部署，是决胜全面建成小康社会、全面建设社会主义现代化国家的重大历史任务，是新时代做好"三农"工作的总抓手、新旗帜。习近平总书记在参加十三届全国人大一次会议山东代表团审议时强调，要推动乡村产业振兴、人才振兴、文化振兴、生态振兴和组织振兴，进一步明确了实施乡村振兴战略的主攻方向。迈进新时代，我们要抢抓实施乡村振兴战略的重大机遇，按照"产业兴旺、生态宜居、乡风文明、治理有效、生活富裕"的总要求，进一步聚焦重点难点补好"短板"，大力推进体制机制创新，强化乡村振兴制度性供给，不断激活主体、激活要素、激活市场，推动农业全面升级、农村全面进步、农民全面发展，奋力谱写新时代乡村全面振兴江西篇章。

---

* 基金项目："社会发展与治理"研究中心江西省 2011 协同中心研究成果。

作者简介：尤琳，江西师范大学马克思主义学院教授、博士、博士生导师，主要研究乡村政治及基层治理；魏日盛，江西师范大学马克思主义政治学专业博士研究生，主要研究乡村政治及基层治理。

一、党的十八大以来江西"三农"工作取得历史性成就，为实施乡村振兴战略奠定了坚实基础

近年来特别是党的十八大以来，江西省深入贯彻落实习近平总书记对江西工作的重要要求，始终坚持把解决好"三农"工作作为重中之重，坚持农业农村优先发展，持续加大"三农"投入，着力加快现代农业建设，扎实推进新农村建设，全面深化农村改革，农业农村发展呈现稳中有进、稳中向好的良好态势。

一是粮食主产区地位不断巩固。深入实施藏粮于地、藏粮于技战略，大力推进高标准农田建设，目前共整合资金 320 亿元，建成高标准农田 1957 万亩。2017 年，全省粮食总产 425.4 亿斤，连续五年稳定在 420 亿斤以上。全省主要农作物良种覆盖率达到 95.0% 以上，农作物综合机械化水平达到 71.1%，农业科技进步贡献率达到 58.8%。

二是现代农业发展水平不断提高。坚持以农业供给侧结构性改革为主线，充分发挥良好的生态优势，着力调结构、优供给、提品质、创品牌，全省农业结构不断优化，供给能力大幅提高。绿色生态农业十大行动深入实施，创建国家农产品质量安全市县 11 个，省级绿色有机示范县 25 个，发展"三品一标"农产品 4712 个，主要农产品监测合格率连续 5 年稳定在 98% 以上。"生态鄱阳湖、绿色农产品"的影响力逐步扩大，10 个农产品品牌入选"2017 年最受消费者喜爱的中国农产品区域公用品牌"，占全国总数的 1/10。

三是城乡融合不断发展。新农村建设行动大力推进，城镇基础设施和公共服务不断向农村延伸，城乡差距逐步缩小。2013～2017 年，全省共安排新农村建设村点 6.22 万个，较上一个五年增加 43.7%，全省已有 63% 的村点开展了村庄整治建设，"连点成线、拓线扩面、特色突出、整片推进"建设格局初步形成，农村面貌发生显著改观。

四是农民福祉不断改善。按照"核心是精准，关键在落实，确保可持续"的要求，深入实施脱贫攻坚十大工程，继井冈山市和吉安县率先实现脱贫"摘帽"后，2017 年实现 52.93 万人脱贫、1000 个贫困村退出，6 个贫困县达到"摘帽"条件，贫困人口 2012 年的 385 万人减至 87.5 万人，贫困发生率由 10.8% 降至 2.37%。农民增收渠道不断拓宽，2017 年全省农村居民人均可支配收入 13242 元，连续 8 年高于城镇居民增速，城乡居民收入差距由 2012 年的 2.48：1 缩小到 2017 年的 2.36：1。

五是农业农村内生动力不断增强。农村土地承包经营权确权登记颁证工作全面完成，位列全国"第一方阵"，证书到户率达到 96.1%。农村土地"三权分置"加快推进，承包土地经营权流转率达到了 40.5%。"财政惠农信贷通"融资试点深入推进，截至 2018 年 2 月底，全省累计撬动发放"财政惠农信贷通"贷款 13.22 万笔，共计 403.15 亿元，贷款余额 135.5 亿元，受益新型农业经营主体达 10.02 万户。

二、迈进新时代，乡村发展不平衡不充分问题亟待破解

长期以来，由于资金、土地、人才等各种要素单向由农村流入城市，农村严重"失血""贫血"，造成江西省发展不平衡不充分问题在乡村最为突出，如农业大而不强、实用型人才短缺、土地要素功能尚未充分发挥、资金投入不足、城乡差距依然突出，等等。这些困难和挑战既是"三农"工作的薄弱环节和难点，也是实施乡村振兴战略亟待解决的关键问题。

（一）农业大而不强

当前，江西省是农业大省，但大而不强，质量效益不高。一是农业产业结构单一。水稻、生猪、柑橘、常规水产"四个独大"的现状未能改变，目前市场供应的农产品仍然是大路货多，优质特色精品农产品产量小、供给不足。二是高技术、高附加值的加工产品少。目前农产品加工率仅有61%，低于全国的65%平均水平，更低于发达国家90%的水平，农业和第二、第三产业关联不够、融合发展水平不高等问题明显。三是农产品品牌"散、小、弱"，叫得响、影响大、销量多、价格高的农业品牌还不多。

（二）实用型人才短缺

当前，乡村人才严重缺乏是江西省实施乡村振兴中的薄弱环节，是"短板"中的"短板"。一是村庄空心化、农户空巢化、农民老龄化不断加剧。近年来，随着城镇化的快速推进，大批有知识、有文化的农村年轻人不断向城镇迁移，农村人口老龄化现象日益严重。据统计，2017年江西省常住人口为4622.1万人，农村人口为2098.5万人，其中农民外出从业人员为878万人，占比41.8%，农村留守儿童在全省儿童中占比约20%，数量居全国前列。农村人口老龄化和村庄空心化，导致留在乡村的农民素质和科学文化水平远远不能适应乡村振兴的需要。二是人才返乡创新创业热情不高。据城乡住户抽样调查，2017年江西省城镇居民人均可支配收入31198元，农村居民人均可支配收入13242元，城乡居民人均支配收入比约为2.36:1，农村居民人均可支配收入远远低于城市居民，导致农民工、在城市长大的科技人员、来自农村的大学生去乡村创新创业热情不高，现代农业发展所需的懂技术、会管理、善经营的实用型人才短缺。

（三）土地要素功能尚未充分发挥

目前，江西省宅基地、耕地等农村资产资源大量闲置或利用率很低，有的甚至处于长期"沉睡"状态，造成资源的极大浪费。一是土地规模经营程度不高。耕地细碎化，农

业的规模经济效益较低。江西省农村承包土地经营权流转率仅为40.5%，低于安徽省的45.5%。二是村集体资产资源资金大多处于沉睡状态。土地增值收益长期"取之于农、用之于城"，土地要素不能在城乡之间合理流动，农民不能分享土地增值收益。

（四）资金投入不足

目前，江西省在实施乡村振兴战略过程中暴露出资金投入不足的"短板"有以下几点：一是区域之间存在差异，在农村地区及落后偏远地区资金缺口比较大，打好脱贫攻坚战任重道远。二是农村基础设施和公共服务相对滞后。江西省水、电、气、路、网络、通信、卫生、垃圾处理等基础设施建设与城市差距较大，教育、医疗、卫生、养老等公共服务难以满足人们日益增长的美好生活需要。三是投融资渠道不畅。财政资金投入有待进一步整合，涉农金融服务和特色农业保险有待提升，社会资本进入乡村还存在一些体制机制障碍，融资难、融资贵、融资慢等问题一定程度存在。

（五）城乡差距依然突出

当前，江西省城乡二元结构依然存在，城乡发展不平衡问题日显突出。一是市民与农民的身份差异明显。截至2017年底，江西省常住人口城镇化率已经达到了54.6%，但户籍人口城镇化率仅为37.9%，这意味着770万多进城农民工因户籍限制等因素成了身在城市却难以享受市民待遇的特殊"两栖"群体，不能享受与城市居民同等的上学、就业、就医、养老和保险等公共服务。二是城乡要素不能合理流动。江西省城乡要素流动是单向的，即农村人口、资金和人才等要素不断向城市集聚，而城市人口被禁止向农村迁移，城市公共资源向农村延伸、城市人才和资本向农村流动也处于较低水平。三是城乡一体化制度体系尚待完善。江西省尚未构建城乡一体的户籍登记制度、土地管理制度、社会保障制度以及公共服务体系，城乡居民不能享有等值的公共资源存量，不能享受等值的生活水准和生活品质。

三、聚焦重点难点，抓好"人、地、钱、产、融"五个关键环节

习近平总书记强调，实施乡村振兴战略是一篇大文章，"要打造一支强大的乡村振兴人才队伍，在乡村形成人才、土地、资金、产业汇聚的良性循环"。真正做到乡村振兴，必须以改革创新的思路，清除阻碍农业农村发展的各种障碍，激发农村各类要素的潜能和各类主体的活力，关键是解决好"人下乡、地流通、钱进村、产业旺、城乡融"等关键问题，其中人是根本、地是前提、钱是支撑、产是落点、融是保障。

（一）围绕"人下乡"做文章，不断强化乡村振兴人才支撑

乡村振兴关键在人、在人才。解决"人下乡"的问题，关键是畅通智力、技术、管理下乡通道，创新乡村人才培育引进使用机制，让愿意留在乡村、建设家乡的人留得安心，让愿意上山下乡、回报乡村的人更有信心，为乡村振兴注入更多"活水"。一是加强农村干部队伍建设。注重从返乡农民工、致富能人、退伍军人中选拔充实乡村干部队伍，不断优化乡村党员的结构素质，夯实乡村治理基础。吸引高校毕业生、机关企事业单位优秀党员干部到村任职，选优配强村党组织书记，加强村党组织书记、第一书记、大学生村官等涉农人员的培训、教育和管理，将他们的政治优势和能力特长转变为农村的发展态势，使其真正成为群众的主心骨和带路人。健全从优秀村党组织书记中选拔乡镇领导干部、考录乡镇机关公务员、招聘乡镇事业编制人员制度，积极为基层干部的成长搭建平台，激发基层干部干事创业的活力。二是着力培养本土人才。以新型农业经营主体带头人、农业职业经理人及农民骨干等培育为重点，健全以政府购买服务为主要形式的新型职业培训服务，选送符合条件的新型职业农民进入"一村一名大学生"工程培养体系，引导符合条件的新型职业农民参加城镇职工养老、医疗等社会保障，开展职业农民职称评定试点，着力培养一支爱农业、懂技术、善经营的新型职业农民队伍。加强农村专业人才队伍建设，通过设立奖励基金、创业基金、传统文化技能工作室等方式，挖掘和培养一批乡村工匠、文化能人、非遗传承人等乡村本土专业人才，激活乡村人才传承和发扬传统文化的动力，为乡村振兴提供源源不断的力量支撑。三是大力促进各类人才"上山下乡"。鼓励和引导企业家、党政干部、专家学者、医生教师、技能人才、城市市民等各类人才"上山下乡"，积极投身乡村振兴。在财税支持上，落实和完善融资贷款、配套设施建设补助、税收减免等扶持政策，鼓励和引导工商资本到乡村投资创业。在人才政策上，支持和鼓励城市各类优秀人才下乡创业创新，推行"岗编适度分离"机制，激励农业科技人员离岗领办企业、允许兼职兼薪，保障其在职称评定、工资福利、社会保障等方面的权益。在情感联系上，打好"乡情牌""乡愁牌"，成立乡村振兴建设促进会，以乡情乡愁为纽带，吸引支持外出人员通过各种方式回馈故里。

（二）围绕"地流通"做文章，着力盘活农村"沉睡的资本"

当前农村最重要的生产要素是土地，乡村振兴的核心在于盘活沉睡的土地资源。解决"地流通"的问题，关键是深化农村土地制度改革，建立健全土地要素城乡平等交换机制，加快释放农村土地制度改革红利。

一是推动土地经营权规范有序流转。在完成农村土地承包经营权确权登记颁证工作的基础上，加快推进农村土地"三权分置"改革，落实集体所有权、农户承包权，放活承包土地经营权。鼓励和引导农户依法以农村承包土地经营权向金融机构融资担保、入股从事农业产业化经营，发展土地流转、土地托管、土地入股等多种形式的适度规模经营，提

高农业质量效益和竞争力。

二是盘活集体建设用地资产和农村宅基地。推动集体建设用地制度改革，加快构建城乡统一的建设用地市场，推进农村集体经营性建设用地直接入市，通过村庄整治、农村空闲、零散建设用地整理等方式节约出来的建设用地，重点支持乡村振兴。在不以买卖农村宅基地为出发点的前提下，积极探索宅基地所有权、资格权、使用权"三权分置"，允许利用宅基地建设生产用房发展小型加工项目，利用闲置农民房屋发展乡村休闲旅游，解决农村第一、第二、第三产业发展用地难问题。借鉴浙江义乌市"集地券"做法，落实农村"一户一宅、面积法定"政策要求，鼓励农民自愿有偿退出宅基地，将农民退出宅基地复垦，折算成建设用地指标，适当打通农村宅基地转变为集体经营性建设用地入市的途径。

三是盘活村集体资产。推进农村集体产权制度改革，在充分尊重农民意愿的基础上，按照"清资产、定成员、量股份、创实体、建机制"的思路，全面开展农村集体资产清产核资、集体成员身份确认，推动资源变资产、资金变股金、农民变股东，并赋予农民对集体资产股份占有、收益、有偿退出及抵押、担保、继承等合法权益。对因国家项目投入使土地地力条件提高而导致土地增值的，探索以股权量化的形式从增值收益中提取一定比例给农村集体经济组织。

（三）围绕"钱进村"做文章，为乡村振兴注入真金白银

乡村振兴是一个大战略，必须有真金白银的硬投入。解决"钱进村"的问题，关键是健全投入保障制度，创新投融资机制，加快形成财政优先保障、金融重点倾斜、社会积极参与的多元投入格局。

一是完善涉农财政资金统筹整合长效机制。在积极争取中央财政更大支持的同时，落实好省级财政支农预算，进一步完善财政涉农资金统筹整合长效机制。借鉴广东清远"一池一库六类别"的做法，各县（市、区）将原来分散在不同部门、不同项目、不同渠道的支农资金整合后，根据当地农业农村发展规划组建项目库，按照农业生产发展、农村基础设施建设和农村教育、文化、脱贫攻坚、社会保障等类别安排资金和实施项目，实现"多个渠道入水、一个池子蓄水、一个龙头放水"。

二是加快农村金融创新。稳妥推进特色农业保险，采取"一县一品"的方式，每个县（市、区）确定一类地方特色种植业或养殖业品种，由省、县（市、区）财政按照一定比例给予保费补贴，中央财政通过以奖代补等方式予以支持，按照"高保额、低保费、广覆盖"的原则，采取农户自愿参保、保费补贴推动、保险公司市场运作的方式，开展地方特色农业保险试点。深入开展"财政惠农信贷通"，精准确定扶持对象和扶持产业，即将扩大信贷规模，扩大惠农覆盖面。稳妥推进"两权"抵押贷款，建立以县为主、省市适当补助、县域封闭运行的涉农贷款风险金制度，健全"两权"抵押贷款融资配套政策和信贷担保体系，通过定向降准、信贷担保、产业引导基金等各种方式，引导金融机构

向农业农村倾斜，增强农业经营主体的融资能力。

三是鼓励和引导社会资本参与乡村振兴。鼓励社会资本到农村发展适合企业化经营的现代种养业、农业服务业、农产品加工业，以及休闲旅游养老等产业。创新利益联结机制，引导社会资本带动农民而不是替代农民。加强产权保护，稳定投资者预期。

（四）围绕"产业旺"做文章，不断提高农业综合效益和竞争力

产业兴旺是乡村振兴的源头根本和基础前提，人、地、钱最终都要落到产业上。解决"产业旺"的问题，关键要坚持以农业供给侧结构性改革为主线，坚持质量兴农、绿色兴农，加快推进农业由增产导向转向提质导向，加快建构现代农业产业体系、生产体系、经营体系，实现由农业大省向农业强省的转变。

一是调优结构。做大做优特色农业产业，启动优质稻、蔬菜、果业、茶业、水产、草食畜牧业、中药材、油茶、休闲农业与乡村旅游九大产业发展工程，实施油茶、竹业、香精香料、森林药材、苗木花卉、森林景观利用六大林下经济行动计划，促进特色优势加快转化为经济优势，形成有较强市场竞争力的特色农业产业。

二是调新业态。壮大发展龙头企业，大力发展数字农业、农村电子商务和基于互联网的新产业新业态，实施农产品加工业提升行动、休闲农业和乡村旅游产业发展工程行动，促进农业产业链条的前后向延伸和第一、第二、第三产业深度融合。依托农村特有的旅游资源，通过"旅游＋""生态＋"等方式，将生态农业、有机农业、定制农业、创意农业、休闲农业、乡村旅游、农村电商等新产业新业态新模式融为一体，带动更多农民增收致富。

三是调绿产品。加大绿色生态农业发展，打造一批全国知名的绿色有机农产品供应基地，建设全国重要的绿色农产品生产区和绿色农业示范区，重点推进"四绿一红"茶叶品牌、地方鸡品牌、"沿江环湖"水禽品牌、"鄱阳湖"水产品品牌和大米品牌创建，不断提升江西省农产品质量和市场占有率，让更多江西绿色优质农产品扬名中外。

四是调活经营。以农业部把江西省列入全国新型职业农民培育整体推进试点省为契机，大力培育新型经营主体，明确新型农业经营主体在促进小农户和现代农业发展有机衔接方面的主要任务和政策措施，创新小农户与家庭农场、农民合作社、农业产业化企业等新型经营主体利益联结机制，通过"龙头企业＋合作社（基地）＋农户"等模式，采取保底分红、股份合作、利润返还、服务带动、就业创业等方式，推动小农户与现代农业发展有机衔接，让农户分享生产、加工、销售环节增值收益，将小农户引入现代农业发展"快车道"。

（五）围绕"城乡融"做文章，重塑新时代城乡关系

乡村振兴战略的落脚点是城乡融合发展。解决"城乡融"的问题，关键是破除一切不合时宜的体制机制障碍，推动城乡要素自由流动、平等交换，促进公共资源城乡均衡配

置，建立健全城乡融合发展体制机制和政策体系。

一是强化规划引领。树立城乡融合、一体设计、多规合一理念，统筹规划工业、服务业与农业，城镇与乡村，城镇居民与农村居民，加紧编制乡村振兴地方规划、专项规划或方案。要依托江西良好的生态优势，结合不同村庄的特点，按照"精细规划、精致建设、精心管理、精美呈现"的要求，分类推进新农村建设"四精"工程。对于基础设施、公共服务设施较为完善的村庄，要发挥城市的辐射带动作用，积极引导农村人口适度集中居住和吸引外出人员回乡创业，建设现代宜居乡村。对于文化资源丰富的村庄，把改善农民生产生活条件与传承弘扬我省千年农耕文明统一起来，传承保护地域优秀传统文化、传统村落和古建筑，建设文化古村。对于交通便利，自然景观优美和人文历史丰富的村庄，积极引导村民提供舒适自然、特色鲜明的休闲农业和乡村旅游产品，建设休闲旅游乡村。

二是做实农村环境整治文章。持续推进"整洁美丽，和谐宜居"新农村建设，落细落实农村人居环境整治三年行动计划，完善村组"七改三网"基础设施项目建设，努力实现村美景美人更美。推进民事村办和公共服务向农村延伸，在人口规模较大、交通条件和空间发展条件较好的中心村，因地制宜配套"8+4"综合公共服务设施建设，建好公共服务平台、卫生室、便民超市、农家书屋、文体活动场所、垃圾处理设施、污水处理设施、公厕，有条件有需求的中心村还要建设小学、幼儿园、金融服务网点、公交站，不断提升农村公共服务水平。

三是加快推进城乡基础设施建设和基本公共服务一体化。长远来看，要按照城乡一体的标准，加强农村土地整治和农田水利基础设施建设，完善农村水、电、路、通信等现代生活基础设施，兴建教育、医疗、银行、保险等现代服务设施，推动城乡基础设施共建共享、互联互通。深化户籍、医疗、社保、就业创业等制度改革和创新，加快建立城乡均衡发展的义务教育发展机制，建立健全城乡无差异、缴费和待遇标准多层次、保险关系无障碍转接的基本养老、医疗保险体系，不断提升农民的幸福感和满意度。

乡村社会治理：秩序·路径·法治

——基于"乡村振兴战略"的检视

周 俊[*]

摘 要： 乡村治理秩序和乡村产业发展是乡村社会治理的两个构成基点。准确把握我国历史上乡村社会治理的结构秩序特点，对"乡村振兴战略"背景下更好地治理乡村社会具有重要现实意义。坚持优先发展和融合发展两大原则，重点关注乡村人才、土地三权分置、产业发展战略、靶向精准施策四大战略发展路径，以及从法律制度上通过健全治理体系、完善工作机制、发挥关键作用、加强文化建设等规范乡村社会治理，从而实现以村民权利表达为中心的乡村社会治理状态。

关键词： 乡村社会治理；结构秩序；乡村振兴战略；实现路径；法律体系

一、引 论

党的十八届三中全会提出"社会治理"（socialgovernance）的思想，这是我们党做出的关于社会管理规律理论的重要论断，是马克思主义中国化的重大理论成果。以习近平同志为核心的党中央，砥砺前行，不忘初心，加强顶层制度设计，注重督查落实效果，出台了一系列惠及亿万民众的乡村治理政策举措。从横向关系来看，无论是从深化乡村改革到精准扶贫、精准脱贫，还是从推动农业供给侧结构性改革到乡村社区建设、乡村振兴发展，都有明确规划和清晰思路。从隶属关系来看，乡村治理改革的内容也是全面深化改革中的重要组成部分，其治理成效决定着中国乡村社会治理的格局和未来走向。

构建政府主导社会协同公民参与的多元治理结构体系，是党总结十八大以来关于社会治理理论的新认识、新发展、新论断。一个国家的治理体制是经济、政治、文化、社会历

---

* 作者简介：周俊，信阳农林学院法学副教授，从事经济法、知识产权研究。

史等共同影响的结果。我国乡村治理体制作为国家治理体系不可或缺的有机组成部分，其科学合理与否直接关系到乡村乃至整个国家治理现代化的实现。美国学者阿尔文·托夫勒指出，历史是人类书写的重要文化的精神财富，需要我们认真研究，吸取历史教训，防止我们重蹈历史覆辙。在推进新型城镇化和实现乡村治理现代化战略目标的新时期，我们必须在充分吸取中国历史上有关乡村治理体制变迁的经验教训的基础上，借鉴其在现代乡村治理体制建构方面的成功做法，在中国特色社会主义制度框架下实现我国乡村社会治理变革。

二、乡村社会治理研究文献综述

通过中国知网搜索以"乡村社会治理"为主题的文献有 875 条结果，主要集中在以下几个层面：朱余斌从乡村治理主体要素政党（中国共产党）、政府、农民、市场、社会组织等，提出构建"政党领导、政府主导、农民主体、市场引导、全社会参与"多元主体协商共治的乡村治理体制，从而助推乡村治理现代化目标达至；吴莹从分析实证案例为切入点，以当前城镇化失地农民政治权利为案例，从理论与实践双向维度提出构建中国农民政治利益变革与优化的实现路径；陈锡文以"乡村振兴战略"为视角，提出中国一直是传统的农业大国，区域发展不平衡、城乡发展不平衡，"三农"工作任重道远，意义重大，国情决定乡村必须振兴。和谐乡村社会的经济动能来源于乡村振兴发展，乡村能否振兴发展是乡村社会有效治理首先考量的基本点，是缩小城乡之间差距的战略路径选择，是新时代下"五位一体"的总体布局和"四个全面"战略布局在农村的全面贯彻落实，也是整个新时代做好"三农"工作的总抓手；韩俊强调从关键要素进行论述必须围绕"钱、地、人"等关键要素供给，建立向乡村倾斜政策体系、盘活土地流转、强化人力资源优势；赵晓峰等以中央一号文件为观测点进行分析，将党中央历年发布的 20 个"中央一号文件"为研究对象，论述从村委会自治、新农村建设、农村社区管理，到多元化乡村治理创新等内容；刘金海从乡村治理模式结构进行论证，总结村民自治 30 年经验，提出有一般模式、发展模式、创新模式等。

马克思、恩格斯社会治理思想也在诸多方面对中国乡村治理的变迁轨迹和发展提供了思想来源和现实参考。在社会主义条件下，人民性是国家最突出的性质之一，也是国家履行社会治理职能的最高原则。马克思认为，历史是人民书写的，自觉有序地参与治理国家和社会事务是人民群众主体地位的必需条件；同时，马克思指出，生产力的解放和发展从形式、手段、线索等方面极大促进国家进步；马克思、恩格斯建议，通过建立一种社会制度，促使社会成员不仅促进社会财富增长、参与创造社会财富，而且参加管理和分配社会财富。

从国外的前沿学术研究来看，以奥斯特罗姆（Ostrom）教授夫妇为代表的印第安纳学派（制度分析学派）（Indiana school/institution analysis school）中的"多中心治理理论"（Multi – center governance theory）引申到当前中国乡村治理也同样具有十分重要的启示意义。奥斯特罗姆认为在公共管理与可持续发展方面，坚持"多中心治理和自主治理"（Multi – center governance and Autonomous governance）社会公共事务、社会协同参与、公民有序参与，优化治理结构秩序，以调动多元主体在公共管理事务的集体合力，从而保障社会治理的可持续发展。奥斯特罗姆在其经典著作《公共事务的治理之道：集体行动制度的演进》一书中，主张通过实证的方法研究和隐含的博弈结构分析，从博弈论的角度把公共市民社会看作是一个多元的体制，探讨了政府、市民、社会之间的自主治理公共资源可能性，就公共事务治理解决方案，设计有关社会治理的理论模型，强调自主核心社会治理的构成元素及其有关制度设计。

从已有的研究乡村社会治理来看，主要从主体要素、历年中央一号文件、农民利益优化实现、国情现状、实践案例、关键要素等进行研究，实际上实现乡村社会治理现代化，主要涉及乡村社会秩序、乡村社会发展。乡村社会秩序稳定主要从政治生态出发，强调乡村党组织的正确领导，村民自治的规范运转，社会组织积极参与，共同维护和谐乡村社会秩序；乡村社会发展主要是振兴乡村经济，适时调整农业产业结构，因地施策，不搞"一刀切"，加强农村基础设施建设，畅通农村发展道路，兴建水利灌溉工程，提升农民谋生本领，实施农业科普工程，惠及广大农村地区，实现农业发展、农村繁荣、农民富裕。探索从乡村社会结构秩序、实现路径和法治保障相结合进行研究，希冀从全新的宏观视角，优化乡村社会治理体系，从而实现乡村社会振兴蓝图。

三、乡村社会治理秩序梳理

《中华人民共和国村民委员会组织法》第一次以法律的形式规范村民自治的逻辑运转，从框架上奠定乡村社会治理的制度基础，描绘了乡村社会治理的组织结构体系，从30年来村民自治的现实状况来看，乡村社会治理从单一乡政府管理到村两委、民间组织、村民社区等呈现出多元化发展趋势。学界关于乡村社会发展及其治理秩序的研究一直在探索进行中。可以说，"人民很早就学会了适应环境，服从长辈和上级，为共同的利益一起劳动，知道遵守明确的公认行为规则的重要性"，罗兹·墨菲对亚洲地区乡村社会的描述，基本上概括了传统乡村社会治理体系下的秩序与格局。

（一）20 世纪三四十年代乡土社会的礼治秩序

20 世纪 30 年代乡土社会掀起近代以来大规模的乡村建设运动，至今在乡村治理方面仍有一定的借鉴意义。当时实行乡镇党政合一的政权形式，迂腐的乡绅阶层试图在乡村治理中引导乡村建设，政府财力在乡村建设中捉襟见肘，导致国家政权治理的内卷化。梁漱溟致力于乡土文化救国运动，从乡村小范围培养民众的文化自觉，形成新的政治习惯，希望达成政治改革成功。1940 年之前中国乡土社会传统儒家思想弥散乡村，濡化当时乡村社会民众思想，"礼治秩序"是这时期乡土社会秩序的主要表征。费孝通认为，至少有三种不同权力维系着乡土社会稳定的文化秩序：从上下之别隶属关系上，社会冲突发端于不同主从社会团体或阶层间的横暴权力；从横向社会合作上，将个人意志和社会强制相结合的结果所形成的社会契约，由此产生共同授予的权力即同意权力；还有社会继替过程中的新成员在适应社会文化过程中的教化权力，即长老统治，共同构成乡土社会的无为政治。

关于乡村社会治理的主要评述：士绅阶层继续沿袭传统的儒家礼仪思想进行乡土社会秩序维持，试图通过乡村文化自觉促使统治者政治改革，并没有构建一种传统国家与乡村社会的新型关系。一是乡村社会治理机制依然是乡村旧的机构和旧的治理规则的不断复制；二是没有完成权限的重新分配，没有建立起法制和税制体系等现代公共规则；三是乡村治理仍沿用以往的惯例规则，德型士绅的乡土利益共同体受到威胁，谋利型乡村权威横亘乡村社会。

（二）中华人民共和国成立初期党在乡村理体制领导地位的确立

中华人民共和国成立之后中央政府通过下派工作队的方式完成乡村基层行政体制的构建，利用其动员性和干部队伍的筛选机制，将决策和政策贯彻到乡村每一个角落。这一时期完成了社会主义土地革命和农业社会主义改造，农民从多年的封建土地依附关系彻底解放，解放农村生产力，有利于巩固社会主义政权。农业合作化运动促使乡村基层行政机构能够保证将中央指示渗透到社会，改变了地方权威存在的状况和作用方式，家族权威则不断地减弱，中国的政权力量和控制力空前提高。

根据相关文献资料，中华人民共和国成立初期乡村治理体制的建立与变革，可以归纳为以下几个方面的特点：一是中国共产党的政治领导地位日益巩固，在乡村治理体制中领导地位进一步确立与强化；二是构建自上而下的政权组织，初步建立较为清晰的乡村基层组织体系；三是国家计划领域日益扩大，市场存在和运作的自由空间不断地被压缩和挤压；四是基层政权组织逐步渗透乡村社会诸多领域，农民的正当权利被稀释；五是社会结构体系逐步趋同化，仅存的社会组织主体功能作用日益弱化。

（三）人民公社时期政社合一的乡村治理体制

1957 年，人民公社化运动席卷全国，乡政府被人民公社所取代，这是我国乡村社会治理模式的剧变。公社是对农民实行军事管理的军事共产主义组织，将农民按军队体制组织起来，实行政社合一，工农商学兵五位一体，集国家行政管理和农村生产经营活动职能于一身，垄断农村的所有资源，直接干预农业生产和农民生活全过程，农民成为国家政权的直接依附体。1983 年，中国基层政权又一次进行改革，乡镇政府正式取代了长达 25 年的人民公社。

通过梳理有关人民公社在乡村治理历史发现：一是"政社合一"本质上是政治上的集中控制和经济上的计划管制。人民公社表面上是行政单位和生产单位，但处于核心地位的是党设在人民公社的组织，包括公社党委、大队党支部、生产队党小组的基层党组织系统，各级党组织遵守严格组织纪律，确保党组织掌握乡村公共事务的最终决策权，这种"金字塔"式的层级体制可以保证中央的意图层层贯彻到机体内部。二是从组织特点看，人民公社体制是一种半军事化组织，体制内成员必须具有严格的组织性、纪律性和服从性。在人民公社组织内，命令和服从是上下级成员之间的主要关系，指令、政策、文件是这一时期任务下达的主要方式。三是乡村社会政治化运动此起彼伏，严重扰乱正常乡村社会秩序，各种不切实际的浮夸指标通过政治口号来实现，破坏了中华人民共和国成立初期共产党通过实践探索建立适合国情的政治生态制度。

（四）改革开放以来的乡政村治图景

1987 年党中央开始在全国范围内的农村试行基层组织自治，可以说这是人性的解放，是党中央释放村民行使自治权利的重要信号。20 世纪 90 年代末通过的《中华人民共和国村民委员会组织法》以法律规范将村民自治权、乡镇政府行政权——乡政村治固化下来。乡村治理体制的改革极大地激发了村民自治的积极性、创造性、主动性，通过自我管理、自我监督、自我教育、自我服务释放了乡村治理的发展动能。进入 21 世纪以来，党中央连续颁布中央一号文件，就"三农"工作涉及的诸多领域做出顶层设计进行总体战略部署，扭转了多年来乡村被动治理的社会局面。对社会治理理论的认识更加深刻，社会治理的措施更加有力，社会治理的效果更加明显，村民自治由单纯基层乡镇行政权的管理，逐步走向治理进而走向善治的实践探索。从某种意义上说，村民自治一直是贯彻整个中国乡村社会治理的一条主线，是社会主义民主政治在乡村基层的生动实践，在乡村社会治理史具有一定里程碑的意义。

从这一时期的乡政村治发展看，一是村两委之间的关系及其与乡镇的关系存在诸多问题。村两委之间关系紧张，不团结、不协调的情况在部分村依然存在，两委之间的权力交织不清，一些村村委主任由村党委书记兼任。乡镇对乡村干部越来越由理论上的"指导"变为实际中的"领导"。二是村内各种势力出现并互相交织，如财权凸显、家族势力复兴、黑恶势力出现等，竞相争夺村委会名额和村内资源。普通村民无力参与其中，"村民选举"演变为几大势力争夺治理资格的斗争平台。三是乡村自治的实然治理与应然表达之间大相径庭。村委会本应代表着村民"自己管理自己"，实际上却不得不背负着上级下派的政治任务的重压。四是村委会的双重属性给了乡村干部"阻上隔下"谋取私利的空间。乡村干部在集体土地、干部人事人选上都有相当大的权力，这种权力格局既不对上（县）开放，也不对下（民）开放，一些地方的村民自治实际上成为"村干部"的自治，而非"村民"的自治。在乡村治理的实践中，既没有公共规则的存在，更没有村民公民权的存在，一些地方的乡村治理实际上只是一种村干部依据自身利益进行的"村干部自治"而已。

从上述乡村社会治理的历史脉络和运作逻辑进行分析，发现中国乡村社会治理主要有如下特点：第一，从乡村社会治理变迁看，乡村治理制度具有历史阶段性，乡村治理机制是在不同历史时期随着生产力的解放而不断发展完善。第二，从乡村社会治理机制构成看，从单一的基层政权组织管理，到构建多元主体治理差序结构，提升了乡村治理综合绩效，有助于保障乡村社会秩序稳定和产业发展。第三，从传统的乡规民约制度看，宗族制度和乡规民约则是乡村社会长期以来形成的自我管理惯例，仍将继续对乡村社会的运行和稳定具有重要影响。第四，从农民政治权利实现看，乡村治理历史遵循着农民政治权利从不充分发展到充分发展的渐进实现过程，农民政治权利觉醒意识明显增强，为新时代中国特色社会主义乡村社会提供可持续发展动力。

四、乡村社会治理的现实困境

乡村社会治理发展是世界上发展中国家在城镇化发展过程中不可回避的问题，欧美发达国家地区由于现代工业化进程历史周期漫长，其乡村社会治理主要是从欧美乡村社会长期自身发展及民间社会力量顺势而为的自然演进过来，乡村社会治理过程中各种利益主体间的冲突纠纷趋于温和，处于相对隐性发展状态；而广大发展中国家面临加速工业化进程，追赶欧美发达国家地区，往往采取自上而下顶层设计的政府主动推进战略，其乡村治理中发生的矛盾冲突问题处于阶段性对立，呈现出显性发展状态。

长期以来，我国作为一个传统农业文明历史的国家，妥善解决农业、农民、农村问题在很大程度上取决于乡村治理的预期成效。中华人民共和国成立以来国家优先发展城市工业，工业部门借助工农产品"剪刀差"的形式积累资金，农业、农村和农民为我国现代工业体系的建立做出了巨大贡献。然而目前传统农业边缘化、村落日渐式微、农民因循守旧，此外农村文化休闲设施匮乏，闲时赌博成风；边远地方的村民法制观念淡薄，部分村霸依然存在，欺行霸市，严重败坏乡里民风。据统计数据显示：55 岁以上的农业生产经营人员占比 33.6%，加之有一部分"双栖"人（城—乡之间流动的人口），实际农村老年人占比更高，"三八六零六一"现象突出，农业农村发展滞后仍是我国发展不平衡不充分最突出的表现。从收入和消费看，尽管近年来农村居民收入和消费支出增长速度快于城镇居民，但 2016 年我国城镇居民人均收入和消费支出仍分别是农村居民的 2.72 倍和 2.28 倍，城乡居民家庭家用汽车、空调、计算机等耐用消费品的普及率差距仍然很大。从全员劳动生产率来看，2016 年非农产业达到人均 12.13 万元，而农业只有 2.96 万元，前者是后者的4.09倍。2001年我国城镇化率38%，2015年已达到56%，年均增长1.2%，城镇化加速推进的趋势日益凸显。要治理好快速转型的乡村社会、推进乡村振兴战略背景下的乡村社会协调发展，就需要从诸多方面探索乡村社会治理发展。改革开放40多年来，城乡二元结构仍是我国最大的结构性问题，正成为实施乡村社会治理亟待破解的突出问题，也是制约推进城乡一体化发展的社会问题。应该说，从改革开放的解放生产力到现阶段的乡村社会治理变迁，可以称得上是一场伟大的时代革命。

五、产业发展是乡村社会治理的根基

当前要实现乡村社会治理和谐有序发展，必须通过大力实施"乡村振兴战略"，切实增加广大农民改革开放成果的获得感、幸福感、安全感。习近平新时代中国特色社会主义思想，其中一个重要理论基点就是关注国计民生、关注农村社会、关注基层发展。坚持农业农村优先发展，体现了党中央高度重视"三农"工作的战略定力，党的十九大报告中"优先发展""农业农村现代化"等词的首次出现，体现了党中央对农业地位的高度重视、对农村未来的无限期许、对农民福祉的高度关心。因此，必须坚持优先发展和融合发展两大原则，把握四大战略发展路径，统筹"三农"工作，补齐"四化""短板"，为实现中华民族伟大复兴奠定重要基础。

（一）坚持农业农村优先发展原则，就是要发挥政府主导作用，加快农村基础设施和公共服务发展步伐

中华人民共和国成立之后我国工业基础薄弱，百业待兴，并且受苏联优先发展工业重工业思想的影响，集中一切力量建设城市、发展城市工业，长期利用工农业"剪刀差"支持工业，促进国防科技工业迅速发展。改革开放初期，我国继续沿袭计划经济发展思想，将发展重点长期放在城市基础设施和公共服务上，这主要是当时国家战略发展的客观需要，促使公共资源配置主要向城市的集中度越发明显。同时生产要素在市场流通过程中，总是自发有序地向利润率高的行业集聚，农产品粗加工极其低廉的附加值促成农业发展的后劲不足，造成了乡村社会表面的相对繁荣，而实际的日渐衰退、凋零，导致长期形成的城乡二元结构界限日益扩大，因此要牢固树立农业农村优先发展的理念，把对农业农村发展落实到具体惠农政策上。

（二）坚持城乡融合发展原则，就是要发挥市场调节作用，促进城乡产业优势互补、互为支撑

受城乡二元经济体制的影响，过去一个时期内我国城乡间的发展是相互隔绝的，要素

不能自由流动，产品不能等价交换，产业缺乏合理分工。特别是目前国家提出发展"中心城市"战略，本意是构建相对合理的区域空间城市群、带动新兴卫星城市，从而促进区域经济融合发展，但现在中心城市的首位度在本省经济中的占比越来越高，直接反映生产要素在中心城市的集中程度越来越高，产生城市虹吸效应，显然与城乡一体化进程是背道而驰的。因此理应坚持城乡融合发展原则，确立国家中心城市的目标发展定位时，处理好中心城市与周边城市的错位有序发展，合理把握中心城市的首位度系数。从城乡居民的收入比来看，1978 年城乡居民收入比为 2.57∶1，而 2017 年城乡收入比是 2.71∶1，改革开放 40 多年城乡二元结构进一步加大，乡村社会走向两极分化日益严重，所以引起党中央的高度重视，实施乡村振兴战略，促进城乡要素市场和产品市场一体化，形成优势互补、互为支撑的城乡产业发展新格局。

实现乡村振兴发展，基于新时代我国的国情决定必须加强顶层制度设计，科学制定发展战略，具体措施必须接地气，因地施策，积极稳妥推进，找准发展路径，方可取得乡村社会治理成功。战略路径是从宏观上把握战略实施方向，客观分析比较有关影响战略因素，描绘战略实施最佳路线图。乡村产业兴旺发达为乡村社会治理提供有力支撑，因此根据乡村经济社会发展现状，从四大战略发展路径实施乡村产业振兴发展。

1. 打造乡村人才队伍，通过人才培育路径引领乡村振兴

习近平总书记指出，解决中国发展的问题，关键在于大量在各自工作岗位上默默奉献的各类人才。人才是经济社会发展的第一资源，同样乡村振兴发展、乡村建设蓝图的规划必须依靠数以万计的乡村科技人才。因此，首先务必建设好村两委班子，发挥基层党组织核心领导作用。目前从中央到地方组织动员机关事业单位骨干人员到边远贫困村实施精准脱贫，担任村委第一书记就是一个很好的实践。其次培育乡村种植精英人才，加强职业农民和新型农业经营主体培训，培养造就一支懂农业、爱农村、爱农民的"三农"工作队伍。最后加强农村电商人才储备，依托互联网信息技术，实施"互联网 + 基地 + 农产品"等，打开农产品销售出口通道，促进农村生鲜农产品及时流通。

2. 探索承包地三权分置制度，通过机制创新路径推进农村振兴

千百年来，乡村土地一直是农耕时代农村产业维系的基础，是农村社会发展的根本，是农民生存权和发展权的根基。"三农"工作的本源是围绕农村土地制度进行改革，首先，探索承包地三权分置制度，不仅是贯彻习近平新时代中国特色社会主义思想的重要体现，是新时代农村土地改革又一次新的理论创新，也是创新展理念思想的重要体现，是新时代乡村社会振兴发展的制度保障。党中央决定将乡村土地承包经营权再延长 30 年，为推进农业规模化经营和可持续发展的各类主体提供稳定预期。其次，要深化农村林地、荒山、荒坡等集体产权制度改革，切实维护农民财产权益，不断壮大集体经济。最后，要发展壮大农村专业生产合作社，培育新型职业农民和农场主，适度提升农业生产集中度，提高农业规模化效益。

3. 制定产业发展战略，通过产业发展路径助力农村振兴

在城市用地日益饱和的情况下，制定有利于资金、技术、人才等要素流向农村的倾斜政策；激发社会闲散资金、农业投融资公司的投资动能，发展现代高效绿色有机农业，提升农产品的高附加值。通过新产业、新业态、新动能的转换，创造在农村不是主要依赖于耕地，但同时又不必进城从事非农业而增加的就业机会。据国家统计局的统计数据：2015年农民工在本地务工人数为 10863 万，2016 年为 11237 万，2017 年为 11467 万，呈现逐年递增态势，为乡村振兴发展提供强大的人力支撑。河南省虞城县通过"城归"工程创办各类企业 8458 家，带动当地老百姓就业 5 万多人，呈现出"镇镇有产业，村村有典型"的景象。此外，还要完善农业支持保护制度，优化农业农村补贴方式，增强补贴的指向性和精准性，提高农业补贴的效能。

4. 坚持靶向精准施策，助推边远村落和贫困群体脱贫

我国改革开放 40 年发展历程和发达国家的历史经验表明，总有一部分村落和群体跟不上整体发展步伐，这样的村落容易陷入衰退，这样的群体容易陷入贫困。但是不能将其落在现代化进程后面，也不能为了现代化就剥夺其生计。随着城镇化的加快推进，广大农村边远地区出现"空心村"及绝对贫困群体。这些边远村落和贫困群体脱贫是目前实现乡村社会全面振兴亟待解决的重大社会问题。始终坚持问题导向，找准乡村社会的靶向目标，按照文件精神精准施策，坚持"六个精准"和实施"五个一批"。建立适度带贫激活机制，探索适合边远村落发展的产业扶贫项目，不能让扶贫资金"睡大觉"。高度重视关注乡村古村落及古文化遗址，要以县域为单元，前瞻性地规划好村镇体系，把传统民居和古村落及古文化遗址保护好，做好乡村非物质文化传承，把今后将长期存在下去的边远村落建设好。

六、乡村社会治理的法律体系

乡村社会治理需要探索一种将个人利益和公共利益结合在一起的社会公共秩序，既保障农民的个人权利，又维护公共利益。通过历史上乡村治理变迁可知：乡村社会必须落实村民的公民权利、确立乡村社会的主体地位、完善民众制度化治理参与渠道的基础上，建构一种公共治理规则。坚持依法治理，将乡村的经济、政治、文化、生态、社会等各个方面都纳入法治轨道。习近平指出，改革只有在法治轨道上才能确保正确前进航向，在法治框架下建立各类利益主体间冲突协调解决机制，破解阻碍生产力发展的各种体制机制障碍，让人民真切感受到改革开放成果。乡村治理法治化对推进国家治理体系和治理能力现代化，建设平安乡村、和谐乡村、法治乡村社会均具有建设性作用。因此，以法治保障推进乡村社会治理在新的历史起点上实现新的跨越，不仅是建设社会主义法治国家的应有之

义，也是推进全面建成小康社会的必然之举。

（一）健全自治、法治、德治相结合的乡村治理体系

习总书记明确指出：健全自治、法治、德治相结合乡村治理体系，为乡村社会发展和乡村社会稳定提供制度支撑体系。村民自治是基层组织自我管理的重要体现，是社会主义民主法治在乡村社会的生动实践，也是我们党创新管理乡村社会的新思路，是健全社会主义民主政治的重要举措；法治是乡村社会治理的制度保障，健全的法制制度能够维护农村的安全，提高犯罪成本，并加强农村法制宣传，积极开展普法活动，加强社会主义核心价值观教育，树立文明新风尚，夯实乡村治理的道德基础，有力地降低农村犯罪率。要加强基层组织党建工作，防止乡村基层一些人或群体在制度变迁中利用制度的漏洞谋一己私利或寻求部门利益，抓住基层党员领导干部这个"关键少数"。

（二）完善乡村社会法治工作机制

注重发挥人民调解、行政调解、司法调解的综合作用，发展壮大村级集体经济实力，构建良好的乡村治理体系的组织基础和经济基础。坚持及时发现乡村邻里矛盾问题，未雨绸缪，做好有关纠纷解决预案和防控措施，发挥民间乡贤和村两委调解委员会相互弥补作用，把乡村社会矛盾化解在萌芽状态。坚持以法治建设为基石，建立健全社会矛盾协商沟通机制，保障人民群众的知情权、参与权、表达权、监督权。同时，积极推广"坚持重视和做好群众工作、坚持预防和化解矛盾、坚持尊重和维护人民权益、坚持注重和加强综合治理、坚持紧跟时代发展、坚持改善党的领导"的枫桥新经验，妥善运用法治思维和法治方式创新矛盾纠纷排查调处模式，构建村民广泛参与的"大调解"体系。

（三）发挥基层党组织和党员干部的关键作用

要加强基层党组织战斗力建设，提升自身组织治理水平。列宁曾指出，堡垒往往最先从内部攻破。因此，必须将党组织的"六大建设"贯穿基层党组织建设中，增强基层党组织的组织协调能力，及时化解乡村社会治理中出现的各种利益冲突，维护乡村社会依法有序运转，保障村委会按照《中华人民共和国村民委员会组织法》实行村民自治管理的政治方向。长期以来由于国家急于建设完善工业体系的经济需要，秉承对农业一味索取的政治政策，加之基层政权组织管理混乱，简单粗暴作风盛行，传统的鱼水之情荡然无存，取而代之的是严重对立干群关系，以20世纪90年代中后期为甚。因此基层党组织要摒弃"家长制""一言堂"专横跋扈的专制作风，肃清基层党组织不良政治生态，将法治理念贯穿基层党组织民主政治制度中。在世情、国情、党情深刻变化的新形势下，党员干部要牢牢坚持依法治国的根本要求，切实提高办事法治自觉，坚持在乡村社会治理中践行依法执政、依法行政，将法治精神贯穿于自身的底线思维。

（四）加强乡村社会法治文化建设

列宁曾说过，在一个文盲的国家里不能建成共产主义社会。因此文化理论在乡村社会建设具有重要的指示作用。仅有健全的法律法规是不够的，只有人民群众真正信仰法治，法律法规才能被真正地贯彻落实。加强乡村法治文化建设，要坚决摒弃人治观念，积极运用新媒体加强法治宣传教育，树立先进法治人物，尊重法律权威，孕育良好的法治环境。培育乡村社会法治思维，健全乡村普法宣传教育机制，将法治宣传教育通过制度的形式确立下来。加强公民道德建设，开展"好媳妇""好公婆""五好家庭"等乡风文明教育，提升民众道德素养，养成道德习惯，倡导道德风尚，实现法律和道德相辅相成、法治和德治相得益彰，增强法治的道德底蕴，在全社会形成崇德向善、遵法守法的良好氛围。

七、结　语

中国乡村社会治理历史较为久远，区域之间发展不平衡，各地治理模式又存在差异性。因此，试图构建整齐统一的理想化治理模式并不存在。从乡村治理秩序角度看，乡村治理不应用"单一权力"模式的策略，而是采用实用主义的策略，即在治理乡村社会中，主要运用注重治理适用性和实效性的"实体治理"策略。

"乡村振兴战略"助推乡村产业振兴发展，进而为实现乡村社会治理打下坚实基础，为优化乡村社会治理提供了前所未有的发展机遇。乡村社会治理设计乡村社会的诸多方面，结构秩序复杂、各种利益关系交织融合，对其治理历史、实现路径及法律设计的探讨，只是希望提供一种从秩序、路径、法律相结合的研究乡村社会治理路径，进而增进对"三农"发展现实困境及前途的理解和认识，并在此基础上提出以实现村民权利表达为中心的基本理念。在乡村社会现代化、城乡一体化的时代，如何治理好乡村社会、如何更好地治理乡村社会，这是面临着诸多挑战的现实问题。对有关乡村社会治理的分析、探讨和概括，主要依据社会治理及法治理论，试图剖析关于这些问题的研究范式，或是提供一种认识的新理念，而并非定论。在乡村社会治理问题上，当前及未来我们仍需要更丰富、更深刻的研究和认识。

参考文献

[1] 习近平．决胜全面建成小康社会　夺取新时代中国特色社会主义伟大胜利——在中国共产党第十九次全国代表大会上的报告［M］．北京：人民出版社，2017：49.

[2] 朱余斌．建国以来乡村治理的演变与发展研究［D］．上海：上海社会科学院，2017.

［3］吴莹．当代中国农民政治利益实现的变革与优化［D］．长春：吉林大学，2017：36.

　　［4］陈锡文．中国国情决定乡村必须振兴［EB/OL］．南方网．［2018 - 08 - 07］ht-tp：//news. southcn. com/n/2018 - 08/07/content_ 182847685. htm.

　　［5］赵晓峰，冯润兵．乡村治理发展顶层设计：政策演变与前瞻［J］．天津行政学院学报，2018（2）：58.

　　［6］刘金海．乡村治理模式的发展与创新［J］．中国农村观察，2016（6）：67.

　　［7］［德］卡尔·马克思．黑格尔法哲学批判［M］．曹典顺译．北京：中国社会科学出版社，2009：33.

　　［8］沈杰．马克思恩格斯社会治理思想探微［J］．河海大学学报（哲学社会科学版），2015（4）：14 - 20.

　　［9］中共中央马克思恩格斯列宁斯大林著作编译局．马克思恩格斯全集（第4卷）［M］．北京：人民出版社，2002：1 - 2.

　　［10］［美］奥斯特罗姆．公共事务的治理之道：集体行动制度的演进［M］．余逊达，陈旭东译．上海：上海译文出版社，2012：16.

　　［11］贺雪峰．中国传统社会的内生村庄秩序［J］．文史哲，2006（4）：151.

　　［12］梁漱溟．乡村建设理论［M］．北京：商务印书馆，2015.

　　［13］费孝通．乡土中国［M］．北京：北京大学出版社，2012.

　　［14］王晓娜．乡村治理秩序：历史梳理与现代构建［M］．中共福建省委党校学报，2017（12）：22.

　　［15］于建嵘．岳村政治：转型期中国乡村政治结构的变迁［M］．北京：商务印书馆，2001：259.

　　［16］吴莹．当代中国农民政治利益实现的变革与优化［D］．长春：吉林大学，2017：61.

　　［17］张明琼．我国乡村社会治理模式的变迁与优化［J］．江西社会科学，2005（1）：32.

　　［18］张静．现代公共规则与乡村社会［M］．上海：上海书店出版社，2006：78.

　　［19］叶兴庆．新时代乡村振兴战略论纲［J］．改革，2018（1）：66.

　　［20］国家统计局公报数据，最新统计数据截至2015年。

　　［21］叶兴庆．多措并举做实农业农村优先发展［N］．农民日报，2017 - 11 - 12（6）.

　　［22］习近平．习近平谈治国理政［M］．北京：外文出版社，2017：126.

　　［23］高圣平．承包地三权分置的法律表达［J］．中国法学，2018（4）：261 - 281.

　　［24］李亚飞．乡村振兴战略：中国"三农"生产力"再解放"［J］．瞭望，2018.

　　［25］刘合光，秦富．完善我国农业补贴政策的思考［J］．经济研究参考，2015

（2）：48.

［26］［日］牛山敬二．日本农业与农村的现状及危机［J］．中国农史，2012（1）：73－87.

［27］贾曼．职业能力［M］．北京：中国劳动社会保障出版社，2001：207.

［28］刘云．扶贫资金为什么会睡大觉［EB/OL］．［2018－07－27］http：//www. sohu. com/a/243635065_ 99933236.

［29］王晓娜．乡村治理秩序：历史梳理与现代构建［J］．中共福建省委党校学报，2017（12）：25.

［30］中共中央文献研究室．习近平关于全面依法治国论述摘编［M］．北京：中央文献出版社，2015：203.

［31］焦宏．乡村治理"枫桥经验"再出发［N］．法制日报，2018－6－30（5）.

［32］孙梦远．乡村社会治理法治化路径［N］．法制日报，2015－03－18.

［33］顾玉兰．列宁社会发展理论研究［D］．南京：南京师范大学，2003：352.

［34］李怀印．华北村治：晚清和民国时期的国家与乡村［M］．北京：中华书局，2008：4.

信阳民间歌谣传承与服务
乡村振兴战略路径研究

方志宏[*]

摘　要：本文从信阳民间歌谣入手，从中汲取其精髓部分以恰当的形式结合教育予以宣传，传承中华传统美德中"仁、义、礼、智、信、恭、宽、敏、惠、忠、恕、孝"等一整套伦理原则和道德规范，发掘信阳民间歌谣的教化功能，传承提升农村优秀传统文化的价值，将信阳民间歌谣进行系统化分类、挖掘、整理，并通过对信阳民间歌谣的传统美德与乡风文明建设中的爱国主义、创新精神、勤俭持家、社会公德、文明修养及家庭伦理道德等进行融合，对建设乡风文明，服务乡村振兴战略，有着重要的历史及现实意义。

关键词：信阳；民间歌谣；乡风文明；乡村振兴

习近平总书记在党的十九大报告中向全党全国人民发出了"实施乡村振兴战略，建设乡风文明"的伟大号召。乡村振兴战略背景下传承发展提升农村优秀传统文化，即立足乡村文明，汲取城市文明及外来文化优秀成果，在保护传承的基础上，创造性转化、创新性发展，不断赋予时代内涵、丰富表现形式。乡村振兴，乡风文明是保障。必须坚持物质文明和精神文明一起抓，提升农民精神风貌，培育文明乡风、良好家风、淳朴民风，不断提高乡村社会文明程度。中国特色社会主义文化，源自中华民族五千多年文明历史所孕育的中华优秀传统文化，而中华传统文化的萌芽就是中国民间文学。民间歌谣属于民间文学中可以歌唱和吟诵的韵文部分，是劳动人民集体的口头诗歌创作，它具有特殊的节奏、音韵、章句的曲调等形式特征，并以短小或比较短小的篇幅和抒情的性质，最容易为广大农民所接受，从而对广大农民产生教化作用。

---

　*　作者简介：方志宏，信阳农林学院文学艺术教学部副教授，文学教研室主任。研究方向为民间文学及民间文化。发表核心及省级期刊 10 余篇。出版著作 11 部。主持完成省厅级项目 16 项，获省厅级奖项 23 次。

一、信阳民间歌谣概述

　　信阳素有"鱼米之乡""歌舞之乡"之称，信阳民间歌谣就是这片沃土上的一朵亮丽的奇葩。目前，信阳市已挖掘、整理民间歌谣 3000 余首。20 世纪 80 年代初的《中国民间歌曲集成·河南卷》共收录 224 首，占全卷收录的 23%。2008 年信阳民歌被国务院批准为第二批国家级非物质文化遗产，并亮相中央电视台《民歌·中国》。"河南民歌周"共收录并播出信阳民歌 18 首。中华人民共和国成立后，信阳文化馆等有关部门收集整理出版《信阳民歌》《商城民歌》《淮河民歌》《信阳地区歌谣卷》等多种资料。这些民间歌谣大多反映的都是有关人的善恶是非、真善美等基本伦理道德思想，也表达了人们对美和善的一种追求。千百年来，信阳人就是听着、读着这些歌谣、故事和传说，在耳濡目染的熏陶下逐步建立起最基本的价值观和道德观的。信阳优秀的民间歌谣对于信阳质朴的乡风、民风的形成有很大的影响，而从中汲取其精髓部分以恰当的形式结合教育予以宣传，传承中华传统美德中"仁、义、礼、智、信、恭、宽、敏、惠、忠、恕、孝"等一整套伦理原则和道德规范，养成仁爱、谨信、正身的集体意识，达到存养修身、六亲和睦、笃学慎思、治平天下四个目的。将信阳民间歌谣进行系统化分类、挖掘、整理，并通过对信阳民间歌谣的传统美德与乡风文明建设中的爱国主义、创新精神、勤俭持家、社会公德、文明修养及家庭伦理道德等进行融合，从而达到建设乡风文明，进而实现乡村振兴的目的。

　　从古到今，民间歌谣的教化功能不断得到重视和深化。民间歌谣的教化功能最早可以追溯到《诗经》。"立言"和"教化"是《诗经》诠释的重要价值。《诗经》经过儒家学者的经化，从一部主要是民间歌谣的作品，变成了一部具有政治、伦理道德教化意义的经典。儒家认为，常诵《诗》，可以改变人的性情、气质，美化情操，进而认为，通过诗教，可以淳化风俗。1918～1925 年，围绕《歌谣》周刊，刘半农、胡适、周作人等一批"五四"知识分子掀起了一场近世歌谣征集和研究运动，注重歌谣社会教化功能价值。因此，从民间歌谣入手，发掘民间歌谣的教化功能，传承提升农村优秀传统文化的价值，对实施乡村振兴战略，建设乡风文明有重要的历史及现实意义。

　　作为传统文化精髓，民间歌谣在农民的日常生活中，明确传导着优秀传统文化的伦理价值取向，并由一个个生动的故事作为范例，向村民传输其人文理想、引导村民将中华传统道德规范烙印在心头，成为他们安身立命的精神支柱和人格基石。同时，民间歌谣多种多样的表现形式，在传承提升农村优秀传统文化方面有独特的优势，能够朗朗上口，深入民心，对传承中华传统伦理道德、建设乡风文明，宣传革命思想，传承民间文化，以及对乡村振兴起到十分重要的作用。

二、信阳民间歌谣所蕴含的德育因素与
乡风文明建设的关系

信阳民间歌谣中往往能看到许多信阳地区过往的历史、文化、社会和人们的生活状况。这也照应了孔子提出的"移风易俗，莫善于乐"的说法。对信阳民间歌谣的研究也是对信阳历史生活的探究，对信阳文化的发掘。信阳民间歌谣可以说是一座活的民俗博物馆，它体现了一个历史的脉络。从信阳民间歌谣的分类入手，挖掘、整理、提炼、升华每种歌谣所蕴含的德育因素，从个体、家族、学习、社会四个层面，升华出存养修身、六亲和睦、笃学慎思、治平天下四个方面，对农村乡风文明建设作一个粗略观照、探析。

（一）存养修身

个人道德规范表现在忠义、孝顺、仁义、俭朴、温良、宽容、诚信等多个方面，通过列举大量相关人物的故事歌谣作为道德的典范，宣扬积极优秀的为人品质。

（二）六亲和睦

家族道德规范表现为父义、母慈、兄友、弟恭、子孝，内平外成，运用民间歌谣的教化作用，使作为宗法伦理核心的孝道，成为村民内心深处的一种情感要求和道德自觉，养亲、敬亲、爱亲、以礼事亲、承意守志、慎终追远等，使孝道不再成为一种抽象空洞的伦理说教，而实实在在地建筑在深切的人文关怀基础之上。

（三）笃学慎思

通过信阳民间歌谣的重视教育的传统，培养村民尊师重学、勤奋笃学的思维习惯，并且通过一系列的社会化和流传性而成为一种刻苦勤奋、虚心好学、立志成才的学风。

（四）治平天下

可以通过信阳民间歌谣中传统历史歌谣提出"修身、齐家、治国、平天下"的理想，贯彻儒家的这一传统思想，传递为政的思想和治国之策，通过列举有关历史人物故事，正面弘扬和推崇那些以民为本、清正廉洁的好官和那些英勇善战的将领，在深层次上宣扬了为政之道。

三、信阳地区民间歌谣的分类及整理

（一）劳动歌谣

信阳的劳动歌谣有：伴随着劳动节奏而唱的歌，有夯歌、船工号子、搬运歌等，还有妇女劳动歌、牧歌、田歌（两者也称山歌）、采茶歌、渔歌、船歌、夯歌、石碾号子、工匠歌、叫卖歌等。从天时地利《二十四节气歌》，到收获果实的《满场满院堆五谷》，还有《上茶山》《摘茶歌》《打柴歌》《插秧歌》《捡棉花》等，几乎整个田间劳作都入了歌谣。

（二）时政歌谣

时政歌谣分"讽刺歌"和"颂歌"两部分。"讽刺歌"多是人民大众以清末和国民党当政者为对象，以其奸臣贼子为对象进行讽刺和抨击，如《原来林彪是奸官》。也有讽刺人民内部不正之风的，如《老公公还得当支书》。"颂歌"多是人民大众以共产党为歌颂对象，歌唱共产党的英明领导，推翻压在头上的帝国主义、封建主义、官僚资本主义"三座大山"，成立中华人民共和国，人民翻身做主人，如《红军来到鸡笼山》等。

（三）情歌歌谣

信阳民间情歌源远流长，根深叶茂，题材丰富，包括初识、试探、初恋、迷恋、相思、离别、苦情、痴情等类别。信阳情歌歌谣的内容包括反封建礼教拆散及摧残男女爱情的歌和敢于冲破封建枷锁自由恋爱的歌。如《手扶栏杆》《送情郎哥》《表哥与表妹》《青枝柳叶》《菱角开花》《偷花》《十想》《望郎》《一杯子酒》等。

（四）仪式歌谣

信阳民间歌谣中，关于风俗习惯、礼仪的歌谣非常多，可以说是一部黄淮流域风俗礼仪志。信阳的仪式歌分为以下五类：

（1）诀术歌。产生于远古的巫术，除祸消灾的活动。这类歌曲见于生活的各个方面，其中有些活动如求子、祈雨仍传于民间。

（2）节令歌。信阳节令歌多在农历春节、二月二、端午节、八月十五等传统节日进行有关仪式时演唱，多带民间宗教色彩。如商城县节令歌《四季景》。

（3）礼俗歌。信阳礼俗歌表现在生活、生产活动的各个方面，多是祝颂性的。礼俗歌中以婚嫁歌居多。婚嫁为男女终身大事。如商城县的《撒床歌》。

（4）祭祀歌。信阳民间多神崇拜意识较重，尤其是在山野乡村，历史传承下来的祭祀活动至今仍有迹可寻。除了天、地、祖灵、门、宅要祭拜之外，烧砖瓦者祭窑，撑船者祭河……巫医百工皆有祭。如商城县的《灶老爷上天见玉皇》。

（5）酒宴歌。信阳人喜酒、好客，无酒不成席。节日家宴，亲友往来为活跃酒宴气氛，产生了酒宴歌，形成了酒文化。酒宴歌边饮边念边舞动，富有节奏，饶有趣味。如商城县《猜拳歌》。

（五）儿歌歌谣

信阳儿歌均以"谣"的形式出现，它构思巧妙，想象奇特，语言活泼，节奏鲜明，读来朗朗上口，充满了天真的童趣，有时令人忍俊不住。信阳儿歌，是在历史文化源远流长、风俗文化蕴藏丰富的沃土上孕育起来的。它的内涵很丰富，种类也很多，大体上可以分为以下几类：

（1）摇篮曲。它是妈妈哼唱给婴儿听的歌谣。如淮滨县《小星星和小月牙》。

（2）生活知识歌。它是孩子们投入生活的大千世界以后，渴望认识人间万物的歌。如息县《对鸟名》。

（3）喻世教诲歌。它是在儿童游戏的愉悦中对儿童施教，以儿歌喻世明理的歌，其中饱含了长者对幼儿的希望。如商城县的《东南西北古人名》。

（4）谜谣。它是把谜语隐藏于其中的儿童歌谣。如信阳县《月亮谣》。

（六）历史歌谣

一些吟诵古人的歌谣，信阳人民常常用民歌来传承历史文化知识。这种内容的民歌在民间极为流行，将生活中的常识融入民歌中，不仅能对人具有一定的教育意义，还向人传授了知识经验，真可谓"寓教于乐"。传统曲目有：《十月花名》《对花》《四季忙》《十绣》《十把扇子》《放风筝》《二十四节气古人歌》等。

（七）红色歌谣

信阳红色歌谣，对近代以来的中国社会产生了极其深刻的影响。如北伐时期有《穷人小调》《穷人歌》《五更盼》《八月桂花遍地开》《拥护青年当红军》《红四军南下胜利歌》《十二月宣传歌》等；抗日战争中流传至今的有《四季歌》《淮南泪》《童养媳五更》等；解放战争时期由于人们仍然处在战事不断的恶劣环境中，也只有少量的民歌被保留下来，分别是《拉壮丁》《苦媳妇》《五更劝郎》《六朵花》等。

四、提炼信阳地区民间歌谣的中华传统文化精髓

（一）从其所传达的为人方面来进行提炼

信阳生活歌谣，主要是指反映人们社会生活及家庭生活的歌。有的反映生活事理、生活情趣，如劝导人们尊老敬贤，孝敬长辈，勤奋好学，团结互助，助人为乐等。有的暴露社会生活中不公平、不合理的现象，如贫富不均，穷人受苦、富人享福；大媳妇、小丈夫、妇女缠足及多子女之痛苦等。当然，目前一些新生活歌谣，大部分反映家庭生活幸福、婚姻自由美满，以及人与人之间的和睦、友爱等主题，其基调是积极向上的。

1. 孝顺、仁义

"仁"即爱人，是中华民族道德精神的象征，发端于家族生活中的亲情。漫长的封建社会小农经济条件，使中国人极为重视以血缘为纽带的家庭家族关系。信阳民间歌谣有很多仁者爱人的故事，让村民能从多姿多彩的人物故事中感性地体会到亲情的美好和人性的光彩。

如商城县民间歌谣《二十四孝古人名》传承中华传统美德孝道：

四季花开万年香，二十四孝美名扬。

安安为母送米来，王祥卧冰感龙王。

董永卖身葬父母，刘泉进瓜又回乡。

郭巨埋子天赐金，丁兰刻木上高堂。

孟宗哭竹冬生笋，王褒打蛟卧牙床。

江革敬母剜自肉，朱氏割肝救她娘。

子孙后代孝双亲，天下从此多安康！

2. 勤俭、温良

"勤"是日夜耕作在土地上形成的吃苦耐劳的品质。"俭"是对自己劳动果实的珍惜。三国时期诸葛亮就提出了"俭以养德"的思想，其中"非淡泊无以明志，非宁静无以致远"正是对这一思想的要求。在信阳新民间歌谣中，我们看到了信阳人民安居乐业的景象。

如《三遍采茶歌》：

头遍采茶茶发芽，手提篮来头戴花。

姐采多来妹采少，采多采少早回家。

二遍采茶正当春，两头各绣茶花朵。

采罢茶来绣手巾，中间绣个采茶人。

三遍采茶忙又忙，插得秧来茶要老。

丢掉茶筐去插秧，采得茶来秧要黄。

正如采茶歌中所写，采茶姑娘边采茶，边歌唱幸福的生活。在合作社的带领下，农民在采茶后，在农田里收了麦又插秧，喜迎丰收谷满仓。歌曲折射出新时代信阳人民勤劳致富、快乐满足的生活状态。

再如淮滨县《撒网小调》：

新漆的船哟，

新买的棹，

紧划慢划好顺手！

自己的网哟，

自己的钩，

多撒勤撒乐悠悠！

春天的鲇哟，

冬季的鲤，

秋夏捉鳝掏泥鳅。

包定了产哟，

包定了富，

舍得流汗啥没有！

苦出了头约，

盼喜酒，

只求绿水莫断流。

撒开了网哟，

张开了网，

捕得欢乐堆满仓。

信阳地区地势低平，湖泊密布，河渠密如蛛网，水田连片，素有"江南水乡"之称，植物茂盛，山清水碧，风光秀丽。"南船北马"是我国传统交通工具的显著特点。因而在这种地理环境中产生的信阳民歌清澈透明、小巧玲珑、优雅别致，起伏不大，节奏严谨，悦耳动听，如《撒网小调》《采茶油》《栽秧歌》等，纤巧细腻，缠绵悱恻，娓娓动听。勤劳的渔民一边打鱼，一边唱歌，唱出了对新生活的渴望，对美好未来的渴求。这种勤劳的风尚鼓舞着一代代信阳儿女勤劳致富，奔向美好的明天。

3. 宽容、诚信

"诚信"可以理解为以诚待人，言出必行。这是当代最应学习的，中国古代强调自我约束的能力，所以对"诚"与"信"的重视程度很高。信阳民间歌谣中体现这方面的例子很多，需要我们去挖掘、整理，并应用于乡风文明建设中。

4. 乐观、自信

豫南人民从来就有一种乐观向上、积极进取、不向苦难和厄运低头的生命意识。千百年来，广大劳动人民上山打柴唱着："十一月里来腊梅开，长工上山打干柴"；下田插秧时唱着："人人一把秧在手，口唱山歌手插秧"；薅秧时唱着："六月太阳红似火，拔去稗子长稻禾"；车水时唱着："一上水车把脚挪，边车水来边唱歌"；等等。民歌成为他们战胜黑暗的火种，迎接希望的曙光。

5. 团结、友爱

如光山县《团结起来力量大》：

一个巴掌拍不响，

一棵大树不成林。

团结起来力量大，

干活最好一群人。

（二）从其所传达为政方面来进行提炼

1. 安恤天下的能臣名士

如光山县民间歌谣《大智者李少》。李少幼时家贫，发愤求学，得以中举，赴湖北任职。因钱六姐以诗对招亲，李少上前应对，获胜，二人遂结为夫妇。因李少行为与官场格格不入，替百姓申冤，得罪权贵，遭到革职，与妻子钱六姐返回家乡。李少是汉族鲜见的机智人物，而钱六姐则是汉族少见的女机智人物，李少与钱六姐则组成了中国历史唯一的一对"智慧夫妻"。其在历史上的地位应该得到推崇、褒扬和尊敬。

2. 体恤百姓、勤俭廉正、为民着想、克己奉公的清官

信阳民间歌谣有很多内容在教育儿童乃至教育青少年时就要清晰地分清"公"与"私"、"大"与"小"的关系，让儿童从小就形成为他人考虑、为大局着想的习惯，克服自私自利的毛病。这需要我们去挖掘、整理，并应用于乡风文明建设中。

如固始县民间歌谣《万代留美名》：

赤胆忠心老包公，

陈州放粮为人民。

回到京里铡国舅，

又铡娘娘美西宫。

千年万代留美名。

3. 骁勇善战、精忠爱国、善用治军策略的将领

在三年解放战争时期，特别是1947年解放军进行战略大反攻，解放战争由内线转入外线，刘邓、陈粟等兵团强渡黄河，挺进大别山，信阳人民欢天喜地地编唱了《刘邓大军进山来》《刘邓大军似天神》等民歌，激励军民把武装斗争的红旗牢牢地插在大别山上，直到迎来全国解放。由于战争原因，信阳地区反映革命历史的民歌特别多，这表明了信阳人民富于反抗精神和坚强的性格以及乐观的生命意识。

4. 人民爱戴的领袖

人民公社时信阳民间歌谣唱道："太阳当顶正当心，毛主席是咱带路人，领导咱们组织起，挖掉穷根栽富根，人民公社万年春。"解放后，红太阳的光辉照亮了歌舞之乡，被压迫的劳动人民千言万语说不尽对毛主席的热爱、对共产党的恩情。

（三）从其所传达为学方面来进行提炼

1. 刻苦勤奋

光山县民间歌谣《大智者李少》讲的就是李少幼时家贫，发愤求学，得以中举，赴湖北任职。

2. 虚心好学

信阳民间歌谣山区民歌形式上独具特色，五句山歌就是大别山山区里的"土特产"。五句山歌往往以朴素的生活常识告诉人们生活的道理。如光山县民间歌谣《不学习成木头》："山歌不唱劲不足，芝麻不打不成油，白米不做不成饭，好纸不绘不成图，人不学习成木头。"劝诫村民虚心好学，才能有生存的本领。

3. 立志成才

信阳民间歌谣也特别注意提出"为学"的方法和思想，借助大量人物故事，让村民充分感受和感染乐学勤学的氛围，这对于激发村民的学习动力，端正村民的学习态度有着不可估量的作用。

五、升华信阳地区民间歌谣对乡风文明建设的文化意义

（一）爱国精神：升华为治平天下

信阳民间歌谣是豫南人民生活的写照，它忠实地记录了时代的脚印。一个时代的民歌，往往是这个时代的一面镜子，特别是在战争时期，大别山革命根据地的人民在轰轰烈烈的革命斗争中，创作了许多新民歌。如《送郎当红军》《妇女解放歌》《八月桂花遍地开》《妇女放哨歌》《十二月宣传》《兵变歌》等，表现了广大人民群众的革命热情，留下了那个轰轰烈烈的时代的影子。

如新县红色歌谣《送郎当红军》："送郎当红军哪，革命要认真哪，豪绅地主欺压咱穷人哪，哎呀，我的郎快去当红军，送郎当红军哪，坚决打敌人哪，国民党反动派坚决消灭清哪，哎呀，我的郎去当红军/送郎当红军哪/仇恨要记清哪/不消灭反动派你莫转回程哪/哎呀，我的郎快去当红军。"

革命时期的红色歌谣是新民歌的起点，这个时期的民歌色调鲜明，题材广阔，密切结合人民新的生活和斗争，密切结合社会改革运动。从反霸斗争唱到土地改革，从合作化唱到人民公社，多少歌手从农村唱到城市，从信阳唱到郑州，从郑州唱到北京。直到如今，信阳革命老区还在传唱革命歌谣，教育信阳儿女热爱祖国、热爱家乡，培养一代代信阳儿女的家国情怀。

（二）创新精神：升华为笃学慎思

为了使根据地的工农儿童、红军子弟有读书的机会，苏维埃政府创办了农村小学，通称列宁小学。新县郭家河列宁高级学校、箭河列宁小学还增设了成人班，徐向前、吴焕先等领导同志经常到校讲课。学校里流行《四季读书歌》：

春季读书天气和，好同学，哎哟！

理论就是革命舵，

看看"列宁报"，唱唱战斗歌，

身体壮，文化高，胜利才牢靠。

夏季读书夏日长，好时光，哎哟！

父母劳动热难当。

赶走帝国主义，消灭蒋匪帮，

为穷人大翻身，胜利有保障。

秋季读书百谷收，乐悠悠，哎哟！

我们穷人出了头，田地人人有，

吃穿两不愁，要保卫，

鄂豫皖，人民得自由。

冬季读书雪满天，正农闲，哎哟！

学习操练不怕寒，交流好经验，

技术要钻研，

消灭那，包围战，做个战斗员。

这首歌为鼓励学生们刻苦学习，起到了很好的宣传作用。

（三）艰苦奋斗、自力更生：升华为存养修身

如固始县歌谣《想吃鲜桃把树栽》："想吃鲜桃把树栽，想吃鲜鱼把网抬，想吃大米把田种，想吃细面把磨推，样样都从劳动来。"

（四）社会公德和文明教育：升华为存养修身

如光山县歌谣《尊老敬贤留美名》：

唱罢一声又一声，

声声里头表深情，

子女要把父母敬，

学生还要敬先生，

尊老敬贤留美名。

（五）家庭伦理道德建设：升华为六亲和睦

"六亲和睦"的基本思想是指家庭亲属之间的和睦相处，而和睦的前提条件是家庭成员间恪守各自的角色规范，"父义、母慈、兄友、弟恭、子孝，内平外成"。信阳民间歌谣一个个鲜活的故事，使作为宗法伦理核心的孝道，成为村民们内心深处的一种情感要求和道德自觉，养亲、敬亲、爱亲、以礼事亲成为日常的操守。

如光山县《四靠歌》：

锣靠鼓来鼓靠锣，

新来的媳妇靠公婆。

兄弟小了靠大嫂，

妹妹小了靠哥哥。

请君牢记四靠歌。

六、信阳民间歌谣服务新农村乡村振兴战略的实现途径

（一）抓民间歌谣活动载体，创新教育形式

可以定期聘请信阳民歌的传承人走进乡村向村民介绍和讲解信阳民间歌谣。农民在生活和工作实际中创新了很多新的活动载体和活动形式，比如农民艺术节，围绕艺术节活动的开展，广大农民用艺术形式陶冶情操、教育自己，大大地推进了文明乡风建设、自娱自乐、歌颂农村的新气象。各种形式的城乡共建活动、各有关部门积极开展的"三下乡"活动、各村镇之间的交流活动也是重要的活动载体。在这些活动中，送文化演出节目中，及时编排新歌谣如《和谐美丽新农村》《赡养义务》《科学发展三字歌》《文明教育素质高》等节目，用广大群众所喜闻乐见的文化演出的形式把乡风文明的内涵表现出来，唱响了共建和谐镇村，弘扬文明新风的主旋律，为社会主义乡风文明建设营造了良好的宣传氛围，激发了基层群众建设社会主义新农村的积极性。

（二）整合民间歌谣文化资源，发挥特色优势

改革开放以来，随着我国农村经济的快速发展，大多数农民特别是先富起来的农民，

已不满足于"白天拿锄头，晚上靠枕头"这种单调的生活方式，他们渴望有各种各样的文化活动。但是，由于经济条件的制约，农村文化资源相对不足，缺乏固定的文化活动场所，无法满足农民日益增长的文化需求。这就需要政府加大对农村文化建设的投入，充分利用农村中隐性资源，整合民间歌谣资源，尽快建立起适应社会主义新农村建设的新型文化模式。可利用农村晚上的小舞台，如新县的地灯戏、光山的花鼓戏、罗山的皮影戏等，用当地的小调进行民间歌谣的演唱，移风易俗，丰富农民的夜间文化生活。

（三）以民间歌谣的形式抓评比推动，树立新风尚

在乡风文明建设活动中，要结合农村群众性的精神文明创建活动，挖掘和培育一批典型，用民间歌谣的形式演唱，起到示范和引导作用。开展文明幸福家庭创建评比活动，表彰文明幸福家庭户、文明幸福示范家庭户、文明幸福标兵家庭户，道德模范户户，树立可学、可比文明典范。比如，可以开展创建文明村镇活动，通过行政监督和评比竞赛，调动各村镇建设"两个文明"的积极性，从而造成积极向上的小气候；还可以开展评选"五好家庭""农村文明户""星级文明户""科技示范户""好媳妇""好婆婆"等活动，由有关部门制定评选标准，并向农民宣传公布，让农民自己对照条件、相互评比，然后逐级审批，统一表彰，上门钉牌。这是运用农民的荣誉感、进取心和从众心理，强化农民参与乡风文明建设的自觉性和积极性。在对典型家庭和人物进行宣传、表彰的同时，对那些嫌老、虐老、破坏邻里关系等行为进行揭露和谴责，使农民群众养成正确的荣辱观，形成文明和谐的社会氛围。

（四）以民间歌谣融入乡村旅游，促进乡村文化建设

把信阳民间歌谣中的优秀曲目加入当地旅游中，形成特色演出。可以借鉴河南开封清明上河园中的《大宋东京梦华》、河南登封嵩山的《禅宗少林·音乐大典》等演出形式，将信阳民间歌谣编入篇章节的演出中，加强歌曲的故事感，突出信阳民歌曲调和方言特色，体现信阳文化，在当地逐步形成以信阳民歌为主题的特色旅游。如商城《八月桂花遍地开》可以用民间歌谣排成情景剧，在旅游景点循环演出。可以举办商城民歌演唱会、光山花鼓戏演唱会、新县民歌演唱会等，邀请信阳电台和信阳电视台播放富有当地特色的代表性民歌，把全部录音、视频复制一份，让全区各县广播站、电视台播送，并号召广大人民传唱。市、县、乡文化局可将其中的经典民间歌谣印成册，发放给游客。这样不但能为当地旅游增添一抹亮色，更重要的是信阳民歌随着旅游效应又可以传遍全国。

（五）以点带面促进民间歌谣传播传统美德

以信阳民歌最多的 5 个传统村落为个案，通过对商城县双椿铺镇民间歌谣、光山县白雀园镇冯寨村冯冲组传统村落的民间歌谣、泼陂河镇黄涂村龚冲村民间歌谣、罗沟村民间歌谣和新县八里畈镇南冲村（该村为民歌村）的田野调查，来探讨民间歌谣中所蕴含的

中华传统美德与现代乡村文明建设的关系，通过对信阳民间歌谣挖掘、整理、提炼、升华，从信阳民间歌谣当下的文学社会效应角度探讨乡风文明建设，并提出相应对策和建议。将信阳民间歌谣与乡村文明建设的内容进行融合，从而使信阳民间歌谣的中华优秀传统文化成为乡风文明建设的抓手。

（1）把信阳民间歌谣中个人道德规范表现在忠义、孝顺、仁义、俭朴、温良、宽容、诚信等多个方面和乡村文明建设中的家庭道德建设、社会公德及文明教育联系起来。

（2）为政方面所表现在安恤天下；体恤百姓、勤俭廉正、为民着想、克己奉公；骁勇善战、精忠爱国、善用治军与乡风文明建设中的爱国主义精神相结合。

（3）为学方面所表现的刻苦勤奋、虚心好学、立志成才和乡风文明建设的艰苦奋斗、自力更生传及创新精神联系起来。从而达到使村民在为人、为政、为学上有着存养修身、六亲和睦、笃学慎思、治平天下的文明和素养，成为建设社会主义新农村的生力军。

以民歌丰富的传统村落进行宣传，可以以点带面，促进其他村落的乡风文明建设。把传统民歌灌注新时代的内容，用传统民歌的曲调演唱，"旧瓶灌新酒"，让村民浸染在存养修身、六亲和睦、笃学慎思、治平天下的氛围中，这样的人文教化内容间隔着大量反复出现在村民的视野、听觉中，于不知不觉中在村民心目中树立了一个参照效仿的丰碑，随着时光的积淀和视、听感觉的深入，这些民间歌谣将会对村民有着很强烈的激励自警和楷模作用。信阳民间歌谣不断传承中华优秀传统文化，把乡村振兴战略乡风文明建设中的爱国主义、创新精神、勤俭持家、社会公德、文明修养及家庭伦理道德等进行融合，从而达到建设乡风文明，进而实现乡村振兴的目标。

参考文献

［1］刘守华，陈建宪丛书主编；孙正国主编；刘春艳、樊小玲副主编．中国民间歌谣经典［M］．武汉：华中师范大学出版社，2014.

［2］冬池采集中国民间文艺研究会．大别山老根据地歌谣选［M］．北京：作家出版社，1957.

［3］王道云，河南民间文学集成编委会．信阳地区歌谣卷［M］．郑州：中原农民出版社，1991.

发展特色优势生态农业助推乡村振兴

——广东省原中央苏区县大埔发展蜜柚 生态富民产业的调查与思考

连建文　黄更亮[*]

摘　要：本文系统总结原中央苏区县大埔30多年的蜜柚种植发展历程，对发展革命老区蜜柚特色生态农业助推乡村振兴进行分析和研究，提出了培育大埔蜜柚品牌，使蜜柚产业成为富民工程，建立健全城乡融合发展体制机制和政策体系，加快推进农业农村现代化的对策及建议。

关键词：生态农业；蜜柚产业；乡村振兴；大埔

党的十九大报告提出实施乡村振兴战略，坚持农业农村优先发展，按照产业兴旺、生态宜居、乡风文明、治理有效、生活富裕的总要求，建立健全城乡融合发展体制机制和政策体系，加快推进农业农村现代化。

大埔县位于广东省东北部，全县辖14个镇1个林场，总人口57万人，地域面积2467平方公里，其中山地面积298万亩，耕地24.759万亩，是典型的"八山一水一分田"的山区县。自1985年以来，在历届大埔县委、县政府的高度重视下，因地制宜，发挥优势，经过农业技术部门的精心选育、提纯复壮，形成了具有大埔特色的蜜柚品种，大埔蜜柚逐渐由零星种植变为规模发展。通过政府引导和农业龙头企业的带动，逐步形成基地化、规模化、标准化、一体化种植和经营。经过30多年的发展，大埔蜜柚成为有规模有档次的特色效益生态农业，成为革命老区、原中央苏区农民脱贫致富和助推乡村振兴的农业主导产业。2017年，大埔县蜜柚种植面积达21.9万亩（其中红肉蜜柚13.5万亩），产量25万吨，产值9.86亿元，全县农村人口单蜜柚平均收入2400元以上。2018年，大埔县蜜柚产业园成功入选广东省第一批15个省级现代农业产业园，大埔已成为"中国蜜柚之乡""中国绿色生态蜜柚示范县"。

---

  *　作者简介：连建文，广东省梅州市老区建设促进会副会长；黄更亮，广东省梅州市大埔县委办常务副主任。

一、发展优势和主要特点

（一）生态环境良好，柚果早熟品优

大埔县年平均气温22.1℃，年平均降雨量1750.3毫米，工业少，空气清新，无污染源；县域内海拔500米以上的中低山约占10%，海拔500米以下的丘陵约占90%；土壤大多属于酸性红壤，土层深厚，土壤疏松，有机质含量高，是富硒土壤带。据广东省生态环境与土壤研究所分析测试中心对大埔县117个土壤样品检测显示，达到富硒标准的土壤样品82个，平均硒含量0.513毫克/公斤土，比国家富硒标准0.4毫克/公斤土高出28.3%，高的达1.90毫克/公斤土，富硒土壤分布在全县15个镇场。蜜柚的生长特性要求海拔不能超过700米，土壤肥沃，有机质含量高，大埔县地形与土壤条件非常适宜蜜柚的生长。同时，由于大埔积温较高，柚果品质更佳，清甜醇蜜，成熟期早，能在"中秋节"前成熟，具有应节的优势。据了解，全国能在"中秋节"上市的蜜柚产区有广东、广西和海南，占全国总产量的15%，而只有广东大埔的早熟蜜柚酸甜度适中，产品竞争力强，目前大埔已发展成为广东省最大的蜜柚种植县和中国最大的红肉蜜柚种植基地。

（二）种植规模标准化，注重培育品牌

蜜柚种植面积约占全县水果总面积的80%，成为大埔县的主要经济作物。全县20亩以上的种植基地有1025户，百亩以上的种植基地有106户，千亩以上的种植基地有12户，规模化种植程度高。2017年，湖寮镇获评"蜜柚专业镇"，大埔县被认定为"广东省出口食品农产品质量安全示范区"和"广东省农产品出口示范基地"。据统计，全县种植蜜柚的省市县级农业龙头企业79家，蜜柚农民专业合作社285家，上规模的蜜柚场126户，带动蜜柚种植农户7万多户。

与此同时，大埔注重品质提高和品牌培育。蜜柚被评为"2012广东十大最具人气土特产""2015岭南十大养生特产"。"星奇泰"蜜柚、"太子妃"名柚、"梅妃"红肉蜜柚和"客都妹"蜜柚被评为广东省名牌产品。2015年大埔蜜柚被认定为国家地理标志保护农产品，2017年大埔蜜柚成功入选为"中欧100＋100"地理标志互认互保产品，成为梅州唯一、广东省仅两个入选的农产品之一。2016年成功创建全国绿色食品原料（10万亩大埔蜜柚）标准化生产基地和省级出口蜜柚质量安全示范区。目前，正在推进省级蜜柚产业园建设，全力创建国家级出口蜜柚质量安全示范区。2017年，大埔蜜柚加工包装出口德国、荷兰、法国等欧盟十几个国家以及俄罗斯、加拿大、中东等国家和地区达到近1万吨，为人埔蜜柚的销售提供了更为广阔的空间。

（三）产业融合发展，带动农民致富

1. 坚持农旅结合

近年来，大埔县委、县政府抓住蜜柚发展的前景广阔优势，组织群众在山地、坡地、旱地种植蜜柚，撬动社会资本，共同推进蜜柚产业发展，因势利导把果园变成公园，促进第一、第二、第三产业融合发展。2012 年，县委、县政府因势利导发展精致高效农业，示范带动农民耕山致富，建设大埔大公园，拓展农业功能开发。在原有蜜柚基地的基础上，在省级双髻山森林公园内打造了大埔蜜柚生态公园，总面积 5000 多亩，是一处集蜜柚生产、农业观光、生态休闲于一体的果树公园，也是"梅州市出境水果果园注册基地""全球良好农业 GAP 认证基地"和"中国绿色食品认证基地"。大埔蜜柚公园的建设有效推进全县把果园打造成为休闲观光示范园，促进了农业与旅游相结合，提升了农业经济效益，为广大游客、市民提供观光休闲的好去处。大埔县兴瑞现代农业发展有限公司是一家集蜜柚种植、收购、加工、销售以及生态农业旅游于一体的综合性现代农业开发企业。公司利用现有基地正积极规划以蜜柚种植加工为主，集农业观光、农耕体验、山地运动、垂钓养殖及休闲度假为一体的农业生态园。公司通过构建"生态农业种植、生态农产品加工、生态农业观光、农耕文化体验"等多元化为一体的蜜柚生态园，实现"田园变花园、园区变景区、农事变乐事"的转变。结合长新村"千年仙桂"乡村休闲旅游区建设规划，制订《长新村兴瑞现代农业生态园规划设计方案》，相关工作正在推进中，农旅融合发展取得较好成效。百侯镇侯南村被授予"中国乡村旅游模范村"称号，三河三农富贵庄园被评为"中国乡村旅游模范户"；三河镇获评"广东休闲农业与乡村旅游示范镇"。2015 年，大埔县被农业部和国家旅游局评为"全国休闲农业与乡村旅游示范县"。目前大埔蜜柚第一、第二、第三全产业链已基本形成，成功举办了 5 届蜜柚名茶旅游节等活动，积极探索发展观光农业、农耕文化展示教育、休闲农业等，并与社会主义新农村建设结合起来，第一、第二、第三产业融合发展初见成效。

2. 注重精深加工

目前，大埔县共有蜜柚精深加工厂 3 间，初加工厂 27 家，生产车间 6 万多平方米，可解决 15 万吨蜜柚的初加工。大埔县上规模的蜜柚加工厂 9 家，其中 6 家位于产业园内，湖寮镇有 3 家，产业园蜜柚加工转化率达到 28.6%，加工产值达到 3.6 亿元以上，产业园具备建设蜜柚加工园区的基础条件。进入产业园参与蜜柚产业生产经营的农业龙头企业有 73 家，其中省级 13 家、市级 25 家、县级 35 家。在龙头企业的带动下，蜜柚精深加工已发展到新的高度。目前，产业园内通美实业有限公司、广东顺兴种养股份有限公司、梅州万川千红农业发展有限公司等企业蓬勃发展，蜜柚精深加工成为一大亮点。广东顺兴种养股份有限公司于 2016 年 8 月 5 日在新三板挂牌，成为梅州市首家在新三板挂牌的种植企业，该公司拥有 2384 亩自营蜜柚农场，基地面积达 6000 多亩，20000 平方米柚果加工厂，拥有国内先进的柚果生产加工设备和自动化生产线，柚果日加工包装能力达 800 吨。

大埔县通美实业有限公司是国内领先的柚子全果研发生产销售创新企业，拥有国内先进的柚产品研发中心，拥有自主开发的柚产品全果深加工生产线，已成功研发包括蜂蜜柚子茶、柚子酥、柚子脆片、柚小丁、柚子月饼、柚子露酒等深加工系列健康产品。该公司在市面上流通的柚子深加工产品多达50多种，正研发储备的产品还有100多种。梅州万川千红农业发展有限公司创办于2009年6月，是一家集"公司＋基地＋农户＋互联网"为一体的现代化农业产业开发公司，是省、市、县重点农业龙头企业，主要从事现代生态农业开发、精品果业种植、蜜柚加工、网络销售等业务。目前，基地种植面积达到2300多亩，种植各类蜜柚4万多株，并依托"互联网＋"开辟营销新渠道，走产销一体化道路，把品质优良的蜜柚销往全国各地，实现农民增收、企业增效。

3. 营销渠道完善

大埔县委、县政府出台系列优惠措施，搭建推介平台，同时鼓励农业龙头企业参加国内外的各种农博会和展销会落订单，并在北京、哈尔滨、上海以及广东珠三角等20多个省市设立了柚果直销点。为推介宣传大埔蜜柚，自2013年开始，大埔连续举办五届"蜜柚名茶旅游节"，吸引了省内外农产品生产流通企业、行业协会、农村电商领域专家学者、市民消费者、媒体，为宣传大埔蜜柚品牌创造了良好的舆论氛围。以"健康产业、地标品牌、农村电商、融合发展"为主题的2017年大埔县蜜柚名茶旅游节暨农村电商发展峰会开幕日当天订购签约金额达2亿多元。同时，实行"农超对接"，在家乐福、百佳等大型超市和连锁店建立销售网点。2007年起，大埔蜜柚直接出口欧盟，标志着大埔县蜜柚销售走上新台阶、开辟了新局面。目前，大埔蜜柚加工包装出口德国、荷兰、法国等欧盟以及俄罗斯、加拿大、中东等十几个国家和地区，开拓了更广阔的市场。全县蜜柚加工包装自主出口9000多吨，占梅州柚类出口总额的近70%。品牌建设为大埔县蜜柚产业向高端化发展奠定了坚实基础，销售网络的逐步完善升级，给大埔蜜柚带来了无限商机。另外，大埔蜜柚成功借力电子商务，同步开展线上销售。2015年，为帮助柚企开拓销售渠道，大埔县以入选"全国供销社电商示范县"为契机，投资近3000万元打造设施完备、服务优质的大型综合电子商务园区——客都供销商城。目前，大埔客都供销商城注册人数超过1200户，50多家企业进驻。

4. 促进脱贫致富

大埔蜜柚基本能在中秋节前成熟，具有应节优势，在管理到位的情况下，一般种植后3～4年开始挂果，丰产期连续可达30年，蜜柚1次种植可实现多年采收。按照一棵树75公斤、每亩地种40棵计算，1亩地可产3000公斤左右，每公斤鲜果按市场6元左右的价格，群众种植1亩地可收入1.8万元，真可谓一棵柚子树，致富了千家万户。近年来，由于市场形势走好，群众普遍得到实惠，极大地激发了群众发展生产的热情，同时大埔县柚农经较长时间的种植，具备丰富的技术基础和管理经验。

（四）加强对外合作，坚持绿色发展

大埔县高度重视与科研院所开展合作，与广东省农业科学院、梅州市农业科学院、华南农业大学签订了技术合作协议，在人才培养、共建现代农业特色产业基地、科技研发等多方面展开合作。2016年6月，大埔县农业综合开发办公室和梅州市农业科学院签订了技术合作协议。2017年2月，大埔县人民政府与广东省农业科学院签订全面战略合作框架协议，在蜜柚、茶叶、蚕桑、南药、优质蔬菜生产等多方面进一步开展全方位、深层次、宽领域的科技战略合作关系。同时，企业切实加强与科研院所的合作，蜜柚科技创新能力不断提高。广东顺兴种养股份有限公司创建了"梅州市顺兴蜜柚农业科技创新中心"和"广东顺兴农业物联网服务平台"，还与广东省农科院等国内科研机构建立了长期的"产学研"合作。

与此同时，县相关部门加强管理，推广绿色发展理念，对蜜柚实施标准化种植。通过发展"公司＋农户或合作社＋基地＋社员"生产模式，采取统一使用标准农药、统一标准化生产、统一品牌、统一收购出口"四个统一"的措施，确保全县蜜柚从用料到技术实现标准化生产，并建立了产品安全质量管理机制和追溯制度，保障果品品质。2017年，大埔县稻果菜茶农药使用量（商品量）60.49吨，比上年减少0.14吨；稻果菜茶农药利用率达到37.4%，比上年提高6.55%；稻果菜茶绿色防控面积7.3万亩，比上年增长17.74%；稻果菜专业化统防统治面积31.9万亩次，比上年增加0.6万亩次；推广高效植保机械112台/套，比上年增加64台；病虫防治专业服务组织85个，比上年增加54个；现有绿色防控示范区5个、统防统治防控示范点5个。全县果菜茶药有机肥替代化肥行动开展宣传培训15场次，培训2500人次，发放宣传资料3000份，出版宣传栏9期，果菜茶药园施用有机肥面积12万亩，果菜茶药园有机肥施用量6万吨，政府财政、企业、农户投入资金4800万元，建立有机肥替代化肥行动专业服务组织1个。目前，全县有经认定的无公害蜜柚基地4个，面积388.67公顷，批准产量11430吨；经绿色食品认证蜜柚基地5个，批准产量8525吨；经有机认证蜜柚基地9个，面积74公顷，批准产量5923吨。2012年，大埔县获得"中国绿色生态蜜柚示范县"荣誉称号。2016年，大埔县成功创建"全国绿色食品原料（10万亩大埔蜜柚）标准化生产基地"和"省级出口蜜柚质量安全示范区"，成为梅州首个省级出口食品农产品质量安全示范区。产业园蜜柚产品达到绿色食品标准的占比95%以上，无公害农产品占比99.9%以上。其中，广东顺兴种养股份有限公司先后通过广东首家柚类全球良好农业规范"GLOBALGAP"认证、ISO9001：2000质量管理体系认证。

二、存在的主要困难和问题

尽管大埔县蜜柚产业的发展取得了可喜成绩，成为革命老区、原中央苏区的一项重要生态富民产业，但发展过程中也遇到不少困难和问题，主要有如下几方面：

（一）初级加工厂比较紧缺，仓储物流能力有限

蜜柚产品流通建设与农业生产提供农产品的能力还不匹配，目前大埔县的初级加工厂才10多间，与福建漳州平和县遍地开花的加工厂相比差距较大，远远满足不了蜜柚产量的加工仓储需求，影响了蜜柚产品的后期保存与加工，导致果品采摘后的被动销售局面。同时，由于仓储、物流、加工设施建设相对滞后，导致一些水果供应链公司（一年四季的水果都经营的公司）不得不与福建平和的加工厂合作。由于市场销售受制于人，市场价格波动较大，存在季节性积压情况，出现"卖果难"的问题，良性循环发展仍未形成。

（二）市场营销团队比较缺乏，难以保障稳定增收

由于大埔蜜柚具有早熟的优势，多年来柚农们习惯等待果商上门采购，很少主动去开拓市场。同时，国际、国内市场对大埔蜜柚认知度还比较低，品种的市场竞争力比较小，而且做水果营销会遇到仓储、损耗、价格波动等风险，这种吃力未必讨好的苦活很少人肯干，导致整个行业缺乏市场营销的前沿团队，蜜柚销售难以有稳定价格，切实保障果农收入。另外，部分人利用微信、微店、淘宝、天猫等电商平台进行线上销售，基于圈子影响力和购买力有限，再加上大埔的物流承载能力非常有限，线上销售的数量份额与产量相比也是非常有限。

（三）精深加工发展比较缓慢，综合利用不够充分

目前，大埔县仅有3间蜜柚精深加工厂，参与研发的公司稀少，同时研发出来的产品缺乏市场竞争力，也未得到市场的认知和认可，目前只是属于概念性的产品，未能带来柚果的大量消化能力。

（四）大埔蜜柚品牌影响力还有待进一步提升

尽管近年来大埔注重品牌的培育和对外营销，但在北京、上海等大城市知名度还比较低。据了解，对外打"大埔蜜柚"品牌销售还不通畅，很多高品质的大埔蜜柚被水果经销商收购后用福建平和蜜柚品牌进行销售。

三、几点建议与对策措施

（一）加大对外宣传力度，提升品牌影响力

在大埔县继续办好蜜柚节进一步做好宣传的同时，建议上级大力支持原中央苏区的发展，参照中央电视台对福建平和蜜柚和赣南脐橙免费宣传的做法，免费为大埔蜜柚在中央电视台宣传，提高大埔蜜柚的知名度和影响力，进一步擦亮大埔"中国蜜柚之乡"品牌。

（二）加大政策扶持力度，不断拓展营销渠道

建议上级加大原中央苏区的政策扶持力度，支持广东顺兴种养股份有限公司等企业在主板上市，切实解决企业发展融资难等问题，以更好地带动全县柚农和贫困村贫困户脱贫增收。

（三）突破仓储加工瓶颈，延伸产业链条

支持大埔县全力建设省级现代农业产业园和创建国家现代农业产业园、国家级出口蜜柚质量安全示范区和2018年大埔蜜柚绿色高质高效示范县，不断优化蜜柚产业结构布局、推广应用先进适用技术、提升蜜柚仓储及精深加工能力，从而推动蜜柚产业结构优化、集聚发展、扩大出口。

（四）着力提升精深加工能力，提高产品附加值

目前，全县有蜜柚精深加工厂3间，初加工厂27家，生产车间6万多平方米，可解决15万吨蜜柚的初加工。如大埔县通美实业有限公司目前研发柚子健康食品系列50余种（如冰糖柚子蜜、柚子健康零食、柚子酱、柚子月饼、柚子酥、柚子粉、柚子糕点馅料与各种柚子原料，佐料，柚子精油，生物酵素及柚子护肤系列等）。广东顺兴种养股份有限公司开发蜜柚果脯、果酱、蜂蜜柚子茶、蜜柚果汁饮料、生物提取精油、柚皮苷、蜜柚果胶等系列深加工系列产品以满足市场需求。接下来还需拉大农业产业链条，进一步打响"中国蜜柚之乡"金字招牌，提高品牌影响力。

（五）培育新型农民和专业人才队伍，确保持续健康发展

建立新型的人才培养、聘用选拔和奖惩制度，培养职工的责任感、荣誉感、归宿感，激励职工的积极性与创造性。对省级蜜柚产业园发展急需的各类专业技术人才，尤其是懂管理、善经营的复合型人才，要加快引进和积极培养；面向社会招聘市场经济意识强、专

业素养好、职业操作技能高的人才担任产业园的管理人员。用好科技特派员等制度，吸引国内外科研、教学和推广单位的优秀人才投身现代农业产业园发展。

（六）做强特色生态产业，全力助推乡村振兴

依托大埔县优势特色生态产业——蜜柚产业，按照标准化、规范化、科学化、产业化的发展要求，以"高产、优质、高效、安全"为主攻方向，以"适度规模，合理布局、标准建设、质量为先"为发展思路，重点加强种植基地和种植管理技术体系建设，建成一批规模化原料生产大基地，培育一批农产品加工大集群和大品牌，将蜜柚产业打造为品牌突出、业态合理、效益显著、生态良好的示范产业，加快实现产业兴旺，促进农民增收致富，全力助推乡村振兴。

普惠金融视域下农民金融素养的
农业保险参保效应研究

何学松　孔　荣[*]

摘　要：基于普惠金融视角，采用秦巴山区 690 户设施蔬菜种植户的田野调查数据，运用中介效应模型和调节效应模型实证分析了金融素养对农民农业保险参保行为的影响效应及其作用机理。研究发现：农民金融素养水平相对偏低，样本农民回答金融素养测度指标的平均正确率仅为 42.09%；金融素养显著正向影响农民农业保险参保行为，金融素养每提升 1 个单位则农民参保农业保险的概率将提高 15.50%；农业保险感知价值在金融素养影响农民农业保险参保行为关系中具有中介效应，中介效应占总效应的比重为 62.34%；规模经济效应作用机制下，农业生产经营规模在金融素养影响农民农业保险价值感知和农业保险价值感知影响农民农业保险参保行为关系中均具有显著的调节效应，农业生产经营规模每提升 1 亩则金融素养对农民农业保险感知价值的影响效应将提高 0.72 个单位，农业保险感知价值促进农民农业保险参保的概率将提高 3.20%。

关键词：普惠金融；金融素养；农业保险；参保行为；感知价值；经营规模

一、引　言

自 2005 年联合国首次提出普惠金融（Inclusive Financial System）概念以来，普惠金融的发展理念和政策措施在国际范围内得以迅速推广，已有近 2/3 的金融监管当局明确表示将承担提高普惠金融发展水平的责任，50 多个国家制定了提升普惠金融水平的具体目标和任务。近年来，中国采取了系列政策措施以推进普惠金融建设：2013 年党的十八届

---

　* 作者简介：何学松，西北农林科技大学博士研究生，信阳师范学院副教授，研究方向为农村金融；孔荣，西北农林科技大学经济管理学院教授、博士生导师，研究方向为农村金融，为本文通讯作者。

三中全会通过的《中共中央关于全面深化改革若干重大问题的决定》明确提出要大力发展普惠金融；2014 年政府工作报告强调要以普惠金融为抓手来促发展、惠民生和推进社会公平正义；2015 年中央全面深化改革领导小组审议通过了《推进普惠金融发展规划（2016～2020 年）》。

金融素养是指人们掌握基本金融概念以及在使用和管理资金时能够运用这些知识来配置金融资源以实现终身财务保障的能力。提升消费者金融素养水平是普惠金融发展的重要政策目标。二十国集团杭州峰会将消费者金融素养水平纳入 G20 普惠金融测度指标体系，《推进普惠金融发展规划（2016～2020 年）》明确提出要"深入推进金融知识普及教育、培育公众的金融风险意识、提高金融消费者维权意识和能力"。近年来，实践界和理论界聚焦个体金融素养及其福利效应进行了深入研究：实践层面，如美联储前主席伯南克指出"最近的危机证实了金融素养和正确的金融决策是至关重要的，这种重要性不仅体现在家庭的经济福祉上，也体现在整体经济系统的健康稳定上"；理论层面，学者们围绕金融素养水平测度、金融素养对储蓄、借贷与投资等金融行为的影响及其福利效应进行了诸多研究，研究发现金融素养缺乏会导致个体非理性的投资理财行为，造成个人财富面临较大风险甚至引发家庭金融危机。然而现有金融素养的研究对象主要聚焦城镇居民、青年学生与金融市场投资者，鲜有对农民金融素养水平及其对金融行为影响的理论与实证研究。虽然从总体上看，农民金融素养水平相对偏低，但随着农民分化程度的逐步加深、新型职业农民和创业农民的大量涌现，农民金融素养水平呈现较大差距，这种差距意味着部分农民参与金融活动的可能性。

农业保险是防范自然风险与市场风险对农业生产经营冲击的有效市场化手段，既是 WTO 框架下农业支持保护的"绿箱政策"，也是金融扶贫的重要政策措施，具有分散农业风险、补偿农业损失、融通农村资金、承接支农惠农工具和参与农村社会管理等多方面的功能，在保障农业生产和国家粮食安全、促进农民增收和农村经济发展、维护农村社会稳定等方面具有作用。2007 年中央财政补贴农业保险保费以来，我国农业保险获得了显著发展，然而作为农业生产经营重要主体的农户尤其是小规模农户，一直存在着农业保险需求不高与参保比例过低的突出问题。《中国农业保险市场需求调查报告》显示，主动购买农业保险的农户比例仅为 3.75%，农业保险支付意愿在 20 元以下的农户比例高达 87.68%。基于此，本文以农业保险参保行为为例，阐释金融素养引致农民农业保险参保行为的内在机理，采用陕西省设施蔬菜主产区 690 户种植户参保设施蔬菜"银保富"大棚损失险（以下简称设施蔬菜险）的田野调查数据，实证分析农民金融素养水平及其对农业保险参保行为的影响，其研究意义在于可为提升农村居民金融素养水平、促进农业保险发展与推进农村普惠金融建设提供理论依据与实践建议。

二、金融素养影响农民农业保险参保行为的机理分析

农民参保农业保险是对农业保险的感知价值与交易成本进行权衡的决策过程。金融素养作为一种特定形式的人力资本，通过提高农民对农业保险的感知价值促进农民参保，在规模经济作用机制下，金融素养对农民农业保险参保行为的影响效应在很大程度上受到农民生产经营规模的制约。

（一）金融素养、农业保险感知价值与农民农业保险参保

消费者行为理论表明，消费效用是消费者根据消费对象的感知价值满足其消费需求程度的主观评价，是制约消费行为发生的决定性因素。感知价值是指消费者基于感知利得与感知利失而对一个产品（或服务）效用的总体评价，其中感知利得是指消费者获得的消费价值总和，包括功能价值、情感价值与社会价值等，感知利失是指消费者付出的成本，包括价格成本、时间成本、交通成本等。刘胜林等研究显示，感知价值显著影响生猪养殖户的保险支付意愿，其中感知费用的影响最大，感知风险、认知态度和功能价值感知的影响次之；徐敬俊等研究表明，海洋水产养殖户的渔业保险感知价值是影响其参保意向的决定因素；郭翔宇等研究发现，种植户对农业保险保障水平的评价显著影响其参保意愿。

金融素养有助于提高农民对农业保险价值的感知能力进而促进农业保险参保，主要表现在：一是有利于提高农民对农业保险防范自然灾害冲击、保障农民收入稳定功能价值以及通过农业保险保单质押贷款破解农民融资难题等方面功能与作用的感知能力；二是能够增强农民对农业保险是政府强农惠农政策的理解能力，提升对农业保险政策的信任度与满意度，提高农民对农业保险的情感价值；三是能够促使农民认识到农业保险不仅关系到自身农业生产经营的稳定，也会影响总体农业生产的稳定与价格波动，深化对农业保险的社会价值认知；四是有助于提高农民的成本意识和成本核算能力，农民是否知晓政府补贴农业保险保费以及补贴比例在一定程度上影响其对农业保险价格成本的感知程度。

（二）金融素养、经营规模与农民农业保险感知价值

不同经营规模的农民，其农业收入占总收入的比重有较大差异，农业保险赔付收入在家庭总收入中的重要性有较大不同，因而农民感知的农业保险功能价值呈现较大差异。王敏俊对浙江省小规模农民农业保险参保行为影响因素的分析表明，小规模农民由于对农业生产的收入预期较低，因而农业风险防范意识和参保意愿均较低；钟甫宁认为，我国农业保险对规模经营农民的风险管理和收入支持作用较大，因为其收入主要来自农业生产，但对数量众多的小规模经营农民来说，由于农业收入和农业保险的赔款收入在家庭收入中的

比重较低，绝大多数小农民的参保预期收益并不高。理论上讲，经营规模越大、金融素养水平越高，则农民的农业保险感知价值就越大，进而促进农民农业保险参保的可能性越高。

（三）农业保险感知价值、经营规模与农民农业保险参保

规模经济理论表明，单位产品的平均成本随着经营规模的增加而下降。农业保险的参保与理赔均需要花费一定的信息搜寻成本、时间成本、交通成本与通信成本等交易成本，作为固定性成本支出，农业保险的单位交易成本随着农民经营规模的扩大而降低。交易成本影响农民农业保险行为的研究发现，交易成本过高会降低农民的保险消费，也是导致我国农业保险发展滞后的重要原因，应从降低信息成本、谈判成本与执行成本方面采取有效措施以提高种植户的政策性农业保险购买意愿。因此，在农业保险感知价值一定的情况下，经营规模越大的农民参保农业保险的可能性越大。

基于上述分析，本文构建如下金融素养影响农民农业保险参保行为的理论分析框架（见图1）。

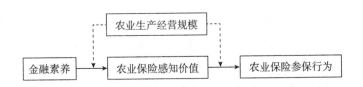

图1 金融素养影响农民农业保险参保行为的理论分析框架

三、金融素养影响农民农业保险参保行为的实证分析

（一）数据来源

数据来源于课题组于2016年10月在秦巴山区陕西省设施蔬菜主产区开展的入户实地调查。调查采用典型抽样与随机抽样相结合的方法，在开展设施蔬菜险的设施蔬菜主产区中，随机选取了西安市的高陵区、宝鸡市的陈仓区与岐山县、咸阳市的泾阳县和三原县、渭南市的富平县、延安市的安塞区和杨凌农业高新技术产业示范区作为样本点。为保证调查样本具有代表性，首先，课题组于2016年9月在杨凌农业高新技术产业示范区五泉镇随机抽取了30个设施蔬菜种植户进行了预调研，进而对调查问卷进行了修改完善；其次，按照经济发展水平的高低在每个县（区）选取2个代表性设施蔬菜主产乡镇，每个样本乡镇随机选取2个代表性样本村；最后，每个村庄随机抽取20～25个种植户，进行一对

一的入户访谈式问卷调查，受访对象是直接对设施蔬菜发挥决策作用的家庭成员。此次调查共收集了8个县（区）、16个乡镇、32个行政村的732份调查问卷，剔除无效问卷后，最终共获得有效问卷690份，问卷有效率为94.26%。调查内容主要包括受访者个体特征、专业化种植情况、金融素养、设施蔬菜险参保行为四个主要板块。

（二）变量设定及描述性统计

（1）因变量：农业保险参保行为。以受访种植户2016年是否实际参保了设施蔬菜险进行度量。

（2）核心自变量：金融素养。在借鉴苏岚岚等研究成果基础上，本文从保险知识、通货膨胀知识与财务计算技能等7个指标构建了金融素养测度指标体系。借鉴孙光林等研究成果，采用评分加总法测度农民金融素养水平，即正确（肯定）回答测度指标时赋值为1，否则为0，对正确（肯定）回答测度问题的个数进行加总，测度结果显示，样本农民金融素养的得分均值和标准差分别为2.946和1.639，即回答金融素养测度指标的平均正确率为42.09%，表明农民金融素养总体水平相对较低、农民之间的金融素养水平差距较大。

（3）中介变量：农业保险感知价值。运用李克特五分量表，采用8个指标来度量样本农民对设施蔬菜险的感知价值，并运用SPSS22.0进行因子分析：首先对调研问卷进行信度和效度检验，结果显示，克朗巴哈系数为0.92，各题项的因子载荷达到0.86以上，表明变量测度具有较好的信度和收敛效度；其次检验是否适合进行因子分析，结果表明，KMO值为0.96，Bartlett球形检验统计量达到1%的显著性水平，说明适合进行因子分析；最后，采用主成分分析法提取出特征值大于1的2个公因子，分别命名为农业保险感知利得和农业保险感知利失，其累积方差贡献率为80.88%，以各公因子方差占累积方差的比重为权重，计算农民对设施蔬菜险的感知价值（见表1）。

表1　农业保险感知价值测度指标体系

维度	测度题项	因子载荷	Cronbach's α	
感知利得	对弥补因灾受损作用的评价	0.888	0.838	0.922
	对保障家庭收入稳定作用的评价	0.867		
	对农业保险政策信任度与满意度的评价	0.865		
	对保障蔬菜产量和价格稳定作用的评价	0.904		
感知利失	对政府保费补贴力度的评价	0.894	0.913	
	对缴纳保费高低的评价	0.902		
	对投保与理赔花费时间成本高低的评价	0.925		
	对投保与理赔花费交通成本高低的评价	0.920		

（4）调节变量：农业生产经营规模。以受访种植户2016年设施蔬菜实际种植面积进行度量。

（5）控制变量。借鉴已有研究，本文选取性别、年龄、教育程度与风险态度作为受访者的个体特征变量，选取家庭收入水平、家庭人口规模、家庭劳动力数量、是否有亲友担任乡村干部、是否加入合作社和设施蔬菜种植年限作为受访者的家庭特征变量，选取自然灾害发生频率作为农业生产风险特征变量。同时，为控制各地财政补贴设施蔬菜险的保费力度等因素的影响，以西安市为对照组，设置5个区域哑变量。各变量的定义、赋值及描述性统计（见表2）。

表2 变量定义、赋值及描述性统计

变量名称	赋值	均值	标准差
农业保险参保行为	未参保＝0　参保＝1	0.298	0.458
金融素养	评分加总法计算所得	2.946	1.639
农业保险感知价值	因子分析所得	0.000	1.000
经营规模	设施蔬菜种植规模（亩）	5.616	20.436
性别	女＝0　男＝1	0.639	0.481
年龄	岁数	50.920	9.309
教育程度	受教育年限（年）	7.455	3.243
风险态度	风险保守＝1　风险中性＝2　风险偏好＝3	1.251	0.505
家庭收入	2015年家庭总收入的对数	10.708	0.828
家庭人口规模	个	4.893	1.617
家庭劳动力数量	个	2.636	1.087
是否有亲友担任乡村干部	否＝0　是＝1	0.081	0.273
是否加入合作社	否＝0　是＝1	0.226	0.418
经营年限	年	12.006	7.875
自然灾害发生频率	非常不频繁＝1　比较不频繁＝2　一般＝3 比较频繁＝4　非常频繁＝5	2.298	1.093
渭南	否＝0　是＝1	0.086	0.279
咸阳	否＝0　是＝1	0.355	0.478
杨凌	否＝0　是＝1	0.071	0.257
宝鸡	否＝0　是＝1	0.158	0.365
延安	否＝0　是＝1	0.142	0.349

（三）模型构建

1. 中介效应模型

根据温忠麟等关于中介效应的检验程序，采用层次回归方法，分别构建金融素养对农业保险参保行为、金融素养对农业保险感知价值、金融素养和农业保险感知价值对农业保险参保行为的回归模型，具体如下：

$$\text{Prob}(\text{BXCB}_i = 1 \mid X) = a_0 + a_1\text{FL}_i + \sum a_2 X_i + \varepsilon_1 \tag{1}$$

$$\text{GZJZ}_i = \beta_0 + \beta_1\text{FL}_i + \sum \beta_2 X_i + \varepsilon_2 \tag{2}$$

$$\text{Prob}(\text{BXCB}_i = 1 \mid X) = c_0 + c_1\text{FL}_i + c_2\text{GZJZ}_i + \sum c_3 X_i + \varepsilon_3 \tag{3}$$

上述式中，BXCB、FL 和 GZJZ 分别表示农业保险参保行为、金融素养和农业保险感知价值。检验步骤共四步：第一步，检验式（1）中边际效应值 α_1 是否显著，若不显著则停止检验；第二步，依次检验式（2）中回归系数 β_1 和式（3）边际效应值 c_2，如果均显著则表明存在中介效应，如果至少有一个不显著，则跳转至第四步；第三步，检验式（3）中边际效应值 c_1 的显著性，若不显著，说明 GZJZ 发挥完全中介作用；若显著且 $c_1 < \alpha_1$，则表明 GZJZ 发挥部分中介作用；第四步，进行 Sobel 检验，检验统计量为 $Z = c_2 \times \beta_1 / S_{c_2\beta_1}$，其中，$S_{c_2\beta_1} = \sqrt{c_2^2 S_{\beta_1}^2 + \beta_1^2 S_{c_2}^2}$，$S_{c_2}$ 与 S_{β_1} 分别为 c_2 和 β_1 的标准差。若 Z 显著，则表明中介效应存在，且中介效应占总效应的比重为 $\beta_1 \times c_2 / \alpha_1$。

2. 交互效应模型

基于金融素养与经营规模均为连续型变量，故构建如下检验模型：

$$\text{GZJZ}_i = \theta_0 + \theta_1\text{FL}_i + \theta_2\text{JYGM} + \theta_3\text{FL}_i \times \text{JYGM}_i + \sum \theta_4 X_{ij} + \varepsilon_i \tag{4}$$

$$\text{Prob}(\text{BXCB}_i = 1 \mid X) = \delta_0 + \delta_1\text{GZJZ}_i + \delta_2\text{JYGM} + \delta_3\text{GZJZ}_i \times \text{JYGM}_i + \sum \delta_4 X_{ij} + \varepsilon_i \tag{5}$$

式（4）与式（5）分别检验经营规模在金融素养影响农民农业保险感知价值、农业保险感知价值影响农民农业保险行为关系中的调节效应，JYGM 表示设施蔬菜种植户的生产经营规模，分别检验式（4）中回归系数 θ_3 和式（5）中边际效应值 δ_3，若显著，则表明存在调节效应。

（四）检验结果分析

（1）金融素养对农民农业保险参保行为影响的检验分析。表 3 模型 1 的结果显示，金融素养对农民设施蔬菜险参保行为的影响在 1% 统计水平上正向显著，其边际效应为 0.16，表明金融素养水平每提升 1 个单位则农民参保设施蔬菜险的概率将提高 15.50%。金融素养水平提升增强了农民对农业保险条款的理解能力、参保的成本收益分析能力与农业保险价值的感知能力，因而促进了农民参保设施蔬菜险。

（2）农业保险感知价值在金融素养影响农民农业保险参保行为中的中介效应检验分析。表 3 模型 2 结果表明，金融素养在 1% 统计水平上正向影响农民对设施蔬菜险的感知价值，金融素养水平每提升 1 个单位则对农业保险的感知价值提高 0.59 个单位，说明金融素养增强了农民对农业保险在防范风险冲击与保障收入稳定等方面功能与作用的认知能力。从模型 3 结果可以看出，引入农业保险感知价值后，感知价值对农民参保设施蔬菜险的影响在5%统计水平上正向显著，金融素养的影响在5%统计水平上依然显著，但边际效应由模型1的0.16下降至0.06，从而表明感知价值在金融素养影响农民设施蔬菜险参保行为关系中存在部分中介效应，中介效应占总效应的比重为62.34%。模型3还显示，女性和年龄较大农民的参保概率显著低于男性和中青年农民，收入水平较高的农民和有家庭成员担任乡村干部的农民，其参保概率显著高于其他农民。

（3）经营规模在金融素养影响农民农业保险参保行为中的调节效应检验分析。表3模型4与模型5汇报了经营规模调节效应的检验结果。从模型4结果可以看出，经营规模对农民设施蔬菜险感知价值的影响在10%统计水平上正向显著，经营规模与金融素养交叉项的影响在5%统计水平上正向显著，模型的拟合优度 R^2 由模型2的0.516提高至0.670，表明经营规模在金融素养影响农民设施蔬菜险感知价值关系中存在调节效应。从模型5结果可知，经营规模对农民设施蔬菜险参保行为的影响在5%统计水平上正向显著，经营规模与感知价值交叉项的影响在1%统计水平上正向显著，表明经营规模显著调节了感知价值对农民设施蔬菜险参保行为的影响效应。

表3　金融素养影响农民农业保险参保行为的模型回归结果

变量	因变量				
	农业保险参保行为	农业保险感知价值	农业保险参保行为	农业保险感知价值	农业保险参保行为
	模型1	模型2	模型3	模型4	模型5
金融素养	0.155***	0.586***	0.093**	0.375**	—
	(0.039)	(0.143)	(0.044)	(0.163)	
农业保险感知价值	—	—	0.165**		0.134**
			(0.058)		(0.061)
农业生产经营规模	—	—	—	0.128*	0.054**
				(0.068)	(0.022)
金融素养×农业生产经营规模	—	—	—	0.723**	—
				(0.341)	
农业保险感知价值×农业生产经营规模	—	—	—		0.032***
					(0.011)
性别	−0.277**	0.011	−0.278**	−0.017	−0.0228*
	(0.125)	(0.080)	(0.124)	(0.079)	(0.123)
年龄	−0.014**	−0.004	−0.013*	−0.005	−0.015**
	(0.007)	(0.004)	(0.007)	(0.004)	(0.006)
教育程度	0.009	0.019	0.009	0.017	0.006
	(0.022)	(0.015)	(0.021)	(0.014)	(0.019)

续表

变量	因变量				
	农业保险参保行为	农业保险感知价值	农业保险参保行为	农业保险感知价值	农业保险参保行为
	模型 1	模型 2	模型 3	模型 4	模型 5
风险态度	0.094	0.019	0.096	0.020	0.037
	(0.113)	(0.081)	(0.113)	(0.079)	(0.115)
家庭收入	0.182**	0.080*	0.195**	0.107**	0.109
	(0.076)	(0.049)	(0.076)	(0.050)	(0.089)
家庭人口规模	-0.019	0.041	-0.026	0.046*	-0.026
	(0.041)	(0.026)	(0.041)	(0.025)	(0.041)
家庭劳动力数量	0.043	0.055	0.039	0.047	-0.013
	(0.058)	(0.039)	(0.059)	(0.039)	(0.059)
是否有亲友担任乡村干部	0.328*	0.238**	0.292*	0.269**	0.252
	(0.174)	(0.115)	(0.175)	(0.112)	(0.177)
是否加入合作社	0.221	0.120	0.206	0.110	0.156
	(0.035)	(0.098)	(0.143)	(0.097)	(0.144)
种植年限	0.006	0.004	0.005	0.003	0.006
	(0.007)	(0.005)	(0.007)	(0.005)	(0.007)
自然灾害发生频率	0.013	0.052	0.009	0.044	0.029
	(0.058)	(0.039)	(0.058)	(0.038)	(0.058)
区域	控制	控制	控制	控制	控制
截距项	-1.788**	0.349	-1.860**	0.757	-0.404
	(0.881)	(0.601)	(0.874)	(0.605)	(1.004)
$Wald\chi^2/F$ 值	175.560***	21.60***	175.410***	30.70***	167.540***
$PseudoR^2/R^2$	0.240	0.516	0.286	0.670	0.266

注：*、**、***分别表示在10%、5%、1%统计水平上显著；变量括号内数值为稳健标准误差，下同。

（五）内生性检验

从表3模型1至模型4的回归结果中可知，金融素养可能因逆向因果关系而存在内生性问题：农民在参保设施蔬菜险过程中能够加深对农业保险知识的理解从而能够提升其金融素养水平，因此采用工具变量法进行回归分析。借鉴尹志超等研究成果，选取同村其他农民金融素养的平均水平作为工具变量，受访农民可通过向周围农民学习来提高自身的金融素养水平，而其他农民的金融素养水平是受访农民所不能控制的，因而符合工具变量的相关性与外生性要求。表4模型6至模型9对工具变量的检验结果显示，第一阶段回归的F值均大于10%偏误水平下的临界值16.38，工具变量的T值均在1%统计水平上显著，表明不存在弱工具变量问题，内生性检验的结果均在1%统计水平上拒绝了金融素养是外生的原假设。

表4模型6至模型7的结果显示，金融素养对农民设施蔬菜险参保行为和感知价值的影响均在1%统计水平上正向显著，表明金融素养水平每提升1个单位农民参保农业保险的概率将提高23.90%，对农业保险的感知价值将提高0.39个单位。模型8的结果显示，模型6引入农业保险感知价值变量后，金融素养对农民设施蔬菜险参保行为的影响在5%统计水平上正向显著，但边际效应由模型6的0.24下降至0.15，而农业保险感知价值对农民设施蔬菜险参保行为的影响在5%统计水平上正向显著，表明农业保险感知价值在金融素养影响农民设施蔬菜险参保行为关系中具有部分中介效应，中介效应占总效应的比重为23.02%。模型9的结果显示，经营规模与金融素养的交叉项在10%统计水平上正向影响着农民的设施蔬菜险感知价值，表明经营规模在金融素养影响农民设施蔬菜险感知价值路径中具有调节效应。

表4　金融素养影响农民农业保险参保行为的内生性检验结果

变量	因变量			
	农业保险参保行为	农业保险感知价值	农业保险参保行为	农业保险感知价值
	模型6	模型7	模型8	模型9
金融素养	0.239 ***	0.393 ***	0.153 **	0.272 ***
	(0.051)	(0.083)	(0.066)	(0.068)
农业保险感知价值	—	—	0.140 **	—
			(0.060)	
经营规模	—	—	—	0.107 *
				(0.060)
金融素养×经营规模	—	—	—	0.709 *
				(0.423)
控制变量	已控制	已控制	已控制	已控制
截距项	-1.768 **	0.355	-1.837 **	0.588
	(0.868)	(0.607)	(0.865)	(0.595)
第一阶段回归的F值	24.650 ***	24.650 ***	30.230 ***	34.620 ***
工具变量检验的T值	4.710 ***	4.710 ***	4.460 ***	5.350 ***
内生性检验值 (Waldχ^2/Wu–Hausman)	7.140 ***	6.969 ***	5.832 **	17.243 ***
Waldχ^2	177.410 ***	51.690 ***	176.210 ***	86.710 ***

四、结论与政策性含义

综上所述，我们可以得出四个基本结论：一是农民金融素养水平相对偏低，样本农民金融素养测度指标的得分均值为 2.95，回答金融素养全部测度指标的平均正确率仅为 42.09%，表明农村普惠金融建设任务艰巨。二是金融素养显著正向影响农民的农业保险参保行为，金融素养水平每提升 1 个单位则农民农业保险参保概率将提升 15.50%。三是金融素养提升了农民对农业保险的价值感知，农业保险感知价值在金融素养影响农民农业保险参保行为路径中具有中介效应，中介效应占总效应的比重为 62.34%。四是在规模经济效应作用机制下，农业生产经营规模制约着金融素养对农民农业保险参保行为的影响效应：一方面，农业生产经营规模制约着金融素养对农民农业保险感知价值的作用效果，经营规模每增加 1 亩则金融素养对农民农业保险感知价值的影响将提高 72.30%；另一方面，农业生产经营规模制约着农业保险感知价值对农民农业保险参保行为的影响程度，经营规模每增加 1 亩则农业保险感知价值促进农民参保农业保险的概率将提高 3.20%。

上述结论的政策含义：一是在农村普惠金融建设过程中，要广泛开展农民金融素养教育，切实提升农民金融素养水平。通过推进金融机构开展"金融保险知识下乡"，利用广播、电视与网络等媒介推送金融咨询，促进金融知识与金融技能培训、新型农业经营主体与新型职业农民培训有机结合等措施，不断提升农民金融素养水平。二是以金融素养为抓手推进农业保险发展，通过编写农业保险知识问答、与农民面对面交流、现场讲解农业保险理赔流程等方式，不断提高农民的保险知识水平和农业保险价值的感知能力。三是大力发展农业保险要与推进农业适度规模经营有机结合，通过加大农地流转市场建设、加强农地流转风险管控、推进农地确权颁证工作、加大新型农业经营主体培育力度等政策措施不断推进农民适度规模经营。

参考文献

[1] 陈三毛，钱晓萍．中国各省金融包容性指数及其测算 [J]．金融论坛，2014（9）．

[2] Hung A，Parker A M，Yoong J. Defining and Measuring Financial Literacy [J]. Social Science Electronic Publishing，2009，708（5）．

[3] 杨岚，郭琳劼，王常亮．伯南克：金融扫盲月、金融素养与金融教育 [J]．西部金融，2011（6）．

[4] 黄毓慧．金融知识水平和家庭财富关系研究 [D]．西南交通大学，2014.

[5] 孙光林，李庆海，李成友．欠发达地区农户金融知识对信贷违约的影响——以

新疆为例［J］. 中国农村观察，2017（4）.

［6］中国人民银行金融消费权益保护局. 消费者金融素养调查分析报告（2015）［EB/OL］. http：//shanghai. pbc. gov. cn/fzhshanghai/113598/3053178/index. html.

［7］张欢欢，熊学萍. 农村居民金融素养测评与影响因素研究——基于湖北、河南两省的调查数据［J］. 中国农村观察，2017（3）.

［8］钟甫宁. 从供给侧推动农业保险创新［EB/OL］. http：//opinion. people. com. cn/n1/2016/0624/c100328473721. html.

［9］惠献波. 农户农业保险需求意愿及其影响因素研究——基于河南省 1025 户农户的调研数据［J］. 调研世界，2016（1）：21 – 25.

［10］Zeithmal V A. Consumer Perceptions of Price, Quality, and Value：A Meansand Modeland Synthesis of Evidence［J］. Journal of Marketing, 1988, 52（7）.

［11］刘胜林，王雨林，卢冲等. 感知价值理论视角下农户政策性生猪保险支付意愿研究——以四川省三县调查数据的结构方程模型分析为例［J］. 华中农业大学学报（社会科学版），2015（3）：21 – 27.

［12］徐敬俊，刘慧慧，葛珊珊等. 基于顾客感知价值的海洋水产养殖户参与养殖渔业保险意愿影响因素研究［J］. 中国海洋大学学报（社会科学版），2016（4）.

［13］郭翔宇，刘从敏，李丹. 交易成本视角下农户购买政策性种植业保险意愿的实证分析——基于黑龙江省的调查［J］. 农业现代化研究，2016（3）.

［14］王敏俊. 影响小规模农户参加政策性农业保险的因素分析——基于浙江省 613 户小规模农户的调查数据［J］. 中国农村经济，2009（3）.

［15］欧阳青东，王聪. 农业保险供给与制度创新：以交易成本为视角［J］. 南方金融，2008（7）.

［16］姜岩，褚保金. 交易成本视角下的农业保险研究——以江苏省为例［J］. 农业经济问题，2010（6）.

［17］苏岚岚，何学松，孔荣. 金融知识对农民农地抵押贷款需求的影响——基于农民分化、农地确权颁证的调节效应分析［J］. 中国农村经济，2017（11）.

［18］温忠麟，张雷，侯杰泰等. 中介效应检验程序及其应用［J］. 心理学报，2004（5）.

［19］尹志超，宋全云，吴雨等. 金融知识、创业决策和创业动机［J］. 管理世界，2015（1）：87 – 98.

"乡村振兴"战略背景下农村三产融合发展的理论逻辑及实践路径*

夏金梅

摘　要： 现阶段，城乡发展不均衡是满足人民群众美好生活需要的主要制约，如何实现农村的平衡充分发展进而化解社会主要矛盾是研究乡村振兴与农村三产融合问题的逻辑起点。乡村振兴战略实施的重点在于产业兴旺，而乡村产业兴旺的重要出路在于三产融合发展。农村三产融合通过重拾农业多功能性，在满足现代社会对农业的多样化需要的同时，能够实现"三农"的"强富美"，推进农村平衡充分发展，进而实现农村全面振兴。基于此理论逻辑，在发挥"中坚农民"主体性、重拾农业多功能性、强化"产业公地"共享性的思路导向下，提出当前我国农村三产融合发展的实践路径。

关键词： 乡村振兴；农村三产融合；中坚农民；农业多功能性；产业公地

党的十九大从国家战略的高度，首次明确提出实施乡村振兴战略，其中"产业兴旺"这一新表述，强调乡村产业振兴是战略实施要点。"促进农村第一、第二、第三产业融合发展，支持和鼓励农民就业创业，拓宽增收渠道"的实施方案，又指明要实现乡村产业振兴，关键在于走好产业融合发展的道路。基于此，本文直面我国社会新矛盾，积极回应时代新挑战，立足我国农业资源实际，深入分析乡村振兴与农村三产融合的内在逻辑关联，探索农村三产融合发展的实践路径，以期以乡村产业振兴带动乡村全面振兴。

---

　　* 基金项目：国家社会科学基金项目"新常态下农业转移人口市民化质量的评价与提升研究"（16BJY037）；河南省教育厅人文社会科学研究一般项目（2019 - ZDJH - 292）。

　　作者简介：夏金梅，陕西师范大学国际商学院博士研究生，信阳师范学院商学院副教授，研究方向为三农问题。

一、"乡村振兴"战略背景下农村三产融合发展的理论逻辑

（一）逻辑起点：化解我国社会主要矛盾

正确判断和处理社会主要矛盾是辩证唯物主义和历史唯物主义的基本要求。毛泽东在《矛盾论》中将主要矛盾界定为：规定或影响着其他矛盾的存在和发展。党的十九大报告指出，当前我国社会主要矛盾已经转化为"人民日益增长的美好生活需要和不平衡不充分的发展之间的矛盾"，并从生产力与生产关系、经济基础与上层建筑之间的辩证关系出发阐述了"美好生活"的内涵和"美好生活"与"不平衡不充分发展"之间的关系。

马克思恩格斯在《德意志意识形态》中以历史唯物观点对人做了科学的分析，形成了基本的需要理论，明确地指出人类历史的逻辑起点：首先满足生存需要的生产，其次要满足引起新的需要的生产，最后才是人自身的生产即生产力的再生产。概言之，即生存需要、享受需要和发展需要。其中，生存需要是最基本的需要，在满足生存需要的基础上产生出来的需要，体现为精神需要，处于中间层次。发展需要是最高层次的需要，指人的全面发展需要。把人的需要的满足作为价值尺度，把人的解放和自由作为价值的最终归宿，这是符合历史逻辑和现实生活的。就以上"生存、享受、发展"的需要层次理论来看，党的十九大报告提出的"美好生活需要"属于"享受需要"，是基于物质文化需要的满足而产生的在精神文化方面更高层次的需要，它不是个体的个性化需要，而是作为"社会人"的共同需要。体现了人民生活水平提高后需要的日益多样化、差别化、个性化，这种需要不仅包括物质需要，还有制度需要和精神需要，不只温饱需要，还有民主、法治、公平、正义、安全、环境等方面的需要。

再来看"发展不平衡不充分"论断，发展不平衡显然指人民群众需要与社会供给之间的不匹配，而发展不充分则是基于我国的发展水平同世界先进国家发展水平之间比较得出的判断。韩长赋指出：现阶段而言，我国最大的发展不平衡是城乡发展不平衡，最大的发展不充分是农村发展不充分。根据国家统计局 2016 年公布的宏观数据计算，城乡居民人均收入倍差达 2.72，城乡居民消费支出倍差也达到了 2.27。生产力薄弱、基础设施建设滞后、公共服务供给不足、农民收入和消费水平增长缓慢，医疗以及教育公平难以实现等问题是我国城乡发展不充分的重要表现。

社会主要矛盾的转化意味着解决和处理主要矛盾的路径发生变化，正是基于扭转城乡发展不平衡不充分现状，党的十九大报告提出了乡村振兴战略，这是党中央在社会主要矛盾转化的新时代背景下做出的一项发展战略要求。在解决城乡发展不均衡不充分的过程

中，基于重拾农业多功能性满足人民群众对农业需要日益多样化的视角，推进农村三产融合发展，实现产业兴旺，进而以乡村产业振兴带动乡村经济、社会、文化、生态等各个系统的综合发展和全面提升，实现农村平衡充分发展，有效缩小城乡差距。

（二）乡村振兴与农村三产融合发展的内在逻辑关联

党的十九大报告提出乡村振兴战略的 20 字总要求：产业兴旺、生态宜居、乡风文明、治理有效、生活富裕。乡村振兴战略是一个复合的政策体系，其中，产业兴旺是乡村振兴战略实施的关键，报告中用"产业兴旺"代替"生产发展"，层次更高，内涵更丰富，既满足人民日益增长的美好生活需要，也是农村产业发展摆脱单纯的农业生产的机遇，因而农村三产融合发展成为振兴乡村产业的主要出口。农村三产融合发展正是基于农村第一、第二、第三产业内部以及相互之间的渗透融合，实现资源、要素、技术、市场需求各要素在农村的整合重组，进而改变农村产业空间布局，为全面实现乡村振兴打好经济基础。

1. 产业兴旺是乡村振兴的基础

实现乡村振兴是要经济、政治、文化、社会、生态等各方面的全面振兴。其中，产业兴旺是乡村振兴的经济基础，产业兴则百业兴，做好乡村振兴这篇大文章，首要任务是推动乡村产业振兴。第一，农业产业是国家粮食安全和重要农产品的供给保障，满足居民日益增长的绿色安全高效优质农产品物质需求，以及休闲娱乐、生态文化等精神需要；第二，现代农业及农产品加工业秉持绿色发展理念，立足乡村生态优势，在降低单位产出能源资源消耗和环保方面投入持续增加，普及清洁生产，在废弃物处理和资源化利用环节实现技术创新，有利于实现产业发展生态效益和社会效益的统一；第三，乡村产业兴旺能够增加农民就业机会，促进农民收入持续快速增长，为我国 6 亿农村人口提供生产生活的产业支撑；第四，乡村产业发展将优化现有乡村产业布局，有效引导乡村资源要素集聚，从农业内外、城乡两头共同发力，促进资本、技术、人才等要素向农业和农村流动，激发农村创业创新活力，提升乡村产业发展能力与水平，形成与城镇产业互为补充，协调发展的乡村产业发展新格局。通过城乡产业一体化发展，缩小城乡差距，为实现乡村全面振兴打下坚实基础。

2. 三产融合发展是乡村产业兴旺的出路

产业兴旺的核心在于有效促进农村产业发展、充分激发产业发展活力。现有的第一、第二、第三产业这种分类，忽视了农业的多功能性，放大了农业的经济功能，忽视了政治、文化、社会以及生态等功能，农业价值链的延伸和拓展都受到限制。农业作为第一产业，因其弱质性产业特征（自然资源的有限性、供求缺乏经济弹性、存在市场刚需等）致使农业在与第二、第三产业的成本收益对比中，处于明显的弱势。相关数据统计，截至 2017 年底，我国农民从农业获取的人均年收入只有 3122 元。若农村局限于发展农业、农业局限于发展种养，在我国现有资源禀赋条件下，农民无法实现充分就业，也就谈不上乡村繁荣发展。因此，通过农村产业融合发展重拾农业多功能性，是乡村产业振兴的出路。

农村三产融合发展，一方面有利于促进当地农民和本地产业发展的有机结合，实现农民的本地甚至本村就业，直接增加农民收入；另一方面，产业的延伸与融合，也能使得民在农业领域的创业、创新机会越来越多，新业态的发展空间将会越来越广阔。两个方面相互促进，共同推进乡村产业振兴。

3. "三农""强富美"是乡村振兴和农村三产融合的共同目标

我国乡村振兴战略的20字总要求，为我们描绘了一幅令人向往的乡村富裕、民主、文明、和谐、美丽的壮丽图景。"产业兴旺"意味着实现包括农业在内的农村产业更加发达和更有活力，现阶段我国农业的主要矛盾已经由总量不足转变为结构性矛盾，未来应致力于进一步提升农业的综合生产能力，要把提高农业综合效益和竞争力作为主攻方向；"生态宜居"则强调农业绿色发展，农村高效治理，要加大农村生态系统保护力度，开展农村人居环境整治行动，全面创造宜居的良好生态环境，建设好美丽乡村；"生活富裕"要求持续促进农民增收、促进农民消费升级、提高农村民生保障水平，使农民过上富足的生活；"乡风文明"和"治理有效"均体现了对乡村传统文化传承、农民精神富裕满足、乡村组织管理以及环境整治等方面的更高要求。简言之，乡村振兴战略实施目标是绘制农业强、农民富、农村美的壮丽图景，实现农村全面发展，缩小城乡差距，推进城乡一体化发展。

农村三产融合发展过程中，经营主体基于降低成本与科技创新的双重动力，表现出吸纳新理念、新技术、及时收集市场信息的主动性，积极与二、三产业融合发展，突破传统农业生产的独立与分离，加强农村第一、第二、第三产业之间的衔接和延伸，形成农村三产之间供应链、产业链、价值链的闭环，通过"三链"重构，提升农业综合生产能力；农村三产融合发展催生新的产业，可为农村创造更多的就业岗位和创收机会，同时，农户作为融合主体，通过与其他融合主体的合作和联合，建立紧密的利益联结机制，参与全产业链和价值链的利益分配，实现收入的持续增长，收入水平是"生活富裕"最重要的衡量标志；农村三产融合发展，通过新技术对农业的有机渗透，突出绿色生态指向，如节水灌溉、耕地地力保护、化肥和农药减量、农业废弃物回收、加大污染地区治理力度等，促进农业可持续发展的同时，也使农村焕发了生态宜居的体面形象。可见，农村三产融合发展，必将促进农业增效、农民增收、农村增加新动能和活力。显然，实现农业强、农民富、农村美是乡村振兴和农村三产融合的共同目标，也是党和国家一直努力实现的"三农"愿景。

如图1所示，乡村振兴与农村三产融合发展的内在关联表现为：乡村振兴战略实施的重点在于产业兴旺，而乡村产业兴旺的重要出路在于三产融合发展。重拾农业功能的多样性，重构"三链"，增强农业综合发展力；通过分享三产融合发展红利，农民持续增收；利用节能环保新技术，实现绿色发展，焕发农村生态宜居的美好形象。"三农""强富美"的共同目标实现了乡村振兴与农村三产融合的内在统一。

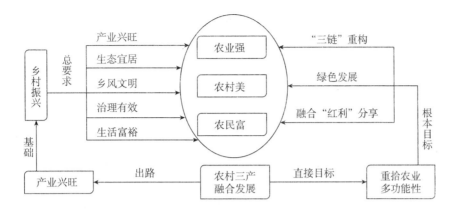

图1 乡村振兴与农村三产融合发展内在逻辑关联

二、农村三产融合发展的思路导向

（一）发挥"中坚农民"的主体性

农民增收是"三农"工作的根本目标，农民是否富裕是检验农村发展的一个重要标准。近年来农村三产融合发展中，不论是出于政府政策引导，还是资本逐利本性，农业资本化现象愈演愈烈，过分推动新型农业经营主体发展，就有可能造成农民利益被挤占。因此，发挥农民的主体性势在必行。

根据贺雪峰的观点，享受国家财政支持、具有融资能力、可以进行规模经营的家庭农场、专业大户、农业企业以及职业农民等新型农业经营主体，属于少数的农村精英群体，而比重较大的弱势农民群体大致可以分为两种类型：一类是"留守老人"，即子女进城、留守农村的老人，是耕种自家为数不多的承包地的小农户，农业收入是其家庭总收入的一小部分；另一类是"中坚农民"，即留守农村的青壮年，出于不同的现实考虑，他们留在农村，保持完整的家庭生活，耕种自家承包地之外，还以口头约定的方式流入了进城村民的土地，形成一定规模的农业经营，这种土地流转的方式，土地租金较少，甚至没有租金，代之以照看进城村民留在村里的房屋、老人，或以部分粮食作为土地使用补偿。一旦进城农民决定返乡，便要退还土地。"中坚农民"流转的土地规模一般在20～30亩，基于规模耕种需求，既有较大的积极性采用农业新技术、购买农机、改善农业生产基础设施，也有较大的热情主动寻求技术、信息等农技服务，他们留在农村也能获得不低于进城务工的农业收入，可以体面而有尊严地生活。

实践已经证明，新型农业经营主体追求市场利润，对土地的利用存在非农化非粮化倾向，然而土地的使用存在不可逆性。与之相比，"中坚农民"根植于农村和农业，对农业的意义在于保障粮食生产，对乡村的意义则是"乡村治理"的骨干力量。乡村振兴虽是国家战略，带有自上而下的特性，但是在各地落实中央关于乡村振兴的战略部署中，应充分发挥"中坚农民"的主体性，激活"中坚农民"的活力和潜力，自下而上地推进农村三产融合发展。

（二）重拾农业的多功能性

农业的功能历经了农业经济时代单一维持人类生存的食物的数量满足、工业经济时代的高质安全农产品供给以及生态环境维护的质量满足，进入后工业经济时代，随着人们美好生活需要的多样性发展，对农业功能的拓展需要也上升至心理和精神层面，如休闲观光、传统文化传承、农事体验、健康养老等。在全面决胜建成小康社会的新时代，城市居民消费加速升级，对农业的新需要越来越多。乡村优质的食物、清新的空气、优美的景观、健康自然的生活方式以及令人向往的乡村文化和风俗体验，都对城市居民产生了新的吸引力。因此，重拾农业多功能性，成为提升乡村新供给的能力，满足城市居民的新需求，促进农村产业融合发展的关键。

时代的发展对农业的多功能性拓展提出了要求，也正因如此，为农业与其他相关产业的融合发展提供了可能。可以说，农业功能的多样性是农村三产融合发展的基础。如何进一步认识农业具有多功能性的特征，把农业从传统的粮食供应的角色中解放出来，是打开农业与其他产业融合模式的新思路。同时，农业与其他相关产业的融合也为农业进一步扩展其自身的功能提供了更多视角，给农村三产融合发展找到更多的结合点和融合平台。

（三）强化"产业公地"的共享性

"产业公地"的理念由美国哈佛商学院加里·皮萨诺和威利·史两位教授提出，用来为美国制造业的振兴寻求出路。"产业公地"是一个抽象概念，代表可为多个产业提供创新支持的技术基础，具有公共物品的属性，相关企业可共享这些基础性的共性技术。当前对"产业公地"的研究与运用中，其内涵已延伸至制造业领域之外。因此，关于农村三产融合发展研究，我们也可以借用"产业公地"的视角，以求在指导产业融合实践中有新的突破。

党的十八届五中全会提出"创新、协调、绿色、开放、共享"五大发展新理念，其中"开放"和"共享"理念为农村三产融合发展中引入"产业公地"理念提供了强有力的思想动力。农村三产融合发展需要突破行政空间约束，促使生产要素跨区域跨空间流动，实现共享。"产业公地"则致力于产业内部纵向共享技术和产业间横向共享技术的创新，从而由技术共享带动产业间各种生产要素的共享，如劳动力、组织模式、基础设施等。就农村三产融合发展而言，可共享的基础技术创新有助于打破农业内部不同产业，以及农业与第二、第三产业之间的技术边界，实现融合发展，以新业态新产品为消费者提供多样化需求满足，在融合过程中，组织和制度的创新，又能带动了第二、第三产业与农业的进一步融合。

综上所述农村三产融合发展的关键在于发挥"中坚农民"的主体性、重拾农业的多功能性，形成农村三产融合的产业公地，即共性的技术基础。最终可通过技术融合，形成产品和服务融合以及市场融合。

三、农村三产融合的实践路径

（一）多业态精心培育，构建农村三产融合的产业体系

农村三产融合发展的产业体系，应该是根据各地农村实际条件，充分发挥资源禀赋，合理安排一产内部结构；在此基础上，通过农产品加工和储运环节技术创新和效率提高，实现二产的高效绿色生产；通过产业链的延伸和增值，带动农产品销售、乡村旅游、农事体验，以及由此牵引的餐饮以及多种服务产业的发展。显然，农业的生产功能是农村三产融合发展的基础，构建农村三产融合发展的产业体系，必须从农村资源特色出发，合理布局与规划，形成具有鲜明区域农业资源特色的农村主导产业。多业态培育强调的是在充分实现农业生产功能的前提下，重拾农业的多功能性，通过一产与第二、第三产业的交叉、渗透、融合，形成新业态。具体来说：①培育生产环节新业态，形成农村主导产业。依据乡村的资源优势、区位优势和发展过程中积累的其他比较优势，确定主导产业，形成能够充分利用自身资源并符合市场需要的产业结构，着重发展区域特色农业。②培育加工流通环节新业态，增强农产品市场竞争力。一是在创新加工技术和储运技术的基础上，将农业生产与农产品加工企业、物流企业融合，延伸产业链。二是顺应"互联网＋"环境要求，推进实体流通与电商融合，形成完善的农产品流通网络。③培育销售及服务环节新业态，重拾农业多功能性。一是充分利用网络平台，创新农产品及其加工品的宣传和销售模式，抢占市场份额。二是秉持生态经济理念，充分发掘农业资源功能的多样性，致力推进休闲观光农业、创意农业、乡村旅游等新业态。此外，要精心打造体现本地农业资源特色的农事体验项目，创意开发农业旅游纪念品项目等，在重拾农业多功能性的同时，实现农民增收。

（二）多要素优化配置，构建农村三产融合的生产体系

生产体系应该与产业体系相适应，农村三产融合发展的生产体系就是要对土地、劳动力、资本、信息、技术等多种生产要素进行整合、配置与利用，创新从事生产的手段，以期产生倍化的作用。显然，科技创新是改造传统农业，发展现代农业的引擎。为此，一是

打造乡村科技信息人才队伍，带动乡村全面融入信息化浪潮，依靠互联网，高效接受新政策、新技术、新思路、新商机，进而运用现代科技成果改造传统农业和农村，促进农村产业融合发展。二是引导资金投入科技研发。一方面，整合公共力量，进一步加大农业科技资金投入。整合各方面科技创新资源，完善国家农业科技创新体系、现代农业产业技术体系和农业农村科技推广服务体系，依靠科技创新激发农业农村发展新活力。另一方面，整合民间力量，促进私人资本扩大对农村科技开发、推广和应用的投入。在农村环境保护、农村治理、农村产业发展、农村生活便利化等各个领域扩大现代科技成果的广泛应用，并切实提高应用效果。通过多渠道资金投入，促进现代技术与农业农村生产、生活、生态的密切融合，促使土地、人力、资本等要素资源得到有效配置，实现农村三产融合发展，从而高效振兴乡村。

（三）多主体主次区分，构建农村三产融合的经营体系

目前农村三产融合发展，普遍强调新型农业经营主体培育的重要性，忽视了为数众多的弱势农民群体。因此，多主体参与农村三产融合发展，必须要分清主次：一方面要坚持"中坚农民"作为融合发展的主体，尤其在粮食生产方面，旨在保护农业在农村三产融合中的基础地位；另一方面在不挤占弱势农民群体利益的前提下，也要充分发挥新型农业经营主体的带动作用。具体来讲：一是培育能对话政府，代表广大农民意愿的"中坚农民"。如前所述，作为农村内部自发分化而形成的较有竞争力的农业经营主体，"中坚农民"既能保障农业进行粮食生产，同时又是参与乡村管理的骨干力量，他们有积极性也有能力代表留守农民，向政府表达对农村公共服务产品的供给需求，如完善农村基础设施、改善农业水利灌溉条件、创新农技服务等，有助于促进农民与政府之间的高效良性的互动。因此，政府应推动成立多种形式的农业合作组织，鼓励"中坚农民"成为农业合作组织的核心，带动其他留守农民，互助合作，从而保障农民和农业在农村三产融合中的主体地位。二是鼓励土地流向"中坚农民"。现阶段，我国农村土地流转的去向包括正式流转土地的新型农业经营主体和非正式流转的"中坚农民"。如前所述，正式流转的土地租金远远高于非正式流转，而农业是弱质产业，利润不多，土地租金太高，经营者利益就会受损，在利润最大化原则指导下，极容易追逐市场需求，出现土地使用的非农化非粮化倾向。"中坚农民"则将农业和农村作为安身立命的保障，因此，应鼓励土地流向"中坚农民"，对他们的土地经营权给予更多的保护，才能保障粮食安全，以及稳定农村社会结构。

需要指出的是：随着城镇化推进，更多农民进城，城市就业竞争愈加激烈，那么退回农村重拾农业生产的"中坚农民"的数量将会不断增加。低租金非正式的流转方式存在的地块分散，耕作、灌溉、收割等生产环节有较多不便等弊端将越来越突出，这时，需要乡村组织集体的行政介入，进行统地调整，便于"中坚农民"实现连片规模经营，小农生产的分散性和脆弱性便可以得到克服，借助农户组成的农业合作组织，"中坚农民"也

可以实现农业经营的规模化和机械化。

（四）多渠道创新驱动，打造农村三产融合的产业公地

打造产业公地，通过共享的基础技术创新打破农业内部不同产业，以及农业与第二、第三产业之间的技术边界，有助于农村三产融合发展的可持续发展。农业产业与其他产业的融合，一般处于被动接受改变的状态，因此，农村三产融合的产业公地打造，表现为先进技术跨越其他产业的边界，通过共用平台，渗透到农业产业领域，实现技术要素的创新、扩散、发展与融合，从而带动农业产业发生变化和创新。具体来说：①创新基础设施建设，打造农村三产融合发展的基本公地。一是完善与农业规模化、机械化、农事体验和乡村旅游发展密切相关的农田、林道、河流水库等基础设施建设，以及与跨区域融合发展密切相关的乡镇公路等基础设施。二是加强物流基础设施建设，提高商贸、供销、邮政等环节效率。三是实现信息基设施础建设，如达到区域千兆光纤和4G网络全覆盖，提高农业生产及加工等技术共享和传播的迅捷性。②创新农业生产技术，打造第一产业公地。如将GIS应用于农业灾害与控制、水土保持、农业资源调查与管理、水分检测以及脆弱性地区农业生态环境监测等；又如采用现代工业化生产方式和自动化控制系统，将世界最先进的种植技术，结合大数据分析，运用物联网传感器和软件，通过移动平台或终端对农业生产的产前、产中、产后全过程进行控制与监测。③创新企业组织管理，打造第二、第三产业公地。就第二产业而言，可采取联合、兼并、资产重组、上市等途径和方式，鼓励农产品加工企业规模化、集团化发展；引导涉农企业将农产品生产和加工基地建立到合适的外地，甚至外国。就第三产业而言，可发展涉农平台型企业，为农产品及其加工品、涉农服务提供实体交易场所或虚拟交易空间，沟通农业上下游产业链及涉农产品（或服务）的供应商和消费者，并为此发挥服务中介和支持作用，带动价值增值。

参考文献

［1］毛泽东．毛泽东选集（第1卷）［M］．北京：人民出版社，1991.

［2］马克思恩格斯．马克思恩格斯选集（第1卷）［M］．北京：人民出版社，2012.

［3］韩长赋．大力实施乡村振兴战略——认真学习宣传贯彻党的十九大精神［J］．理论参考，2018（4）：16－18.

［4］李铜山．论乡村振兴战略的政策底蕴［J］．中州学刊，2017（12）：1－6.

［5］梁立华．农村地区第一、二、三产业融合的动力机制、发展模式及实施策略［J］．改革与战略，2016（8）：74－77.

［6］贺雪峰．论中坚农民［J］．南京农业大学学报（社会科学版），2015（4）：1－6＋131.

［7］匡远配，刘洋．农地流转过程中的"非农化"、"非粮化"辨析［J］．农村经济，2018（4）：1－6.

［8］加里·皮萨诺，威利·史．制造繁荣美国为什么需要制造业复兴［M］．北京：机械工业出版社，2014.

［9］苏毅清，游玉婷，王志刚．农村一二三产业融合发展：理论探讨、现状分析与对策建议［J］．中国软科学，2016（8）：17 - 28.

［10］贺雪峰．给"中坚农民"更"大"土地经营权［J］．农村经营管理，2018（4）：29.

［11］加里·皮萨诺，威利·史．重返产业公地［J］．商界（评论），2014（12）：44 - 47.

绿色农业创业与乡村振兴

——基于互联网普及门槛效应的视角*

邱海洋

摘　要：文章基于我国 30 个省份 2003～2015 年相关数据，以互联网普及率为门槛变量，实证考察了绿色农业创业对农业强、农村美和农民富的影响。研究发现，在全国层面上，绿色农业创业与农业强、农村美、农民富之间具有显著非线性关系。只有当互联网普及率达到 33.14% 以上，绿色农业创业才会显著促进乡村振兴。研究还显示，自然灾害抑制乡村振兴，公共基础设施和农村固定资产投资能够促进乡村振兴。

关键词：乡村振兴；绿色农业创业；互联网普及率

一、引言与文献综述

基于党的十九大报告中的乡村振兴战略，2018 年中央一号文件进一步指出，乡村振兴的远期目标是实现农业强、农村美、农民富。农业强、农村美、农民富从乡村生产、生态、生活三个方面体现了乡村振兴的本质特征和核心要义。乡村振兴不单纯是某一领域、某一方面的振兴，而是包含经济、生态和社会等多方面的振兴。在乡村振兴成为国家发展战略的背景下，有哪些路径能够实现乡村生产、生态、生活协同共进？

绿色农业是乡村绿色发展的重要内容。绿色农业是以提供绿色、安全、高品质的农产品为特征的现代农业模式。现有研究探讨了绿色农业在乡村发展中的积极作用。温铁军等（2018）认为发展绿色农业是乡村振兴的主要内容。李华晶等（2010）认为，绿色农业具有比较优势，即绿色农产品价值较高，市场需求大。严立冬等（2009）认为绿色农业是一种在环境保护前提下实现农产品数量确保与质量安全双重目标的现代农业模式。总体而

＊　基金项目：国家社会科学基金后期资助项目（15FJL023）。
作者简介：邱海洋，信阳师范学院中国农村综合改革研究中心副主任，博士，副教授。

言，已有研究对绿色农业探讨得较多而对绿色农业创业探讨得较少。

乡村创业是多种主体基于乡村资源所开展的各种创业活动。现有研究已从创业及企业家精神视角分析了乡村振兴的促进力量。韩长赋（2017）指出乡村创业对乡村振兴具有重要意义。张红宇（2018）指出农业企业家在乡村振兴战略中肩负着重要责任。万俊毅、敖嘉焯（2014）认为乡村创业对农业产业化产生着重要影响。同时，一些研究也指出了互联网技术在乡村发展中所起到的工具性作用。王正宇（2018）认为网络基础设施完善是新生代农民群体创业增收的重要保障。解春艳等（2017）认为互联网技术对农业具有重要影响，尤其在农业环境效率提升方面，互联网技术已成为新引擎。王山等（2016）认为，互联网技术是驱动农业产业链融合的重要技术支撑。杨继瑞等（2016）认为，互联网技术有利于农业生产经营中的生产要素重新整合配置并最终创新了农业经营思维。谢天成、施祖麟（2016）认为，农村电子商务对于促进农业供给侧改革具有重要推动作用。更加重要的是，一些研究指出互联网等通信网络存在显著的网络效应。郭家堂等（2016）研究发现，互联网对中国全要素生产率具有促进作用，41.43%的互联网普及率是网络效应的临界规模。

综合而言，现有研究已从理论视角指出了绿色农业、乡村创业及企业家精神在乡村振兴中的重要作用及意义，然而对于绿色农业创业的研究却相对较少。绿色农业创业是绿色农业发展的起始点和出发点。绿色农业创业既是农业绿色发展系统工程的组成部分也是绿色创业的主要内容。绿色农业创业是由多种主体在农业领域开展的绿色创业活动。绿色农业创业的主体包含返乡农民工、企业家、大学毕业生、乡村留守人员等。作为绿色农业与创业活动的交集与综合体现，绿色农业创业能否实现农业强、农村美、农民富协同共进？如果绿色农业创业对乡村振兴存在促进作用，那么在互联网普及程度日益提高的背景下，这种促进作用是否会因为互联网普及率的不同而呈现出门槛区间效应？通过梳理现有文献，可以发现从实证角度进行探讨的研究还比较缺乏。基于此，本文借助我国2003～2015年省际面板数据，运用面板门槛模型实证分析绿色农业创业对农业强、农村美、农民富的影响，并分析互联网普及程度在其中的调节作用。

本文的边际贡献主要体现在以下两方面：第一，本文在统一的框架下实证分析绿色农业创业对农业强、农村美、农民富的影响。第二，运用面板门槛模型分析互联网普及率的门槛区间效应。

二、模型设定和变量说明

（一）模型设定

绿色农业创业对乡村振兴的影响并不一定呈现简单的线性关系，可能会随着互联网普及率的变化呈现非线性关系，因此本文采用 Hansen（1996）的面板门槛模型进行实证分析。为克服异方差问题，对解释变量、被解释变量均取对数处理。模型设定为：

$$\ln Y_{it} = \mu_i + \gamma Z_{it} + \beta_1 \ln gre_{it} I（q_{it} \leq \delta）+ \beta_2 \ln gre_{it} I（q_{it} > \delta）+ \varepsilon_{it} \tag{1}$$

其中，i，t 分别代表省份和年份，Y 表示模型中的被解释变量，在后文的实证分析中分别代入农业强（agr）、农村美（rur）、农民富（far），gre 表示绿色农业创业因素，Z 为控制变量，q 为门槛变量（lnint），δ 为待检验的门槛值，I（·）表示指标函数，μ_i 为非观测的个体效应因素，ε_{it} 为随机误差项。

（二）变量说明

根据 2018 年中央一号文件所指出的乡村振兴远期目标，本文把乡村振兴分解成三个子系统，即农业强、农村美、农民富。为了体现绿色农业创业对乡村振兴三个子系统的影响差异，本文研究的被解释变量分别为农业强、农村美、农民富。在实证研究中，农业强是（agr）以农业劳动生产率来衡量。农村美（rur）以农业生态效率来衡量。本文采用王宝义等（2018）的方法测算农业生态效率。农民富（far）以农村居民人均消费支出作为第一个衡量指标。同时，为提升稳健性，本文以农村居民家庭人均纯收入作为反映农民富的第二个衡量指标。

本研究的核心解释变量是绿色农业创业（gre），并用当年认证绿色食品企业数来衡量。在对区域创业规模（数量）的实证分析中，当年注册（认证）企业数是常用的衡量指标。控制变量和门槛变量的具体说明见表 1。样本为我国 2003～2015 年除西藏之外 30 个省份单元。

表 1　变量说明

指标分类	变量	符号	衡量方式	数据来源
控制变量	工业化	ind	第二产业产值占 GDP 比重	《中国统计年鉴》
	农村固定资产投资水平	inv	农林牧渔业固定资产投资占农林牧渔业增加值比重	《中国农村统计年鉴》
	自然灾害状况	nat	农作物受灾面积占播种面积比重	《中国农村统计年鉴》
	公共基础设施	roa	公路里程	《中国统计年鉴》
门槛变量	互联网普及率	int	互联网上网人数占总人口比重	《中国统计年鉴》

三、实证分析

本文先采用 IPS、ADF 两种检验方法对变量平稳性进行检验，接着用 Pedroni 方法进行面板协整检验。通过检验，发现各变量一阶差分序列平稳且被解释变量与解释变量间存在协整关系，说明可以进行门槛回归分析。在回归之前，还需要进行门槛存在性检验和门槛个数检验。表 2 结果显示，在因变量为农业强的门槛模型检验中，单一门槛和双重门槛效应均通过了显著性检验，而三重门槛效应不显著。因此，以农业强为因变量的模型应采用双重门槛模型进行回归。在因变量为农村美的门槛模型检验中，单一门槛效应在 1% 的置信水平下显著，而双重门槛效应没有通过显著性检验。因此，以农村美为因变量的模型应采用单一门槛模型进行回归。在因变量为农民富的门槛模型检验中，单一门槛和双重门槛效应均在 1% 的置信水平下显著，而三重门槛效应不显著。因此，以农民富为因变量的模型应采用双重门槛模型进行回归。

表 2　门槛检验结果

因变量	门槛变量	门槛数	F 值	P 值	10%	5%	1%
农业强	lnint	单一	154.21***	0.0000	26.1288	30.0591	38.3180
		双重	34.79**	0.0133	23.1635	28.4155	35.5013
		三重	27.64	0.7600	73.3841	80.2754	94.2724
农村美	lnint	单一	119.16***	0.0000	22.2025	28.8334	37.8796
		双重	16.81	0.2233	21.9706	25.3648	38.6875
农民富	lnint	单一	89.37***	0.0000	24.7476	27.6708	37.6634
		双重	51.72***	0.0000	19.3746	23.1323	40.6265
		三重	22.57	0.3667	55.5207	66.4918	87.3554

门槛面板模型的系数估计结果如表 3 所示。从回归结果（1）可以看出，以互联网普及率对数作为门槛变量，绿色农业创业对农业强的影响呈现非线性特征。当互联网普及率的对数小于 −2.5351 时，绿色农业创业对农业强产生显著的负向影响，而当互联网普及率的对数处于 −2.5351 与第二个门槛值 −1.3150 之间时，绿色农业创业对农业强的影响并不显著。当互联网普及率的对数超过第二个门槛值 −1.3150 之后，绿色农业创业对农业强的影响在 1% 水平上显著，估计系数为 0.0712，这说明，在该区间，绿色农业创业对农业强产生了显著的正向影响。为什么在互联网普及程度的不同阶段，绿色农业创业对农业强的影响具有显著差异？产生这种状况的原因是：在互联网普及率较低的阶段，由于缺少互联网媒介的高效连接，创业主体搜寻绿色食品需求的信息成本以及推销绿色食品的交易成本较高，从而绿色优质农产品无法使更多的需求者受益，潜在需求不能转化成现实交易。另外，绿色农业创业属于一种周期长、投入较大且具有一定技术要求的特殊性创业活动。在互联网普及率比较低的环境下，绿色农业的创业主体获取相关绿色技术的能力也较弱。在这两方面的综合作用下，劳均产值存在短期降低效应。巩前文、严耕（2015）曾有类似的论述，他们认为生态农业在短期具有低效益、低技术和低参与的特点。但是，在

互联网普及率达到一定阶段后，网络效应形成，从而绿色农业创业对劳均产值会产生显著促进效应。Katz 和 Shapiro（1985）指出互联网等通信网络具有显著的网络效应，即在网络达到临界规模后它对经济系统的作用会在瞬间被放大。随着互联网普及程度提升，绿色食品认可性进一步增强，绿色农业创业对农业经济效益的促进作用将不断提升。据中华人民共和国农业农村部统计，我国 2016 年农产品网络零售交易总额达 2200 亿元，比 2015 年增长 46%，而 2015 年比 2013 年增长 2 倍以上。

回归结果（2）显示，绿色农业创业与农村美之间呈现正向非线性关系。当互联网普及率的对数小于 −1.4267 时，绿色农业创业对农村美产生不显著的正向影响，而当互联网普及率的对数超过 −1.4267 之后，绿色农业创业对农村美具有显著促进作用。在互联网普及率较低阶段，由于绿色农产品交易半径较小，绿色农业创业规模提升较慢，其对农业生态环境影响不显著。但随着互联网普及率提升，绿色农业创业经济效益越发明显，绿色农业创业逐渐活跃，同时公众获取环境信息和参与环保更加便捷，这些因素共同促进了农村生态环境改善。

回归结果（3）显示，绿色农业创业与农民富之间呈现"U"形非线性关系。当互联网普及率的对数小于 −2.5351 时，绿色农业创业将对农民富产生显著的负向影响，而当互联网普及率的对数处于 −2.5351 与第二个门槛值 −1.1045 之间时，绿色农业创业对农民富的影响并不显著，当互联网普及率的对数超过第二个门槛值 −1.1045 之后，绿色农业创业对农民富产生显著正向促进作用。主要原因是：在互联网普及率较低的阶段，由于创业主体搜寻绿色食品需求的信息成本以及推销绿色食品的交易成本较高，因此市场交易量小，收益低，并最终抑制消费，从而短期内影响了生活水平提升。但是，在互联网普及率达到一定阶段，网络效应形成后，市场交易量提升，收益显著增加，进而刺激消费，最终提升了生活水平。为检验稳健性，本文以农村居民家庭人均纯收入作为反映农民富的间接指标重新回归，变量系数见回归结果（4）。可以发现，各变量回归系数基本一致，且绿色农业创业与农民富（农村居民家庭人均纯收入）之间同样呈现"U"形非线性关系。不同的是，当互联网普及率的对数处于 −2.5351 与第二个门槛值 −1.1696 之间时，绿色农业创业对农民富具有显著正向影响，这说明采用农村居民家庭人均纯收入指标会高估绿色农业创业对农民富影响的正向效应。

农业强、农村美、农民富是乡村振兴的三个方面，实现乡村振兴需要这三个方面协同共进。如果某一个方面成为短板，乡村振兴就不能真正实现。综合以上面板门槛模型回归结果可以发现，如果绿色农业创业对农业强、农村美、农民富同时具有显著促进作用，那么互联网普及率的对数需跨过综合门槛值 −1.1045，此时，互联网普及率为 33.14%。进一步而言，在全国层面上，只有当互联网普及率达到 33.14% 以上时，绿色农业创业才会显著地促进乡村振兴。实证结果说明，青山绿水只有插上互联网的翅膀才能变成金山银山，青山绿水和企业家精神的结合只有借助互联网的力量才能真正促进乡村振兴。互联网作为信息技术的创新产物，其对农业的直接影响稍晚于其他传统行业（零售业、金融业），同时其对农村的深层次影响也弱于城市。尤其在互联网发展的早期阶段，互联网的积极作用在乡村并不能明显呈现。高彦彦（2018）认为，早期的农业信息化难以实现促进农业现代化和农村经济发展的目标，其存在着显著的效率损失问题。随着我国互联网基础设施的不断完善，以及在蓬勃发展的电子商务的带动之下，互联网在乡村发展中的积极作用逐步呈现。乡村发展的基础是农村产业升级，而产业升级的动力源泉来自创新。熊彼特把创新分成五个方面：开发一种新产品，采用一种新的生产方法，开辟一个新的市场，获取新的原材料供应以及实现一种新的组织形式。绿色农业创业是符合农业供给侧结构性改革精神的创业活动，其快速发展离不开创新。当互联网发展到一定阶段，互联网可以为绿色农业创业带来广阔的创新机会。在需求端，互联网一方面开拓了绿色农产品销售市场和绿色农业生产要素市场，另一方面有助于开发出更能满足市场需求的新产品。在供给端，互联网信息技术作为一种新生产要素、新技术被运用于绿色农业生产和经营管理之中。李国英（2015）认为，借助以互联网为依托的大数据和云计算技术所提供的信用记录，可以有效地降低农业生产中因借款人信用信息缺乏所导致的融资难问题。同时，互联网改变了绿色农业创业的营销模式。葛继红等（2016）运用"褚橙"的例子分析了互联网电商平台给农产品带来的全新运销模式，即借助电商平台以及互联网新媒体营销方法带动和整合线下销售，实现了褚橙的快速销售、高市场认可度和高附加值。总体而言，互联网所带来的创新机会增加了绿色农业创业的热情和效益，进而提升了绿色农业创业对乡村发展的促进作用。

控制变量对乡村振兴影响存在显著差异。农村固定资产投资和公共基础设施变量均在1%水平上显著，且系数为正，表明农村固定资产投资和公共基础设施水平的提升对乡村振兴具有显著促进作用。而自然灾害因素对农业强、农村美、农民富同时具有显著抑制作用。

表3　回归结果

	农业强（lnagr）	农村美（lnrur）	农民富（lnfar1）	农民富（lnfar2）
	门槛面板（1）	门槛面板（2）	门槛面板（3）	门槛面板（4）
lngre_1	- 0.0622 ***	0.0035	- 0.0366 *	- 0.0341 *
	（- 2.97）	（0.17）	（- 1.68）	（- 1.75）
lngre_2	- 0.0043	0.0778 ***	0.0310	0.0323 *
	（- 0.22）	（3.77）	（1.56）	（1.82）
lngre_3	0.0712 ***		0.0955 ***	0.1084 ***
	（3.85）		（4.96）	（6.29）
lnind	- 0.2791 ***	- 0.2514 **	- 0.5134 ***	- 0.4227 ***
	（- 3.02）	（- 2.56）	（- 5.23）	（- 4.84）
lninv	0.1468 ***	0.1430 ***	0.1807 ***	0.1633 ***
	（10.04）	（8.80）	（11.69）	（11.72）

续表

	农业强（lnagr）	农村美（lnrur）	农民富（lnfar1）	农民富（lnfar2）
	门槛面板（1）	门槛面板（2）	门槛面板（3）	门槛面板（4）
lnnat	-0.0597***	-0.0740***	-0.0845***	-0.0576***
	（-3.77）	（-4.22）	（-5.16）	（-3.93）
lnroa	0.4503***	0.2931***	0.4018***	0.3582***
	（10.13）	（6.68）	（8.73）	（8.71）
_cons	-0.7537***	-2.2821***	6.4127***	7.0557***
	（-3.41）	（-9.40）	（27.79）	（34.25）
门槛值1及95% 置信区间	-2.5351 [-2.7026, -2.4923]	-1.4267 [-1.4389, -1.4258]	-2.5351 [-2.6954, -2.4923]	-2.5351 [-2.5665, -2.5235]
门槛值2及95% 置信区间	-1.3150 [-1.3887, -1.2909]		-1.1045 [-1.1596, -1.0796]	-1.1696 [-1.2011, -1.1644]
R^2	0.8924	0.8101	0.8905	0.8062

四、结论与启示

本文基于我国2003～2015年省际面板数据，以互联网普及率为门槛变量运用面板门槛模型实证分析绿色农业创业对农业强、农村美、农民富的影响。主要结论有：第一，在全国层面上，绿色农业创业对农业强、农民富的影响存在互联网普及率的双重门槛效应，而对农村美的影响存在互联网普及率的单一门槛效应。第二，只有当互联网普及率达到33.14%以上，绿色农业创业才会显著促进乡村振兴。第三，自然灾害因素抑制乡村振兴，公共基础设施和农村固定资产投资促进乡村振兴。

本文有以下启示：第一，重视绿色农业创业的乡村振兴效应。第41次CNNIC报告显示，截至2017年12月，我国互联网普及率为55.8%，其值已超过前文实证得出的互联网普及率综合门槛值（33.14%）。这表明，我国已处于绿色农业创业对乡村振兴的显著促进阶段。第二，加强乡村互联网基础设施建设，提升乡村人员上网技能。CNNIC报告显示，城镇地区与乡村地区互联网发展状况差异显著，农村地区互联网普及率只达到城镇地区互联网普及率的一半。我国非网民人口中的大部分为农村非网民人口。因此，应加大政策扶持力度切实加强乡村互联网基础设施建设并通过多种方式努力提升乡村人员上网技能。第三，实行区域差异化的绿色农业创业促进机制。2015年《绿色食品统计年报》数据显示，山东、江苏和浙江三省当年认证绿色食品企业数约占全国总数的1/3。但是，大部分西部地区当年认证绿色食品企业数却远低于东部地区。这表明，我国绿色农业创业区域差异化明显，因此应采取区域差异化的绿色农业创业促进机制。在东部区域，应注重创业质量的提升。在中西部地区，通过创业培训、典型带动等方式扩大绿色农业创业规模。

参考文献

［1］温铁军，刘亚慧，张振.生态文明战略下的三农转型［J］.国家行政学院学报，2018（1）：40－46＋149.

［2］李华晶，姚琴.绿色创业者的类型与行为路径：基于中国企业的探索性案例研究［J］.中国科技论坛，2010（6）：99－106.

［3］严立冬，崔元锋.绿色农业概念的经济学审视［J］.中国地质大学学报（社会科学版），2009，9（3）：40－43.

［4］韩长赋.围绕实施乡村振兴战略　深入推动农村创业创新［J］.农村工作通讯，2017（24）：5－7.

［5］张红宇.乡村振兴战略与企业家责任［J］.中国农业大学学报（社会科学版），2018，35（1）：13－17.

［6］万俊毅，敖嘉煓.企业家精神与农业产业化发展案例分析［J］.商业研究，2014（5）：21－25.

［7］王正宇.新生代农民创业增收的新路径［J］.人民论坛，2018（5）：60－61.

［8］解春艳，丰景春，张可.互联网技术普及对区域农业环境效率的影响［J］.华东经济管理，2017，31（11）：78－83.

［9］王山，奉公.产业互联网模式下农业产业融合及其产业链优化研究［J］.现代经济探讨，2016（3）：47－51.

［10］杨继瑞，薛晓，汪锐."互联网＋现代农业"的经营思维与创新路径［J］.经济纵横，2016（1）：78－81.

［11］谢天成，施祖麟.农村电子商务发展现状、存在问题与对策［J］.现代经济探讨，2016（11）：40－44.

［12］郭家堂，骆品亮.互联网对中国全要素生产率有促进作用吗？［J］.管理世界，2016（10）：34－49.

［13］王宝义，张卫国.中国农业生态效率的省际差异和影响因素——基于1996～2015年31个省份的面板数据分析［J］.中国农村经济，2018（1）：46－62.

［14］巩前文，严耕.中国生态农业发展的进展、问题与展望［J］.现代经济探讨，2015（9）：63－67.

［15］Katz ML, Shapiro C. Network Externalities, Competition and Compatibility［J］. American Economic Review, 1985, 75（3）：424－440.

［16］高彦彦.互联网信息技术如何促进农村社会经济发展？［J］.现代经济探讨，

2018（4）：94－100.

　　［17］李国英．"互联网＋"背景下我国现代农业产业链及商业模式解构［J］．农村经济，2015（9）：29－33.

　　［18］葛继红，周曙东，王文昊．互联网时代农产品运销再造——来自"褚橙"的例证［J］．农业经济问题，2016，37（10）：51－59＋111.

发展特色产业助推赣南苏区乡村振兴

——以赣州市寻乌县为例

刘梦怡*

摘　要：实施乡村振兴战略对未来国家现代化进程中的农业农村发展具有重要的指导意义。当前，乡村还是全面建成小康社会的短板，决胜全面建成小康社会，重点是补齐这块"短板"。补齐这块短板的"痛点"在于产业兴旺，而产业兴旺是乡村振兴的基础和关键，是实现农业、农村、农民现代化的关键所在。本文在乡村振兴的视角下，选取赣南苏区寻乌县作为研究对象，分析寻乌县特色产业发展现状和存在的困难，提出以特色产业发展助推乡村振兴战略实施的对策。

关键词：乡村振兴；赣南苏区；特色产业发展；寻乌

一、引　言

实施乡村振兴战略，是解决人民日益增长的美好生活需要和不平衡、不充分的发展之间矛盾的必然要求，是实现"两个一百年"奋斗目标的必然要求，是实现全体人民共同富裕的必然要求。当前，推进乡村振兴战略还面临着不小的困难和挑战：在农业生产中，分散的小规模生产占有相当大的比例；在农产品市场上，农产品的供给与需求存在结构性失衡；城乡收入差距明显，农民增收后劲不足。在乡村振兴战略中首提"产业兴旺"，这表明，产业兴旺是乡村振兴的基础，也是推进乡村振兴战略实施的关键所在。实现产业兴旺能够让农民充分公平享受改革发展成果，实现生活富裕。农民生活富裕是乡村振兴的出发点和落脚点。推动乡村产业发展能够为农民提供持续可靠的收入来源，能为乡村振兴汇聚人才和人力资源，能够推动乡村振兴的可持续发展。

　　* 作者简介：刘梦怡，江西师范大学马克思主义学院、苏区振兴研究院马克思主义与当代中国经济社会发展方向硕士研究生。

赣南苏区是原中央苏区的主体和核心区域，是全国较大的集中连片特困地区，也是全国革命老区扶贫攻坚的示范区。2012年《国务院关于支持赣南等原中央苏区振兴发展的若干意见》（以下简称《若干意见》）提出"大力夯实农业基础，促进城乡统筹发展"，要求大力发展特色农业。特色产业是农村贫困人口生活和收入的主要来源。因此，本文以赣南苏区寻乌县为例，分析赣南苏区农村产业发展的现状和问题，分析赣南苏区农村乡村振兴中产业兴旺的重要内容，为促进赣南苏区农村实现乡村振兴提供新思路。

推动乡村振兴战略的有效实施，有利于创新我党"三农"工作思路，建立健全城乡融合发展体制机制和政策体系，构建现代农业产业体系、生产体系、经营体系、培育新型农业经营主体、健全农业社会化服务体系，实现小农户和现代农业发展有机衔接，加快推进农业农村现代化。而放在乡村振兴战略首位的"产业兴旺"更是推动乡村振兴战略的基础和关键。产业兴旺是乡村振兴战略的总要求、党的基本路线的总要求，更是农业农村发展的具体体现。乡村振兴战略把产业兴旺放在首位，就是体现以经济建设为中心，落实党的基本路线。本文以赣南苏区县寻乌为落脚点，研究在乡村振兴视野下特色产业发展对农村发展的驱动作用，有利于丰富乡村振兴的理论基础，旨在深刻理解乡村振兴战略的内在逻辑体系，助力乡村振兴战略实施。

乡村振兴，旨在不断激发乡村发展活力，增强乡村振兴内生动力，构建乡村振兴可持续发展机制。乡村振兴中的产业兴旺，首要的就是让农业兴旺。只有产业兴旺，才能够提供更好更丰富的农产品，保障国家粮食安全，满足人民日益增长的对美好生活的需要。同时，产业兴旺能够为农民提供持续可靠的收入来源，为乡村振兴汇聚人才和人力资源，进而不断激发乡村发展活力，增强乡村振兴内生动力，构建乡村振兴可持续发展机制。通过调研我们发现寻乌县产业从过去"一果独大"到现如今已是"百花齐放"。寻乌不断摸索，通过采取发展沟域经济、培育龙头企业、注重品牌建设、发展电商产业"四位一体"的有力举措，既推进了农业供给侧结构性改革，又助力乡村振兴，促进了农村经济的发展，加快了农民的脱贫致富步伐。

鉴于此，本文通过研究寻乌县特色产业的发展，发现其中存在的问题，总结其有效经验，提出可供参考的"寻乌范本"，为其他赣南苏区县提供可供参考的"寻乌范本"进而助力乡村振兴战略的实施。

二、研究综述

"乡村衰退是全球共同面临的挑战，我们需在全球城市化进程中重视推进乡村振兴。"乡村衰退在当下中国表现十分明显，乡村衰退导致的恶性循环成为中国近代化进程中的发展"瓶颈"。有关乡村发展、乡村经济复兴的研究一直从20世纪二三十年代延续到现在。

改革开放以来，"三农"问题更是成为制约经济发展的"短板"。中央一号文件十几年如一日地传达着"三农"问题是党和政府工作的关键和重点。尤其是在全面建成小康社会的决胜时期、实现中华民族伟大复兴的"中国梦"的关键时期，党的十九大报告提出的乡村振兴战略显得尤为必要。乡村振兴战略作为长期国家战略要求执行，可知这是党中央着眼于推进"四化同步"、城乡一体化发展和全面建成小康社会做出的重大战略决策。乡村振兴战略的提出，预示着农村发展将成为我国经济发展的内生的、可持续的发展新引擎。

在国家提出乡村振兴战略之前，我国学者主要围绕乡村发展、乡村经济振兴、美丽乡村建设、新农村建设展开。黄季焜（2004）、项继权（2009）、黄祖辉（2009）、潘家恩（2016）站在过去、现在和未来角度指出农业农村的一些基础性、理论性研究问题，对乡村建设一些脉络进行了梳理；陈锡文（2017）、韩俊（2016）、刘彦随（2016）对当下中国农业农村问题战略布局，特别是对新时期中国城乡发展的主要问题进行探索；魏广龙（2013）、赵晨（2013）、高慧智（2014）等分别对我国一些地区的乡村振兴进行案例剖析，总结出主要做法、取得的成效，获得一些成功的启示。

自党的十九大提出乡村振兴战略以来，实现了从"农村"改革到"乡村发展"的主题转换。王佳宁指出，乡村振兴战略是对农业、农村和农民现代化的全面改善，其内涵是对经济维度、政治维度、社会维度、文化维度、生态维度的全面振兴。魏后凯（2018）指出乡村振兴不单纯是某一领域、某一方面的振兴，而是既包括经济、社会和文化振兴，也包括治理体系创新和生态文明进步在内的全面振兴。乡村振兴战略对于农业、农村、农民的发展提出了更高的要求，是对新农村建设的升级。是全面的、完整的、立体的战略。

乡村振兴首提产业兴旺，乡村振兴的关键就在于产业振兴。要解决农业发展问题、农村可持续发展问题、农民增收问题就必须发展产业、振兴产业，通过产业作为农村发展的载体和支撑推动乡村振兴。陈锡文（2018）强调要通过构建现代化的农业产业体系、生产体系和经营体系来实现农业的现代化。构建现代化的农业产业体系可以有效解决农业产业大而不强、农产品多而不优的问题。蔡丽君等指出，要以市场需求为导向，大力推进农业供给侧结构性改革，从农业产业体系整体谋划，着眼推进产业链、价值链建设。陈文胜（2017）认为，乡村振兴的出路在于促进乡村产业的融合发展。建立和创造符合当地实际情况，体现农业多功能性的产业融合体系，通过产业连接和产业融合鼓励、推进产业融合中的加法效应和乘法效应。通过促进农村第一、第二、第三产业融合，可以有效地优化调整农业结构、促进农牧渔结合、种养一体、延长产业链、提高农业的经济效益、生态效益和社会效益，同时帮助农业产业转型升级。对于农村资本进入情况不积极，新型经营主体带动效应不高的情况，张照新（2018）需要培育家庭农场、农民专业合作社等规模经营主体，引入工商资本，发展龙头企业。要引导各类新型经营主体与小农户建立有效的联结方式，将先进技术理念导入小农户生产过程，享受到农业现代化带来的收益。因此，聚焦于产业发展、产业兴旺、产业发展路径研究，有利于丰富乡村振兴战略可借鉴发展模式。

通过文献梳理发现，在乡村振兴战略的众多主题中，产业振兴是其中受关注较多的一个点。学者在研究产业振兴这一主题时，较多地从体制机制创新、农村土地制度改革、产业融合发展和城乡一体化四条路径进行研究。但是，具体如何构建农业产业现代化、如何盘活农村土地资源、如何发挥新型经营主体的带动作用等问题仍然值得探讨。自《国务院关于支持赣南等原中央苏区振兴发展的若干意见》（国发〔2012〕21 号）出台实施后，赣南苏区经济发展明显加快、人民福祉不断提升。因此本文通过选取赣南苏区，站在乡村振兴的视野下看赣南苏区的产业发展。探讨赣南苏区在产业发展方面是如何构建农业产业现代化、如何盘活农村土地资源、如何发挥新型经营主体的带动作用。同时探究特色产业在赣南苏区的发展对于革命老区脱贫攻坚工作的促进作用。以期可以针对赣南苏区乡村发展提出更加适宜的政策建议，为赣南苏区农村实现乡村振兴提供新思路。

三、乡村振兴与产业兴旺

（一）产业兴旺是实现乡村振兴的关键

江西是一个农业大省，农业资源丰富，农村人口较多。自党的十八大以来农业农村发展稳中有进、稳中向好，但美中不足的是产业发展不够兴旺。江西作为一个农业大省，需要保持农业农村经济持续发展的动力，这就意味着要振兴农村产业，实现农业农村产业兴旺。

乡村振兴的关键是产业振兴、产业兴旺。产业兴旺是乡村振兴的基础，是增强乡村吸引力、凝聚力的重大判断。要做到产业兴旺不能以牺牲资源和环境为代价，要绿色化、新兴化、特色化、高效化、融合化、市场化发展。产业兴旺是乡村振兴的重点，要实现产业兴旺就要发展现代农业、构建现代农业产业体系、生产体系和经营体系；推进农业科技化、提高农业生产效率；培育新型农业经营主体、推进农业农村第一、第二、第三产业融合、农业产业精细化发展。

（二）推动特色产业发展是实现产业兴旺的重点

早在 2012 年国务院印发的《国务院关于支持赣南等原中央苏区振兴发展的若干意见》文件中就提到大力发展特色农业，优化农产品区域布局，推进农业结构调整，加快发展特色农业，建设面向东南沿海和港澳地区的重要农产品供应基地。在 2016 年国务院扶贫办召开特色产业精准扶贫工作座谈会时更是强调发展特色产业促进精准脱贫。特色产业是农村贫困人口生活和收入的主要来源，在我国 7000 多万农村贫困人口中，有 3000 万需要通过发展产业脱贫。因此，做好产业扶贫工作，是贯彻落实中央脱贫攻坚重大部署、促进农村贫困人口脱贫致富、全面建成小康社会的必然要求。乡村振兴战略作为精准扶贫政策的延续，更应该清晰地认识到，乡村振兴条件下的产业中，发展以农民为主体的、组织起来的特色农业才是农民的理想选择，发展特色产业是乡村产业兴旺的必然要求。特色产业是指在特定的地理环境下、凭借独特资源条件所形成的具有独特产品品质以及特定消费市场的特殊农业类型，具有不可替代性和复制性。特色产业主要表现为地域特色、环境特色、物种资源特色、气候特色、文化特色。发展特色产业要遵循"强、优、活"的原则，靠品质取胜、靠特色取胜。特色产业不仅包括特色农业产业，也包括特色工业产业、特色旅游业等。

（三）特色产业兴旺是助力乡村振兴的基石

当前我国城乡发展不平衡、农村发展不充分是发展中最大的问题。农村农业部部长韩长赋在《党的十九大报告辅导读本》中解读称，现在，农业发展质量效益竞争力不高，农民增收后劲不足，农村自我发展能力弱，城乡差距依然较大，要采取超常规振兴措施，在城乡统筹、融合发展制度设计、政策创新上想办法、求突破。而这种"超常规振兴措施"，就是要尊重市场规律，立足当地特点发展特色产业。赣南位于江西省南部，是赣州市的俗称，人口占江西省的1/5，面积占江西省的1/4，是江西省面积最大、人口最多的市。赣南不仅是东江水系的发祥地，并且境内的赣江通过鄱阳湖与长江相连，是江西省水运大动脉。正是因为赣南独特的气候、土壤、水、生态、区位等因素，所以赣南在发展农业特色产业上有着得天独厚的优势。这也是推进农业农村现代化、助力脱贫攻坚、推动乡村振兴的着力重点和必然选择。目前，农村电商的推进可以有效实现"消费品下行"和"农产品上行"，以实现农村的平衡发展与充分发展。发展特色产业可以帮助农民打开优质特色农产品的销售市场，增加收入，实现生活富裕。而乡村振兴的出发点和落脚点是生活富裕。因此，推动特色产业发展能够为农民提供可靠的收入来源，是乡村振兴的基石。

四、寻乌县特色产业发展现状及存在的主要困难

（一）寻乌县特色产业发展现状

寻乌县位于江西东南部，是江西省唯一的赣、闽、粤三省交界县份，与广东、福建山水相连。全县面积2351平方千米，辖15个乡（镇），173个行政村、11个居委会，共184个村（居），总人口33万。全县果业面积25万亩，果品总产量25万吨，是赣南果业产业的核心区和果品流通集散地，其中"寻乌蜜桔"荣获中国驰名商标和国家地理标志保护产品。

寻乌县是原中央苏区全红县。1930 年 5 月，毛泽东在寻乌进行了近一个月的调查，写下了《寻乌调查》《反对本本主义》两篇光辉著作，提出了"没有调查，就没有发言权"等著名论断，寻乌由此成为我党实事求是思想路线的发祥地之一。

习总书记强调，乡村振兴要靠产业，产业发展要有特色，要走出一条人无我有、科学发展、符合自身实际的道路。寻乌县是国内知名的果业大县，自 1966 年引种柑橘至今，历经五十载。寻乌果业从无到有，从小到大，从单纯的种植业发展成为一个集种植生产、仓储物流、精深加工、网络交易为一体的产业集群。

过去唯有"一果独大"，农业产业较为单一。寻乌县紧紧围绕现代农业攻坚战略布局，以农业产业转型为契机，以农业增效农民增收为落脚点。结合当地农业县、山地多，交通便利、信息灵通等优势，大胆探索创新，积极发展，贯彻"创新、协调、绿色、开放、共享"的发展理念，按照"柑橘为主，多元发展"的发展思路，顺应农业发展趋势，坚持产业结构调整和转变经济发展方式相结合，突出重点，培育柑橘、猕猴桃、蔬菜、蓝莓等主导产业。同时，紧贴现代农业特征，依据各贫困村的自然条件、资源禀赋和产业基础，因地制宜找准"一乡一业""一村一品"发展的路子，打造种植、加工、旅游、漂流、体验、采摘、休闲、避暑、赏花、娱乐等形式多样、主次有序、布局合理的产业发展格局，实现了农业产业从"一果独大"到"百花齐放"。在现代农业的强劲推动下，寻乌县形成以沟域经济为主要形态，以柑橘为主，猕猴桃、蔬菜、油茶、百香果、罗汉果、葡萄等多元并进的农业产业体系，建成以柑橘为主、多元发展、产业融合、特色鲜明的具有一定规模的沟域产业带。目前，寻乌县以云盖嶂、龙廷茶场、桂竹帽华星柑橘苗培育基地、南桥蔬菜核心区、甜柿核心区等十二大核心沟域为重点，新建乡镇示范点 37 个，逐步形成"一区一特、一村一品、一乡一业"产业发展新格局。全县果业面积约 25 万亩（柑橘 22 万亩、猕猴桃 18560 亩、百香果 9460 亩、罗汉果 6415 亩、葡萄 3560 亩、鹰嘴桃 4800 亩），发展蔬菜种植 79800 亩，建设蔬菜大棚 3290 亩，蓝莓 2400 亩，甜柿 15000 亩，茶叶 3210 亩，油茶 4323 亩；发展蜜蜂养殖 2.3 万桶，生态肉鸡 54.4 万羽，肉兔 5.1 万只，生猪、牛、羊共计 5.8 万头（只）。实现 29 个贫困村退出，15451 人贫困人口脱贫。

同时，寻乌县紧紧抓住农业产业化中龙头企业的示范效应这个关键，不断培育壮大龙头企业。寻乌县江西杨氏果业股份有限公司猕猴桃推广种植项目（猕猴桃母本园苗木培育）正在建设，项目建成后，年培育苗木 50 万株，年产值 1000 万元。桂竹帽华星柑橘苗培育基地年均培育柑橘脱毒苗木 400 万株，助推果业大县向果业强县迈进。京东物流和寻乌县源兴果业公司联合举行京东物流赣南脐橙生鲜推介会暨京东云仓开幕式，建立了寻乌县专业的生鲜果品物流体系。龙头企业全部实行"企业＋公司＋农户"的形式进行运作。目前，寻乌县培育了省级农业产业化龙头企业 3 家，市级农业龙头企业 11 家。2017 年，寻乌县省、市龙头企业初步实现销售收入 58579 万元，税后利润预计 4791 万元。寻乌县把品牌建设作为质量强县的战略来实施，大力发展绿色无公害农产品食品，从政策优惠、信贷资金、规划设计、技术指导、人员培训、加强管理、市场营销等方面都按品牌建设、无公害现代农业标准的要求进行基地建设、严格把关，保证品牌建设符合质量标准。目前，寻乌县已培育无公害农产品3个，绿色食品15个，有机食品2个，国家驰名商标1个，省著名商标、江西名牌产品6个，为产业做强做大发挥了积极的作用。

"互联网＋"电商产业的发展，已成为寻乌城乡农民发财致富的新途径。品牌建设大幅度提升寻乌农产品知名度，增强农产品市场竞争力。近两年，寻乌县通过电商培训，建立农村电商网站等扶持措施，使长期通过电商销售寻乌蜜桔、赣南脐橙、香菇、笋干、百香果、猕猴桃、茶叶、蜂蜜、灵芝、花生、茶叶、番薯干等农特产品的电商户有5000多户。2017年底，该县电商销售额突破10亿元，较好地提升了农业效益，有力地促进了农民增收，加快了脱贫致富步伐。

（二）寻乌县特色产业发展存在的困难

虽然寻乌县在发展特色产业上具有独特的优势，但同时也存在着制约因素，主要有：①农户生产规模小，布局分散。寻乌县山地多，大片平整土地少，农业生产呈现出小规模性和分散性，不利于农业生产的专业化和市场化，较难形成特色农业产业集群。②农业基础设施薄弱。寻乌县是山区农业县，农业劳作以肩扛手挑为主，机械化程度低，现代农业设施应用面少，农业生产力水平低。虽然寻乌县不断加大涉农资金的投入，但农业基础设施薄弱依然是限制该县特色产业发展的一个"短板"，对农业发展支撑作用不强。③寻乌县农民受教育水平偏低。寻乌县是一个贫困县，贫困人口较多，造成农民受教育水平偏低，综合素质偏低，较难普及和推广农业技术。受制于这些因素和其他因素，寻乌县在特色产业的发展中出现了一些问题，主要表现在以下几方面：

1. 特色农产品结构不合理

通过对近年来全县果业种植情况来看，目前，寻乌形成了以柑橘为主、多元并进的果业体系。总体来看，寻乌种植的优质果品品种较少，普通果品品种较多。各乡镇种植品种结构单一、季节性强、应对市场变化能力弱等问题依然存在，不能满足果商的长期需要。同时，寻乌果业、蔬菜、粮食等品种一应俱全，导致种植规模偏小，偏分散。寻乌县农产品结构不合理主要表现在：一是思路不够清晰。将调整的重心和着力点放在种植业内部的调整，对特色农产品结构调整缺乏全面的认识和科学的规划，没有认识到农业调整的含义不仅局限在简单扩大某些价格较高的农作物的种植面积、增加某些价格较高的农作物的品种。部分农户盲目以当前市场价格作为唯一因素，追求发展高端品种比如"红阳"（猕猴桃）、"大秋"（甜柿）等，但对高端品种所需的精细化管理缺乏认识，限制了农业结构调整向广度发展。二是社会化服务滞后。在农民生产前无法即时提供市场变化趋势、生产良种的供给、生产设备的租售等信息，在农民生产中无法提供有效生产经营指导，在农民生产后无法匹配完善的销售体系，导致丰产不丰收，限制了农业结构调整深度发展。三是农业科技支撑作用对农业结构调整不显著。猕猴桃、百香果、甜柿属于新兴产业，缺乏职能部门专业技术人员，无法开展专门的技术培训和实地指导，师资力量基本依靠科研院校和种植能手，缺乏好的引技优惠政策。县级农技推广部门人员偏少，乡（镇）农技推广综合站非专业人员比例偏大，影响全县农业技术的推广与指导工作。同时，农户的管理经验还比较欠缺，大部分处于摸索阶段，一时无法形成合适当地、成体系的栽培管理技术。

2. 第一、第二、第三产业融合发展程度不高

目前，寻乌县第一产业比重较大，还未形成可供游客集旅游、观赏、采摘、品尝的农业文化庄园和集体验、采摘、观光休闲体验等多功能为一体的特色园区。文化旅游产业未搭建以自然景观、历史文化传统和产业资源为基础的有效载体，还未实现环境资源、景观、产业等元素的统一整合，未能做成集旅游观光、生态涵养、历史文化、高新技术、文化创意、科普教育等内容的文化旅游产业。旅游产业与现代农业及文化产业、房地产业和城镇化推进等融合较差，文化旅游产业的综合带动力不强，尚未真正营造出"旅游—产业—市场—文化—服务—发展"融合发展的格局。

3. 特色产业链条简短单一

特色产业的产业链主要表现为纵向的延长化和横向的复杂化。从纵向上看，寻乌县特色产业链条较短，特色农产品的纵向产业链一般包括"科研—生产种植—加工—储存—运输—销售"等多个环节。目前，寻乌在特色农产品开发上培育、加工、销售等环节存在不足。主要表现为该县省级农业产业化龙头企业有14家，和其他县相比较少。并且本地优势产业还未形成龙头企业，而其他产业的龙头企业在农产品的工序上还停留在简单加工的阶段。技术水平低，产品附加值低，产品单一。从横向上看，寻乌特色农产品的产业链条之间缺少关联、辅助产业。在发展特色产业的过程中，往往过于强调龙头企业的带动作用，过于重视以单个或少数龙头企业为核心的纵向一体化模式。这种模式有许多问题，主要表现在：一是寻乌产业多而规模小，单个或少数龙头企业与大量小农户直接合作增加了交易成本。二是农业产业化龙头企业在短期内难以迅速提升竞争力，因此很难带动农户和特色产业生产，企业和农户之间关系松散。三是农户与企业之间不对等的交易地位，使农户无法充分享受特色产业带来的经济收入和好处。四是产业链单一，农户分散，使民间组织无法发挥作用，难以提供技术推广与指导、标准化管理、产品分级等服务。如果全部依靠政府，那么对政府的压力很大。

4. 农业基础设施薄弱

寻乌县是山区农业县，农业劳作以肩扛手挑为主，机械化程度低，现代农业设施应用面少，农业生产力水平低。虽然寻乌县不断加大涉农资金的投入，但农业基础设施薄弱依然是限制寻乌县特色产业发展的一个"短板"，对农业发展支撑作用不强。据统计搭建防虫网每亩成本价格月为12000元，按全县搭建10万亩测算，则需资金12亿元，猕猴桃棚架每亩成本为5000元左右，按两万亩的规模测算需要资金1亿元。按照县政府补贴20%计算，则需资金2.6亿元。此外道路硬化、电网架设、水利设施建设等方面需要大量的资金，而寻乌县财政无力负担，大大制约了当前特色产业的发展。

5. 农业产业投融资难

一是投入不足。近年来，财政支农投入总量有所增加，但项目和资金管理及使用分散，难以形成合力，特别是全县财政困难问题突出，投资配套能力弱影响项目实施。二是融资难。相关法律法规不完善，土地融资功能不能完全实现。在现有法律框架下，农村土地承包经营权、农民住房财产权、农村经营性建设用地使用权"三权"抵押也一直受到严格限制。由于农户缺乏担保资产，难以获得必要的生产性贷款，大部分新型农业经营主体处于发展初期自有资金不足、规模小、实力弱，缺乏贷款抵押物，难以获得金融机构贷款支持。

五、寻乌县特色产业发展对策

（一）抓好乡村振兴发展，着力构建特色产业发展布局

坚持农业农村优先发展，按照产业兴旺、生态宜居、乡风文明、治理有效、生活富裕的总要求，建立健全城乡融合发展体制机制和政策体系，加快推进农业农村现代化。加强农业农村产业规划对接和顶层设计，科学确定农村产业发展的阶段性目标和任务，深化农业供给侧结构性改革。通过深化体制机制创新，走质量兴农、绿色兴农之路，实现农业结构优化和发展方式转变。善于把握中央重大政策举措，切实把握政策机遇，将政治红利转化农业农村产业发展的动力和活力。坚持农业农村优先发展，持续深化农村改革，站在大视野下构建特色产业布局，引领特色产业发展，为实现乡村振兴战略奠定坚实的产业基础。

（二）优化农业产业结构，努力实现第一、第二、第三产融合发展

做强一产、做优二产、做活三产，并努力实现第一、第二、第三产业融合发展。建立和创造符合当地实际情况，体现农业多功能性的产业融合体系，做优柑橘产业，加大优良品种、绿色防控等先进适用技术的推广应用力度，加快推进防虫网等设施建设，加快推进以柑橘为主的示范项目建设，打响寻乌"柑橘"品牌。做大林果业，加快优新品种的引进示范，完善种植技术，加大种植技术宣传与培训力度，提高种植水平，延长猕猴桃、百香果、甜柿产业链，进行精深加工，提高经济效益。加快发展蔬菜业，稳定蔬菜种植，加大对蔬菜业的扶持力度，重点支持适度规模的蔬菜大棚，积极培育和引进蔬菜加工、冷链技术，做好深港澳市场。发挥区位优势，围绕市场和龙头企业，建立特色优势产业基地，做好土地整去规划开发工作，抓好现代农业种植园区建设，农产品食粮安全、山水林田湖草田园综合体建设工作。推动新型城镇化与农业现代化互促共进。要努力形成可供游客旅

游、观赏、采摘、品尝的农业文化庄园，发掘本地资源优势，矿山园区改造工程、红色旅游、养生养老旅游产业。营造出"旅游—产业—市场—文化—服务—发展"融合发展的格局，使农村的绿水青山变成农民的"金山银山"。

（三）提升农业产业化水平，大力发展现代农业

第一，要以农业园区建设为契机，带动发展一批现代农业园区、农业产业化示范基地，以点带面提升全县特色农业发展水平。要积极开展农业龙头企业扶持培育的服务工作，大力发展现代农业庄园，积极培育家庭农场、农民合作社、专业大户等农业新型经营主体，完善龙头企业与农户、合作社与农户的利益联结机制，按照产业标准和规范进行生产。第二，培育新型农民主体。逐步转变农民传统的生产经营理念和生产方式，使农民成为有文化、懂技术、会经营的新型农民，促进农业增效和农民增收。第三，强化农业招商引资。要把招商引资作为推进元谋农业供给侧结构性改革的重要措施，进一步建立建立健全政府引导、企业主体，全社会、多元化、多渠道、多层次的招商引资体系，出台客商投资的特殊优惠政策，建立招商引资激励机制，鼓励全社会参与招商。第四，深入推进农村电商发展。要以寻乌县电商产业园区为载体，加快推进农村电商发展，促进新型农业经营主体与电商企业接洽，推动线上线下互动发展。要加快建立健全适应农产品电商发展的标准体系，支持农产品电商平台和乡村电商服务站点建设，加强物流体系建设。

（四）打好产业基础，优先发展农业农村基础设施建设

良好的公共基础设施和完备的公共服务水平，是农民建设幸福家园和美丽乡村的保障。保障公共产品的供给，包括水、路、电等基础设施的建设与升级，建设好、管理好、保护好、运营好农村生产性基础设施设备，将财政支持的基础设施重点放在农村。依据乡村需要建设好蔬菜大棚、防虫网、猕猴桃棚架等关键性基础设施，保障公共服务供给，实现公共服务在乡村的全覆盖。

（五）抓好产业发展政策支持体系，健全特色产业发展政策体系

第一，突出农业专业人才培养，着力打造一支新型乡村振兴人才队伍。寻乌县宜果面积大，随着产业发展，技术、管理及销售等环节多少会出现问题，建立一个能够覆盖全县各村级组织的技术服务体系和营销体系尤为重要。要加大技术扶持力度，一要加大技术培训力度，提高人才待遇，拓展发展空间，同时采取多种形式加强对生产基地农民进行培训。二要按照产业化发展要求进行体制改革，鼓励和支持农业企业加强与科研院（所）、高等技术院校的合作。三要鼓励和培养"新型农民"，拓宽培训和指导的领域，从生产指导、技术指导拓宽为精深加工指导、销售指导、市场指导，使广大农民真正了解现代农业产业发展模式，成为带动农业产业发展的生力军。

第二，健全财政支持体系，在公共财政支出上优先保障，通过以奖代补、产业基金、抵押担保等方式发挥财政资金的杠杆效应。向上争取省政府和省农业厅在制定全省农业机械补贴目录时将防虫网棚搭建列入补贴项目，要将农业产业化培育经费列入财政预算，加大资金扶持力度，减轻县财政负担。每年安排扶持和补贴农业产业化经营专项经费，对品牌创建、产品认证、龙头企业突出贡献等给予适当补贴。

第三，完善金融支持体系。充分利用"惠农信贷通""小微信贷通"和"财源信贷通"这"三通"平台，逐步加大对涉农企业的帮扶和支持，解决企业资金周转难题。完善金融支农产品和服务，形成多样化农村金融服务主体。引导互联网金融、移动金融在农村规范发展。向外全力引进田园综合体、规模果蔬花卉种植、特种养殖、农产品精深加工项目、规模化产业化现代农业种植养殖销售等多业态新格局现代农业项目。

参考文献

[1] 韩长赋. 大力实施乡村振兴战略 [R] //本书编写组. 党的十九大报告辅导读 [M]. 北京：人民出版社，2017.

[2] 黄季焜. 中国农业的过去和未来 [J]. 管理世界，2004（3）.

[3] 项继权. 中国农村建设：百年探索及路径转换 [J]. 甘肃行政学院学报，2009（2）.

[4] 黄祖辉，徐旭初，蒋文华. 中国"三农"问题：分析框架、现实研判和解决思路 [J]. 中国农村经济，2009（7）.

[5] 潘家恩，温铁军. 三个"百年"：中国乡村建设的脉络与展开 [J]. 开放时代，2016（4）.

[6] 陈锡文. 我国的农村改革与发展 [J]. 领导科学论坛，2017（6）.

[7] 韩俊. 谋划好农业现代化大棋局 [J]. 农产品市场周刊，2016（3）.

[8] 刘彦随，严镔，王艳飞. 新时期中国城乡发展的主要问题与转型对策 [J]. 经济地理，2016（7）.

[9] 魏广龙，崔云飞. "衰落"乡村的振兴——河北省正定县乡村社区调研及再生营建策略研究 [J]. 现代装饰（理论），2016（9）.

[10] 赵晨. 要素流动环境的重塑与乡村积极复兴——"国际慢城"高淳县大山村的实证 [J]. 城市规划学刊，2013（3）.

[11] 高慧智，张京祥，罗震东. 复兴还是异化？消费文化驱动下的大都市边缘乡村空间转型——对高淳国际慢城大山村的实证观察 [J]. 国际城市规划，2014，29（1）.

[12] 魏后凯. 如何走好新时代乡村振兴之路 [J]. 人民论坛·学术前沿，2018（3）.

[13] 李周. 乡村振兴战略的主要含义、实施策略和预期变化 [J]. 求索，2018（2）.

［14］陈锡文．实施乡村振兴战略，推进农业农村现代化［J］．中国农业大学学报（社会科学版），2018（1）．

［15］王思博．关于现阶段中国农村发展存在问题的思考［J］．农业经济，2018（1）．

［16］陈文胜．怎样理解"乡村振兴战略"［J］．农村工作通讯，2017（21）．

后 记

打赢脱贫攻坚战，实施乡村振兴战略，是党的十九大做出的重大战略部署。为深入贯彻落实党的十九大精神，推动苏区振兴发展和乡村振兴战略实施，交流与借鉴近年来全国各省市"乡村振兴与苏区发展"的创新经验和典型做法，通过跨地区、跨部门、跨学科的学术研讨活动为苏区发展建言献策，中国社会科学院农村发展研究所、江西师范大学和信阳师范学院共同主办了第二届"全国原苏区振兴高峰论坛"。

本书为"第二届全国原苏区振兴高峰论坛"优秀论文集。主要分三大部分，即嘉宾致辞、主旨报告、专题研讨。排名不分先后。致辞、报告、论文均按统一格式排版，内容和文字均未加改动。编委会成员在此一并向各位作者致谢，不足之处敬请批评指正。

"第二届全国原苏区振兴高峰论坛"论文集编委会

2018 年 11 月